江苏省知识产权发展研究中心资助
南京理工大学“十二五”教材建设资助

IP 知识产权专题研究书系

ZHISHICHANQUANFA JICHU LILUN

知识产权法基础理论

方江宁 著

U0951102

知识产权出版社
全国百佳图书出版单位

内容提要

本书在界定知识、信息、知识产权、自主知识产权、知识产权法等众多概念的基础上，较为全面地探讨了知识产权的性质和特征；重点地客观介绍了和评析了包括马克思主义语境下知识产权观在内的各种关于知识产权正当性的理论学说；介绍了知识产权法的体系化发展、基本原则和价值体系等领域的最新研究成果；对中外知识产权法的起源与发展作了清晰的历史梳理和原因分析；系统阐述了知识产权法律关系主体、客体、内容及其形成，深入剖析了知识产权权利冲突与权利滥用限制、知识产权的侵权与归责、临时措施与国际保护等重点问题。

本书适用于法学，尤其是知识产权专业的教师和高校学生教学使用，也适合期待扩大理论视野的从事工程技术研发、知识产权管理、知识产权司法、知识产权利用和知识产权贸易等实务部门相关人员阅读。

责任编辑：卢海鹰　胡文彬　　**责任校对：**董志英
版式设计：卢海鹰　胡文彬　　**责任出版：**卢运霞

图书在版编目（CIP）数据

知识产权法基础理论/方江宁著．—北京：知识产权出版社，2014．1

ISBN 978－7－5130－2456－3

Ⅰ．①知…　Ⅱ．①方…　Ⅲ．①知识产权法—法的理论—中国
Ⅳ．①D923．401

中国版本图书馆 CIP 数据核字（2013）第 280635 号

知识产权法基础理论

ZHISHICHANQUANFA JICHU LILUN

方江宁　著

出版发行：知识产权出版社有限责任公司
社　　址：北京市海淀区马甸南村 1 号　　**邮　　编：**100088
网　　址：http：//www. ipph. cn　　**邮　　箱：**bjb@ cnipr. com
发行电话：010－82000860 转 8101/8102　　**传　　真：**010－82005070/82000893
责编电话：010－82000860 转 8031　　**责编邮箱：**huwenbin@ cnipr. com
印　　刷：北京富生印刷厂　　**经　　销：**各大网络书店、新华书店及相关销售网点
开　　本：880mm×1230mm　1/32　　**印　　张：**13．75
版　　次：2014 年 3 月第 1 版　　**印　　次：**2014 年 3 月第 1 次印刷
字　　数：368 千字　　**定　　价：**42．00 元

ISBN 978-7-5130-2456-3

目　　录

第一章　导　　言

一、知识产权法基础理论研究的历史概貌

中国知识产权法律制度的建设，肇始于19世纪末期。新中国的知识产权制度诞生于我国改革开放时期。时至今日，我国基本形成了以《宪法》为依据，以《民法通则》《合同法》《侵权责任法》等民事基本法为基础，以《著作权法》《专利法》《商标法》等专门法为主干，以《反不正当竞争法》《反垄断法》为补充，以《计算机软件保护条例》《集成电路布图设计保护条例》《信息网络传播权保护条例》《植物新品种保护条例》等行政法规为辅助，既符合国情又与国际规则接轨的、完整的知识产权法律法规体系。中国积极参与和推动知识产权的国际保护，建立了知识产权司法保护和行政保护双轨并行的保护制度。2008年，中国政府发布《国家知识产权战略纲要》，将知识产权战略上升为国家意志，中国知识产权法在促进科技进步、鼓励文化自主创新、保护发明创造、推动社会经济更好更快发展方面的作用日益凸显。与蓬勃发展的知识产权法制相伴而行的，是日益完善的知识产权法学理论。

1978~1992年是奠定中国知识产权法学理论基础的时期。我国知识产权法理论研究的起始几乎与当时制定国家《专利法》《商标法》和《著作权法》同步，在这段时期内，伴随着立法的进程以及执法中相关问题的出现，知识产权法理论开始纳入国内学者的研究视野。分析探讨知识产权法律原理和规则制定的专业论著和文章逐渐问世，但其时研究不免急功近利，烙有实用主义痕迹。最初，知识产权法理论研究方法主要是比较法的运用，即

提供介绍国外法制和国际条约的方式来进行知识产权法制启蒙。多数学者采用拿来主义，博采西方国家理论，兼及当时东欧社会主义国家的理论，主要有“物质刺激理论”“社会财产理论”“国家利益优先理论”“精神财产理论”等。这些理论在我国《民法通则》及上述知识产权各专门法中均有体现。随着对知识产权这一法律制度及其规则认识、探讨的不断深入，国内学者们发现，知识产权法因其特殊的调整对象，显示出不同于传统民商法、经济法和国际法等其他法律制度的特点；越来越多的专业化研究成果使得知识产权法理论逐渐成为法学理论研究中的一个新兴领域。这一阶段的研究成果主要集中在对知识产权国际规则、国内立法及其不足的分析以及对知识产权法律制度原理的阐释上。期间代表性的理论成果主要是郑成思先生于1985年出版的《知识产权法若干问题》《工业产权国际公约概论》《版权国际公约概论》《知识产权法通论》《信息、新型技术与知识产权》等著作，尤其是郑成思先生提出的“信息产权”观点，为国内外学者重视，代表了这一时期知识产权法理论研究的最高成就。

1992年以后，中国为尽快加入世界贸易组织（WTO），不断完善知识产权制度使其与国际规则接轨。伴随着国内外因知识产权保护引起的国际贸易争端的产生和解决，“知识产权”从一个仅为研究人员、专业事务从事者了解的术语，变成社会关注的热点。随着知识产权地位的确立，知识产权法理论研究逐渐呈现扩张态势，伴随洛克的“劳动价值论”，西方国家的“无形财产权理论”“利益平衡理论”“私权理论”等引入，中国的知识产权法理论研究也由此经历了一场深刻的变化，知识产权法学作为与传统的民商、经济法学的特殊分支逐渐脱离出来，形成了自己的研究队伍并取得了丰硕的研究成果，知识产权法理论研究进入了学科发展时期。这一时期知识产权法理论的研究方法表现为单一性向综合性发展，理论研究总体上开始超越介绍性和一般阐述性的层次，转而进入一个较为深层次的对知识产权制度及其法律规则的探讨。这一时期的代表性研究成果有1997年程永顺的《工业产权难点、热点研究》、1998年郑成思的《知识产权论》、吴汉东等人的《西方诸国著作权制度研究》等。上述著作对知识产权制度的研究更加深入，为我国知识产权的完善提供了理论基础。

2000年以后，中国进入了全面履行WTO承诺的过渡时期。这一时期中国的知识产权法基础理论研究的标志性成果有2001年郑成思的《知识产权论》（修订本）、吴汉东和胡开忠的《无形财产权制度研究》，2002年刘茂春的《知识产权原理》、金勇军的《知识产权法原理》，2003年冯晓青的《知识产权法哲学》，2004年李扬等人的《知识产权基础理论和前沿问题》、朱谢群的《创新性智力成果与知识产权》，2005年郑成思的《知识产权——应用法学与基本理论》、吴汉东等人的《知识产权基本问题研究》、陶鑫良与袁真富的《知识产权法总论》，2006年董炳和的《技术创新法律保障制度研究》、冯晓青的《知识产权法利益平衡理论》和2007年郑成思的《知识产权论》（第3版）等。从研究内容来看，我国知识产权理论由侧重具体制度构建向具体制度和宏观基本问题相并重的趋势发展。在知识产权具体制度基本建立并不断完善之后，人们对知识产权的宏观问题开始进行深入的探讨。

进入2008年以后的头两年，学者们的理论研究成果主要体现在围绕知识产权战略各个层面展开的探讨方面。近5年来，知识产权法理论研究成果呈现前所未有的可喜局面，一大批专著的问世，大大丰富了我国知识产权法学研究的内容。代表性的成果包括：2008年王迁的《网络版权法》、饶明辉的《当代西方知识产权理论的哲学反思》、王太平的《知识产权客体的理论范畴》，2009年吴汉东的《知识产权制度基础理论研究》、杨雄文的《系统科学视野下的知识产权》，2010年李扬的《知识产权法原理》、齐爱民的《知识产权法总论》、李明德等人的《欧盟知识产权法》，2011 年何敏的《知识产权法总论》、刘筠筠与熊英合著的《知识产权国际保护基本制度研究》、赵宇霆的《无形财产权理论研究》，2012 年张勤的《知识产权基本原理》、刘斌斌的《知识产权——法理论与战略》，2013 年吴汉东的《知识产权总论》（第 3 版）、《无形财产权基本问题研究》（第 3 版）、李琛的《著作权基本理论批判》等。知识产权理论从立法工具逐步转化为对制度反思及为制度的整体构建提供理论框架，研究的主体性意思觉醒，从单纯的理论进口开始向具有中国特色的独立而多元化的知识产权理论研究迈进，体现我国知识产权理论开始走向成熟。

其间也有一些国外的知识产权理论研究专著被介绍进来。如 2005 年美国兰德斯和波斯纳合著的《知识产权法的经济结构——法与经济学译丛》、2010 年田村善之的《日本现代知识产权法理论》、2013 年哈尔喜彭等的《美国知识产权法原理》（第 3 版）等。

在中国知识产权法理论研究的历史进程中，国内学术刊物上也登载过不少有关知识产权法理论研究的扛鼎之作。如王国柱、李建华的《中国特色社会主义知识产权法学理论研究》（2013 年），董涛的《“中国特色知识产权理论体系”研究论纲》（2013 年），刘春田的《信息与信息立法》（1987 年）、《在先权利与工业产权——由〈武松打虎〉案引起的法律思考》（1997 年）、《知识财产权解析》（2003 年）、《知识产权制度是创造者获取经济独立的权利宪章》（2010 年）、《论方正“倩体字”的非艺术性》（2011 年）、《知识产权制度与中国的现代性》（2012 年），吴汉东的《知识产权法价值的中国语境解读》（2013 年）、《知识产权法律构造与移植的文化解释》（2007 年）、《知识产权保护论》（2000 年）、《无形财产权的若干理论问题》（1997 年）、《关于知识产权若干理论问题的思考》（1988 年），曹新明的《知识产权法哲学理论反思——以重构知识产权制度为视角》（2004 年）、《关于权利弱化与利益分享理论之研究——一种新的知识产权理论范式》（2007 年），冯晓青、刘淑华的《论知识产权的私权属性及其公权化趋向》（2004 年）、冯晓青的《利益平衡论：知识产权理论的基础》（2007 年），张勤的《关于建立知识产权科学理论的思考》（2011 年），徐瑄的《知识产权的正当性——论知识产权法中的对价与衡平》（2003 年）、《关于知识产权的几个深层理论问题》（2003 年）、《视阈融合下的知识产权诠释》（2011 年），熊文聪的《论“知识产权”概念的科学性——关于权利对象的本体探究》（2013 年）等，不一一列举。还有许多学者从事关于知识产权对象或客体理论、体系化理论、法典化理论以及知识产权侵权救济理论等研究工作，为我国知识产权基础理论的构建作出了重要贡献。知识产权理论研究成果对我国的知识产权立法、司法和企业知识产权战略都发挥了巨大的作用。

在中国知识产权法理论研究中，博士生群体是一支有生力量。有专家通过数据分析，在 1994 ~ 2010 年完成的 477 篇博士论文中，有 41.75% 的论文是有关知识产权学科一些前提性问题和基础性问题的理论研究，如“知识产权伦理研究”“知识产权法哲学研究”“知识产权权利冲突问题研究”等，知识产权总论成为博士论文研究的重头戏。国际知识产权和技术知识产权管理与保护也成为研究的热点，在与知识产权相关的理论研究论文中，技术创新和技术管理等论文占比上升，研究内容具有多学科特点，反映出我国知识产权理论研究全方位、高水平、可持续的发展趋势。[1]

二、知识产权法基础理论研究过程中的热点问题

中国知识产权法学领域重大的理论性研究成果主要出现在知识产权法学发展壮大和走向成熟的过程中，尤其是 2000 年前后

---

[1] 冯晓青，彭茗慧．我国知识产权研究现状探讨——基于 1994 ~ 2010 年知识产权博士学位论文的数据分析［J］．时代法学，2012（4）：45 - 51.

直到现在。在此期间，围绕当时与知识产权有关的各种热点问题，社会各界和学术界都曾产生过比较广泛的讨论，而且这些讨论及其结果一直伴随并影响着我国知识产权法律制度的建立和完善，比如知识产权的定义、知识产权与民法的关系、侵权归责原则、权利穷竭及平行进口问题、临时措施问题、反向假冒问题、权利冲突问题、反不正当竞争法与商标法关系问题、互联网与著作权保护问题、传统知识保护与知识产权的问题、知识产权战略的制定与实施问题，等等。探讨较多的知识产权法基础理论问题主要集中在以下内容：（1）关于“知识产权”的称谓、含义；（2）知识产权法与民法的关系问题；（3）知识产权客体问题；（4）知识产权的侵权归责原则问题；（5）权利冲突；（6）权利穷竭及平行进口；（7）知识产权的价值等。❶

对于“知识产权”一词的含义，由于国际上影响重大的《世界知识产权组织公约》和《与贸易有关的知识产权协议》本身并未给知识产权下概括性的定义，在我国学术界至今还存在各种各样的说法，争论颇多。主要有范围说或列举说、概括说、无形财产体系说三种代表性观点。这部分内容在本书第二章第二节有专门介绍。

在我国，知识产权最初是《民法通则》（1986年）的组成部分。随着学科的发展，知识产权法学与传统民法学若即若离。在民法典起草过程中，知识产权法学和民法学的研究者对于知识产权法与民法的关系、知识产权法是否应编入民法典等问题进行了广泛的讨论。有不少学者认为知识产权法不宜放在民法典中，因为现代知识产权法技术性强、变动频繁、国际化趋势显著，其规范内容难以与一般民事法律制度规范相协调。但相反的观点认为知识产权的所有内容都应放进民法典，且单独成为一编。另外，

❶ 管育鹰．中国知识产权法学的产生与发展综述［EB/OL］.［2013-11-15］. http://www.iolaw.org.cn/showArticle.asp?id=2603.

有学者认为在民法典中应当明确知识产权的地位。这部分内容在本书第四章有专门阐述。

探讨侵害知识产权的归责原则的文章很多，但是无论在理论界还是在实务界，都一直存在许多争议。有观点认为，在知识产权侵权认定中应坚持过错责任原则，而非无过错原则；但也有人认为，对知识产权的侵权认定应分别不同情况，同时适用过错责任和无过错责任两种原则。多数的学者都支持对于知识产权的侵权行为应当采取无过错原则的归责原则的观点。这部分内容在本书第八章第一节有专门论述。

同一知识产权客体在某种条件下同时归属于多个主体的法律形态在知识产权领域十分多见，尤其在作品、商标和外观设计这几个容易交叉的权利客体方面。知识产权权利冲突问题的实质是如何看待“在先权利”与“在后权利”之间的关系。结合“三毛及图”商标注册不当案和“武松打虎”商标侵权案等因版权作品被用作商标而引起的争议，知识产权法学界对权利冲突问题进行了热烈的讨论。对于这场讨论，郑成思先生认为，一般不应否认知识产权权利冲突的存在，但我国20世纪末一批被炒得沸沸扬扬的“权利冲突”知识产权案例，事实上并非真正意义上的权利冲突，而是地地道道的权利人与侵权人的冲突。[1] 这部分内容在本书第七章有比较全面的分析。

权利穷竭，也称权利用尽，指知识产权权利人一旦将含有其知识产权的商品投入市场，就丧失了在一定地域范围内对该商品再次销售的控制权。权利穷竭是对知识产权普遍适用的限制原则，其基本出发点是：在鼓励商品自由流通的市场经济社会中，知识产权不应成为信息传播或商品自由流通的障碍。与权利穷竭问题紧密相关的是平行进口问题。平行进口（也有人称为灰色市

---

[1] 郑成思．对21世纪知识产权研究的展望［J］．中国法学，1999（6）：11－19.

场进口）是指在国际贸易中，进口商未经本国商标权人或专利权人及其独占许可人许可，从境外进口经合法授权生产的相同商品的行为。经过一段时间的探讨，学界基本认同：是否允许境外真品的平行进口，并不是法律上的问题而是国家根据对外贸易状况进行的政策选择。[1]

此外，在知识产权价值层面上，有观点认为马克思主义理论体系有助于把握和理解财产权在社会中的地位以及知识产权与经济之间的关系，提出知识产权法以和谐为其终极价值；也有认为，“安全价值”之于知识产权法应当有其一席之地。其他观点还有诸如以新的法律理念模式和行为模式作为知识产权法律现代化的文化基础；主张知识产权制度实践必须以文化的认同为前提，认真对待知识产权制度的社会适应性问题等。[2] 这部分内容在本书第四章第六节有专门论述。

三、知识产权法基础理论学习与研究中应厘清的几个重要关系

（一）正确认识知识产权、知识产权制度与知识产权法的关系

知识产权的概念现在几无分歧，即指在工业、科学、文学和艺术领域智力活动产生的法定权利。[3] 知识产权的形成和发展受制于知识产权法的产生和发展。知识产权法的诞生是人类社会发展的必然，是近代商品经济、市场经济和科学技术发展的产物。知识产权法是调整知识产品的创造者因取得、使用、转让知识产权而产生的各种社会关系的法律规范的综合。这些社会关系是发生在地位平等的当事人之间，它与因知识产权管理和保护而发生的知识产权行政法律关系和知识产权刑事法律关系具有不同的性

[1] 管育鹰．中国知识产权法学的产生与发展综述［EB/OL］．［2013－11－15］．http：//www. iolaw. org. cn/showArticle. asp？id＝2603.

[2] 沈致和．法学现代化和中国知识产权法研究［J］．法学家，2008（1）：71－72.

[3] WIPO. Introduction to Intellectual Property：Theory and Practice. Kluwer Law International Ltd. 1997. 3.

质。现在市面上冠名《知识产权法学》的教科书，有些只写知识产权的概念，而无知识产权法的概念，这是极不正常的现象，[1] 概由知识产权制度概念所致。现在没有谁能分清知识产权制度与知识产权法律制度的区别，似乎知识产权制度就等于知识产权法律制度。其实，知识产权作为一项民事权利具有法律意义上的特指，而知识产权制度所指早已游离出知识产权法律制度的地界。或许这个问题并不重要，但对于知识产权法基础理论研究来说，这确是必须解决的问题。“制度”是一个宽泛的词义，用途非常广泛，如政治制度、经济制度、社会制度、法律制度、婚姻制度等，知识产权制度究竟是一个什么内涵的制度？就“制度”词义解释，有两个基本意思：一是要求成员共同遵守的规章或准则；二是一定历史条件下的政治、经济、文化等方面的体系。故此，知识产权制度既可以是指要求社会成员共同遵守的知识产权法律、法规和规范性文件，也可以是指知识产权产生、利用、保护、管理和政策的体系。如果还将知识产权当做私权看待，将知识产权法当做民事法律看待，那么，知识产权法基础理论似乎不应包括知识产权的管理和政策制度，而应恪守法学研究的本分。如果是研究知识产权理论基础，那就另当别论了。

（二）要正确认识法理学、民法学与知识产权法基础理论的关系

法理学是法学的一般理论、基础理论和方法论。法理学以一般法即整体法律现象为研究对象。但法理学的内容不是一般法的全部内容，而仅仅是包含在一般法中的普遍问题和根本问题。法理学属于法学知识体系的最高层次，担负着探讨法的普遍原理或最高原理，为各个部门法学和法史学提供理论根据和思想指导的任务。鉴于法理学在整个法学体系中的特殊地位和作用，知识产

[1] 张玉敏．知识产权法学［M］．2版．北京：法律出版社，2011；杨巧．知识产权法学［M］．北京：中国政法大学出版社，2012．

权法基础理论研究不可能脱离法理学的基础而大行其道，它要自觉接受法理学的指导。知识产权法基础理论中概括或阐述的知识产权法律关系、知识产权权利与义务、知识产权法律原则、知识产权法律责任等无一不是法理学研究的法学基本范畴。从这也可以看出，法理学是知识产权法学基础理论的理论，是知识产权法体系的基础。尽管如此，知识产权法基础理论也有自身的品格，法理学领域的研究不等于无法替代知识产权法学理论的研究，不能采取简单挪用的办法，把法理学理论直接作为知识产权法的理论来使用，致使理论不能生动、具体地反映知识产权法领域的特殊性，有效地解决具体的认识和实践问题。知识产权法基础理论研究的对象是包括专利法、著作权法、商标法等在内的整个知识产权法律领域，要概括出各专门法及其产生和发展的共同规律、共同特征、共同范畴，从而为各专门法提供指南，为知识产权法制建设提供理论服务。为此，知识产权法基础理论应当是以各专门法为基础，是对各专门法的总体研究，对各专门法研究成果的高度概括。法理学也是法学的方法论，是关于方法的理论和学说，方法本身就是法理学的研究对象。在没有科学的方法就没有科学的认识这种意义上，方法就是科学的生命。知识产权法基础理论的研究方法不出法理学的方法论范畴，学习和掌握法理学的方法论，对于树立科学的法律观，学会运用辩证唯物主义和历史唯物主义的立场、观点和方法观察和思考知识产权法的问题，特别是当代中国知识产权法制建设的基本问题，确立法律思维方法和法学理论素质，是十分重要的。

知识产权法属私法领域。民法是私法之集大成，是私法之基础，代表私法的最一般规则。知识产权法是民法的特别法，民法与知识产权法存在必然联系。源于知识产权的私权性质及与民法调整对象、调整方法、调整原则具有同一性，民法学中的基本理论、基本原则和一般规范同样也适用于知识产权。但知识产权法与民法毕竟存在立法价值趋向不同、立法结构不同、责任的产生方式和承担的责任不同、权利客体不同。鉴于上述情况，不能直接、简单地适用民法学理论和民事法律规范，还需建立特殊的理论和制度体系，给予特别保护。在研究方法上，从知识产权法与民法的共性着眼，研究民法学理论在知识产权法中的运用，宜将知识产权与其他民事权利对比，考察其联系及共同点，在此基础上，着重分析知识产权的差异性、特殊性，从而为研究知识产权问题寻找到法理依据。民法学的法理逻辑结构理论将民法理论的逻辑结构与法理上的法律规范结构联系起来，该理论适用于各项民事权利制度，同样也适用于知识产权法律制度。民法学理论的民事法律关系、民事法律事实、民事法律责任等是知识产权法的理论基础，其中民事法律关系是核心。运用民法学基本理论和原则分析知识产权问题，将使许多疑难或新生的知识产权问题找寻到理论依据并得以解决，这也将充实和完善民法学理论。从方法论上讲，也应在一般性的基础上研究现象的特殊性。也就是说，在民事权利的一般性基础上，分析知识产权的特殊性。知识产权法理论的形成和发展，对传统民法学也产生了重大影响，表现为既有沿袭和继承，也有发展和突破。知识产权的国际公约、协议及各国的知识产权立法，反映出知识产权法理论在遵循民法学一般原理的同时，业已形成特殊的理论体系。

（三）正确认识西方资本主义知识产权理论与中国特色社会主义知识产权理论关系

进入21世纪以来，全球化基本上是资本主义的全球化，在知识产权立法方面，西方国家也正加紧资本主义知识产权法在全球的推广和应用。当前，主要资本主义国家实行的知识产权制度客观上起到保护发明者、创作者的智力劳动成果，激发社会民众创新、创造的热情，促进科技进步和文化繁荣的作用，因而值得我们借鉴。事实上，知识产权作为一种财产权，它的出现和发展与西方资本主义的政治、经济、文化和哲学背景分不开。西方资产阶级知识产权理论建立在天赋人权和自然法权理念的基础之上。无论是卢梭的“社会公意论”还是康德的“自由意志论”，无论是黑格尔的“财产人格论”还是边沁的“功利主义学说”，都从不同角度论证知识产权存在的合理性。基于这些理论，知识产权的私权化就成为西方资本主义国家知识产权法的根本属性之一。显然，这种以私权为核心理念的知识产权是与资本主义的政治制度和价值取向完全一致的。在资本雇佣劳动的情景下，占垄断地位的货币资本和物质资本对劳动，尤其是对智力劳动形成独占和控制，是资本主义将创造性劳动商品化的独特形式。于是知识产权法律制度也自然成为维护资本地位的工具，知识产权甚至成为“知识霸权”。[1] 随着“知识霸权”所导致的现实损害不断加剧，促使国内理论界对知识产权的基本理论予以反思。因而，社会主义知识产权法绝不是“中学为体、西学为用”[2]“师夷长技以制夷”[3] 指导思想的产物。运用马克思唯物辩证法的研究方法，把知识产权纳入到物质生产关系的矛盾运动中去考察，构建公权保护优先的知识产权保护体系，是促进社会主义知识产权制度和谐发展的必然选择。

社会主义知识产权法建立在马克思主义理论基础之上。[4] 马克思说：“无论是政治的立法或市民的立法，都只是表明和记载经济关系的要求而已。”[5]“法律应该是社会共同的、由一定物质

---

[1] “知识霸权”是指在一个或者数个国家或者国际组织的影响下，由知识产权国际规则或者国内立法所确立的、超出正当性界限的知识产权及其权能。参见：齐爱民．论知识霸权——以国家知识产权战略的制定和实施为视角［J］．苏州大学学报：哲学社会科学版，2009（2）：29.

[2] 钱穆．国史大纲（下册）［M］．北京：商务印书馆，1994：200.

[3] 陈旭麓．中国近代史［M］．北京：高等教育出版社，1987：151.

[4] 我国现行《宪法》明确宣布在马克思列宁主义重要思想指引下，“不断完善社会主义的各项制度”，“健全社会主义法制”。参见：1982 年《中华人民共和国宪法》序言。

[5] 全国人大常委会办公厅研究室，中国社会科学院法学研究所．马克思、恩格斯、列宁、斯大林论法［M］．北京：法律出版社，1986：17.

生产方式所产生的利益和需要的表现，而不是单个的个人的恣意横行。”❶ 法的内容归根结底是由社会物质生活条件决定的。社会主义知识产权法必须从其赖以产生、发展的物质生活条件中去寻求真实的本源。社会主义知识产权法价值体系是立足于社会主义经济基础之上的价值认同系统。在社会主义知识产权法价值体系中，马克思主义指导思想居于最高层面，是指对作为认识世界、改造世界的理论基础的马克思主义的价值认同，从根本上说，是指对人类社会发展规律的价值认同。因此，社会主义知识产权法的价值理念应该是在充分肯定知识产品创造者个人劳动价值的同时，尽可能发挥知识产品的社会价值。因此，维护创新者的智力成果所有权、受益权等权利以激励智力成果的发现、发明和应用是知识产权法的重要内容，同时维护创新集体的智力成果所有权、受益权等权利以激励智力成果的发现、发明和应用也是知识产权法的重要内容。相应地，协调个人和集体两个创新主体的相互关系，以促进智力成果的转化和应用也自然成为中国特色知识产权法的重点问题。

四、知识产权法基础理论研究的范畴

原则上，知识产权法基础理论的范畴就是知识产权法基础理论研究的范畴。但何谓基础？何谓理论？“知识产权制度基础理论，是知识产权研究中最抽象、最一般的理论概括和总结，其内容包括知识产权法律的基本范畴、基本功能、基本原则、基本原理等。”❷ 这或许对我们确定知识产权法基础理论的范畴具有直接借鉴的价值。但前面已提到，知识产权制度是一个内容丰富的开放体系，兼跨法学、经济学、管理学、政策学、社会学等诸多

---

❶ 马克思．对民主主义者莱茵区域委员会的审判［G］//中共中央马列编译局．马克思恩格斯全集（第6卷）．北京：人民出版社，1961：291-292．

❷ 吴汉东．知识产权制度基础理论研究［M］．北京：知识产权出版社，2009：1．

学科，使得知识产权制度的研究具有交叉研究的特点、具有宏观研究的特点、具有体系化研究的特点。知识产权制度的研究越来越朝知识产权管理学、知识产权经济学、知识产权政策学、知识产权伦理学等方面发展。之所以形成这样的研究局面，是因为知识产权不仅仅是一项民事权利，更重要的是这项权利的客体与科学技术和文学艺术，以及具有商业价值的显著标志有关，而这些又是推动生产力发展和经济社会繁荣的基础，也是每个人成长的智力资源，所以不可能因为赋予私人对其知识产品享有专有权而与社会公共利益形成绝对的切割。知识产权权利生成的基础与权利内容的规定是与每个国家和地区的经济社会发展程度相关的，在知识产权身上凝结着财产权与人身权、知识产权与人权、私权与公权、垄断权与发展权、主权与强权的诸多矛盾，可以说，知识产权是一石激起千层浪，浪浪砸在权利人身上。这些矛盾显然无法全部依赖知识产权法的基础理论来解决，而需要靠其他领域的理论研究合力来解决。

知识产权法基础理论的研究，首先是以知识产权法律现象为研究对象，仅限于法学领域知识产权法律关系之范畴，且这个法律关系应具有民事主体的平等性，而不涉及知识产权行政法律关系、知识产权刑事法律关系。因此，知识产权法基础理论的研究必须脱下知识产权广义制度的外衣，换上知识产权纯正的私法正装。知识产权法基础理论研究，必须沿着知识产权法律的产生、发展和国际化这条线索，分析知识产品财产性权利的形成、特点和意义，从知识产权法的历史沿革找寻知识产权产生的社会基础和发展规律。以知识产权法律关系作为研究的全部内容；以界定知识产权法与相邻法的关系，构建知识产权法体系为研究使命；以知识产权侵权与国际保护为研究重点。在完成上述研究任务的过程中，知识产权法基础理论必须要概括和阐述知识产权法的基本范畴，例如，知识产权的权利与义务、知识产权的法律规范、知识产权法律原则、知识产权法律行为、知识产权法律关系、知识产权法律责任、知识产权法律价值等。这些范畴横贯所有知识产权各专门法，是各专门法共同适用的。此外，知识产权法基础理论还应是对中外一切类型的知识产权法律制度及其各个发展阶段的情况的综合研究，它的结论应揭示知识产权法的一切现象。如果仅仅以一国或某些国家或某一种历史类型的国家为对象，它的结论就不可避免地带有时代的局限性或民族的偏狭性，就不可能是放之四海而皆准的真理。因此，知识产权法基础理论的研究要立足中国，放眼世界，通观历史，从横向和纵向全面考察知识产权法现象，要吸收知识产权法史研究成果、比较知识产权法研究成果，尽可能地了解和批判地借鉴国外知识产权法学理论的研究成果。

总之，知识产权法基础理论研究的是知识产权法学和知识产权法律实践中带有根本性的问题，例如，知识产权法的概念，知识产权法的产生和发展、知识产权法的价值、知识产权法与其他法的区别和联系等，这些问题的解决是知识产权各专门法解决其问题的前提，也是解决知识产权法律实践问题的前提。为了更好地清晰展示研究内容，本书铺叙的理论线索是：知识与财产并不必然联系，知识产权是商品经济发展的产物；知识产权的正当性有赖于法哲学的进一步合理解释；以知识产品为权利客体的知识产权与其他民事权利具有显著的不同特征；知识产权法的原则体系和价值体系稳定需要时间的锤炼；知识产权法制体系的构建应考虑权利体系开放性的特点和中国的实际情况；知识产权法的产生和发展有其特定的社会基础和时代条件，中国知识产权法的起源与发展一直晚于国际知识产权法的起源和发展，处于被动立法的状况；知识产权法律关系不能摆脱法律关系形成的一般规律，但有着自身的主体条件、客体范围和权利内容；知识产权的权利冲突和权利滥用限制既是一个理论问题，更是一个实践问题，解决的根本在于秉持一个正确原则；知识产权侵权的归责原则是解决侵权责任问题的关键，知识产权保护的临时措施是实现权利人防范风险目的的重要救济手段；知识产权国际保护历史长远，熟悉和参加知识产权国际保护的规则是中国的义务，也是中国的权利。基于这些观点，在知识产权法基础理论架构中，应该有知识产权法的范畴理论、知识产权法的体系理论、知识产权法的变迁理论、知识产权法的价值理论、知识产权法的保护理论、知识产权法的社会学理论。无疑，这些都是知识产权法基础理论研究需要继续探讨的。另外，任何原则、理论都是在一定环境中产生的，离开了或改变了其产生或生存的环境，原则和理论就必须修正。

五、本书的研究方法

“方法”，就是“行事之条理也”。[1] 即人们为了达到一定目的（认识、变革或创造客体）所选择的手段、途径或活动方式。一切理论的探讨，最终都可以归结为其研究方法的探讨；一切理论变革又首先依赖于对其研究方法的变革，“科学是随着研究法所获得的成就而前进的，研究法每前进一步，我们就更提高一步，随之在我们面前也就开拓了一个充满种种新鲜事物的更辽阔的远景”，[2] 所以，只有方法上的科学才能带来该学科的重大突破。

在选择和运用研究方法之前，首先要解决世界观的问题。世界观决定方法论，只有正确的世界观，才会有正确的研究方法。本书研究秉持辩证唯物主义和历史唯物主义原则，从社会现实出发认识和研究知识产权与知识产权法学现象。因为围绕知识产权形成的法的关系既不能从它们本身来理解，也不能从人类精神的一般发展来理解，孕育于封建社会，诞生于资本主义社会的知识

[1] 中国大辞典编辑委员会．中文大辞典（第15册）［M］．台北：中国文化学院出版部，1968：230.

[2] 欧阳康．哲学研究方法论［M］．武汉：武汉大学出版社，1998：53.

产权制度，“只有理解了每一个与之相对应的时代的物质生活条件，并且从这些物质条件中被引申出来的时候，才能理解”。[1] 因此，在知识产权法基础理论研究中，作者坚持物质生活过程决定精神生活过程的观点。在深入考察知识产品的生产、占有、使用、转让和处置的基本条件和方式的基础上，来说明知识产权的产生、发展和特点，来发现知识产权法产生的原因和其国际化的轨迹，说明知识产权法的本质、内容和作用。作者坚持普遍联系和相互作用的观点，从政治、经济、科技、文化等方面探讨知识产权法产生的社会基础。用发展的观点观察和分析知识产权法发展的过程与社会基本矛盾运动过程的联系，作者认为，研究过程的发展观对于知识产权国际保护制度研究而言，尤为重要，它对一个国家知识产权的战略定位影响深远。

世界观具有鲜明的阶级性，因而在对知识产权法律现象的研究中，阶级分析方法是本书不可或缺的基本研究方法。阶级分析法是马克思主义法学与其他法学的根本区别，“阶级分析并不把任何事物与问题都打上阶级的烙印，而是对法律这一特殊社会现象的本质作阶级分析”。[2] 尽管知识产权法及知识产权法学的社会性与技术性均很强，但不能由此而忽略知识产权法的阶级性。当然，直接用阶级分析的方法来阐释任何知识产权法律现象显然是不现实的，阶级分析的理念旨在对西方发达国家知识产权理论进行借鉴或对其知识产权法律制度进行法律移植时要分析它的阶级基础，自觉地运用此方法来研究知识产权法律制度，以利于更好地为我国的知识产权战略目标服务。

世界观反映价值观，价值分析方法与阶级分析方法都属于知识产权法的基本研究方法。作者从价值的角度对知识产权法律现

---

[1] 中共中央马克思恩格斯列宁斯大林著作编译局．马克思恩格斯选集（第2卷）［M］．北京：人民出版社，1995：137.

[2] 李龙．法理学［M］．武汉：武汉大学出版社，1996：11.

象进行分析，旨在揭示知识产权法律的内在价值，评判知识产权法律是否符合价值要求，分析知识产权法律应追求的价值目标。本书主要是从知识产权法律制度与自由、公平、秩序的基础价值和正义、效益、创新的终极价值关系的角度来研究知识产权法律制度，最终为知识产权立法、知识产权政策及知识产权法律实务服务。

世界观包括自然观和社会观，实证分析方法也是知识产权法研究的一种基本方法。其主要特点就是通过对经验事实的观察和分析来建立和检验各种理论命题。社会调查方法、历史考察方法、逻辑分析方法及比较分析方法是比较典型的实证分析方法。在本书第五章、第六章的第三节和第四节、第八章第三节的写作中，主要用到的就是历史考察的研究方法。目的就是对知识产权法、知识产权国际保护的产生发展过程，对知识产权法律关系的主体、客体的变化过程进行研究，了解其历史背景，分析其发展规律，最终为现实中的知识产权法律法规的完善服务。历史考察方法能使我们了解到现行知识产权法律制度的历史渊源，起到以史为鉴的作用，为知识产权的法制现代化提供理论依据。如果说历史考察方法是对知识产权法学进行一种纵向的研究，那么比较分析方法则是一种横向的研究方法，即将知识产权法律制度分为不同阶段，在不同国家或地区范围内进行比较研究，找出其共性及不同之处，分析其文化背景及法律传统，为完善我国的知识产权法律制度提供理论依据。在本书中该研究方法适用较普遍，其中第三章、第四章以及第二章第一节最能反映此种研究方法。现阶段，我国知识产权法律制度正处于自我革新、自我发展和自我完善的时期，对其他国家知识产权法律制度的了解与借鉴，以比较方式进行研究具有重要的意义。逻辑分析方法贯穿本书的整个写作过程，包括归纳与演绎、分析与综合、比较与分类、科学抽象法等，这些具体研究形式在本书的每个章节几乎都能见到。

总之，阶级分析方法、价值分析方法、实证分析方法是法学的基本研究方法，❶ 也是知识产权法学的基本研究方法。本书通过上述研究方法的使用，为知识产权法基础理论问题的提出、检验、叙述提供了必要的技术手段，以使“知识产权法基础理论”真正拥有一般性、抽象性、客观性、开放性、可检验性等外在特征，从而加强该理论的解构力量与说服能力。

方法总是从实践中产生的，各异的方法与研究对象和研究者的思维习惯有关，本书研究方法的最大特点是以类型化研究为基础，将方法论的个体主义与整体主义相结合的系统研究方法。知识产权法的研究虽然可以在法学的基本研究方法的指导下进行，但由于知识产权法调整社会关系的特殊性及其内在的规律性，故存在一些特殊的研究方法，同时，法学的基本研究方法用于知识产权法基础理论的研究时也会表现出一些特殊性。

“当抽象——一般概念及其逻辑体系不足以掌握某生活现象或意义脉络的多样表现形态时，大家首先会想到的补充思考形式是类型。”❷ 类型化是社会科学领域经常使用的一种技术性研究方法，它以一定目的，按事物的某一特征，将其分为若干种类，然后进行细化分析和研究。标准与分类是类型化研究的关键所在。类型化研究非常适合知识产权的研究，知识产权本身可以说就是类型化的结果，知识产权法的自足性和一体性也是类型化的结果。知识产权基础理论类型化研究实则就是对知识产权的相关概念进行分类。换句话说，就是按照一定标准，对大量繁杂的知识产权现象进行总结、归类。本书的类型化研究是从知识产权的客体开始的，“假使应该由法的特质出发来确定法学、法学方法及其思考方式的特征的话，就必须对法学的研究客体有更详尽的认识。”❸ 所以，围绕知识产权法律关系的客体展开研究的路线

❶ 张文显．法理学［M］．北京：高等教育出版社，1999：36－42.

❷ 卡尔·拉伦茨．法学方法论［M］．北京：商务印书馆，2005：337.

❸ 卡尔·拉伦茨．法学方法论［M］．北京：商务印书馆，2005：20.

是符合法学研究的基本规律的，因为客体是专利权、商标权和著作权区别的原因，常常也是部门法分类的重要依据。本书的体例与章节研究内容基本上也是按照类型的思路来组织的，如知识产权法的历史、知识产权的特点、知识产权的理论、知识产权的权利冲突等。

个体主义方法缘于社会科学最恰当或最有效的认识源于对个体现象和过程的研究。该方法将整个社会整体看做是一个个相对独立的个体活动，所有的社会现象和事件都是个体依据自身的利益采取决定的结果，通过对个体行为的分析，展开该学科的一般原理以及规律性问题。本书之所以选择这一研究方法是基于知识产权法是私法这一性质考虑的。无论是古代私法还是近现代私法，都是“建立在自由和个人主义基础之上的”。[1] 如果说私法的价值基础是一种个人主义，那么，此种“个人主义的价值基础决定了私法的研究方法必然也是一种个人主义的方法”。[2] 在知识产权法研究中采用个体主义方法，最基本的要求就是从个体的“知识产品的创造者”或“智力成果完成者”出发展开知识产权法的一般原理。知识产权法中的个体平等而没有差别，不因年龄、身份等而异其待遇。知识产权是基于权利人的智力活动的事实行为，而不是其他。知识产权法将每个个体因其发明、创作和显著标志的使用所享有的利益在法律上加以规定，遂产生了专利权、著作权和商标权。选择将个人作为知识产权法基础理论研究的基点，旨在营造一个能发挥个人自由意志的自治的空间，最大限度地发挥个人从事科学发现、技术发明和作品创作的积极性、主动性与创造性。知识产权法赋予个体以民法上的“人格”，使各个个体得以毫无差别地踏着交换正义与程序正义的大道进入市

---

❶ 布鲁诺·莱奥尼，等. 自由与法律［M］. 秋风，译. 长春：吉林人民出版社，2004：214.

❷ 胡玉鸿. 法学方法论［M］. 济南：山东人民出版社，2002：263.

民社会从事民事活动。

“个体主义”方法论的应用在知识产权法研究中也存在明显的问题。社会并不是简单的一群人，而是一个由现实表现出的他们之间的联系形成的系统，社会整体会显著地影响和制约其部分的行为或功能。人们的追求除了涉及物质利益之外，还会包括多种如地位、尊严等的社会性需要，因而这就要求人们在作出自己的选择时，不仅仅要考虑到个人的利益，还需要考虑到由于自身经验、文化、法律等的制约，这必然会极大地限制个人在社会中扮演“理性人”的程度，使得“个人主义”的现实指导意义受到制约。因此，本书的研究需要另一种方法的支撑——整体主义。因为社会是一个有机体，社会的集体意识使人们连接在一起，形成社会连带关系，这就是法律和一切规则的真正基础。[1]

整体主义方法缘于法律和一切规则的真正基础是社会是一个有机体，个体被看成是社会化的人。社会的集体意识使人们连接在一起，形成一种社会连带关系，整体主义方法视社会规范存在的目的在于维护社会连带关系，社会整体不是其构成元素的简单相加（简单的个体加总），而是比个体具有更多的结构属性，这种结构属性成为决定和制约个体行为的原因性力量。所以，必须把对象世界作为一个相互联系的统一体加以把握。研究中的整体主义方法与个体主义方法不是排斥关系，而是一种相辅相成关系。在知识产权法学中，把个人作为考察对象的出发点有其自然的一面，保障个人的自由选择、尊重个人的创新劳动价值与意义，本身可以给人以激励，是社会进步的重要动力之一。整体主义也不完全忽视对个人偏好分析而只考虑集体或阶级利益。

知识产品作为公共资源所彰显的社会整体利益性与享有知识产权专有权的个体利益，是对立而统一的。一方面，知识产品社会整体利益的增进如能够实现合理分配，必然能够使知识产权个

[1] 涂尔干．社会分工论［M］．渠东，译．北京：商务印书馆，2000：73.

体的利益增进，而个体利益的增进在某些情形下也可以促进社会整体的利益的增进，因而社会整体利益与个体利益具有统一的一面；另一方面，因为社会作为整体成为独立的利益主体，不同主体之间的利益冲突不可避免，知识产权的社会整体利益与知识产权的个体利益也存在对立的一面。公共利益超越个人利益，但公共利益和社会利益的特性不等于个人利益之和。事实上，在高度化的条件下，由于人类具有趋利的本性，如果对他们的行为不加以一定的限制，势必会危害社会并最终殃及自身。因此，亟须特别维护有遭受损害之虞的社会整体利益，重构个体利益与社会利益平衡的新格局。然而，在民法理念上，认为个体利益的追求能实现社会整体利益，进而着重考虑个体利益的保护，而不过分关注社会整体利益。但知识产权客体的特殊性使之形成的法社会关系复杂异常，知识产权法是适应科学技术发展和经济社会发展的客观需要，以弥补民法等传统部门法对知识产权关系调整的不足而产生的。知识产权法不仅仅是维护个体的知识产权，也是维护社会整体进步利益需求和经济社会发展的制度，其理念是国家既要鼓励和保护知识产品源源不断地产出，也要根据社会对新增知识产品的总需求量和依赖程度进行制度分配。为了实现社会整体利益，知识产权法有时需要对个体的知识产权权利取得和行使加以必要的、合理的限制，通过限制个体的部分自由去为其换取更大的自由，牺牲个体部分利益去为其获得更多的利益，从而实现社会利益与个体利益的各自最大化和相互和谐发展。所以，整体利益与个体利益的合理分配是知识产权法需要考虑的问题。这就要求我们用综合的思维方式来认识知识产权法，既要着眼于知识产权法的整体，从整体出发认识知识产权法和体系，又要把知识产权法和体系的各专门法部分、各权利要素联系起来进行考察，统筹考虑，优化组合，最终形成关于知识产权法的完整准确的认识。“世界关系本身就是一个整体，只有借助这一整体，一切个别东西的意义才能得以完全理解，反之，也只有通过这些个别东西，整体才能得到完全理解。”❶ “世界万有，是一个‘一体多元’‘多元一体’的整体与系统，因此，法律必须从整体网络中去规范整体与各部分之间的关系。”❷ 故此，将方法论的个体主义与整体主义相结合的系统研究方法无疑是最为适合知识产权法这一特殊法现象的。

❶ 汉斯－格奥尔格·加达默尔．真理与方法（上）［M］．洪汉鼎，译．上海：上海译文出版社，1999：230.

❷ 刘水林．法学方法论研究［J］．法学研究，2001（3）：52.

第二章　知识与知识产权

第一节　知识的概念抽象

一、界定“知识产权”中“知识”的意义

知识产权，顾名思义与知识有关。知识来源于社会实践，又指导人们进行社会实践，是人们改造世界的强大思想武器。现代科学技术知识是各国发展经济的重要支柱，技术知识已经成为各国综合国力竞争的核心。知识经济中的知识是一种最重要的资源，且这种资源是信息化与智能化形态，具有非消耗性、共享性、非稀缺性的特点。知识不一定成为知识产权，而知识产权一定是以知识为对象。知识产权法保护的是知识产权，而不是知识。但知识产权上的“知识”历来是一个含糊的概念，知识产权是针对什么而言的，这既是知识产权理论最基本的概念，也是整个知识产权法学理论和知识产权制度构建的基石。从微观到宏观，准确掌握知识产权“知识”的内涵和特点，其意义至少体现在以下四个方面。

（一）有助于掌握知识产权的客体知识

“知识产权是因知识发生的财产权。知识产权最恰当的描述方式，就是它自己。”[1]因此，在知识产权研究领域中，首先需要界定知识的本质，在此基础上才能够研究知识产权的客体。知识与知识产权的客体有关，客体即知识产权所针对之事物，也有将

[1] 刘春田. 知识财产权解析［J］. 中国社会科学，2003（4）：111.

其称为“对象”。知识产权客体的定义尚处于争鸣之中，澄清“知识”的本质属性有助于知识产权的客体研究。

从知识产权产生和发展的历史现象来看，知识产权从最初的专利、商标和著作权逐步扩大到计算机软件、基因技术、地理标志、植物新品种、集成电路布图、商业秘密等，知识产权保护范围的扩张经历了一个逐步发展的过程。这些不断涌现的新类型的权利统统被“知识产权”一词囊括，原因是什么？知识产权的客体并不包括所有的知识，例如爱因斯坦的质能互换定律虽为知识，却因其是科学理论而并未纳入知识产权的客体；也有很多知识产权的客体并非是知识，例如遗传信息、地理标志、商业性标识及其所代表的商誉等，因为它们是有用的信息而被纳入知识产权客体。可见，知识产权的客体并不能简单地用“知识”来界定。

（二）有助于区别产权知识和非产权知识

先进的知识才有力量，有产权的知识才是财富。在知识体系中，有很多知识是通识的、常识的、一般的知识，早已进入公有领域，为全人类所自由使用，不需要经过同意，也无须支付报酬，像中国文学史上的唐诗、宋词、元曲、明清小说等这些传统文学知识。还有些知识，因不具备法律保护的条件，如技术不同时具有“创造性、新颖性、实用性”三特点就不能申请专利，获得专利权。还有些知识，尽管曾经受到知识产权法的保护，但是由于保护期届满，它就从私人财产变成了公共财富。比如一般的作品保护期为作者的有生之年，加死后的第 50 年的 12 月 31 日，而发明专利保护期是 20 年，如果这些知识超过了法律保护期就进入到公有领域。所以，知识产权意义上的知识，强调的是产权意义上的知识。

（三）有助于认识知识与信息之间的关系

从 20 世纪 80 年代开始，“信息”一词广泛流行起来。以信息和信息能为研究对象的信息科学也逐渐成为一个庞大的学科群，并与特定领域的信息过程结合而产生了诸如“信息传播学”“生物信息学”“化学信息学”等不同领域的学科。为此，“知识产权学”领域也面临一个新观点，即“知识产权”这一名词是否也应更正为“信息产权”？因此，研究信息与知识的关系就很有必要，而两者的本质界定是其研究的基础。

（四）有助于奠定知识产权理论体系构建基石

知识产权一词已被国际社会普遍接受，且在法律上无被其他法律术语代替之可能。知识产权法所调整的知识不能脱离和违反作为客观现实状态的第一性知识，同时，知识产权法“知识”的概念也必须根据人的需要来构建，只选择法能够调整的知识范畴，采用法能够实现的手段进行调整，而不是一般意义上知识本身的简单描摹。在某种程度上，对“知识”的认识可以看成是探讨知识产权诸分支联结为整体的逻辑起点，界定知识产权的“知识”与一般意义上的知识或认识论上的知识区别，直接关乎知识产权基础命题和理论体系的建立。为此，有必要考察尚未被法律所规范的本来意义上的知识，因其不像物在物理世界里的确定存在，故而只能在哲学中确定它自身的存在。

二、哲学意义上的知识

从中外哲学发展历史看，对知识的本质含义历来充满争议，一直是见仁见智。在关于什么是知识这个问题上，西方哲学主要存在两大派别，即理性主义和经验主义，理性主义主张知识是可以借助思维的产物，通过演绎来获得；而经验主义则强调从特定的感观实践中归纳而产生。

（一）古希腊哲学家的知识观

对知识本性的探索是从古希腊开始的，哲学史上第一个关于知识的定义来自柏拉图在《泰阿泰德篇》中对知识的传统看法，所谓的知识必须要能够满足如下三个条件：信念的条件、真的条件和证实的条件。合而言之，知识是经过证实了的真的信念。[1]从柏拉图对知识的定义中，可以看出柏拉图就是从理性主义出发来给知识下定义的。柏拉图认为，人们通过感觉不能获得真正的知识，只有通过理智和理性才能获得真正的知识。而作为柏拉图的学生亚里士多德则反对他老师的观点，认为理念既不能从物质的实体中分离，也不能脱离感观认识而存在，知识应该是从感观认识中形成的，这是典型的经验主义。亚里士多德创立了形式逻辑体系，信仰或信念在这理性（理智的推论）的系统中已经没有地位，消解为一般的信与不信的心理态度。依据亚里士多德对知识本性的看法，感观所把握的东西无疑不是知识的内容，而只有理智所把握的东西才是知识的内容。“知识论的根本理论旨趣是证明和辩护特定的知识主张和知识观念，它力图证明知识是真的和客观的，力图为知识的真理性和客观性提出一个永恒的基础和标准。”[2]

（二）近现代西方哲学家的知识观

现代西方哲学代表人物之一笛卡儿认为，获取知识的有效途径应该是理性的演绎方法，这显然是理性思维的模式，可以说笛卡儿的这套理论为分析知识论画上了一个固定的轨迹，他的知识论是主观知识论，他把“自我”看成是一切知识得以可能的条件。他认为知识的必然的普遍性的根据就在于“先验自我”的纯粹知性范畴，他的著名论断是“我思故我在”，他的知识论就是围绕纯粹理性知性范畴展开的。英国经验主义创始人洛克则对笛卡儿进行了批判，认为知识就是观念与外物相契合。但又认为，观念既然不反映外物，它就只能是思想的直接对象，因此，知识只是有关观念之间彼此相契和相违的一种知觉。知识既然是

---

[1] 胡军．什么是知识［J］．求是学刊，1999（3）：6.

[2] 黄颂杰，等．西方哲学多维透视［M］．上海：上海人民出版社，2002：291.

对任何观念间相契和相违的一种知觉，就不能超出观念的范围，而且比观念的范围还要狭窄。这是因为人的一切观念都来自感觉，而人的感观是有限的，因此，人们不能超越感观从当下感知的内容，不能超出感觉所提供的知识范围。显然，洛克把知识完全限制在有限的观念范围之内。

康德把理性主义和经验主义综合起来，提出了批判的知识论。他赞成知识的基础是经验，但不同意经验主义关于经验是所有知识唯一源泉的观点。康德认为只有当理性主义的逻辑思考和经验主义的感观经验一起作用时，才会产生知识。他认为人脑不是被动的“没有任何特点的白纸”，而是主动地将时空中的感观经验排序，并为理解它们提供概念工具。[1] 康德把这种先天形式和后天经验相结合所产生的科学知识，称为“先天综合判断”。康德的知识论为有经验和人类理智或是人类自我的观念所构成的现象的“知”与知识打下了基础。康德第一次把哲学和科学明确地区分开来，把知识论推向顶峰，并确立了哲学对于科学的基础地位。

罗素用逻辑推理的方式来寻求知识的确定性，但他同时发现推理的结果又具有或然性，所以他说：“‘知识是什么意思’这个问题并不是一个具有确定和毫不含糊的答案的问题。”罗素在他晚年的哲学著作《人类的知识》里就集中体现了他对知识的不确定性的思想，他说：“人类的全部知识都是不确定的、不精确的和片面的。”[2]

英籍犹太裔物理化学家和哲学家迈克尔·波兰尼认为：“人类的知识有两种。通常被描述为知识的，即以书面文字、图表和数学公式加以表述的，只是一种类型的知识。而未被表述的知

---

❶ 野中郁次郎，竹内广隆．创造知识的公司——日本公司是如何建立创新动力学的［M］．北京：科学技术部国际合作司，1999：16.

❷ 罗素．人类的知识［M］．张金言，译．北京：商务印书馆，1983：606.

识，像我们在做某事的行动中所拥有的知识，是另一种知识。”❶他把前者称为显性知识，而将后者称为隐性知识，按照波兰尼的理解，显性知识是能够被人类以一定符码系统（最典型的是语言，也包括数学公式、各类图表、盲文、手势语、旗语等诸种符号形式）加以完整表述的知识。隐性知识和显性知识相对，是指那种我们知道但难以言述的知识，比如游泳者不知道自己如何能在水中浮起来；学会自行车的不知道自己如何最终使自己骑在车上不致摔倒等。而这种隐形的知识对于人生的选择与性格的成型也许更具关键性作用。

（三）辩证唯物主义知识观

辩证唯物主义认为，知识是人类认识的成果或结晶，包括经验知识和理论知识，它通常以概念、判断、推理、假说、预见等思维形式和范畴体系表现自身的存在。认为社会实践作为一切知识的基础和检验知识的标准，否定知识是先天存在或头脑主观自生的观念。知识借助于一定的语言形式，或物化为某种劳动产品的形式，可以交流和传递给下一代，成为人类共同的精神财富，一般分为自然科学、社会科学和思维科学知识。❷

从以上可以看出，哲学界有关知识主观性与客观性、知与不可知性、天赋与后天习得等问题的争论将永无止境。难以对知识给出一个完全充分而又得到普遍认同的定义，根本的原因在于，知识所要求的证实必须是完全的证实，而不是部分的或不完全的证实。而对柏拉图知识信念条件作完全的证实是一件在事实上根本不可能做到的事情。而部分的或不完全的证实又不能满足知识定义的要求。所以，从这个角度来看，对知识下一个完全和充分的定义是不可能的。另外，不同认识论立场决定了对知识的

❶ MICHAEL POLANYI. Study of Man [M]. Chicago: The University of Chicago Press, 1958: 12.

❷ 夏征农．辞海·哲学分册［M］．北京：商务印书馆，1996：99.

不同界定，而且同一认识论观点因考察的维度和视角不同，也会给出不尽一致的知识定义。然而，这并不意味着知识没有确定的内涵。

（四）知识的含义

知识是“人们在社会实践中积累起来的经验。从本质上说，知识属于认识的范畴”。[1] 根据世界经济合作与发展组织（OECD）在1996年发表的题为《以知识为基础的经济》的报告，知识包括：对（某一存在）现象的界定（包括其主体what、who）及其功能、属性以及对它们的时间、地点（when、where）的认定、对现象的原因（why）的认识，以及对现象的利用的认识（how），从而形成不同层次的知识：信息（特定个体特定时刻的状态）、经验（未经过严密论证的对某类事物的比较稳定的联系的认识）、科学原理（经过严密论证和验证的对某类事钩的稳定的联系的认识）、技术、设计、策划等（如何利用事物之间的联系达到某种目的或功能的认识）；乃至于以情感等非理性的手段，把握客体所得到的善和美的认识，也应当属于知识的范畴，因为它把一般人没能通过自己感受领悟到、或用语言传达出来的知识揭示出来，使人获得对善和美的精神体验与享受，这就是音乐、戏曲、电影艺术等作为知识产权的依据。[2]

从来源来看，知识来源于知识主体的生产和社会实践行为与活动，来源于主体对其所赖以生存的社会与自然环境的认识。从主体来看，掌握和运用知识的主体是具有智慧、能进行复杂的脑力劳动的人类。从目的来看，掌握和运用知识的目的在于为人类自身创造更优越的社会与自然环境，满足人类不断提高的物质和文化生活需要。

---

[1] 辞海编辑委员会．辞海（缩印本）［M］．上海：上海辞书出版社，1980：1733.

[2] 朱诗勇．知识经济的哲学意义［J］．学理论，2009（9）：19.

三、知识产权法意义上的知识

知识产权法所调整的“知识”，首先，其是作为客观现实状态的第一性的知识，且不能与之冲突；其次，其概念也必须根据人的需要来构建，只选择它能够调整的知识范畴、采用它能够实现的手段进行调整，而不是一般意义上知识本身的简单描摹。由于第一性上的知识，也即未被法律所规范的在本来意义上的知识，不像物在物理世界确定的存在，所以只能在哲学中确定它自身的存在，有关于此前面已阐述。哲学上的“知识”欲进入知识产权法领域，正如物理上的物进入物权法领域一样，须遵循法的第二性原理，即服务于人的需要，而被导入规范的功能，法律只从规范的目的出发对该事物进行界定。因此，“知识”的概念在知识产权法上必将与哲学上有不同的内涵。

譬如，人们可以在美学上对“独创性”的含义争论不休，但在著作权法上，只要作品系作者独立完成、且能反映出作者的选择与安排，即满足法律上的独创性要求。著作权法之所以确立了不问作品艺术价值的原则，乃因为作品的艺术价值已经超出了法的判断能力，亦违背了法的确定性与可操作性原则。著作权法的规范目的仅在于鼓励作品的“独具匠心”，鼓励创作者尽力不与他人雷同。至于作品的优劣，只能交给“自然选择”，稚拙的作品自然无人愿意使用，侵权的可能性也大大降低，但在法律面前，优秀作品与稚拙作品无差别地受到保护。当然，著作权法的设计原理中也暗含了一个推定：只要每个作者都极力展现自己的个性，好作品诞生的可能性便大大增加。只有结合著作权法的规范目的，才能理解法律上的独创性的内涵。人们尽可以在美学上无休止地解释独创性，但所有无规范价值的解释都不会进入法学的论域。

再比如“人”的概念，柏拉图所言“两足无毛动物”，德国哲学家卡西尔所言“符号动物”，都是第一性上的解释，不能成为民法上的定义。民法规定“人”，是为了确定从事民事行为的主体资格。从此规范目的出发，完全民事行为能力人的特征与长相、地位、学识无关，法律只关心两个特征：（1）年龄；（2）精神是否健全。只要达到一定年龄、无精神障碍者，便可对自己的行为后果承担责任，这就是与法的规范功能相关的人的特征。因此，法律上的“人”的概念是围绕着规范目的而建构的。

据此分析，知识产权的对象无疑是法的第二性原理上的知识，它来源于第一性，却又不完全相同于第一性意义上的知识。然而，在这个问题上，最容易使人认识产生混淆的是知识产权的对象是信息的说法。

四、知识与信息

（一）信息论中的信息

1948年，贝尔电话实验室的通信工程师克劳德·香农（Claude Shannon）发表了《通信的数学理论》（A Mathematical Theory of Communication）一文，该文的发表标志着信息论的创立。在这篇里程碑式的论文中，香农提出：“通信的根本问题是在某一点精确地或者近似地重现在另一点选择的消息。”❶

以电话通信为例，甲乙双方通话过程中，消息的传输介质——信号（指消息在信道中传输时采用的物理形式），发生了变化（从声波到电磁波再到声波），但信号的频率始终保持不变。这种不变的频率可称为“同型结构”或“不变式”。也正是因为结构的同型，甲和乙才能顺利地进行通话，通信工作者也就完成了“把消息原原本本地从信源（消息的发出者）传递给信宿（消息接收着）”的任务。在这个通信过程中，信号所内含的

---

❶ C. E. Shannon, A Mathematical Theory of communication [EB/OL]. [2013-11-15]. htpp://cm. bell-labs. com/cm/ms/what/shannonday/shannon1948. pdf，转引自：张耕，蒙洪勇．知识产权法实务教程［M］．北京：中国人民大学出版社，2012：9.

"同型结构"就是香农的通信理论中的"信息"。

现代技术表明，具有一定结构的任何客体——人类的语言、文字和图画等，原则上都可以借助那种与初始结构同型的结构来反映。人类所要表达的"意义"必须通过传输介质的同型结构才能表达出来。这种同型结构不同于物质（如传输介质）本身，但作为一种结构，它是客观存在的。香农对同型结构所蕴含的"意义"毫不关心，在他眼里，信息不过是个"同型结构"而已。所以，"信息论的研究者所使用的'信息'概念强调的不是意义"。❶

（二）控制论中的信息

在控制论中，信息的"意义"必须予以考虑。"当不作为意义事件来看待时，无论什么样的信息，都不能从系统的一个部分进入另一个部分。"❷ 香农的老师诺伯特·维纳（Norbert Weiner）对意义高度重视，他把信号"内含"的"同型结构"与"同型结构"所蕴含的意义结合起来考虑，将它们作为一个整体，称为"信息"。这样，控制论中的信息就不同于信息论中的信息。

维纳在其1948年发表的《控制论——或关于在动物和机器中控制和通信的科学》（*Cybernetics—or control and communication in the animal and the machine*）中宣告："信息就是信息，不是物质，也不是能量"，❸ 将信息与物质、能量并列为"基本范畴"。这极大地冲击了原有的世界图景。在原有的世界图景里，只有物质与能量的存在，信息不过是物质的属性，并没有独立存在的地位。随后，维纳进一步阐述了信息的含义："信息是我们适应外部世界，并且使这种适应为外部世界所感知的过程中，同外部世

❶ 斯蒂芬·李特约翰. 人类传播理论［M］. 史安斌，译. 北京：清华大学出版社，2004：49.

❷ 拉扎列夫，等. 认识结构和科学革命［M］. 王鹏令，等，译. 北京：中国社会科学出版社，1985：101.

❸ 维纳. 控制论［M］. 郝季仁，译. 北京：科学出版社，1962：133.

界进行交换的内容的名称。接受信息和使用信息的过程，就是我们适应外部环境发生的一切偶然事件的过程，也是我们在这个环境中有效生活的过程。”❶

（三）信息的特点

（1）信息具有双重性。信息的“同型结构 + 意义”的双重结构决定了信息的双重属性：“主观性 + 客观性”。传递信息总是以某种实在方式存在，并可以被感知和理解。基于信息的“二重性”，研究信息既要研究信息的物质载体，也要研究信息的内容。

（2）信息与载体的相对独立性。信息对于物质载体具有绝对依赖性，离开载体而单独存在的信息是没有的。人的大脑是一种特别的载体，当它感知和理解某个具体物质的变化，便会使主体的认识对象系统发生变化，因此，客观存在的物质才有了信息的意义。同时，某种物质载体仅仅只是信息存在的依托，信息可以变换这种依托，因此，信息对于特定的载体又具有相对独立性。从根本上讲，信息是非物质的，且具有非物质特性。即便对于“人脑”这个特定载体，假如某位科学家的理论已经产生并记录，信息可以独立于他的大脑而存在和发展，可以不受某一种载体生命周期的限制而长存。

（3）信息可复制性。在整个信息传输过程中，传输介质、固定物的材质等都可以发生变化，唯一保持不变的，就是传输信号当中的信息的客观部分，即“同型结构”。能够复制的，其实就是信息中的同型结构。信息的传递其实就是一个信息中的同型结构不断被复制的过程。因为信息的可传递性，主体才能认识客观世界。也正是这一同型结构，保持着信息的唯一性，使我们能够感觉到复制件与原件是同一作品。可见，能够被复制的是信息本身，而不是其载体。

❶ 维纳．维纳著作选［M］．钟韧，译．上海：上海译文出版社，1978：4.

（4）信息可共享性。信息不能脱离人而存在，物有各种甚至无限多的质或潜在的结构，但只有当其中某种结构与接受者的接收系统相对接形成一个闭合系统后，才能为接收者所接受。接收者所接收到的结构就是信息的客观部分，该客观部分被接收者赋予意义后，就形成了信息。物的潜在结构若与接收者的接收系统不匹配，就会被接收系统过滤掉，接收者就不可能意识到这种结构，也就不会再有信息。例如，人的听觉系统只能感知到20Hz到20kHz的声波，在此频率之外的声波因与人的声波系统不匹配，就被过滤掉了，也就没有了信息的可能。因为客体的潜在结构可同时与多个接收系统相对接形成多个闭合系统，故从理论上讲，有多少个接收者，就有多少个关于信息的闭合系统。但因信息中的客观结构相同，所以信息被视为“同一”，从接收者的角度讲，信息也就有了“可共享性”。

信息的可共享性，决定了“同一”信息可同时被两个以上的人所拥有和使用，而且这种使用不会给该信息造成损耗。

（四）知识与信息的关系

知识产生于人们的日常生活、社会生活和科学研究的认识活动中，而这种认识活动最基本的方式就是思维。因此，知识是思维产生的一种结果，是思维的结晶。进而言之，知识虽然可以离开它产生的“母体”而具有一定的独立性，但是这种独立性的知识如果没有另一个活的头脑来理解并运用它，那么它就成了一个没有任何意义的“死信息”。同时，知识与思维互为因果，相互促进，因为一定的思维产生出一定的知识后，思维便在这知识的基础上进一步发展。知识是在信息的基础上经过人的思维后进一步提炼的有价值成分。不论是技术方案，还是商业秘密、地理标志、遗传资源，从知识产权制度产生的目的来说，它们之所以受到保护，都是因为它们具有一定的“价值性”，是有用的信息。所以，甄别何为“信息”何为“知识”，对“信息产权”说会有一个正确的认识。[1]

由此可见，知识和信息都是将客观事物的性质或变化通过某种途径作用到了主体，但是知识是在“信息”基础上经过人的思维后进一步提炼的“有价值”的成分，世界中的客体虽然都反映着不同的信息，表达着一定的意义，但未必对人都是有价值的，而知识是能够改变某些人或某些事物的信息，它是结构性经验、价值观念、关联信息及专家见识的流动组合，是对信息的应用，具有价值属性。所以，没有信息的时候知识没有用，有的信息可能永远也转化不成知识，信息是知识的基础，而知识是信息的核心。在自然状态或物理现象以及法律意义上的知识更注重以人能否感知为界限，它比信息更进一步。

总之，知识是对信息的描述，是人为的形式。信息是抽象的，知识则是具体的。作为知识产权客体的信息只能是控制论意义上的信息，而不是信息论意义上的信息，它们既非属和种的关系，亦非整体与部分的关系，而是“标”与“本”的关系。二者毫无共同之处，是根本不同的两种事物。[2]据此，学术界那些认为知识是信息的一部分，知识产权应为信息产权的观点显然是不审慎的。

五、知识与财产

知识产权字面意思是“对知识的产权”，而产权是指法律意义上的财产权，即是具有物质财富的内容、直接体现为经济利益的权利，如所有权、债权等。因此，知识产权表面上可被

---

[1] 有学者认为，知识与信息的区别主要体现在以下四个方面：(1) 信息是客观实在，知识是人的创造“物”；(2) 信息无限，知识有限；(3) 信息是客观实在，无真伪之分，不能造假，知识是认识的产物，有正误之别，可以假造；(4) 信息不具有传递性，知识则可以传递。参见：刘春田．知识财产权解析 [J]．中国社会科学，2003 (4)：115－116.

[2] 刘春田．知识财产权解析 [J]．中国社会科学，2003 (4)：115－116.

理解为"对知识的财产权"。换言之，知识是一种法律意义上受保护的财产。那么，是否任何知识都是法律上的财产呢？显然不是。

法律上的财产必须符合三个方面的条件：一是稀缺性，成为财产的物因稀缺而具有价值；二是排他性，成为财产的物能够归属于某一特定主体拥有，该主体能够排除他人的共享和干涉；三是可转让性，成为财产的物可以以一定价格让渡给他人。显然有价值的有体物最符合这三个条件，自然成为法律上的财产。

文艺作品、发明创造等有价值的信息构成的智力成果是如何成为法律所承认并保护的财产呢？在近代欧洲，科学技术在经济发展和社会进步中的极端重要性已经日益显现，同时各国之间人才流动越来越频繁。如果一国不通过法律强制性地将发明创造成果规定为创造者在法律上的财产，仍然听任其"自由"地被他人仿制使用，发明人就无法从发明创造成果中获得报酬，等于是将其聪明才智无偿地贡献了出去。这样一来，一方面不会有很多人愿意进行可能具有巨大社会利益和经济价值的发明创造，另一方面可能导致大量人才离开本国。因此，法律需要通过赋予发明人对其发明创造的财产权来换取他们投身于发明创造活动的积极性，在使自己享有财产权的同时造福于国家。

作品从自由传播的信息演变为由作者享有的财产，同样是法律创设著作权这一新型财产权的结果。作者创作作品往往需要付出极大的心血和创造性劳动，而造纸术和印刷术却使得作品的复制和传播极为容易。如果不强制性地将作品界定为作者法律意义上的财产，使作者能够从作品中获得合理的报酬，就难以繁荣文艺创作。由此，著作权法应运而生，创设了一系列由作者享有的专有权利，以控制复制、发行、公开表演等对作品的特定使用行为。以此保障作者能够从其创作中获得经济利益，从而鼓励更多的人投身于文艺创作。而此后复制和传播技术的每一次巨大进步，都会引起著作权法相应的变革。著作权法会规定新的专有权利或扩张原有专有权利的控制范围而加以应对。因此，著作权法的发展历史，就是著作权这种特殊的财产权随着复制和转播技术的发展而不断扩张的历史。

可见，发明创造、文艺作品等由信息构成的成果之所以能成为法律上的财产，是出于推动科技发展、社会进步和保护某些特殊利益的公共政策需要。因此，这些成果是否能够被承认为财产，以及财产权的范围如何，都取决于法律的界定。它的变化与扩张也需要得到法律的确认。因此，并非所有的“知识”都能够成为法律意义上的财产，产生“知识产权”。[1]

第二节　知识产权概念

一、知识产权名称问题

时至今日，知识产权仍然没有一个准确的、权威的、公认的称谓。

“知识产权”是个外来词，其对应的英文“intellectual property”或“intellectual property right（s）”、法文“propriété intellectuelle”、德文“Geistiges Eigentum”、意大利文“prepriet intelletuale”等，均为“智慧财产/所有权”或“知识财产/所有权之意”。日本则先后使用过“无体财产权”“知的所有权”等用语。[2] 我国台湾地区称为“智慧财产权”、香港地区称为“智力财产权”。1967年《建立世界知识产权组织公约》签订后，“知识产权”这一概念在世界范围内被接受。我国大陆地区学者曾长期采用“智力成果权”的说法。1986年《民法通则》颁布，正

---

[1] 王迁．知识产权法教程［M］．3版．北京：中国人民大学出版社，2011：1-3.

[2] 张耕，蒙洪勇．知识产权法实务教程［M］．北京：中国人民大学出版社，2012：1.

式使用了“知识产权”一词，此后，我国理论界及立法统一使用“知识产权”称谓。

将英文的“intellectual property”译成“知识产权”，还是译成“智慧财产”，一向有争议。因为“intellectual”是“智慧”或“智力”之意，“knowledge”才是知识，因此有观点主张译成“智慧财产”更为贴切。[1] 也有观点认为，联系各国国内法的规定和国际间诸如《建立世界知识产权组织公约》以及《与贸易有关的知识产权协定》（*Agreement on Trade－Related Aspects of Intellectual Property Rights*，TRIPS）的规定，无论是文学艺术作品，还是技术发明，或者是工商业标记，都不是“intellectual”，即“智力”，而是指各种“知识”。事实上，该法律制度设计的初衷，所涉及的规范对象也非智力、智慧、才智或理智，恰恰是与汉语“知识”一词对应的“knowledge”。故认为，用“知识”一词概括知识产权的对象，是一种更为恰当的选择，英文当初选择使用“intellectual”本来就不恰当，不如用“knowledge”合适。比如罗素的名著《人类的知识》，用的就是“knowledge”，该书所研究的内容也是指人类的知识，而不是指人类的智慧。[2]

总之，鉴于相关国际公约、国内立法的规定与我国法学界、知识产权实务部门的约定俗成，我们主张沿用“知识产权”的称谓。

二、知识产权定义

概念是对某一类事物的高度抽象和概括，是对这类事物共同本质的提炼。在科学理论中，概念扮演着重要的角色，不同的理论主要由不同的概念来区分。概念通常采用规范的方式来定义，采用这种方式，无论概念的具体内容或范围如何动态变化，概念

---

[1] 郭寿康．知识产权法［M］．北京：中共中央党校出版社，2002：2－3．

[2] 刘春田．知识财产权解析［J］．中国社会科学，2003（4）：110．

本身是稳定的，由这些概念构成的理论才能够解释和预测同一概念下动态出现的各种具体的或新的事物，从而具有指导实践的功能。知识产权法基础理论有自己一套严谨的概念，以及由这些概念构成的严密的逻辑体系。

(一) 定义方式

知识产权作为一个用语并不是自我界定的。即使在今天，在这个名字下也没有一个统一的法律内容。这一术语其实是一套各不相同的权利的方便称谓。然而，作为相对独立的部门法学，它是一个规范体系、一个知识体系，对这个体系中的首要概念就是知识产权还应当有一个相对稳定、较为准确、规范的表达或定义。[1]

界定知识产权概念，下定义是一种常用的方法。“定义是揭示概念内涵与外延的逻辑方法。一个概念的内涵与外延明确了，这个概念就明确了，所以，可以说定义是正确思维的最基础的逻辑手段之一。”[2] 关于知识产权的定义方法，主要有列举方式与概括方式两种。

列举方法，就是通过系统地列举所保护的权项，即划定权利体系范围来明确知识产权的概念。列举的方法广泛见之于知识产权国际条约。按照《建立世界知识产权组织公约》第 2 条第 (8) 款的规定，下列权利构成知识产权：著作权与邻接权、专利权或（和）发明权、发现权、外观设计权、商标权及其他标记权、反不正当竞争权以及其他由于智力活动产生的权利。TRIPS 第一部分第 1 条规定，本协定所保护的“知识产权”是指该协定第二部分第 1 ~ 7 节中所列举的著作权与邻接权、商标权、地理标记权、外观设计权、专利权、集成电路布图设计权、商业秘密权。

我国香港特别行政区政府官方网站对知识产权概念的界定也

---

[1] 赵宾，李林启. 知识产权法 [M]. 北京：清华大学出版社，2012：3.

[2] 陈孟麟. 墨辩逻辑学（修订本）[M]. 济南：齐鲁书社，1983：33.

是采用列举的方式，“知识产权泛指一组无形的独立财产权利，包括商标权、专利权、版权、外观设计权、植物品种保护权及集成电路的布图设计权。知识产权对于我们的日常生活十分重要：衣物牌子、报章上的文章、电视节目、流行歌曲、电影以及时装设计等，均与知识产权息息相关。”❶

概括的方法，就是通过对保护对象的概括抽象地描述，即简要说明这一权利的“属＋种差”来给出知识产权的定义。“属＋种差”，即把某一概念包含在它的属概念中，并揭示它与同一个属概念下其他种概念之间的差别。与被定义项最相邻的属概念，即最相邻的属；被定义项所反映的对象不同于其他种概念所反映的对象的特有属性，即种差。知识产权的定义也应当围绕着这个基本公式展开。然而，在界定知识产权概念“最相邻的属”上，学界就出现了分歧。“最相邻的属”就是我们所称的能够统领知识产权诸项分支权利的“最小公分母”，即知识产权对象。那么，学界是如何界定知识产权概念的这个“最小公分母”呢？目前比较有代表性的观点有无形财产说、无体财产说、形式说、智力成果说、信息说、符号说等。❷ 这些学说以自己的语言对自己的观点进行解释，反映到国内各种版本的教科书上，就是各种对知识产权概念的定义。

（1）“知识产权指的是人们可以就其智力创造的成果依法所享有的专有权利。”❸

（2）“知识产权，是指民事主体依法对其在科学、技术、文学艺术等领域从事智力劳动所创造的智力成果所享有的专有权。

---

❶ 什么是知识产权？［EB/OL］．［2013－11－15］．http：//www. ipd. gov. hk/sc/intellectual_ property/ip_ hk. htm.

❷ 关于知识产权概念的一些学说，有学者已经进行了比较中肯的评析。参见：李琛．知识产权法关键词［M］．北京：法律出版社，2006：2－3.

❸ 郑成思．知识产权法教程［M］．北京：法律出版社，1993：1.

知识产权相对于传统的实物财产权，是一种无形财产权。”❶

（3）“知识产权是基于创造性智力成果和工商业标记依法产生的权利的统称。”❷

（4）知识产权是民事主体依法享有的，支配其所有的信息，享受其利益并排斥他人干涉的权利。❸

（5）“知识产权是人们对于自己的智力活动创造的成果和经营管理活动中的标记、信誉依法享有的权利。”❹

（6）“知识产权是人们对于科技和文艺领域的智力创新成果和工商业领域的投资成果享有的法定权益。前者如对发明创造和文艺创作等‘投智’成果依法产生的智力成果权；后者如对商标和数据库等‘投资’成果依法产生的工商业成果权。”❺

（7）“知识产权是民事主体对特定有用信息的法定财产权和天赋精神权。”❻

在我国台湾地区，对知识产权的概念有代表性的定义是：

“知识产权（Intellectual Property Rights，IPR），系指人类精神活动之成果而能产生财产上之价值者，并由法律所创设之一种权利。因此，知识产权必须兼具‘人类精神活动之成果’，以及能‘产生财产上价值’之特性。就‘人类精神活动之成果’之特性而言，如果仅是体力劳累，而无精神智慧之投注，例如仅作资料之辛苦收集，而无创意之分类、检索，并不足以构成‘人类精神活动之成果’。又此一‘人类精神活动之成果’如不能‘产生财产上价值’，亦无以法律保护之必要，必须具有‘财产上的

---

❶ 王利民．知识产权法教程［M］．北京：中国财政经济出版社，1998：1.

❷ 刘春田．知识产权法［M］．2版．北京：中国人民大学出版社，2002：6.

❸ 张玉敏．知识产权法学［M］．北京：法律出版社，2002：17.

❹ 吴汉东．知识产权法［M］．北京：中国政法大学出版社，2004：1.

❺ 王兵．知识产权基础教程［M］．2版．北京：清华大学出版社，2010：4.

❻ 张勤．知识产权基本原理［M］．北京：知识产权出版社，2012：227.

价值'，才有如一般财产加以保护之必要。"❶

"智慧财产权指法律赋予财产权保护的心智创作品，有别于动产或不动产，一般认为是无体财产权。……智慧财产权的范围很广，一般多泛指专利、商标、不公平竞争、著作权、营业秘密等。在美国也包括知名权（right of publicity）。"❷

（二）定义分析

由上可见，列举的方法常见于知识产权国际条约，通常是从知识产权的外延出发对知识产权范围进行界定。这种定义表述清楚、明确，但用以说明概念，则失之烦琐；此外，由于列举定义并未能揭示知识产权概念的本质和内涵，更由于知识产权是个动态的、开放的法律制度体系，列举式难免有遗漏之处。事物的概念虽可以采用枚举的方式来明示，但科学的概念应由概括定义来明确，定义应揭示知识产权的本质。

严格的概括定义必须给出所定义之事物的上位事物（属），并说明其与同一上位事物属下的其他事物（种）之间的本质区别。如《现代汉语词典》对人的解释是："能制造工具并能熟练使用工具进行劳动的高等动物。"该定义首先指出了人是一种高等动物，其次指出了人区别其他高等动物的本质区别，"能制造工具并能熟练使用工具进行劳动"。

同一概念的定义可以不止一个，原因有二个：第一，定义中的上位事物可以不止一个。例如"人"的定义中，上位事物可以是高等动物、动物、生物等，且是逐级上位的事物。第二，同一上位事物属下的不同种事物之间的区别可以有多种。例如，人区别于其他高等动物或动物、生物的特征除上述"能制造工具并能熟练使用工具进行劳动"外，还可以是"具有逻辑思维能

---

❶ [EB/OL]. [2013-10-15]. http://www.shes.cy.edu.tw/law/index.htm.

❷ 赵晋枚，等. 智慧财产权入门 [M]. 台北：台湾月旦出版股份有限公司，1992：1-2.

力"，"能够使用语言、具有复杂的社会组织与科技发展"等。因此，虽然对概念下定义的范式相同，但对同一概念所下的定义却可以不同。

在我国，概括定义比列举定义容易被接受，因为这符合大陆法系国家一般的思维方法，但是要通过概括知识产权客体的共有特征而给知识产权下定义却是非常困难的，其主要原因在于知识产权的客体之间具有明显的差异。如作品和发明可以被归纳为智力创造成果，而许多商标的图形、文字都来自公有领域。上述各种概括定义方法，对知识产权的属性及对象进行了抽象与概括，虽表述不一，但反映了知识产权的概念特征：第一，知识产权有别于传统所有权，其权利是产生于精神领域的非物质化的财产权，即是基于智力成果、经营标记或知识信息所产生的权利。第二，知识产权不等于是智力成果权，以知识产权名义所统领的各项权利并非都是来自知识领域，亦非都是基于智力成果而产生。从权利来源来看，主要发生于智力创造活动与工商经营活动；从权利对象来看，则由创造性成果、经营性标记、信誉以及其他知识信息所构成。第三，知识产权是法定之权，其产生一般须由法律所认可。换言之，并非所有的知识产品，都可以成为知识产权的保护对象。在不同历史时期的不同国家，受经济、科技、文化等因素影响，知识产权的范围也有所差异。概括方法高度抽象，表述简要，但其问题关键在于概括是否准确恰当，且具有最大包容性。目前，对知识产权的概括定义尚未形成完全一致的看法。

本书认为，概括定义符合大陆法系的学说和立法架构，能够揭示知识产权的本质，值得坚持。当然，从方便学习者对知识产权概念内涵和外延的了解与掌握，在采用概括定义揭示知识产权本质特征之后，也可以补充列举知识产权的具体范围。

三、知识产权范围

知识产权是一个开放的"权利群"，其范围随着科学技术与社会经济的发展而不断地拓展。关于知识产权范围的认识和表述也不尽一致。

（一）学术界对知识产权范围的划分

我国学术界一般按照知识产权客体的不同，将知识产权的范围划分为创造性智力成果权和工商业标记权：前者是指民事主体对融入了完成者的聪明才智及对事物或现象的新的独特认识的智力成果所享有的权利，包括著作权、邻接权、专利权、集成电路布图设计权、商业秘密权、反不正当竞争权、植物新品种权；后者包括商标权、商号权、地理标记权。

知识产权范围还可以划分为狭义、广义的知识产权。狭义知识产权即传统意义上的知识产权，包括著作权（含邻接权，即与著作权有关的权利）、专利权、商标权三个主要组成部分。广义知识产权包括著作权及其邻接权、商标权、商号权（企业名称权）、商业秘密权（未公开信息权）、专利权、集成电路布图设计权、植物新品种权、反不正当竞争权、产地标记权。

一般来说，狭义知识产权的范围可以分为两个类别：一类是文学产权，是指关于文学、艺术、科学作品的创造者和传播者所享有的权利，包括著作权以及与著作权有关的权利。它将具有原创性的作品及传播这种作品的媒介纳入了保护范围，从而在创造者“思想表达形式”的领域内构造了知识产权保护的独特领域；另一类是工业产权，是指工业、商业、林业和其他产业中具有实用经济意义的知识产权，主要是专利权和商标权。

应当注意的是，自20世纪60年代起，由于工业产权与著作权长期渗透和交叉，传统的工业产权与著作权两分法被打破，出现了一种新型的知识产权，即学术界所称的工业版权。它吸收了两者的部分内容，形成了亦此亦彼的“交叉权利”。这种权利的主要特点是：受保护对象必须具有新颖性（专利法要求）和独创性（著作权法要求）；实行工业产权法中的注册保护制和较短保护期；专有权人主要享有著作权法中的复制权和发行权，但是没有著作权主体的那种广泛权利。[1] 集成电路布图设计的保护，即深刻地表现出了著作权与专利权的综合和交叉。依据著作权或专利权的基本原理，在解决布图设计的保护上往往捉襟见肘。比如，若采用著作权基本原理，由于布图设计更新换代较快，著作权法过长的保护期不利于集成电路产业的发展；若采用专利权基本理论，由于集成电路技术的发展主要表现在光刻线条的不断减小和集成规模的不断提高，故难以达到专利权所要求的创造性高度。因此，各国纷纷采用专门立法的保护方式，既借鉴著作权法的经验，也吸取专利法的惯例，同时又适合集成电路布图设计保护的需要。

（二）国际公约规定的知识产权范围

真正界定知识产权保护范围并称得上完整意义上的知识产权国际条约的，当属《建立世界知识产权组织公约》和 TRIPS。

如前所述，《世界知识产权组织公约》划分的知识产权范围是：（1）与文学、艺术和科学作品有关的权利（著作权或版权）；（2）与表演艺术家的表演活动、与录音制品和广播节目有关权利（邻接权）；（3）与人类创造性活动的一切领域内的发明有关的权利（发明专利权）；（4）与科学发现有关的权利（发现权）；（5）与工业品外观设计有关的权利（外观设计权）；（6）与商品商标、服务商标、厂商名称和其他商业标记有关的权利（工商业标记权）；（7）与防止不正当竞争有关的权利（反不正当竞争权）；（8）一切来自工业、科学、文学或艺术领域内的智力创造活动所产生的权利。

TRIPS 划分的知识产权包括：（1）版权与邻接权；（2）商标权；（3）地理标志权；（4）工业品外观设计权；（5）发明专利权；（6）集成电路布图设计权；（7）未披露过的信息专有权（商业秘密权）。显然，两个国际公约所划分的是广义的知识产权。

---

[1] 吴汉东．知识产权法学［M］．北京：北京大学出版社，2007：4.

《世界知识产权组织公约》尽管适应社会和科学技术发展的需要，首次将知识产权作为正式法律术语使用并对其范围加以列举，在世界范围产生了较为深远影响，但它的不足也是明显的。首先，第（8）项规定的“一切来自工业、科学、文学或艺术领域内的智力创造活动所产生的权利”实际上属于兜底式规定，包含了人类一切智力创造活动所产生的权利，存在范围过于宽泛的弊端；其次，将科学发现列入知识产权范围存在争议，理论界普遍认为科学发现不属于人类所创造的智力成果，只是人们对客观世界固有的现象或规律的认识。

TRIPS 的签订标志着知识产权国际保护的框架和机制已经形成。该协议是 WTO 的一揽子协议之一，被认为是代表世界知识产权保护现代化水平的最重要的知识产权国际公约，其所划分的知识产权范围是最为标准的知识产权类别。[1] 与《世界知识产权组织公约》相比，TRIPS 从贸易的角度划分知识产权的范围，并作了一些突破：首先，排除了“科学发现权”以及范围过宽的“一切来自工业、科学、文学或艺术领域内的智力创造活动所产生的权利”；其次，将地理标志权和集成电路布图设计权规定为独立的知识产权；最后，将商业秘密权纳入知识产权范畴，从而结束了理论界长期以来有关商业秘密权的性质之争。

（三）我国现行民事立法规定的知识产权的范围

我国《民法通则》将知识产权作为民事权利之一，与财产所有权、债权、人身权并列。在知识产权的项下列举式规定了著作权、商标权、专利权、发明权、发现权及其他科技成果权 6 种知识产权。[2]《反不正当竞争法》《合同法》《公司法》《企业法

[1] 杨巧．知识产权法［M］．北京：法律出版社，2007：10.

[2] 我国不少学者反对将科学发现纳入知识产权的范围，认为除我国以外，世界上鲜有国家对科学发现予以知识产权保护。知识产权应当是具有创造性的智力成果，是人类的创造物，而不是客观世界固有的，对科学发现进行知识产权保护是不妥的。参见：刘春田．知识产权法［M］．北京：高等教育出版社，北京大学出版社，2003：15.

人登记条例》《企业名称登记条例》《植物新品种保护条例》《集成电路布图设计保护条例》等法律法规实际上认可了商业秘密权、商号权、植物新品种权、集成电路布图设计权属于知识产权的保护范围。我国保护地理标志是从商标管理角度间接进行的，2001 年修订的《商标法》规定了地理标志可以作为证明商标注册保护。[1] 从发展的眼光看，应将地理标志的保护方式过渡到类似于商号权或植物新品种权单独注册的知识产权保护模式。[2] 尽管《建立世界知识产权组织公约》规定知识产权包括“与制止不正当竞争有关权利”，国内不少学者也将反不正当竞争法全部内容纳入知识产权法体系中，但是也有个别学者反对将“反不正当竞争权”作为一种独立的知识产权，认为“反不正当竞争权既无特定客体，也无积极权利内容”。它是一种消极的被动的保护，只是在个案发生时经法院确定才发生效力。[3]

（四）知识产权范围的扩张

伴随着信息技术、生物技术、新材料技术、能源技术等高新技术日新月异的发展，传统知识产权制度面临着前所未有的变革。域名权、数据库特别权以及商品化权能否纳入知识产权的保护范围，已经成为知识产权领域关注的热点。现代生物技术中的基因技术、生物遗传资源是否应给予知识产权保护，以及近年来发展中国家在国际社会积极呼吁将传统知识、民间文化纳入知识产权范围，都对知识产权制度提出了挑战。

（1）域名权。互联网上的计算机是通过 IP 地址来定位的，

---

[1] 《中华人民共和国商标法》（2013 年第三次修正）已由中华人民共和国第十二届全国人民代表大会常务委员会第四次会议于 2013 年 8 月 30 日通过，自 2014 年 5 月 1 日起施行。书中如果没有注明“2013 年第三次修正”，所引规范皆为现行《商标法》规范。

[2] 张艳丽．知识产权法简明教程［M］．北京：知识产权出版社，2006：3.

[3] 韦之．论不正当竞争法与知识产权法关系［J］．北京大学学报：哲学社会科学版，1999（6）：28－30.

给出一个 IP 地址，也称作网际地址，就可以找到互联网上的某台主机。IP 地址由 4 个数组成，每个数可取值 0 ~ 255，各数之间用一个点号“.”，因为 IP 地址难于记忆，于是发明了域名来代替 IP 地址。域名（ Domain name）是由一定文字、字母、数字和其他符号按一定规则组合，通过计算机识别以连接互联网中计算机的地址。随着国际互联网的发展，如何处理注册域名与商标权、商号权等传统知识产权的冲突，以及是否赋予域名权独立的知识产权等问题已经引起国际社会的关注。现有各国国内立法与国际条约尚未对域名知识产权的性质进行最终确定。

（2）数据库特殊权。1995 年 7 月，欧洲议会和部长理事会通过了《关于数据库的法律保护指令》，正式在国际条约中使用了“数据库”概念。数据库与著作权法中汇编作品关系密切，据世界知识产权组织统计，全世界有 30 多个国家为数据库提供版权保护。[1] 1996 年欧洲议会和欧盟理事会对数据库作了明确界定：数据库是指经系统或有序的安排，并可通过电子或其他手段单独加以访问的独立作品、数据或其他材料的集合。我国在《著作权法》中将独创性数据库作为汇编作品给予保护，对不具有独创性的数据库如何保护还没有规定。欧盟在 1996 年《关于数据库的法律保护指令》对无独创性数据库，作为“准版权”的客体予以保护，以补偿数据库制作人付出的非创造性劳动与投资，[2] 有些国家以竞争法保护或以特殊权利保护。

（3）商品化权。商品化权能否成为独立的知识产权也存在很大争议。商品化权（Merchandising right）源于英美法系判例，是指民事主体将姓名、肖像、声音等人格标识，或创作的虚构形象等具有公众影响力的形象确认因素，进行商业化利用，以达到

---

❶ 董炳和．数据库的法律地位［G］//郑成思．知识产权文丛（第 1 卷）．北京：中国政法大学出版社，1999：316.

❷ 郑成思．知识产权法新世纪初的若干研究重点［M］．北京：法律出版社，2004：178.

商业促销的目的，并禁止他人未经授权而进行商业化利用的权利。商品化权基本包含真人形象权和创作形象权两大类型。侵犯真人形象权情形如将名人谢霆锋名字的谐音“泻停封”作为止泻药的商品名称，模仿美国前总统克林顿的形象推销国内商品，模仿赵本山的声音、动作进行商业性演出等。很难认定此类行为侵犯了谢霆锋的姓名权，因为行为人没有直接使用名人的姓名作为商品名称，只是使用了谐音；也很难认定侵犯了克林顿、赵本山的肖像权，因为没有直接使用克林顿、赵本山本人的肖像，而是使用了与克林顿、赵本山外表相近的行为人自己的肖像，且并没有贬损名人声誉的行为和结果。侵犯创作形象权的情形，如江苏三毛集团公司未经许可将“三毛”这一知名形象作为商标注册使用，被张乐平的继承人冯雏音等 8 人以侵犯著作权为由诉至法院。[1] 虽然法院经审理后，将该案的性质定性为著作权与商标权的权利冲突，又以商标法中注册商标不得侵犯他人在先合法权利为依据，认定侵犯著作权，但是张乐平创作的“三毛”并不是一个完整的作品，而是“三毛”系列漫画作品中的一个虚拟角色，并不构成独立的著作权。若江苏三毛集团注册的“三毛”形象系他人所设计，融入了设计者的个性因素，并没有对张乐平笔下“三毛”形象进行简单复制，那么设计者笔下的“三毛”就可以形成一部独立的美术作品，设计者对其享有著作权，且不侵犯张乐平的著作权。

由此可见，江苏三毛集团的确利用了消费者对“三毛”这一知名形象的熟知与喜爱来促销其商品，侵犯了张乐平对其所塑造的角色“三毛”形象的商品化权。对此，著作权法律保护模式并不能给予其周全的法律保护，原因就在于著作权保护的是具

---

[1] 案件审理结果详见：上海市第一中级人民法院（1996）沪一中民初（知）字第 94 号民事判决书；上海市高级人民法院（1997）沪高民终（知）字 48 号民事判决书。

有独创性的作品，权利的核心在于禁止对原作品的复制，侵权判定的标准为是否构成抄袭。而商品化权保护的是具有公众效应的虚构形象，权利的核心在于禁止在商品中对知名原创虚构形象的利用，侵权判定的标准为消费者是否联想到某一虚构形象，并基于对该形象的喜爱而进行消费。由于两者在这些方面的不同，导致司法实践中难以用著作权的侵权认定标准来判断是否侵犯商品化权。[1] 1996 年世界知识产权组织《关于反不正当竞争保护的示范规定》第 2 条和第 3 条，明确规定将擅自使用名人或著名虚构人物形象标志、损害他人商誉或名誉行为列为不正当竞争行为予以打击。[2] 目前，欧盟、美国、日本已经对商品化权予以保护，然而，商品化权显然无法归入创造性智力成果权或经营性标记权中，因此还需继续研究探讨。

此外，现代生物技术中的基因技术、生物遗传资源以及传统知识、民间文艺等法律保护也已经引起学术界的广泛关注。我国于 2008 年 6 月 5 日颁布的《国家知识产权战略纲要》提出适时做好遗传资源、传统知识、民间文艺和地理标志等方面的立法工作。我国有着丰富的生物资源、传统文化资源以及人类基因资源，如果不能得到恰到好处的保护，不仅使我国的经济利益受到损失，也使我国的安全利益受到损失。例如，从文化安全和经济利益双重角度看，美国迪斯尼公司演绎我国古代故事“花木兰从军”，并没有支付中国人民一分钱。不仅经济利益受到了损失，而且，由于文化上的差异性和美国文化产业的高科技性的吸引力，美国版“花木兰”对中国精神、中国文化的扭曲，以及由

---

[1] 赵磊，董小斐．现行法律制度下的商品化权保护［N］．中国知识产权报，2007－10－31（4）．

[2] 《关于反不正当竞争保护的示范规定》系由世界知识产权组织国际局根据其1994～1995 年两年期计划编制。《关于反不正当竞争保护的示范规定》考虑到了其早先出版的题为《反不正当竞争保护——对当今世界形势的分析》（WIPO 出版物No. 725（E））研究报告的内容。

于其强大的传播能力对中国人民诠释自己文化遗产的权利的实际剥夺，也为我国传统文化的发展和人民集体意识形态的形成带来了威胁。例如，哈佛大学某华裔专家在安徽为基因研究而私自采集中国人血液样本等。再例如，我国的中草药资源十分丰富，传统工艺品也高度发达。目前，生物产业、文化产业都是新兴产业，而生物技术和文化产业的发展都离不开上述我国具有优势的传统资源。比较而言，这些都是我国的优势，因此，通过深入的调查研究，摸清劣势，搞清优势，保护好这些资源，通过知识产权制度来保护我们的优势。❶

四、知识产权与域名关系

（一）域名的含义

世界知识产权组织把域名定义为：易记易辨认的“友善”计算机地址。实际上，域名是代表国际互联网数字地址的字母数字串。每一台联入互联网的计算机都有一个特定的数码（由 4 个数组成，每个数可取值 0 ~ 255，各数之间用一个点号“.”隔开)，该数码就是数字地址。域名则是此类地址的便于记忆的替代品。它最早出现在美国的国际互联网络系统（Internet)，将“com”“net”“int”“org”等，称为“最高域位”或顶级域名；后来出现了各国的顶级域名，如“fn”（法国)、“cn”（中国）等，则被称为国家级顶级域名（NTLDS)。而标志某公司或单位的域名，被称为二级域名（Second Level Domains，SLDS)。

域名和其对应的 IPA 共同指向互联网中的计算机。❷ 在特定的计算机地址中，IPA 和域名不仅仅是在表达上应用数字和字母的

---

❶ 张志成．知识产权制度与国家利益和国家安全的关系［J］．知识产权，2004(6)：15.

❷ “IPA”即互联网协议地址（Internet Protocol Address)。互联网协议地址前缀部分确定了计算机从属的物理网络，后缀部分确定了该网络上的一台计算机。

差别，它们的表达顺序也不同。IPA 的读取顺序是从左到右，依次是局域网、次局域网，最后是计算机；而域名的读取顺序是从右到左，依次是顶级域名、二级域名、三级域名，最后是计算机。

域名具有商业价值，而且随着互联网的发展，域名的商业价值越来越明显。按其特性，域名商业价值主要取决于三个方面：（1）域名的字母个数；（2）域名潜在的商业前景；（3）域名是否是“com”“net”“int”或“org”等。如 Ecom - panies 公司 1999 年以 750 万美元买断了 Business. com 的域名权，成为当时域名权的最高成交价。2008 年，最高价的域名已由 fund. com 取代，它以 999. 9 万多美元成交。可见，域名交易的额度足以和任何现行知识产权领域的交易相提并论。根据市场利益最大化原则预测域名商业价值的发展趋势，域名交易的额度和范围都将不容现代交易制度所忽视。

（二）域名与知识产权

由知识产权法调整的知识产权与域名权有很多相似之处。知识产权保护的对象是无形财产，其客体是创造性智力成果或工商业标记。相同的是，域名本身也是无形的，也可以受到侵害，从而引起名誉权的民事或行政、刑事救济。但域名权侧重调整的是互联网用户对域名的支配权，两者之间存在重大区别：（1）域名的国际性。域名和互联网一起都是超越地域的，而知识产权却具有严格的地域性。域名的国际性和知识产权的地域性是冲突的。（2）域名的唯一标识性。互联网上的不同的用户是以各自的域名来表示自身而相互区别的。注册域名在全球范围内是独一无二的，是绝对排他的，这比商标受到地域、行政等限制来区别商品或服务来源的作用更为彻底。可见，简单地将域名作为一个独立范畴归入知识产权法的调整范围，是无法克服两者之间的根本区别而很好地适用于实践的。

（三）域名和商标

域名注册人若从事经营活动，其域名则构成商业标识。在此情形下，互联网上的域名与互联网下的商标有着惊人的相同之处。商标是用于区别商品或服务的标识，且只能用于特定的商品或服务上。域名是互联网上区别经营者的标记，有表达作用，也代表商品或服务，接受社会评价，是经营者商誉在互联网上的表现。虽然域名的国际性和唯一标识性，与商标的地域性和行业性之间存在着矛盾，两者在构成上也存在着差别，但在实践中，因域名和商标的统一显现出巨大的利益，推动着域名和商标，尤其是著名的商标和域名，以及著名的域名和商标间关系日益密切。域名恶意抢注是现实中普遍存在的问题。全球域名注册机构普遍采用“先申请先注册原则”。域名恶意抢注则是“先申请先注册”原则的直接负面效应。域名恶意抢注并不是在互联网世界中对传统利益善意的调整，而是恶意打乱。从这个意义上看，域名抢注应当被法律制止。❶

五、“自主知识产权”寓意

（一）问题由来

新华网上海2011年4月17日电：从中国科学院上海微系统与信息技术研究所获悉，我国第一款具有自主知识产权的相变存储器（PCRAM）芯片研制成功，打破了存储器芯片生产技术长期被国外垄断的局面，产业化前景可观。❷

新华社北京2007年1月5日电：中国航空工业第一集团公司5日在北京举行新闻发布会，介绍了中国一航研制的具有完全自主知识产权的第三代战斗机——歼-10战斗机的相关情况。❸

上述两条消息中分别提到了“自主知识产权”“完全自主知

❶ 赵宾，李林启．知识产权法［M］．北京：清华大学出版社，2012：12.

❷ 我首款自主知识产权相变存储器芯片研制成功［EB/OL］．（2011-04-18）［2013-03-15］．http：//news. xinhuanet. com/tech/2011-04/18/c_ 121316900. htm.

❸ 歼-10研制成功标志我国军机实现历史性跨越［EB/OL］．（2007-01-05）［2013-03-15］．http：//news. xinhuanet. com/mil/2007-01/05/content_ 5569953. htm.

识产权”，这种措辞常见于我国的媒体报道、学术刊物和政府的权威性文件中，如在《国家知识产权战略纲要》近期与长远的奋斗目标中、《国家中长期科学和技术发展规划纲要（2006—2020年）》的指导方针与总体部署部分，均把拥有自主知识产权作为国家经济发展的重要目标。国家知识产权局甚至还采纳“Independent Intellectual Property Rights”的英文译法（缩写为“IIPR”）。[1] 自主知识产权也是政府资助、税收优惠等激励措施的一个重要依据。[2]为此，有必要对自主知识产权的寓意作出分析。

（二）自主知识产权概念和特点

“自主知识产权”“完全自主知识产权”并不是一个法律概念，而是具有中国特色的政策性语言。[3] 但对“自主知识产权”概念的澄清无疑对传统知识产权概念的理解大有裨益。

“自主知识产权，亦称自有知识产权，其取名似带有公权色彩，是基于主权与主体两大要素而形成的一种绝对化、纯粹化的知识财产权利。自主知识产权一般是指在一国疆域范围内，由本国的公民、企业法人或非法人机构作为知识产权权利主体，对其自主研制、开发、生产的‘知识产品’（如计算机软硬件、网络

---

[1] 高交会呈现五大知识产权亮点［EB/OL］（2006－10－19）［2013－03－15］. http：//www. sipo. gov. cn/mtjj/2006/200804/t20080401_ 362377. html.

[2] 对于何谓“自主知识产权”，政府部门和学者没有统一的界定。陈昌柏教授认为：“自主知识产权”最早在哪个文件中提出来已无从考证，但肯定不是政府官方文件或学术界论文提出来的。直到1999年的科技创新大会，政府才明确提出要建立自主知识产权制度。参见：陈昌柏．知识产权经济学［M］．北京：北京大学出版社，2003：430－457.

[3] 科技部等2006年12月31日发布的《国家自主创新产品认定管理办法（试行）》（国科发计字［2006］539号）第4条第2项将“自主知识产权”作如下定义：“产品具有自主知识产权是指，申请单位经过其主导的技术创新活动，在我国依法拥有知识产权的所有权，或依法通过受让取得的中国企业、事业单位或公民在我国依法拥有知识产权的所有权或使用权。”

信息产品等）所享有的一种专有权利。其中，主权的单一性及主体对主权的依附性是自主知识产权生成的根本前提条件。”❶

根据《科学发展观百科词典》的解释，自主知识产权“从其权利特性看，具有主体本土化、权属域内化、权利集成化、私权公权化的特点”。❷ 该解释是目前比较正式的有关自主知识产权特征的权威观点，这四大特征已成为自主知识产权区别于传统知识产权的客观写照。

（1）主体本土化。致力于创设自主知识产权的权利主体必须是“国产化”的研发机构、企业法人、新型经济组织联合体（如产学研结合体）或具有本国国籍的自然人的结合。换言之，中国的自主知识产权权利人必须是中国公民或中资企业、机构或单位。如华为公司就是最典型的中资、民营高科技企业。主体本土化是自主知识产权形成的决定性前提条件之一。

（2）权属域内化。自主知识产权的权利归属，从表层意义上看，应依附其主体并打上“本土化”的烙印；但从深层意义上解析，这种权属在宏观上具有归依国家主权的特点，即不得超出主体所在国的疆界范围。权属域内化是自主知识产权概念命名的最根本、最直接的出发点，也是对其权利形成的特质写照。

（3）权利集成化。与知识经济兴起密不可分的自主知识产权，在更多场合下是指由高新技术企业或新型产学研联合体在自主研发、生产多系列自主知识产品过程中积聚形成的、一元主体、多个权利组合的知识财产权利。这种涵盖专利、商标、技术诀窍及著作权等各类权利的“一揽子”、集成化的自主知识产权，当其为同一主体占有、使用时，将发挥最大化的效能，并同时可能为其权利人带来最大化的收益。由此还可推导出这样的结

❶ 芦琦．论“自主知识产权”及其法律保护［J］．上海政法管理干部学院学报，2000（3）：47.

❷ 奚洁人．科学发展观百科辞典［M］．上海：上海辞书出版社，2007：65.

论：权利集成化将直接推动自主知识产权“品牌效应”的聚积凸显。

（4）私权公权化。在知识产权已被明示为“私权”的情况下，自主知识产权的提出无疑将“自主”（国家自主、国人自主……）这一公权性质的概念加载到私权上，它被赋予公权色彩的自主知识产权更具有社会权利的外部特征，而不再拘泥于某个企业、单位或个人的私属权利的性质。正因为私权公权化，才促成国内从中央到地方，从企业到高校到科研机构都对推介、宣传、培育具有自主性质的知识产权给予了高度重视。例如，以北大方正、中科院等国内几家著名单位联手推出的全中文 Linux 桌面操作系统，这一被冠名以“红旗”牌的应用软件，其作为自主知识产权的特性以及由取名而折射出的公权化色彩彰显无疑。

（三）自主知识产权的意义

提出发展和拥有自主知识产权具有重要的意义：

（1）自主知识产权能使中国在知识经济时代的世界市场占有一席之地。在知识经济时代，拥有知识产权就意味着在世界资源分割的某种胜利，意味着一定时期对某项技术的独占。为此，我国要能在世界市场中占有一席之地，就必须拥有自己的知识产权。

（2）自主知识产权能使中国企业摆脱发达国家布设的知识产权“地雷阵”。发达国家的跨国公司利用其技术优势，在技术市场上用知识产权布设“地雷阵”，然后逼着后来者就范：要么按照知识产权权利人的要求缴纳高昂的专利许可费，要么等着被控侵权。许国跨国公司拥有的所谓“防御性专利”，就是为了给后来者（竞争者）设置障碍，也就是说，专利权人根本无意使用这种专利，其目的是为了防止竞争对手使用。在知识产权数量呈几何数级膨胀的今天，企业如果没有自己的知识产权，就会处处被动甚至挨打。在这一背景下，鼓励我国企业拥有自主知识产

权就是为了不受制于人，可在世界市场上自有驰骋。❶

总之，自主知识产权首先是中国企业、事业单位、社会团体或自然人拥有的知识产权，自主知识产权不仅包括中国自然人和法人自主研发获得的知识产权，也包括通过购买或企业并购等方式取得的知识产权。自主知识产权主要指智力成果的所有权，即不受他人干预地转让、使用和处分的权利。仅仅是通过许可获得知识产权的使用权不是自主知识产权。

（四）完全自主知识产权

在当今技术发展快速化和分散化的时代，“一项新技术、新产品所涉及的技术，与他人专有的技术完全无关，也就是根本不涉及他人知识产权的情况十分罕见。在大多数情况下，一项新技术、新产品总要或多或少地涉及他人专有领域的技术，也就是涉及他人的知识产权，只是涉及的数量及程度不同而已。知识产权特别是专利权和著作权，多数都是在前人基础之上完成的，即使那些已经形成垄断地位的跨国公司，也很难在某一领域完全处于控制的地位。”❷“完全自主知识产权，实际上是强调了对知识产权的重视，以及企业技术、生产和销售产品的合法性。”❸“完全自主知识产权”其意是强调我国应努力增加知识产权数量并提升知识产权质量的态度和决心。但是，根据我国对“完全自主知识产权”一词的实际使用情况，“完全自主知识产权”可理解为由我国自然人、法人或其他组织享有或控制的知识产权，即我国民事主体拥有的知识产权，以区别于外国民事主体拥有的知识产权。

---

❶ 林秀芹．自主知识产权概念辨析［J］．厦门大学学报：哲学社会科学版，2009（1）：126．

❷ 许春明．知识产权基础［M］．上海：上海社会科学院出版社，2011：4－5．

❸ “完全自主知识产权”说法存在水分？［EB/OL］．（2011－04－02）［2013－03－09］．http：//scitech. people. com. cn/GB/14308989. html．

第三节　知识产权性质

一、知识产权的私权性

知识产权性质是知识产权的根本属性。对此应该结合知识产权的定义及范围来认识。总体上看，知识产权具有私权性和人权性两个根本属性。所谓私权性，是指知识产权具有物质利益的财产私有性质；所谓人权性，是指知识产权具有人权中的非直接物质利益的人身性质。

（一）私权的含义

所谓私权，是指公民、企业以及社会组织甚至国家，在自主、平等的社会生活、经济生活中所拥有的财产权和人身权。可以从以下几个方面来理解：

（1）它是私人的权利。这里的私人，特指民事法律关系的主体，即处于平等地位的人。不仅企业、社会组织，甚至国家在某种情况下也可以作为民事主体出现，彼此间形成相互平等之关系。

（2）它是私有的权利。这里的私有，意指民事权利为特定民事主体所享有。所有权是特定人直接支配所有物之权利，债权是特定人请求特定人为特定行为之权利。这说明，私权是特定人享有的私人权利，而不是一切人同享的公共权利。

（3）它是私益的权利。私益，也就是与公益相对应的个人利益。根据私法的原则，允许个人根据自己的意愿形成相互之间的经济关系和其他关系，追求合法的私利。

知识产权归类于私权，在于它具备私权的一般确认标准；它是“关于私人利益方面的各种权利”（利益说）；是“关于平等主体相互之间的权利”（关系说）；是“私法上所确定的权利”（法律说）。

知识产权的私权化，是罗马法以来财产非物质化革命的结果。可以说知识产权的产生、行使和保护，适用于民法的基本原则和基本制度。知识产权法主要调整平等主体之间，包括公民之间、法人之间、公民和法人之间围绕智力成果、商业标志和其他非物质成果形成的财产关系。而且这种财产关系是建立在等价有偿、意思自治的私法原则之上的。知识产权是民事权利，离开了民事权利体系，知识产权就会成为无源之水、无本之木，无法找到其应有的归属。

（二）知识产权作为私权的特点

早期的知识产权产生，事实上是作为封建君主钦赐的“特权”出现的。13 世纪，英王以特许令的方式奖励技术创新为社会带来的利益。英国资产阶级革命时期，1623 年英王颁布《垄断法案》，要求法院对所有英王授予的特权进行审查，真正的发明才被认为是有效的，将英王特权置于法律监督之下，君主特权才慢慢变成个人依法产生的私权。知识产权被认为是依创造发明行为而产生的自然权利。可见，近代知识产权的形成，经历了一个由封建特许权向资本主义财产权嬗变的历史过程。

在中国，1881 年，郑观应就上海机器织布局的织布技术向光绪皇帝申请专利，1882 年光绪皇帝批准该局可享有 10 年的专利。1950 年政务院颁布的《保障发明权与专利权暂行条例》，尽管也规定了发明权和专利权的各种权利内容，但明确规定发明的实施权和处置权归国家。1963 年的《发明奖励条例》实施发明人证书制度，国家给予发明人一定的精神物质奖励，发明属于国家。从上述情况看，中国在《民法通则》颁布之前，知识产权还没有被当做私权看待，甚至把知识产权看成了国家财产。直至 1986 年《民法通则》明确规定知识产权是民事权利，这才准确无误地传递出知识产权是私权的声音。与封建特许权和公权相比，作为私权的知识产权有如下特点：

（1）知识产权是“天赋人权”。近代启蒙思想家将财产权置于天赋人权的理论框架内，并赋予其独立、核心的重要地位。因此，知识产权是“天赋”的、“与生俱来”的，它不应由国家特许而产生；作为私权的知识产权也是个人的权利、利己主义的权利，“私有财产神圣不可侵犯的权利”。

（2）知识产权是“普世之权”。在近代人权理论的视野中，财产权与其他（诸如平等权、生存权、表达权、自由权等）权利一样，是超越时代、超社会的普遍权利。因此，具有财产权属性的知识产权无疑也带有普适性。知识产权是一种“普遍权利要求”，是一种资本主义式财产权，而不可能是个别的、局部的行政庇护权。

（3）知识产权是“法定之权”。从法哲学理论而言，公民基本权利和自由概由一国宪法和法律所规定，即是以实定法的名义反映的自然权利。知识产权即是如此：从权利来源论，它是一种“自然权利”，创造性活动是知识产权产生的“源泉”（source）；从权利依据论，它是一种“法定权利”，法律规定是知识产权产生的“依据”（origin）。近代知识产权制度的确立，将非物质财产的权利形态改造成为私人普遍享有私益的权利、私益受到私法严格保护的权利，这即是从特许权到私权的制度变革。

（三）知识产权在国际公约中的性质定位

TRIPS 在其序言中宣示“知识产权为私权”，以私权名义强调了知识财产私有的法律形式。权利本体的私权性是知识产权归类于民事权利范畴的基本依据，其背后的理论支撑即是大陆法系与英美法系两大法系观点趋同性之体现。（1）大陆法系的主要观点是知识产权源于人们的智力劳动，传承劳动价值理论，认为知识产权是凝结了创作者的人格而派生的“天赋”型权利，法律对其规定只是对原有权利的确认，而不影响其权利的发生，属于自然权利的一种。（2）英美法系则认为，知识产权是劳动价值的体现，即“额头上的汗水”，承认智力劳动，但并未明确认可知识产权作为精神性权利具有自然权利的性质。但是，英美法系仍然肯定了知识产权的私有财产性，因此，两大法系在知识产权的私权性观点上基本一致。正是基于此，才有了 TRIPS 的相应规定。

（四）知识产权是呈公权化趋势的私权

知识产权并非起源于任何一种民事权利，也并非起源于任何一种财产权，它起源于封建社会的“特权”。知识产权制度的确立，完成了非物质财产的权利形态从特许之权到法定之权的制度变革，变革的结果使得知识产权嬗变为一种新型的私人财产权。在承认知识产权的私权属性同时，也应看到国家的公权对知识产权制度的介入逐渐深入。

公权指公权力，国家公权对知识产权制度的介入主要体现为立法权、司法权和行政权三个方面。以中国为例，在立法方面，我国不仅建立起较完备的知识产权保护法律制度，而且为适应现实的需要，先后对《著作权法》《商标法》《专利法》这几部重要的知识产权专门法均作了较大的修改；在国际上，我国也加入了一些重要的国际条约或协议，如 TRIPS 等。在司法方面，我国法院系统已逐步设立了专门的知识产权法庭以加强对知识产权案件的审理工作。知识产权公权化趋势最明显的表现是国家行政权的介入，突出表现为国家对知识产权申请和知识产权保护所采取的各项受理、审查、注册、撤销、执法等行政行为。

尽管如此，知识产权仍不具有公权属性，公权的介入只是缘于知识产权法律制度本身的规定和国家对知识产权的重视。因为知识产权研究对象本身特点决定需要国家行政权的介入。知识产权的对象是知识，知识表现必须依附一定的载体。对知识作为一种权利对象进行确认必须有超越于个人的第三方加以肯定，否则知识产权无法行使，因此作为极具公信力的国家行政机关就担当起重任。这种确认是在当事人因知识产权侵权行为发生纠纷时，公平合理解决纠纷的前提，实质上是借助国家公权的权威赋予知识产权这项私权的合法性、真实性。从本质上说是对私人利益的维护，并通过对私人利益的维护达到对公共利益的保障，并且这种确认并不影响当事人之间对权利进行转让等实质性处分时遵循当事人私权自治的原则。“在知识产权取得的过程中，‘国家授予’或‘法律确认’是必要的，这是因为知识产权的独占性特征，靠智力劳动本身是无法产生的，这恰恰是法律制度设计的结果。”❶ 当然，这不意味着将“国家授予”或“法律确认”看做是知识产权产生的直接原因，否则，就会忽视智力劳动对知识财产的本源性意义。

私权利的发展和维护离不开公权力的积极介入，不能因知识产权具有私权属性而绝对排除公权力干预，否则会走向权利滥用的极端，既不能保护知识产权享有者的利益，也不利于知识的创新与传播。正确认识知识产权的公权化趋势，将其理解为国家公权以积极方式促进知识产权的发展，是国家充分行使其职能所必须履行的职责，同时，也不能因国家公权的积极介入就认为知识产权为公权力。

国家公权对知识产权制度的介入只是一种逐渐干预的过程，是一种影响，包括好的影响和坏的影响，而没有改变知识产权的私权属性。简言之，国家公权对知识产权制度的完善起的是一种辅助手段的作用，将知识产权的权属确定为私权利，才可以实现知识产权保护与权利行使的目的。

二、知识产权的人权性

（一）问题由来

《世界人权宣言》第27条规定：“（1）人人有权自由参加社会的文化活动，享受艺术，并分享科学进步及其产生的福利；（2）人人对由于他所创作的任何科学、文学或艺术作品而产生

❶ 吴汉东．知识产权的私权与人权属性——以《知识产权协议》与《世界人权公约》为对象［J］．法学研究，2003（3）：66－78．

的精神的和物质的利益，有享受保护的权利。”

TRIPS 第 7 条规定：“知识产权的保护和实施应有助于促进技术革新及技术转让和传播，有助于技术知识的创造者和使用者的相互利益，并有助于社会和经济福利及权利与义务的平衡。”

这两个人权保护和知识产权保护的国际法律文件均提到了“科学进步”和“技术革新”“福利”和“利益”等。问题是《世界人权宣言》作为构筑人权体系的划时代文件为什么没有明确提出知识产权？具有财产性权利的知识产权是人权吗？从科技发展与人权的视角看，促成知识产权与人权联系的原因是什么？明确这个问题有什么意义？要解决上述问题，必须回到知识产权与人权的性质认识上来，必须研究两者之间的内在关系，必须了解知识产权具有的人权内容和其意义。

（二）知识产权与人权概述

“人权与知识产权（除了精神权利）本质上是不同的。人权是人意识到自己作为‘人、人类’（human beings）的一份子，有尊严地活着所必需的一切基本权利，本质上是精神权利，当然也需要物质上的一定满足。知识产权是一部分人通过自己努力发明创造的技术或创作的作品而享有的无形财产权，并且必须通过一定物质载体而体现，本质上是财产权。”❶

知识产权与人权似乎是两个毫不相干的权利领域，但是近年来，一系列国际性标准规范活动已经开始描绘出以前人们未曾注意的知识产权与人权的交叉。

在国际人权书中，法律文件尽管没有明确将知识产权视为人权，但其中财产权条款和文化权利条款，使得知识产权具有某种人权意义。如《世界人权宣言》第 17 条规定；“（1）人人得有

❶ 张乃根. 论人权与知识产权的关系［EB/OL］.（2012－12－10）［2013－12－10］. http://www.humanrights－china.org/cn/xsdt/xscg/t20121210_972622.htm.

单独的财产所有权以及同他人合有的所有权；（2）任何人的财产不得任意剥夺。”其中的财产权条款经常被视为对知识产权进行人权保护的国际法依据，因为，与有形财产一样，知识产权也需要联合国以道义和权威来保护。此外，除《世界人权宣言》第 27 条规定外，后来的《经济、社会及文化权利国际公约》第 15 条第 1 款同样规定：人人有权“（1）参加文化生活；（2）享受科学进步及其应用所产生的利益；（3）对其本人的任何科学、文学或艺术作品所产生的精神上或物质上的利益享受被保护的权利”。上述人权文件之所以没有提出知识产权，概因财产的所有及多少取决于个人的作为或家庭的缘故，每个人不同，国家有义务保障每个人的基本生活，但是没有、也不可能保护每个人拥有平等的财产权。正是这一缘故，作为无形财产权的知识产权，整体上也未被列为人权国际保护的对象。

在知识产权与人权关系中，人权保护优先于知识产权保护。这是因为：（1）就享受权利的主体而言，人权由自然人享有，并具有普遍性，属于道德权利，独立于法定权利。知识产权则是一种身份性的特权，不是人人都现实地享有。按照法律规定，法人等组织都可以享有知识产权，但不可能享有人权。（2）人权对于人的重要性而言，在于它是一种道德权利，而道德权利是至高无上的。知识产权就其作为财产权而言，则是一种商业利益，它应服从道德权利。（3）人权是目的性的权利，而知识产权则具有工具性。工具性权利要服从作为目的性的其他权利，并最终服从人权。就知识产权而言，知识产权被赋予财产权，那只是一种活的财产权的象征和资格，甚至是虚拟的。知识产权权利人要获得真实的财产权，还需要经过复杂的程序。因此，知识产权只是财产的工具，而财产权也不是人类拥有权利的目标。对于人权而言，财产是实现其他道德性权利的工具。比如财产可以换取健康、受教育、科技进步等权利的充分实现。（4）人权与人身相连，因出生而自然享有，不可转让、不可剥夺、没有期限。而知识产权因事件而被赋予，有时间性，可转让、剥夺。

总之，人权理论对考察知识产权制度的缺陷，为建立公正、合理的知识产权国际秩序提供了宝贵的思想指导。

(三) 知识产权与人权内容的重叠与冲突

1. 知识产权与人权内容的重叠

《世界人权宣言》对人权内容有较全面的规定，人权包括生命权、自由权、平等权、不受奴役权、不受酷刑权、寻求救济权等传统的人权，也包括一系列经济、文化、社会等方面的权利，如受教育权、选择职业自由及工作权、社会保障权、享受所需之生活程度、参加社会文化生活、享受科学进步及其利益、与知识产权相关的人对其本人之任何科学、文学或美术作品所获得之精神与物质利益有享受保护之权。上述两类权利共同构成了当今人权的基本权利体系，均是国际社会确认的不可剥夺的基本人权。

"就知识产权的人权内容而言，也必须强调知识产权的平等性和自由性。人人都有自由创作、自由表达、自由发明创造的权利，这是知识产生的前提，是智力成果形成的基础。在自由创造的过程中，人人都有平等的机会，都可能利用自己的智慧创造出智力成果。它要求不仅在国内人人有平等获得、使用、传播、创造知识的权利，而且在全世界范围内，发达国家和发展中国家及最不发达国家的国民都应享有平等获得、传播、创造知识机会。因此，知识产权不仅是财产权，更重要的是它还是人们生存、发展的权利，是人权的重要内容，是一个人应具有的权利。"[1]

知识产权旨在鼓励创新，促进科技文化发展及传播，当人们创造出更多、更好的智力成果，才能丰富知识，才能使社会公众分享智力成果所带来的利益，才能使人们在教育、健康、环境、文化、居住与出行等方面享有的各项权利得以实现，因此，知识产权与人权具有内在一致性。如果无视这一点，将人权与知识产

[1] 许颖辉．备受争议的知识产权［M］．北京：世界知识出版社，2010：34.

权割裂开来，不仅不能真正实现人权的目的，而且知识产权的存在和发展也会停滞。正如 1968 年国际人权会议发表的《德黑兰宣言》所指出的那样："人权及其自由不容分割，若不同时享有经济、社会及文化权利，则公民及政治权利绝无实现之日。"

2. 知识产权与人权内容的冲突

1995 年世界贸易组织成立后实施 TRIPS，强化对知识产权的国际保护。这一方面适应了当代科学技术迅速发展对知识产权保护的迫切要求，另一方面则限制了科学技术水平落后的广大发展中或最不发达国家的人民共同享有科技发展成果的需求，尤其是在药品领域。于是，作为私权的知识产权与作为人权的健康权发生了冲突。正如联合国人权委员会"人权促进与保护小组委员会"在 2000 年 8 月的回忆中郑重宣称的那样，"由于《与贸易有关的知识产权协定》的履行没有充分反映所有人权的基本性质和整体性，包括人人享有获得科学进步及其产生的利益权利，享受卫生保健的权利，享受食物的权利和自我决策的权利等，所以，《与贸易有关的知识产权协定》中的知识产权制度作为一方与另一方的国际人权法之间存在明显的冲突。"

知识产权与人权的冲突主要包括以下几类：（1）表现自由与著作权之间存在冲突。这是因为作为表现自由所涉及的信息包括消息、知识、资料、数据、观念、意见等，在著作权法中往往表现为享有专有权利的作品。（2）隐私权与信息数据库权利之间的冲突。隐私权是公民对其私人生活安宁与私人信息享有的不被非法侵扰、知悉、收集、利用、公开的一种权利。它既是民法所规定的人格权，也是国际人权法所承认的基本人权。而在当今社会，信息已经成为一种商品，其中私人信息也不能幸免，诸如个人偏好、通信记录、疾病记录、性格倾向、信用记录、违法记录、雇佣资料等都被进行数字化处理并存储到数据库中，并受到了著作权的保护。但是这些信息在商品化过程中变得透明，严重地侵害人们的隐私权。（3）生存权与药品专利的冲突。（4）发展权与知识产权的冲突。[1]

上述冲突的存在，尤其是最后两类的冲突促使联合国人权委员会“人权促进与保护小组委员会”于2000年8月17日和2001年8月16日两次通过《知识产权与人权》主题决议，阐明知识产权对于人权的消极影响，并敦促有关方面采取措施。2001年11月26日，联合国经济、社会与文化权利委员会举行第27次会议期间，通过了《人权与知识产权问题》的声明。几乎同时，2001年11月14日，世界贸易组织多哈部长级会议通过了具有历史意义的《TRIPS与公众健康宣言》，就公共健康问题与TRIPS冲突表明了人权性立场。多哈宣言引发了国际社会对公共健康与知识产权保护的广泛关注，以人权视野观察、研究知识产权制度，已成为一种共同关注。知识产权从具体制度到基本理念都在迎接着人权理念的洗礼。

（四）知识产权的人权意义

是否将知识产权视为人权尚存有争议，但人们并不否认知识产权对于人权所具有的重要意义。

（1）在人权理论的语境中解释知识产权，体现了尊重知识创造活动和智力成果价值的人文主义精神。知识产权条款最终为国际人权公约所接受，主要考虑其有助于实现其他人权，而创造者权利的保护是社会公众实现文化自由以及获得科学进步利益的基本前提。

（2）在人权理论中，知识产权制度功能获得更为全面而崇高的诠释。首先，按照普遍人权的社会要求，在一国范围内，任何人都可以凭借创造性劳动而取得权利，一切知识产权主体平等地受到保护；在国际社会中，注重对一切民族、种族的智力成果给予平等的保护，促进各国科学、技术与文化的发展。其次，从

[1] 吴汉东．知识产权国际保护制度的变革与发展［J］．法学研究，2005（3）：132－133.

至高无上的道德权利出发，对创造者权利的保护，其本身表现了对人类尊严、人类智慧的尊重；最后，知识产权的保护模式和水准，应有助于其他人权的实现。

（3）知识产权的人权观有助于正确处理权利冲突问题。按照国际人权组织的说法，TRIPS 中的知识产权制度与国际人权法之间存在明显的冲突。这些冲突包括：表现自由与严格规范知识产权限制的冲突、隐私权与信息数据库权利扩张的冲突、公共健康权与药品专利实施限制性条件的冲突等。处理知识产权与人权的关系，必须秉持两个原则考虑问题：

一是奉行“法益优先保护”的原则解决权利的冲突。相对于知识产权这一财产权利而言，基本人权应当具有优越地位，即应看做是具有优先性的法价值。实行“法益优先保护”原则，意味着现代知识产权制度不仅要符合国际知识产权公约的规定，而且不应与国际人权标准相冲突。

二是贯彻“利益衡平”原则实行权利的协调。就人权体系而言，包括知识产权在内的私人财产就是与人权有关的基础性权利。知识产权与上述各种人权在本质上是一致的，这是实现权利协调的一个重要条件。“利益衡平”是民法精神和社会公德的要求，也是“人权思想和公共利益原则”的反映。它要求权利与义务主体之间、个人与社会之间的利益应当符合公平的价值理念。这就是说，出于公共利益目标，出于对基本人权的尊重，在一定情况下应对知识产权进行必要限制。

第四节　知识产权特征

一、知识产权特征概述

自有知识产权问题研究以来，国内学者对知识产权特点的表述多种多样。但流传较广的有五特点说、四特点说和三特点说。

五特点说认为知识产权具有无形性、专有性、地域性、时间性、可复制性等特点。[1] 四特点说则认为知识产权与其他民事权利相比主要有无形性、专有性、地域性、时间性等特点。[2] 三特点说认为知识产权具有无形性、地域性和时间性。[3] 这三种见解大同小异，流传多年。此外，还有知识产权的七特点说，即私权性、客体的无限性、独占性、时空上的有限性、法定性、财产权与人格权的统一性、非稳定性。[4] 最多有八特点说，即知识产权客体的无形性、权利的法定性、权益的双重性、使用的多元性、权属的专有性、权源的地域性、期限的时间性、权能的限制性。[5]

然而对知识产权特征表述最具独特性的观点，当属郭禾教授提出的“对世权说”。他强调不能将知识产权的特征与属性混为一谈，知识产权具有专有性、地域性、时间性等这些说法应该是对其属性的表述而非其独有的特性。进而指出，知识产权保护对象的存在方式及知识产权被占有、使用的方式均不同于有体财产，为鼓励知识产品的传播，知识产权的效力不应延及对信息的占有，故较之于有体物权利，知识产权的效力较弱。知识产品在使用中没有损耗，因而不可能按照物权保护方式——顺应物的自

---

[1] 另有一种全然不同的五特点说：(1) 知识产权以特定的信息为客体；(2) 知识产权具有法定性；(3) 知识产权是对世权、支配权；(4) 知识产权可分地域取得和形式；(5) 知识产权的权项可分别授予多人行使。参见：张耕，蒙洪勇．知识产权法实务教程［M］．北京：中国人民大学出版社，2012：4－6；张玉敏．知识产权法学［M］．北京：法律出版社，2002：19－26.

[2] 类似的观点是知识产权客体的非物质性、专有性、地域性和时间性。参见：王迁．知识产权法教程［M］．3版．北京：中国人民大学出版社，2011：5－11.

[3] 李明德．知识产权法［M］．北京：北京师范大学出版社，2011：8－9．三特点说分歧较大，有学者认为是专有性、地域性和时间性。吴汉东．知识产权法［M］．4版．北京：法律出版社，2011：12－16．也有学者认为是时间性、共享性和法定性。参见：许颖辉．备受争议的知识产权［M］．北京：世界知识出版社，2010：43－47.

[4] 王兵．知识产权基础教程［M］．2版．北京：清华大学出版社，2010：8－13.

[5] 陶鑫良．知识产权基础［M］．2版．北京：知识产权出版社，2011：12－20.

然属性，不强制性地规定物权的期限，必须顾及公共利益的需要，对知识产权作出强制性的时间限制。所以，“知识产权是一种受限制的对世权。这应是知识产权有别于其他民事权利的特征”。[1]

总体来看，学界目前对知识产权特征的表述尚有较大差异，并存在一定分歧，但专有性、客体的非物质性、时间性、地域性和法定性是5个最普遍的表述。而且“对世权说”并未否定专有性等5个表述是对知识产权属性的一般描述。[2] 考虑前述专有性等知识产权特征的表述事实上是将知识产权分别与一般意义的财产私权性、一般意义的人身属性相比较而产生的，即与一般财产私权相比，知识产权具有专有性、客体的非物质性、时间性和地域性，与一般人身属性相比，知识产权又具有法定性。因此，可以将知识产权看成是财产私权与人权相结合的有机体，是基于所有人的人身属性而产生的具有财产专有性、时间性、地域性特征的法定非物质性权利。这就意味着，知识产权的专有性、客体的非物质性、时间性、地域性和法定性五大特征，可以被看成是由上述知识产权两个基本属性——私权性和人权性，派生而来的主要特征。

二、知识产权专有性

专有性是指知识产权具有垄断性、独占性和排他性特点，没有法律规定或知识产权权利人的许可，任何人不得擅自使用他人享有知识产权的智力成果，否则构成侵权。这种专有权同物之所有权一样，具有独占性即排他性和绝对性的特点。即：（1）知识产权所有权人独占（垄断）地享有其权利，这种权利受法律保护，没有法律规定许可或权利人许可，任何人不得使用知识产

[1] 郭禾．知识产权法［M］．2版．北京：中国人民大学出版社，2005：7.

[2] 郭禾．知识产权法［M］．2版．北京：中国人民大学出版社，2005：5.

权权利人的知识产品；（2）同样的知识产品只能有一个成为知识产权保护的对象，而不允许有两个或两个以上的同一属性的知识产权同时并存。例如，有两个相同的发明物，但根据法律程序只能将专利权授予其中一个，而以后的发明与已有的技术相比，如果没有突出的实质性特点和显著进步，就不能取得权利。

应当注意的是，知识产权独占性有着其独特的法律表现，与物之所有权的独占性存在区别：（1）排他性方式不同。所有权的排他性表现为所有人排斥非所有人对其所有物进行不法侵占、妨害或毁损，而知识产权的排他性则主要是排斥非专有人对知识产品进行不法仿制、假冒或剽窃。（2）专有性的相对程度不同。所有权的专有性是绝对的，即所有人行使对物的权利，既不允许他人干涉，也不需要他人积极协助，在所有物为所有人控制的情况下，且无地域和时间的限制。而知识产权专有性是相对的或者说受到某些限制。大部分国家都在知识产权立法中规定了对知识产权的合理使用、法定许可、强制许可等制度，如著作权中的合理使用、专利权中的临时过境使用、商标权中的先用权人使用等。另外，知识产权专有性还受到时间和地域的限制。就有体物而言，虽然物之所有权也具有独占性，但该权利仅能及于物之本身，而不能及于与该物相同或类似的他物。例如，甲有“华为”手机，乙也可以拥有与其相同或类似的手机，甲不能因为自己有手机的所有权就禁止乙对其手机享有所有权。但知识产权的独占性具有排除他人对相同或类似智力成果享有同类知识产权的效力。如果甲取得了“华为”手机的商标专用权，则他就有权阻止其他任何人就该商标取得专用权或以该商标用在同种或类似的商品上。

三、知识产权客体的非物质性

知识产权与物权相比最为突出的特征在于客体不同。物权的客体是物，而知识产权的客体是非物质性的作品、发明创造、外观设计、商标标识和商业秘密等。多数教科书将知识产权客体的非物质性特征总结为“无形性”。用“无形性”来描述知识产权保护对象的特征是不科学的。知识产权的保护对象确实是无形的，但是它与其他财产的本质区别在于它的非物质性，而不是无形性。对于知识产权客体的非物质性可以从三个方面来理解：首先，知识产权不等于物权，享有物权并不一定享有知识产权。获得知识产权的物质载体，并不等于享有物质载体所承载的知识产权。如画家将自己的绘画售出后，仍然享有美术作品的著作权，但却丧失了承载美术作品的画纸的所有权。因此，画家不得凭借绘画著作权人的身份，要求合法购买者返还绘画原件。而购得绘画的人虽然取得了画纸的所有权，但对画纸之上承载的美术作品却不享有著作权。其次，转让知识产权的物质载体并不等于转让了该载体所承载的知识产权。如作家在自己的稿纸上撰写了一部小说，此时他同时享有对稿纸（物质载体）的所有权和对稿纸之上承载的小说的著作权。假如他将手稿赠送给他人，即转让对稿纸的所有权，并不意味着稿纸之上作品的著作权也发生了转移。同样，如果作家与出版社约定将小说的发行权转让给出版社，也并不意味着他同时需要转让对稿纸的所有权。作家完全可以将手稿的影印复制件或电子稿件交（发）给出版社。在后一种情况下，作家无须转让作品的任何有形载体就可以履行向出版社交稿的义务。最后，侵犯物权不等于侵犯知识产权。如甲偷窃了乙的一本小说书，甲的行为仅仅侵犯了乙对小说书（物）的所有权，而没有侵犯小说的著作权。乙如将小说书借给他人阅读，他人未经许可，将小说内容输入计算机后上传至网站供网友下载，则此人行为侵犯了作者对作品的著作权，并没有侵犯乙对小说书的物权。❶

正是由于知识产权客体具有非物质性的特征，对知识产权的

❶ 王迁．知识产权法教程［M］．3版．北京：中国人民大学出版社，2011：6－7.

客体也不可能像物一样进行占有和公示。占有知识产权客体的物质载体只能公示载体的归属，而不可能对知识产权的归属进行公示。例如，对一本《知识产权法基础理论》教科书的占有并不能公示这部作品著作权的归属。既然对知识产权的客体无法进行占有，当然也不可能通过占有而进行自力保护，这给知识产权的保护和侵权认定带来了相当大的困难。

四、知识产权时间性

时间性是指知识产权仅在法律规定的期限内受到保护，一旦超过法律规定的有效期限，这一权利就自行消灭，相关知识产品即成为整个社会的共同财富，为全人类所共同使用。显然，此处所指的“时间”，是指法律所规定的知识产权的有效保护期，这种保护期因各类权利的不同而长短不一。

知识产权的时间性主要针对知识产权中的财产权部分，而不针对人身权部分（特殊情况除外，如著作权中的发表权）。某些知识产权如商业秘密权的保护期就无时间限制。当知识产权的保护期届满之后，该项权利即不受法律的保护，产生该知识产权的智力成果即进入公有领域，成为人类的共同财富；在不侵犯人身权的情况下，任何人都可以自由使用。

知识产权的权利具有法律规定的有效期限，这是它与所有权的又一重要区别。尽管有形财产随着正常使用时间的久远和客体的自然消灭、损毁而最终丧失价值和使用价值，所有权随着物的不复存在而消灭似乎使所有权也具备时间性，但是，与知识产权的时间性是法定时间性相比较，所有权的时间性是自然的时间性，法律不可能规定某物丧失所有权的具体时间，所有权的命运与其标的物之命运相始终，只要物不灭失，物的所有人就对该物享有所有权。正是在这个意义上，罗马法学家将所有权的这一特征概括为“永续性”。

知识产权在时间上的限制，也是世界各国知识产权立法以及知识产权国际公约普遍采取的原则，知识产权时间性产生的深刻根源是对权利的一种限制，其目的是为了促进科学文化艺术的发展，一方面，要保护智力成果完成人的权利，以调动人们创造智力成果的积极性；另一方面，也考虑社会公众的利益，为社会公众合理利用人类智力成果提供保障。因此，对知识产权的保护期限的规定就是为了协调知识产权权利人和社会公众的利益。

五、知识产权地域性

所谓地域性，是指根据一国或地区的知识产权法所取得的知识产权只在产生的特定国家或地区的地域范围内有效，并且可以在不同的地域范围内被分别行使。知识产权的这一特点有别于有形财产权，具体包括以下内容：

（1）由于一国法律没有域外效力，依照一国法律取得之知识产权，仅在该国领域内受法律保护。对此，应从两个方面理解：第一，须经批准授权的知识产权，比如专利权、商标权、植物新品种权等只在批准授权的国家受到保护。《保护工业产权巴黎公约》并未给予一国的专利权、商标权在所有缔约国的普遍效力，而只是确立了国民待遇原则，权利人要想在他国得到保护，必须到该国申请，经该国批准后才能享有该国法律所给予的保护。第二，不需经批准授权的权利，比如著作权及其邻接权、商业秘密权等，在不同的国家只能按各该国法律受到保护。《保护文学和艺术作品伯尔尼公约》虽然采取著作权自动取得原则，但每个国家都是按照本国的著作权法对作品提供保护的。一件作品能否取得著作权，著作权的内容以及保护方法和保护期，都要依各成员国自己的法律决定。如拉什迪的《撒旦的诗篇》在英国受著作权法保护，但在阿拉伯国家则为禁书，伊朗穆斯林宗教领袖霍梅尼甚至颁发宗教敕令，判处作者死刑。TRIPS 虽然要求成员应对商业秘密提供保护，但是，一项商业秘密在某个成员地域内能否得到保护以及保护的程度，也只能由该成员的法律决定。

（2）知识产权可以在不同地域分别行使。从国际范围讲，一项发明可以在中国、美国等不同国家分别获得专利权；从国内范围来看，一项专利权也可以分地区行使，例如，在全国不同省份签订若干专利实施许可合同，分别许可若干厂家实施相同一专利技术。知识产权可分地域取得和行使，是由知识产权客体的非物质性和各国法律的域内效力决定的。而物质财产权由于其客体的物质性、特定性和唯一性，决定了其权利的唯一性，不可能分地域取得，当然也不能分地域行使。虽然众多知识产权国际条约的订立，使知识产权的地域性有时会变得模糊，但地域性的特征不但是知识产权最“古老”的特征，也是其最基础的特征之一。

值得一提的是，国民待遇原则的规定是对知识产权地域性特点的重要补充。这使得一国承认或授予的知识产权根据国际公约在缔约国发生域外效力成为可能。但是，知识产权的地域性并没有动摇，是否授予权利、如何保护权利，仍须由各缔约国按其国内法来确定。如袁隆平的杂交水稻为何在美国申请专利？因为中国无“动植物新品种”这一权利保护。中国的专利权利有发明、实用新型、外观设计；而美国却是发明、外观设计、动植物品种。保护标准的国际统一将导致权利垄断。因为各国的法律规定不一样，标准不一，政治经济文化不一。

六、知识产权法定性

法定性指知识产权的种类、内容、取得和变动方式等都须依法律规定，当事人不得自由创设。例如我国《专利法》对可授予专利权的技术范围、取得专利权的条件和程序、专利权的内容等均有明确的规定，当事人必须按照《专利法》规定的条件和程序操作，才能取得专利权。在专利使用许可合同和转让合同中，当事人也不得自行约定专利权的内容。即使是可以自动取得的著作权，其所保护的作品种类、权利的内容、保护期限、不能取得著作权的作品种类等，也是由法律明确规定的。这一点与须有当事人自由设定的债权不同，与物权法定类同。

法定性与“须经法律直接确认”不同。法定性是指民事主体只能依照法律的规定取得、享有和行使知识产权，而不得自由创设新的知识产权，不得自行约定权利的内容。“须经法律直接确认”，指的是一项知识产权的取得必须依照法定程序，由国家授予。显然，只有一部分知识产权符合这个条件，另一些知识产权，如著作权，不符合这一条件。

七、知识产权特征的重新审视

如前所述，关于知识产权的特征，学界的认识存在很大差异。考虑到知识产权属性是对性质和特点的全面阐释，知识产权特征应该是由其基本性质派生而来的。为此，本书将由知识产权的私权性、人权性派生而来的“专有性”“客体的非物质性”“时间性”“地域性”和“法定性”作为知识产权特征的五个主要方面。

知识产权的五个基本特征是针对专利权、商标权、著作权等传统的知识产权与其他民事权利特别是所有权相比较而言的，是具有相对意义的概括和描述。知识产权中的各类组成部分，如著作权、商标权、专利权、商业秘密权等，都各有属性的区别，有的特征某一类知识产权具有或最为突出，而在其他类知识产权则不具有或不很突出。比如典型的是商业秘密权，它不具有严格的独占性、专有性，其专有性只能对抗以盗窃、利诱、胁迫或者其他不正当手段获取商业秘密，以及披露、使用或者允许他人使用非法手段取得商业秘密的行为，对于通过反向工程研究或者自己独立研究开发的商业秘密，相同的商业秘密就可以存在两个或两个以上的商业秘密权。而地理标志权一般归行业协会或组织所有，是集体权利，其专有性较弱；商号权只能在登记辖区内具有专属性。[1] 同时，商业秘密权和商标权实质上是没有法定存续期间的：其一，商业秘密权是建立在信息的秘密性基础之上的，权利的存续期间取决于保密的期间。如果该信息由于泄密、权利人主动解密、技术进步等原因不再成其为秘密，其权利即随之消灭；其二，注册所取得之商标权虽然有法定的有效期，但是，任何国家的法律都允许续展注册，而且续展的次数不限，只要权利人认为其商标仍有价值，就可以通过续展维持其效力。如果商标权存在时效的限制，而且其在生产者停止制造该有商标产品之前失效，那么生产者将不得不对产品重新命名，消费者会被迷惑，有可能遭受损害。商标法之所以规定商标注册的有效期，不是为了限制商标权的存续期间，而是为了防止大量死亡商标充斥注册簿，造成商标资源的浪费。这种规定是防止存在危害公共利益的行为的必然要求。

---

[1] 杨巧．知识产权法［M］．北京：法律出版社，2007：18.

第三章　知识产权的理论根据

第一节　财产权劳动理论

一、财产权劳动理论概述

知识产权有别于物，不可能通过先占取得财产的所有权，为了证明知识产权的合理性，必须重新提出财产权的依据。为解决这个问题，学者们在很大程度上借助了英国哲学家、古典自然法学派的杰出代表之一约翰·洛克的财产权劳动理论，该理论在证明知识产权合理性的早期历史中占据了主流地位。

洛克认为，人类最初处在一个和平、自由、人人平等的自然状态。在这种自然状态下，“有一种为人人所应遵守的自然法对其起着支配作用；而理性，也就是自然法，教导着有意遵从理性的全人类：人们既然都是平等和独立的，任何人都不得侵犯他人的生命、健康、自由或财产”。[1] 在洛克的自然法学说中，财产权是一种与生俱来的天赋权利，财产权虽然是一种自然和天赋的权利，但在自然状态下，上帝只是把地上的一切给人类所共有。那么这种“共有”是如何转化为私有的呢？正是对这个问题的探讨使洛克阐述了被后世称为经典的财产权劳动理论。

洛克认为，不是其他任何方式，而是劳动使人们对原来处于共有状态的一切拨归了私用，从而产生了私人所有权。他说：

---

[1] 约翰·洛克．政府论（下篇）[M]．叶启芳，瞿菊农，译．北京：商务印书馆，1964：74.

“土地和一切低等动物为一切人所共有。但是，每人对他自己的人身享有一种所有权，除他以外任何人都没有这种权利。他的身体从事的劳动和他的双手所进行的工作，我们可以说是正当地属于他的。所以，只要他使任何东西脱离自然所提供的和那个东西所处的状态，他就已经掺进了他的劳动，在这上面掺加了他自己所有的某些东西，因而使它成为他的财产。既然是由他来使这件东西脱离自然所安排给它的一般状态，那么在这方面就由他的劳动加上了一些东西，从而排斥了其他人的共同权利。因为，既然劳动是劳动者的无可争议的所有物，那么对于这一有所增益的东西，除他以外就没有人能够享有权利，至少在还留有足够多的同样好的东西给其他人所共有的情况下，事情就是如此。”❶

以这种自然权利理论为前提，通过自然权利到身体所有权的转变，洛克进一步论证了劳动使人们获得私有财产的合理性。任何财产的正当性理论都必须解决两个基本问题：第一，为什么要赋予权利人对某一客体的财产权；第二，这种权利的边界在哪里？洛克的劳动理论解决了这两个基本问题。

洛克认为，人能对某物获得财产权，是因为该物是经其劳动所得到的。但关键是，到底什么是劳动？对劳动可以有两种不同的理解。

第一种理解认为劳动是一种痛苦的、人们所不希望从事的活动，只是因为这种活动能够给人们带来利益，人们才不得不去从事它。

第二种理解则认为“当劳动产生了对他人有价值的某种东西——超越道德要求劳动者生产的东西之上的某种东西——那么，劳动者因此应该得到某种利益。”这种劳动观为“价值增加”的劳动理论。洛克认为，如果不对共有物加以利用的话，它的价

❶ 约翰·洛克. 政府论（下篇）[M]. 叶启芳，瞿菊农，译. 北京：商务印书馆，1964：19.

值不会自然得以改变，正是“因为劳动使一切东西具有不同的价值”，而这些增加的价值有九成是来自劳动，因此劳动者因劳动而取得对劳动果实的所有权。

在洛克看来劳动是需要得到奖励的，并且其所起到的作用类似于一份财产所有权证明。以上大致就是洛克对于人们因劳动而从共有财产中获得私人财产权的核心观点。

简而言之，洛克的财产权劳动学说的核心内容表现为以下几点：(1) 上帝将世界赐予人类共有。(2) 每一个人都拥有对其自己人身的财产。(3) 每一个人的劳动属于他自己。(4) 当一个人把他的劳动掺入属于共有的某物时，他便使该物成为他的财产。(5) 财产权的条件是一个人将足够多且同样好的东西留给其他人所共有。(6) 一个人不能从共有物中取走超出其能够充分利用的那部分。[1] 洛克基于自然权利理论，阐述了劳动是获得私人财产权的重要途径以及合理性所在。

二、财产权劳动理论对知识产权的意义

(一) 知识产权基于创造性劳动而实现

因劳动获得报酬，因劳动而取得财产权是洛克劳动理论的核心观点。洛克阐述了劳动是获得私人财产权的重要途径，以及劳动使人们获得私人财产权的合理性。在洛克看来，思想本身是早已存在于公有领域之中，不涉及劳动，而生产思想的过程，即从公有领域中将思想搬运、采撷出来的过程才是劳动。因为在“思想”的阶段，很难确知创造者有没有付出劳动，某些思想可能是通用的，某些可能来自一时的灵感。就劳动本身而言，不仅有简单与复杂之分，也有创造性与非创造性之分。劳动的这一分类在认识知识产权制度上具有重要的意义：与简单重复劳动不同，知

[1] 彼得·德霍斯．知识财产法哲学［M］．周林，译．北京：商务印书馆，2008：54．

识产权制度特别是其中的著作权和专利制度所涉及的“劳动”是一种创造性的劳动。这种对劳动创造性要求的规定，显然大大提升了劳动的质的含量和品位。既然一般的劳动产生的劳动产品可以被劳动者正当地占有、取得该劳动产品的所有权，劳动者对其更高质量的劳动产生的智力产品或者说知识产品更得享其所有权。如在《意大利民法典》第五编“劳动”中，就是将“商标商号、智力作品权和工业发明权”与劳动法、公司法、合作社法以及竞争法等法律规范合并在一起加以规范，将其作为脑力劳动或技术劳动的形式加以保护。

（二）知识产权的取得具有道义基础

人类社会自启蒙时代以来很早就确立一种观念，即人们对于财产拥有的权利来自自己的劳动。知识产品既然是人们体力劳动和脑力劳动的产物，依洛克的逻辑，劳动是人自身的自然外在延伸，人的天赋权利中包括人对自身的所有权，所以人理所当然应对知识产品享有财产权。这种理解不但获得了普遍的道德认同，而且得以在各国知识产权法和国际知识产权公约中体现。各国知识产权法和国际知识产权公约无一例外地规定，首先保护知识产品创造者的权利而不是投资者的权利，这里面表现出的首要法理观念就是对人的劳动的尊重。智力创造的所有权由创造者享有，就正如每一个人对于自己种植的东西有权收获一样。这种关于知识产权的伦理上的观点与知识产权制度的功利主义哲学方面迥然不同，因为它独立于制度的任何动机、效果或者经济成本与利益。任何人的思想都是一种自然权利，知识产权自然权利是基于自然法原则产生并受保护的权利，人们对其智慧创作物享有自然财产权，从道义上讲，人们有义务承认并保护这种权利。

（三）知识产权反映价值增加劳动理论（The “Value Added” Labor Theory）

该理论由美国哲学家贾斯汀·休斯（Justin Hughes）诠释洛

克的劳动理论时提出："假定当劳动对其他人产生了某种有价值的东西时，劳动的果实是有价值的——对超越道德要求劳动者生产之上的某种东西，劳动者对于该物值得拥有某种利益。"[1] 由此，劳动对他人的价值性也是劳动者获取财产权的依据。此价值增加的劳动可能是创造性的，也可能是重复的非创造性劳动，但此时，劳动产权的依据不再是创造与否，而是价值增加与否。也就是说，无论是简单劳动还是复杂劳动，也无论是创造性的劳动，抑或是非创造性的劳动，只要是增值的劳动就可以成为财产权的依据。例如传统民族和传统地区为民间文学艺术表达的传承提供了赖以维持和传扬的人文与地理环境，而持有人和传承人则提供了增值劳动，也都可据此成为获取财产利益的依据。

建立在创造性要求基础上的知识产权使劳动的价值增加变得更现实。创造性劳动是社会性劳动，虽然决定其劳动产品（知识产品）具有社会产品的性质，但它仍然是立足于个人创造性劳动的基础之上。与有形物仅仅与劳动联系起来不同，知识产品的无形性特征决定了能够比较容易地区分共有领域的东西和劳动者本人创造了价值的东西。在确定知识产品的正当性及其相关问题时，考虑创造性劳动者价值增加能为知识产权的确定和保护提供合法的基础。

三、财产权劳动理论的局限性

洛克的劳动理论虽然能够从整体上为知识产权的私权性质提供一个合理性的解释，但用于解释知识产权法律制度时，仅仅从自然权利出发，单纯通过劳动来解释仍然存在许多问题。这些问题归纳起来主要有：

---

[1] 王春梅. 传承与创新：民间文学艺术表达中的利益分配与平衡 [J]. 苏州大学学报，2012 (3)：89.

（一）无法解释知识产品所有权取得的现象

在有形财产世界，只要人们通过劳动使某物脱离了这种自然共有状态，他就可以通过事实上的占有从而取得该物的所有权。而知识产品从来就是智力劳动的产物，不存上帝赋予人类地球上一切的自然共有的前提，知识产品的创造总是后人站在前人的肩膀上，学习和利用了前人的劳动成果，而不可能是一个简单的劳动过程。即使存在一个知识自然共有状态，对于经过劳动获得了知识产品的人而言，也不可能像有形财产那样，通过事实上的占有取得该知识产品的所有权。因为知识产品没有任何物理形态，其他人根本不可能知道该人已经挖掘出了某种知识产品，所以其他人也可以通过同样的挖掘找到同样的知识产品，这样导致的结果必然是一个知识产品上附着多个所有权。其后果不但会导致资源的浪费，而且会引发无数的纠纷。所谓公有领域的知识财富其实经历了一个从私有到公有的转换过程。

（二）无法解释知识产权主体与客体无限分离的现象

从洛克对财产权的整个论述来看，劳动产生财产权是以劳动者事实上占有财产为前提的。如果劳动者事实上没有占有财产的实物形态，尽管施加了劳动，也不能取得该物的所有权。在有形财产世界事情虽然往往如此，但对知识产权却无法适用。知识产权客体的非物质形态，使得知识产权权利人根本无法发生物理世界中的那种排他的事实上的占有。某项知识产品一旦公之于世，任何人都可以通过学习或受让（劳动）而同时“拥有”它，从而无限脱离知识产权权利人事实上的控制。

（三）无法解释知识产权的法定行为

洛克的财产权劳动理论无法解释许多知识产权（比如专利权、商标权、植物新品种权）的原始取得必须经过申请、审查、登记和公告等程序的现象。按照自然法的权利观，既然劳动直接产生了财产权，那么只要经过自然的挖掘就可以了，这些程序显然是多余的。

（四）无法界定劳动的确定性的内涵和外延

洛克的财产权劳动理论强调，只要劳动与处于某个共有状态的东西混合在一起，劳动者就自然取得了该东西的所有权。虽然洛克极力强调劳动是获取财产权的依据，却没有对其原因提供令人信服的解释，容易把人们引入歧途，会从根本上否定整个知识产权制度。如果劳动真如洛克所说是获得财产权的根据，那么在知识产权领域所有的脑力劳动的成果都应获得知识产权。但世界各国的立法通例是，不仅非创造性的脑力劳动成果难以获得知识产权，即使是创造性的劳动成果也并非都能获得知识产权。洛克未能给人们提供一个关于劳动的确定性的内涵和外延，在洛克的理论中任何人只要付出了劳动，就可以将本来处于人类共有状态的财产拨归私用，任何人都可以通过劳动取得同一类财产权。但在知识产权领域情况却完全不同。一人就某项发明获得专利后，其他人即使完全是依靠自己的劳动独立地作出同样的发明，也不能获得专利。运用财产权劳动理论无法对这一现象作出合理的解释。

（五）无法说明知识产权法律制度中的许多特殊现象

按照洛克的财产权劳动理论的第一个条件，劳动者要想取得财产权，还必须“留有足够多的同样好的东西给他人所共有”。这个条件的成就存在两个前提。第一个是人类必须是道德上的完人，否则他就不会自觉给他人留下足够多的同样好的东西。然而，这个前提在现实生活中是很难成立的。在社会生物学和经济学看来，人本质上是自利因而也是自私的。第二个前提则是有形和无形的财产应当无比丰富，在满足了自私的占有者没有止境的欲望的同时，总是剩下足够多的同样好的资源供他人占有和享用。这个假设同样缺乏现实基础。因为在特定的时空条件下，不管是有形的物质资源还是无形的知识资源，其储量总是有限的，是稀缺的。洛克潜意识当中似乎也意识到了资源的稀缺性，所以要求先占者必须留下足够多的同样好的东西给其他人占有。但有一点可以肯定的是，按照洛克的原理推演下去，当资源稀缺时，尽管有人施加了劳动，也不能进行占有。因为在特定的知识产权领域内，一旦某人获得了某项知识产权，就排除了其他任何人再获得同一项知识产权的可能性。这种状况在专利和商标领域表现得最为明显。

（六）洛克的财产权劳动理论也很难解释知识产权中的许多特殊制度现象

自然权利论在解释知识产权制度设计上有许多不足，比如专利权制度中的先用权现象、商标权制度中的在非竞争性商品上注册他人非驰名注册商标的现象、科学发现者只享有署名权和获得奖励而不能申请专利的现象，等等。专利权、商标权取得的先申请原则足以说明“有劳动不当然产生权利”。对于那些不谋而合、独立完成的发明创造的“劳动者”们，只能残酷地让位于先申请专利者独享由于其劳动而产生的专利权，其他人的劳动与专利权无关。当然，还有更甚者，对于不劳而获取得的专利权也比比皆是，所谓防御性专利所付出的绝对不是自然权利说下的“劳动”，而是商业竞争的手段。

此外，自然权利论也无法解释知识产权的地域性、时间性、权利穷竭、权利保护期限、权利限制以及知识产权权利人的“圈地行为”。

综上所述，洛克的财产权劳动理论虽然从最本源的、自然法的高度为知识产权的合理性提供了一个哲理化的解释，让人们看到了隐藏在知识产权法律制度背后的劳动的价值，从而揭开了笼罩在知识产权上面的神秘的面纱，恢复了劳动在社会价值创造中的应有地位，有力地批驳了种种否定知识产权的论调，而且让人们看到了自身的价值，有力地提升了人们的权利意识和主体性，但也还存在很多不合理因素。这些不合理因素的存在虽然并没有从根本上否定劳动用于解释知识产权合理性时的基础作用，但说明知识产权的合理性有着多方面的原因，比如意志和人格方面的原因、经济方面的原因，等等，而不能仅仅通过劳动这个唯一因素来加以解释和论证。

第二节　人格理论

一、人格理论概述

人格理论是关于财产和财产权的一种重要理论，发端于欧洲的思想家、哲学家，以德国哲学家黑格尔的财产权人格学说最著名。在黑格尔看来，财产作为人格的组成部分，是因为“我”的意志体现于其中。在纷繁复杂的社会中，人正是通过对财产的占有、使用、收益和处分，从而划定了自己与他人的各种界限，表明自己独立和自由的人格，以及他在社会中的地位。[1]由于特定知识产权中财产权与人格有着十分紧密的联系，负载在人的智力创造物中的思想、观点、气质和风格是智力创造者人格或自身的体现，因此，运用黑格尔的财产权人格理论来论证著作权等知识产权的合理性最合适不过。

该学说认为知识产品是一种非物质性的无形财产。一个发明人创造出的发明或完成的作品，就好像将自己生命的一部分投入了这项产品，知识产品上凝结了创造者的个人意志。非物质财产理论更强调劳动成果的思想性质和权利人的本质特征，从而区别了智力成果的创作人权利和成果所有人的权利，即将知识产权的财产权利和人身权利清楚地划分。财产权可以转移而人身权则与人不可分割，永远属于他本人所有且不能转移。因此，知识产权制度不仅要注重知识产品生产者财产权利的保护，而且应当注重

[1] 李杨，等．知识产权基础理论和前沿问题［M］．北京：法律出版社，2004：65．

其精神权利的保护。

二、人格理论对知识产权的意义

（一）知识财产是意志自由的体现

依据人格理论，所有权就是主体通过物来展现他的意志。人因为具有意志自由，而意志自由又具有无限性，因此，人可以对所有的物都主张所有权。换句话说，每个人都有权将其意志变成物，或者将物变成他的意志。在人格理论中，能够成为所有权客体的“物”的范围非常广泛，它既包括有具体物理形态的有形物，也包括其他无形物。在黑格尔看来，人的本质就是人的意志，人的意志属性首先表现为人具有自我认知的能力，这是人区别于其他生物的根本规定性。但是，人的意志存在的领域，并不能仅仅局限于人的内部。也就是说，不仅“人的本身”可以成为意志的对象，而且“外在于人的事物”也同样可以成为意志的对象。“人为了作为理念而存在，必须给他的自由以外部的领域。”❶ 由于这种外部领域当中的事物，是作为意志的对立面而存在的，较之于自由的意志而言，“无意志”与“不自由”成为外部领域的事物的根本特性。因此，人基于其优越于外部事物的意志，就“有权把他的意志体现在任何物中，因而使该物成为我的东西”，❷在这种意志外化的过程中，人与外部事物由主观与客观的对立，走向了主体与客体意义上的统一。进而，人的“主体性”特征，遂在与作为“客体”的外部事物的参照之中，表现出来并且得以实现。显然，存在于人本身并作用于外部事物的意志，在此承担了连接人与外部事物的桥梁的作用。

创造者通过特定方式将其思想表达的过程，即是将抽象的自由转化为现实的自由的过程。依据黑格尔的观点，任何人都是与

---

❶❷ 黑格尔．法哲学原理［M］．范扬，张企泰，译．北京：商务印书馆，1961：50－51.

众不同的唯一的存在，各自拥有不相同的意志，而意志的终极任务即是追求绝对自由。意志以通过将其本身施加给外部世界的方式展现于外部世界。根据黑格尔的观点，人的存在与发展基于自由并以自由为终极目标。而占有财产作为最初的自由，即是人通过控制外部世界来实现自由的最基础的条件。在此意义上，知识产权的合理性表现于它体现并保障了创造者意志和人格，而具有绝对性。

（二）知识财产是创造者人格的展现

知识产品是创造者的劳动成果，烙上了创造者的精神和整个人格。知识产品源自个体的思想活动，这些包含着创造者人格的思想活动必然是由作者对事物的独特认识而产生，而该独特认识即是创造者个性和人格的反映，这种人格特征在文学艺术作品中表现最为明显。知识产权的保护与人格的展现之间有着必然的联系，通过知识产权制度来肯定创造者对其成果的所有权，可以实现对自身人格和意志的保护。此外，知识产权制度不但满足了创造者情感上的需求，还因其保护了创造者对其意志的作品表达形式的运用方式的控制，而有利于维护创造者的人格尊严和自由意志。

（三）知识财产转让是人格理论的实践

依据黑格尔学说的观点，为了满足自由意志的无限性的要求，必须通过不断放弃自由意志所处物的有限性形式。但黑格尔反对转让全部知识产权，精神权利与创造者本身具有特定的联系，而这种联系不可能因为转让而消失。虽然精神权利无法转让，但可以通过一定的载体转让财产权利。实际上，知识产权的转让正是通过知识产品载体的形式出现。创造者与知识产品受让人之间进行的交易仅限于知识产品的载体而非知识产品本身。以著作权为例，在作者与出版社之间的转让过程中，出版社仅仅只是获得了作者知识产品的载体的财产权利，而该知识产品依然归属于作者自己，作者始终保留着一种不可转让的权利，以保护作品的完整性，使其免受他人篡改而损害作者的声誉或毁坏作者意图达到的目的。可以说，人格理论为知识财产的转让提供了更好的也是更为直接的合理性根据。

三、人格理论的局限性

以黑格尔为代表的人格理论成为德国和法国的知识产权制度理论基础，特别是著作权制度的理论基础。但是，研究表明财产权人格理论在知识产权适用上还是存在一定的局限性。

（一）容易分裂知识财产中的人格

将人格理论运用于知识产权时所遇到的第一个困难是，似乎并非所有的知识财产上都负载着人格（或人的意志），而各种负载着人格的知识财产，其负载的“量”上似乎又有所区别。比如诗歌、小说就负载着人格，而集成电路布图设计似乎是不负载人格的，它只是一种功能性的解决方案；散文之上负载的人格相对于专利上负载的人格，似乎前者是比较多的。

（二）容易导致对知识产权保护条件的过分降低

人格理论容易为盗版、假冒、仿冒等侵犯知识产权的行为提供合法性借口。因为盗版者、假冒者、仿冒者同样也可以将他们的自由意志体现在任何知识产品中，从而将其财产化。如此，人们可以不断地主张因智慧创作物中包含有其人格而应给予保护。

（三）容易导致个人权利膨胀

人格理论更强调智力成果创作人的精神权利，这必然导致在知识产权保护上追求维护绝对“权利”。因为在智慧创作物中的人格是不可抹灭的，则权利人就有可能依据人格理论来主张其对智慧创作物及其派生物的控制，而他人为实现其人格必须拥有的

财产因此受到知识产权所有人的控制，以致妨碍他人人格的发展。❶

（四）容易阻碍知识产品的市场流通

人格理论无法解释通过投资人的委托合同约定知识产权的权利归属的合理性。特别是在知识产权产业化、市场应用活动中，更多权利人关注的是财产权而非人身权，这已经成为一种趋势。事实上，知识产权制度催生的是拥有大量知识产权的投资者——“跨国公司”，而非以人格为特征的知识的创造者——发明人和作者。如果一味强调人格理论，势必使知识产品交易的合法性受到质疑，从而难以进入流通领域服务大众。

总之，黑格尔把个人自由意志和占有作为财产所有权的依据是不具有说服力的，“当黑格尔提及人有权将自己的意志体现在物之中并将物据为己有时，其逻辑推论显得非常武断，因为他不是把所有权当做对象而是当做前提去论证的。人对物的控制只是一种事实，是人的力量优于物的表现，即物被人的力量所控制，毫无权利可言。如果把这种对物的控制称作权利的话，那么，当物的力量控制人的时候，物便有可能成为权利的主体了。这样的假设显然是荒谬的，因为，如此一来权利则演变成一种武力、暴力或其他的物质力量，并因此而失去了道德意义。”❷

第三节　知识产权契约理论

一、知识产权契约论概述

知识产权契约理论经历了封建特权契约和近代产权契约的演

❶ 曹新明．关于权利弱化与利益分享理论之研究——一种新的知识产权理论范式［J］．中南财经政法大学研究生学报，2007（1）：9.

❷ 曲三强．现代知识产权法［M］．北京：北京大学出版社，2009：41.

变。特权契约体现封建统治者的个人利益偏好，以新产品制造方法的引进或舆论控制为特权授予的对价，以统治者与特定主体为缔约主体，缺少对真正创新者的保护。产权契约观念根植于启蒙思想家的社会契约思想之中，社会契约理论不仅为近代资本主义的兴起提供了强大的思想武器，而且为解释包括知识产权等在内的财产权制度的合理性提供了新的视角。将自然状态下的财产占有转化为通过类似签订契约的方式实现“法定占有”的社会契约思想，深深地影响着18世纪的知识产权理论和实践，一种全新的知识产权契约观念开始出现。

知识产权契约理论认为，知识产权是权利人与社会公众之间所签订的一种社会契约。社会通过国家赋予作者独占权，以获得精神与物质利益；与之相应，社会公众则能通过有偿使用知识产权的成果而获得其中利益，也能通过合理使用原则无偿使用公共领域的部分成果。一般认为，知识产权经过了法律所规定保护期进入公共领域，就成为人类的共同财富，任何人都可以自由使用。这些原则都需要在法律上加以确定，这是权利人和国家之间的一种约定。对发明人来讲，公开技术获得专利垄断权，可以补偿发明创造活动中支出的劳动和费用，还可以获得更大利益回报。对社会而言，它增加了新的科技知识，而新增的知识将为科技进步准备良好条件。专利权届满后，发明便成为社会的公共财富，公众可自由使用。契约论鼓励一切有创造天赋的人去进行困难而充满风险的技术创新，鼓励创新成果的公开。契约理论在现代各国专利法和版权法中都有体现。

二、契约理论对知识产权的意义

（一）契约理论推动了知识产权主体制度的发展

契约精神在于契约自由，任何人都有订立契约的自由，订立契约的机会向所有人开放，作为订立契约的社会一方，对于那些缺乏创造性的技术发明和发现、已经进入共有领域并对公共利益有害的作品，其可以拒绝与主张权利的人签订契约，并通过制度实践中的客体排他性规定加以体现。对精神成果创造人一方而言，契约自由的精神主要表现为缔约机会向所有对社会有益的精神成果创造人开放，并通过多元化的权利主体制度得以实现。特权契约观念下主体的局限在产权契约观念下得到了质的突破，这种质的突破主要表现为以下三个方面：

（1）从非精神成果创造者主体到精神成果创造者主体的转变。近代启蒙运动的过程也是精神成果创造者地位提升的过程，社会公众与精神成果创造者已分别取代特权契约中的统治者和新产品生产的引进者或出版商。

（2）从单一的国内主体扩大到外国主体。封建法固有的地域性决定了只有本国公民或变为本国公民的外国人才有缔结特权契约的资格，而这一缔约主体狭隘的国别限制，随着知识产权国际保护制度的出现而获得突破。

（3）从自然人主体拓展到法人或其他组织主体。特权契约观念下的原始权利只能是特定的个人或组织，这一局面随着录音技术、摄影技术、电影技术以及广播技术的广泛应用开始被打破。表演者、唱片制作者及广播组织专有权利的授予，都表明法人或其他组织开始享有与社会订立知识产权契约的资格，这是产权契约观念的一个明显特征，也是与特权契约观念进行区分的一个显著标志。

（二）契约理论促进知识产权确认制度完善

效率是契约的一个基本价值，契约效率意味着鼓励更多的交易出现，以便活跃市场，更好地实现资源的优化配置及有效利用，实现当事人的意志和缔约目的。

知识产权是对知识产品进行市场化的制度安排。知识产品是具有价值和使用价值的稀缺资源，而产权契约缔结效率的提高，将会鼓励更多的稀缺性精神成果资源被创造和利用。知识产权契约效率价值通过产权确认过程中的一系列制度安排得以实现。就版权制度而言，登记手续从烦琐到简便、从强制性到倡导性以及从注册取得到自动取得的转变过程，也是版权契约缔结效率不断提高的过程；就专利制度而言，专利审查机构、专利代理制度、“提前公开、推迟审查”制度以及专利费“减、缓、免”等制度的出现，均有效地降低了专利契约的缔结成本，提高了专利契约的缔结效率。

（三）契约理论赋予知识产权限制制度的正当性

“一切债均自公平生”。任何契约都不能背离公平原则，契约主体相互之间的对价应该在价值上大致相当。具体到知识产权契约而言，权利人提供给社会的知识产品与社会提供给知识产品创造人的利益，在价值上不能有太大的悬殊。契约正义的观念主要通过以下制度表现出来：

（1）产权效力限制制度。“契约必守”是契约的一般原则，但契约正义原则又注定了在一定条件下可以为实现正义而解除契约。观念上的知识产权契约也不例外。权利人向社会作出的发明具备新颖性、先进性及实用性的承诺必须实现，在其违背诺言时，社会理所当然地可以解除合同，撤销其已经获得的权利或宣告已经获得的权利无效。

（2）产权期限制度。产权存续的时间限定体现了社会公众订立产权契约的基本意图：为获得对精神创造成果的自由利用，产权期限是达到这个目标的基本保证。

（3）产权内容限制制度。契约正义强调主体的给付与对待给付价值的对等性，相互之间权利义务的平衡性。权利穷尽、合理使用、法定许可等产权限制制度为实现价值对等及关系平衡提供了一个有效的工具。

总之，封建特权契约体现可通过授予专有权的方式实现对精神创造成果的获取或控制，其对近代知识产权制度的产生所作出的贡献不可抹杀，产权契约观念的产生和确立，为知识产权的理论建构和制度设计提供了一个很好的指导框架。

三、知识产权契约理论的局限性

（一）契约理论未能解决知识产权主体的缺位、错位问题

社会应当向所有知识产品创造者提供平等的缔约机会，事实上，在知识产权立法实践中契约机会是不平等的，主要表现为传统知识、遗传资源等传统资源领域创造者的权利没有得到法律的有效认可，或者说当代知识产权的权利主体制度安排中并没有为上述人们预留应有的位置。传统知识是由基于传统所产生和发展的知识构成，或者说是一种与传统有关的知识体系，是传统部族创造的有价值的文化资源；遗传资源是具有遗传功能、含有遗传信息的物质材料和资料，它作为一种“人类自然遗产”，是传统部族独有的具有稀缺性的物质资源。作为对社会财富积累的贡献，传统知识和遗传资源的创造者即传统部落理应获得相应的利益补偿，但是现有的知识产权制度安排并没有很好地考虑上述主体的利益。

依据合同法原理，能够订立契约的主体必须具备一定的资格。就知识产权而言，非知识产品的创造者是没有资格与社会订立契约的，但与上述知识产权主体缺位的情形相反，实践中一些本不具备“缔约资格”的个人或组织却被授予了相应的权利，也就是说，出现了知识产权主体错位的情形。以“文化海盗”和“生物海盗”为例：发达国家的一些个人或组织通过收集一些具有重大经济价值的传统资源，经过简单的整理后，即在许多国家申请并获得专利权或其他专有性权利，然后再以这些专有性权利为要挟，在传统资源来源国攫取巨大的经济利益。应当说，上述个人或组织在收集和整理传统资源的过程中付出了一定的劳动，但是这些劳动与资源的创造者相比显得微不足道，由传统资源利用所产生的利益中的绝大部分，应当由资源的创造者而不是收集和整理者享有。社会赋予个人或组织专有性权利的对价是对方提供具有新颖性和创造性的发明，这是知识产权契约的基本内

核。然而，在当今的知识产权实践中，许多专利权却被授予科学发现者而不是技术的发明者，知识产权权利主体错位的情况经常发生。

（二）契约理论未能解决知识产权权利义务的平衡关系

一种正义的契约制度应该通过各种制度性安排来改善那些拥有最少的权利、机会、收入和财富的“最不利者”的处境，缩小他们与其他人之间的差距，在当代知识产权实践中，契约正义的基本精神并没有得到很好的贯彻，主要表现为知识产权实践中“社会－知识产品创造者”两者之间权利义务关系的失衡。

就知识产品创造者一方而言，权利义务关系的失衡主要通过其权利的不断扩张体现出来。如沃特·迪斯尼（Walt Disney）等公司通过极力游说使美国于1998年通过了旨在延长版权保护期限的《松尼波诺版权期限延长法》（*Sonny Bono Copyright Term Extension Act*），将原有的版权保护期限从作者有生之年加死后50年延长到作者有生之年加死后70年，对于职务作品（works for hire）而言，保护期最长从75年延长到95年。[1] 尽管这一做法引起支持信息自由流通和共享的硅谷不满，并有网络出版商埃里克·埃尔德雷德（Eric. Eldred）状告国会通过的这个法案违反了美国宪法，但2003年联邦最高法院作出的裁决，依然支持1998年国会通过的延长书籍、电影、音乐和卡通人物的知识产权保护期的法律。在这之前的1996年，欧盟通过了旨在为数据库制作者提供专门法律保护的指令，将数据库制作者权利的保护范围从内容的选择和编排扩大到构成数据库的数据本身，而在指令通过之前，数据本身在很多情况下由于缺乏作品要素不能受到法律的保护。对于作为知识产权契约主体一方的社会而言，原来旨在为

[1] 美国版权法修订案中“米老鼠”条款。《伯尔尼公约》规定作品的保护期限为作者有生之年加上死后50年，而后即成为公有财产。美国国会通过版权法修订案，将其延长为75年，其中影响最大的是米老鼠的著作权，俗称“米老鼠条款”。

确保其利用知识产品而设置的一系列制度，如合理使用、强制许可等在当今新的政治、经济和技术等条件下实施起来更加困难，社会公众的权利范围正日益缩小，而承担的义务越来越重，知识产权契约的正义精神正在逐渐消失。[1]

总之，契约理论可以灵活解释一切知识产权制度设计的规则，给立法者以足够空间，这在知识产权的保护期限以及权利限制方面表现尤为突出。但是，契约是双方谈判、妥协的产物，形式上看起来公平，实则从来都是在强势者掌控之中。于是，大企业成为知识产权立法和修法的推动者，其代表国家利益与社会达成的契约——知识产权法律与政策实实在在是某些强势企业自身利益的体现。

第四节 激励理论

一、激励理论概述

激励理论建立在这样一种前提之上：如果个人的智力创造性成果受到法律的专门保护，这将激发这些智力创造者们进行创造，而社会将从中受益。[2]

在市场经济下，市场竞争主导商品的分配，国家以开展竞争为主要手段调整经济。知识产权法作为经济调控的法律工具脱离不开竞争机制。竞争的作用在于：及时排除落后的企业，淘汰过时的生产方法和产品，采用创新产品。竞争的形式不仅体现为市场上的价格、广告、产品的新颖、质量好坏，也包括为市场上的竞争作准备的科研和技术开发。随着现代科学技术的飞速发展，

---

[1] 杨红军．知识产权制度变迁中契约观念的演进及其启示［J］．法商研究，2007（7）：83－90.

[2] 冯晓青．知识产权法哲学［M］．北京：中国人民大学出版社，2003：192.

创新能力已成为竞争过程的决定性因素。知识产权制度通过市场竞争促进创新，保证竞争者的利益回报。尤其是对于研发周期长、发明起点高、投资风险大的领域，如果利用知识产权制度创建竞争机制，用创新思想指导企业的市场竞争，则可以让企业保持竞争优势，让产业获得高附加值利益，让国家的经济发展依托于产业链的高端。激励理论的思想在有关法律和实践中也得到了确认，如知识产权制度中的先申请原则是地道的市场竞争原则，先公开、后审查、后置无效制度的设置等都体现出市场竞争的导向，没有市场利益的主体是不会关注他人知识产权的法律状态的。

二、激励理论对知识产权的意义

（一）对知识产权创造主体起着一种正能量的作用

许多古典经济学家认为，激励的目的是挖掘知识创造主体的智力潜能，使其创造出更为丰富的知识（科技）成果，因为知识产权制度是用法律的形式确认智力成果的创造者对其所创造的智力成果在一定时期内享有专有权，而且用法律保护这种专有权的实现，这就抑制了他人的擅自实施，任何要生产、销售由知识所创造的成果的使用，都必须得到有关的知识产权拥有人的许可并支付实施费。这样一种制度安排，使得发明创造的完成人或持有人的劳动消耗或资金消耗得以收回或获利，并使专门从事发明创造工作成为一种有利可图的谋生职业，从而极大地提高了企业和科技人员从事发明创造的积极性。如果没有健全有效的知识产权保护机制，创新发明会面临被侵权、仿制假冒的危险，从而遭受重大损失，导致从事创新发明的主体的投入得不到回报，必将直接影响科技进步和经济发展。

（二）鼓励知识产权对经济发展和社会进步的价值延伸

一般情况下，技术的进步需要花费巨额的研发成本。如果没有一定形式的保护，搭便车者会通过反向工程轻易地复制发明者的技术，使得发明者的巨额投资付诸东流，短期来看，公众能够以较低的成本取得被抄袭的创新成果，但这种搭便车的行为却会扼杀或者削弱对未来创新的激励作用。由于一项创新产品和服务的边际收益必然会低于边际成本，发明者几乎没有经济激励去投资昂贵的研发项目。如果没有专利制度，市场中的理性投资者将不会从事研发活动，而是坐等他人研究，然后迅速克隆这个技术。与此同时，理性的发明人将会把自己的发明创造尽可能久地加以保密，以充分利用其在市场上的先发优势。

激励理论不仅激励发明创造活动，也激励技术秘密披露机制的形成，鼓励知识产权主体在知识产权的价值转换过程中有更多的突破。在封建社会时期，手工业界和商业行会将秘密的传播限于学徒和行会成员内部，只有工作多年的学徒和行会的成员才拥有技术诀窍和促进技术进步的动力。这种做法实际上减少了潜在发明者的数量，遏制了竞争，阻碍了科技发展。专利授权的公开，消除了上述人为设置的障碍。发明者在申请专利时需要披露技术方案，将当前的技术状态记录下来，因此有助于进行后续的研究，作为回报，其获得一定期限内的专有权利。专利制度鼓励尽早进行披露，使得其他发明者有机会接触科学技术的最新进展。在科技信息充分公开的情况下，每次新的技术进步常常会激发出更多的技术成果。

三、激励理论的局限性

（一）无法解释知识产权权利人的自发性创造性劳动

激励理论不能解释在现代市场中，商业秘密依然是保护技术创新的可选方法，也不能解释在知识产权制度出现以前，对发明创造、智力创作等智力活动的投入。在知识产权制度出现后，激励理论也不能解释所有的智力创造都具有“激励的思想”。另外，激励理论对知识产权制度的正当性解释，也只是从“激励”

或者激励基础上的“平衡”这一角度考虑的，未顾及智力产品生产本身投入的创造性劳动和在智力创造中付出的人格内涵。[1]

事实上，激励科技创新的因素是很多的，并非只有知识产权制度才能激励科技创新。例如，激烈的市场竞争会迫使企业进行技术创新；又如，与科技成果挂钩的职称评定制度也会激励研究人员出创新成果。此外，在不同经济体制的国家，知识产权制度激励科技创新的作用是不同的。比较而言，在实行计划经济的国家，知识产权制度激励科技创新的作用较小，而在实行市场经济的国家，知识产权制度激励科技创新的作用较大。

（二）无法防止知识产权权利滥用

过强的知识产权保护，也会给后续的创新造成一定的抑制作用。例如，在没有强制许可制度的情况下，在先的专利权人可以凭借其专利权阻止他人实施针对在先专利改进的、技术上更加先进的从属专利，从而抑制后续的创新活动。绝对的市场竞争极容易导致知识产权制度在实施过程中的异化：在知识产权权利取得和诉讼上存在大量权利滥用行为就是一个说明。

基于市场经济建立起来的知识产权制度，从初始就体现出赤裸裸的市场寻租目的，知识产权权利人在取得正当的竞争优势时，也可能不当地利用权利阻止竞争对手的发展。能够制衡知识产权权利滥用的制度——反垄断法和反不正当竞争法始终站在知识产权制度外对其进行规制，这也就是为什么那些知识产权制度应用比较成功的国家都有一套非常完善的知识产权反垄断体系，如此才能够让知识产权制度健康地发挥作用，实现其鼓励创新的功能。

（三）难以协调个人利益与公共利益的矛盾

人的创新激励手段是多方面的，但它必须在有效平衡个人利

[1] 冯晓青．知识产权法哲学［M］．北京：中国人民大学出版社，2003：303.

益与公共利益的前提之下才能达到最佳的激励效果。因为当我们采取一定手段充分调动发明创造者的创新热情时，常常会一定程度地牺牲公共利益，使知识产权的社会公共性价值难以充分体现，并可能使得社会普遍的、潜在的发明创造者失去创新的条件和自由；当我们因保有更多的公共利益的需要，以激励社会普遍的、潜在的发明创造者创新热情时，常常又会一定程度地牺牲发明创造者的创新热情。这是矛盾的两个方面，需要建立科学的制度性激励机制，使两方面利益都得到最大限度的保障。[1]

（四）知识产权过度保护会弱化激励功能

首先，“没有技术开发能力的人将会受到知识产权制度的制约，因为知识产权制度在授予技术创造者专有权利的同时也限制了其他人对相关成果的利用”。[2] 也就是说，知识产权在给予权利人权利保护的同时，也就限定了其他人的同等的利用该知识产权的可能。这种限制的可能也就给了其他人在这一方面与权利人竞争的弱势。

其次，知识产权权利人的反创新趋势加强。一些精英公司如微软、思科，在知识产权标准的制定过程中一直起着支配作用。一方面通过设立昂贵的知识产权保护成本，使得经济实力较弱的国家和公司远离知识产权保护的领域；另一方面通过提高利用本公司知识产权的费用，加大竞争对手的创新成本，或通过降低本公司竞争产品的价格，使得其他公司在相关的竞争产品上无利可图，而不得不放弃竞争，从而达到遏制其创新的目的。

最后，知识产权原创人并未得到有效保护。大公司通过一系列的买入、卖出、兼并的过程来获取知识产权，将它们进行组合和联合开发，最终进入市场，并形成体系性的垄断地位。保护知

[1] 何敏．知识产权法总论［M］．上海：上海人民出版社，2011：10－11.

[2] 彼得·达沃豪斯，约翰·布雷斯韦特．信息封建主义［M］．刘雪涛，译．北京：知识产权出版社，2005：13.

识产权的原本理由是如此依赖创造者与创造成果之间的关联，而现在这种理由已几乎退化殆尽了。在知识产权商业化的过程中，创造人早已与他们的创造成果相分离了。也就是说，从知识产权保护中得到最大好处的不是知识产权的创造者，而往往是那些具有巨额运营资本的公司。如美国联邦政府靠纳税人的税款对政府实验室和大学的科研活动进行大量投资，成果却届时转移应用，英国将政府资助的研究项目的知识产权无偿转让给项目研究机构所有等就是这方面的典型例子。从这一意义上来说，知识产权制度并没有发挥刺激知识产权原创人创新动力的功能，所以，越是强化知识产权保护，越是构成对原创人的“创新动力”的损害。

第五节　利益平衡理论

一、利益平衡理论概述

法理学家博登海默认为：“法律的目的是在个人原则与社会原则之间形成一种平衡。”[1] 利益衡平是指当事人之间、权利与义务主体之间、个人与社会之间的利益应当符合公平的价值理念。也就是说通过法律的权威来协调各方面冲突因素，使相关各方的利益在共存和相容的基础上达到合理的优化状态。利益平衡是民法精神和社会公德的要求，也是人权思想和公共利益原则的反映。权利的基本要素首先是利益，利益既是权利的基础和根本内容，又是权利的目标指向，是人们设定该项法律制度所要达到的目的之所在。因此，知识产权法所强调的利益平衡，实质上是同一定形态的权利限制、权利利用制度相联系，具体地说包括以下内容。

---

[1] E. 博登海默. 法理学——法律哲学与法律方法［M］. 邓正来，译. 北京：中国政法大学出版社，2004：115.

（一）独占权利与后续创造自由

知识产权所有人对知识产品的独占权不应成为再创造的障碍。知识产品的创造活动是一个绵延不绝的历史过程，现实的知识产品往往是对前人成果兼收并蓄的结果。因此，知识产品的创造人以自己的独占权排斥他人对其知识产品的再创造并不恰当。为此，各国法律中设定了多项制度来保护后人的再创造权。例如，我国《著作权法》规定，后人对前一作品进行适当引用属于“合理使用”，如第22条第1款第2项规定：“为介绍、评论某一作品或者说明某一问题，在作品中适当引用他人已经发表的作品”；《专利法》第69条第4项规定的“为科学研究或实验目的而使用”他人的专利技术不为侵权；《植物新品种保护条例》允许为了科研或实验而繁衍受保护的植物新品种，如第10条规定：“在下列情况下使用授权品种的，可以不经品种权人许可，不向其支付使用费，但是不得侵犯品种权人依照本条例享有的其他权利：（1）利用授权品种进行育种及其他科研活动；（2）农民自繁自用授权品种的繁殖材料。”

（二）个人权利与公共教育政策

发展教育事业，为公民提供充分的完善的教育机会，是各国普遍推行的公共政策，受教育权也是宪法规定的公民的一项基本权利。因此，在保护知识产权所有人的个人权利的同时，不应使这种专有权利成为妨碍公民受教育的屏障。如果对著作权不加以限制，则可能在作者及其子孙受益的同时社会公众的权利就受到限制，这实际上是一种权利冲突——作者或所有者及其子孙后代的权利与社会公众获取人类文明的权利之间的冲突。所以，各国在著作权立法中一般允许为教学目的而自由使用有著作权的作品，但不得用于商业目的。

（三）私人权利与经济发展

利用科学技术的最新成果促进一国的经济发展，不仅是该国人民的共同愿望，而且是发展权这一基本人权的集中体现。为了发展本国的经济，社会总是希望能应用当代最为先进的技术，而这些技术通常都取得了专利权，如果专利权人不愿授权，则社会公众往往难以应用。为了解决这一冲突，各国法律及国际公约规定了对知识产权行使的限制。例如，各国在专利法中一般规定了强制许可、国家在紧急状态下的使用等制度来促进专利技术的应用，在植物新品种保护法中允许农民自繁、自用繁殖材料以发展农业生产。通过上述限制，确保了一国对最新科技成果的吸收和应用，促进了国家的经济发展。

（四）专有权利与贸易自由

知识产权是一项排他性专有权利，权利人可以控制知识产品的应用，但这种控制的范围大小、控制的力度如何，直接影响着知识产品流通的环节与区域。在专利制度创立之初，西欧曾爆发了一场有关专利制度的大论战，推迟了专利制度的传播。在1850年前后，自由贸易的拥护者以反垄断的名义攻击专利制度，认为专利权在国内影响了经济活动，在国与国之间起了类似关税壁垒的作用，阻碍了国际贸易的发展并掀起了取消专利制度的运动。由此可见，如果无限制地允许知识产权所有人自由行使其权利，则权利人有可能滥用其权利，在知识产品流通的各个环节及各个地域设立重重障碍，阻滞知识产品的流通与传播。为此各国立法者采取了包括“权利穷竭”制度内的各种限制措施。[1] 由于“权利穷竭”制度仅允许权利人在商品首次销售时有权控制，因而该理论又称为“首次销售”理论。有关权利穷竭的规定散见于各国著作权法、商标

---

[1] 所谓权利穷竭（exhaustion of rights），也称权利用尽原则、首次销售原则，是指知识产权所有人或经其授权的人制造的知识产权产品，在第一次投放到市场后，权利人即丧失了在一定地域范围内对它的进一步的控制权，权利人的权利即被认为用尽、穷竭了。凡是合法地取得该知识产权产品的人，均可以对该知识产品自由处分。这是一种对知识产权专有权利限制的典型制度，其宗旨是在保护专利权人合法利益的前提下，维护正常的市场交易秩序，保护经营者和一般消费者的合法利益。

法和专利法等法律之中。通过该制度的确立，大大地削弱了知识产权权利人对知识产品再次流通的控制，有利于贸易的自由往来。❶

利益平衡不是知识产权法所特有的制度或者原则，但知识产权法始终贯穿了利益平衡原则。知识产权法是为了促进知识创新和知识扩散，进而推动全社会的科技进步、文化繁荣和经济发展而建立与健全起来的法律体系。因此，知识产权法在充分保护权利人的知识产权的同时，也要兼顾社会公共利益。权利人对发明、作品等享有垄断权，有可能以不合理的方式妨碍公众分享这些成果带来的社会利益。所以，权利人与社会公众之间的利益平衡一直贯穿着知识产权的立法设计和法律实施。利益平衡堪称现代知识产权法的基本理念和精神，是知识产权法追求的重要目标，它贯彻于知识产权法的产生、发展的全过程。知识产权法能否有效贯彻利益平衡原则，即能否维持对知识创造的激励与知识传播和利用之间的平衡，维持知识产权权利人利益与公共利益之间的平衡，将决定着其在现代社会生活中的地位。❷

二、利益平衡理论对知识产权的意义

（一）促进知识产权权利人与公众之间的利益平衡

在知识产权法中，围绕知识产品的生产、传播、利用而形成了多个有着不同利益的利益主体。例如，在专利法中，所涉及的利益可以分为国家的利益、专利权人的利益、发明者的利益、专利用户的利益等，专利用户的利益又可分为出于商业目的竞争性利用的竞争者利益与出于非商业目的为了获取知识和信息而利用专利的普通用户利益等。在著作权法中，著作权利益包括国家利益、作者和其他著作权人的利益、作品传播者的

❶ 吴汉东．试论知识产权限制的法理基础［J］．法学杂志，2012（6）：5－6.

❷ 冯晓青．论利益平衡原理及其在知识产权法中的适用［J］．江海学刊，2007（1）：145－146.

利益、社会公众的利益等，或者分为作者的利益、作品传播者的利益和作品使用者的利益等。在商标法中，存在商标权人的利益、消费者的利益、竞争性厂商的利益、一般公众的利益等。

知识产权法需要在这些利益之间进行协调，特别是对知识产权权利人与社会公众之间的利益进行协调，其中主要是平衡知识产权权利人与知识产品使用人之间的利益。知识产品的公共性与共享性特征、知识产权的实现方式以及知识产权制度的宗旨等诸多因素决定了知识产品需要进入市场流转，被社会公众广泛使用。这种使用既是知识产品发生社会效用的保障，也是知识产权权利人将其知识产权由潜在权利变为现实权利（利益）的重要途径。因为在很多情况下，知识产权权利人受自身条件的限制不能行使或不能充分行使自己的权利，通过他人对知识产品的使用和传播，知识产权权利人的利益才得以实现。即使由权利人自己行使知识产权，相应的产品也只有通过市场为大众所接受，才能使知识产权权利人的经济利益最终实现。正因如此，知识产权法需要对知识产品的创造者和使用者之间的关系进行平衡和协调，既照顾到知识产权权利人的利益，激励他们创造出更多的知识产品，又兼顾使用者的利益，实现知识产权法促进科技文化进步的社会目的。

（二）为解决发展中国家与发达国家之间的知识产权价值观冲突提供了思想武器

知识产权法的宗旨，在于保护创造者的合法权益，促进知识产品的广泛传播。这种二元价值目标，是以权利保障的激励机制为基础，以利益平衡的调节机制为手段来实现的。

从知识产权国际保护层面看，发展中国家的知识产权价值观与处于优势地位的发达国家的知识产权价值观，构成了现代知识产权法律价值的主要冲突，主要表现在发展伦理、分配伦理的不同观念上：发展中国家希望通过知识产权法律融入到国际社会的经济秩序之中，并充分享受由于世界文明和科技发展带来的益处，并认为知识产权法律不应通过私权的手段和垄断的方式设置新的技术壁垒和权利鸿沟。知识产权法律应当更好地促进全人类的科学技术和文化、经济的发展，更为合理地分配知识产权资源。发达国家基于对现有优势地位的维护，更多时候是利用知识产权现有的规则体系，限制和排除意图对知识产权资源进行再次分配，并从本国利益的角度强调知识产权创造伦理和财产伦理的正当性和优先性。于是，知识产权所体现的私权和人权属性发生了明显的价值冲突，发展中国家对知识产权权利人权属性的强调与发达国家对于知识产权私权属性的重视，形成了相对鲜明的价值观差异。[1] 为了改变这种状况，发展中国家利用利益平衡理论武器积极推进遗传资源、传统知识的知识产权保护。

将遗传资源作为一个知识产权的问题提出来，实际上是要解决遗传资源的提供者与利用遗传资源作出发明创造的知识产权权利人之间的利益平衡，这种利益平衡集中体现为发展中国家与发达国的利益平衡。利益平衡是知识产权法律的内在价值。它是立法者价值取向和政策立场的具体体现。作为价值主体的立法者，既要遵循法价值一般规则的约束，又要受到当时客观社会情势的影响。在当代社会，知识产权法律的价值，已经从西方文化价值向世界文明价值转变，传统知识产权法律的西方模式由于价值移植和价值实现而正被修正和调整。

（三）为解决知识产权纠纷提供指导思想

利益平衡意指当事人之间、权利与义务主体之间、个人与社会之间的利益应当符合公平的价值理念。利益平衡论在解决知识产权纠纷中发挥了重要作用。

知识产权权利人与侵权人之间是平等主体之间的民事关系，

[1] 吴汉东．试论知识产权限制的法理基础［J］．法学杂志，2012（6）：5.

因此，在知识产权法律适用的问题上，不能简单地给“知识产权权利人”戴上道德的光环，而给“侵权人”贴上耻辱的标签，而应考虑到“知识产权权利人”与“侵权人”之间的利益平衡。因为“知识产权权利人”与“侵权人”在不同的法律关系中是可以相互转化的，有时在同一法律关系中，当事人双方可能互为侵权人。如甲、乙二人分别拥有基本专利和从属专利，从属专利作为一种改进的技术方案具有更好的技术效果和市场需求，但实施从属专利也意味着落入基本专利的保护范围，因此，如果从属专利权人乙未经甲许可，尽管实施自己的专利，其行为仍然侵犯了甲的专利权；与此同时，如果甲也擅自实施乙的从属专利，则甲的行为也侵犯了乙方的专利权。事实上，即使那些得益于知识产权保护，并在国际上享有盛誉的大公司，也难免成为侵犯他人知识产权的“侵权人”。如三星公司和苹果公司为手机产品专利问题相互攻讦，直至法庭上互为原、被告。

知识产权的保护不仅涉及权利人的利益，而且也涉及社会公众的利益。例如，建筑物有可能涉及他人的专利权或著作权，司法实践中，在施工单位建造的建筑物侵犯他人的专利权或著作权的情况下，受理案件的法院一般不会简单地判决施工单位停止侵权并销毁侵权物品，即将建筑物一毁了之，而是会基于利益平衡的考虑，通过调解结案或作出合理的判决。所谓合理的判决，是指判决结果既能使知识产权权利人得到合理的补偿，又避免因毁坏施工中的建筑物而使施工单位蒙受难以弥补的巨大损失。不仅如此，公共利益也避免因工程的延误而蒙受损失。[1]

---

[1] 这方面的实例可参见“武汉晶源环境工程有限公司诉日本富士化水、华阳电业有限公司专利侵权一案”。

三、利益平衡理论的局限性

（一）利益平衡动态的过程使得知识产权法制度不稳定

理想的利益平衡是一个永无止境的过程。对这一状况的不懈追求就是知识产权法不断发展和完善的过程。知识产权法的利益平衡主要是一种作为过程的平衡。

利益冲突是冲突的实质所在，在解决利益冲突的过程中，法律的平衡机制具有重要作用。不过，也应当指出由于冲突的利益和价值所代表的平衡只是一个运动的过程，法律对利益冲突的解决不只是体现为平衡的一种状态。正如罗斯科·庞德所指出的："如果妄称科学地平衡各方利益、努力使它们协调一致，从而以最小的牺牲来保证最大的利益实际上是决定审判和立法的唯一因素，那将是徒劳无益的。"[1] 随着技术的发展和社会的进步，作为知识产权法的基石的利益平衡状态会产生相应的变化。这种变化的一个趋向就是原来的知识产权法的利益格局被打破，致使原有的平衡状态走向失衡状态。为了使知识产权法在新的环境下继续协调知识产权权利人和社会公众利益关系，以产生理想的社会效用，这就需要对保护知识产权的法律制度进行调整，重新规制知识产权权利人的权利义务。也只有这样，才能使之继续成为鼓励知识创造和知识扩散，促进文化进步和经济发展的制度。

例如，出租权的设立就是对权利穷竭这种著作权限制的反限制。可以预料，权利扩张与反限制的存在，将会在当代信息技术发展的环境下变得更加必要。由此可见，知识产权本身在任何时候都受到限制的同时，它的发展则有不断扩张的趋势，而权利限制也有受到限制的趋向。其实，这正是为了使知识产权法维持协调和平衡知识产权权利人和社会公众之间的利益关系的举措。

---

[1] 罗斯科·庞德. 法律史解释［M］. 曹玉堂，杨知，译. 北京：华夏出版社，1989：154.

（二）知识产权利益平衡制度设计受制于国家产业政策的考量

近年来，一些学者从利益平衡的角度审视知识产权制度。[1]利益平衡方法不是唯一适用的方法，在透析法律与利益问题时还需要借助于其他的方法。实际上，任何一项法律制度都是利益平衡的产物，只是不同法律关注的利益平衡主体和其追求的利益点不同。知识产权法是为平衡知识产权权利人的垄断利益与社会公共利益而作出的制度设计，其中涉及的主体包括知识的创造者（同业竞争者）、传播者、使用者，涉及的利益包括国家利益、权利人利益、公众利益。在这三方面的利益关系中，究竟应当以何种利益为主线是讨论的焦点。形式上看，知识产权属于私权，知识产权法应当以保护权利人的私权为主旨，但是制度的最终目的是发展国家经济、科技、文化产业，如果私权保护的结果没有实现产业发展利益，则制度实施失败。尽管在制度设计时充分考虑到了各方利益，但不意味着有了完善的制度自然可以实现其宗旨，知识产权制度实施中的产业政策考量对制度实施效果起着最直接的作用。

可以说，知识产权制度实施效果的评价一直是以国家产业发展的整体利益为基础的，这也就是美国等发达国家始终以政府谈判形式来解决中国知识产权问题的原因所在。可以说，不同的历史时期、不同的产业领域、不同的保护水平，知识产权的利益平衡更多的不是体现在制度本身，而是通过快捷灵活的公共政策来进行调整的。

---

[1] 有关观点参见：郑成思．知识产权与国际贸易［M］．北京：人民出版社，1995；刘茂林．知识产权法的经济分析［M］．北京：法律出版社，1996；吴汉东，胡开忠．无形财产权制度研究［M］．北京：法律出版社，2001；冯晓青．知识产权热点问题研究［M］．北京：中国人民公安大学出版社，2004；刘春田，阳平．2008年中国知识产权年度报告［M］．北京：中国人民大学出版社，2010；南振兴、温芽清．知识产权法经济学论［M］．北京：中国社会科学出版社，2010．本节内容的撰写参考了上述文献，在此一并感谢。

第六节　马克思主义语境下的知识产权观

一、马克思主义知识产权观概述

近年来，不断有学者尝试以马克思主义理论对知识产权正当性进行解读，为研究知识产权提供了新思路。[1]

（一）马克思主义知识产权观的逻辑起点

考察马克思的财产理论，是解读其知识产权观的逻辑起点。马克思认为，私有财产是异化劳动具体化的结果，是阶级统治的工具，是意识形态的一部分。

在马克思看来，“异化”是资本主义生产的一个残酷事实，正是异化劳动，而非创造性或自由劳动，构成了资本主义条件下的劳动的典型特征。如果说私有财产是异化劳动的结果，那么，导致异化的是劳动的分工，从而，分工是导致私有财产的根源。财产权是一个阶级统治另一个阶级的一种权力工具，法律不是被理解为社会生活和历史中的一种独立力量，而是生产关系和生产力的交互作用结果。因此，即使是作为所谓“私法”的财产法和合同法，也是为确立阶级不平等提供服务的，知识产权法亦不例外。对马克思而言，财产权具有意识形态功能，知识产权法把

---

[1] 近年来，以马克思主义视角对知识产权进行研究的文章主要有：冯晓青．马克思理论与知识产权——研读《知识产权哲学》之体会［J］．电子知识产，2003（12）；曲三强．马克思主义视角下的知识产权［J］．思想战线，2007（1）；周翼．从马克思主义视角看知识产权问题［J］．马克思主义研究，2007（11）；谭萧．评马克思的知识产权观［J］．云南大学学报：法学版，2011（6）；王莹．知识产权基础理论的差异分析［J］，前沿，2012（15）；王莹，马治国．关于知识产权正当性的反思——基于马克思主义理论的视角［J］．西北大学学报：哲学社会科学版，2008（4）；何越峰．以马克思主义时代观认识知识产权国际保护的发展变［J］．知识产权，2002（6）．

抽象物❶视为有财产权之物，这印证了马克思所称的“商品拜物教”。商品拜物教在马克思的经济理论中，就是一种意识形态，这种意识形态认为商品和商品交换是独立存在于人们社会关系中的特殊关系。劳动产品作为人脑和人手的产物，当被作为商品来生产时，在商品拜物教里，成为有生命的东西，互相发生关系，并与人发生关系。知识产权代表着人们精神生活的商品化。在知识产权领域，商品拜物教达到了其顶峰。个人的精神生活——完全属于个人所有的东西，外化成事物之间关系的一部分，异化成资本主义商品生产和交换机制的一部分。将知识产权的功能说成是鼓励和奖赏劳动者的创造积极性，纯粹是用来蒙蔽在资本主义生产条件下对创造性劳动的系统剥削。

（二）马克思主义知识产权观的核心概念

创造性劳动是以马克思的视角理解知识产权制度的核心概念。在马克思的视角之下，整个资本主义经济制度是需要通过能够创造剩余价值的工人劳动来维系的，而这种劳动对于工人而言，恰恰创造出了异己的力量，成为一种异化劳动。马克思认为：“应当把一般劳动和共同劳动区别开来。二者都在生产过程中起作用，并互相转化，但它们也有区别。一般劳动是一切科学工作，一切发现，一切发明。这种劳动部分地以今人的协作为条件，部分地又以对前人劳动的利用为条件。共同劳动以个人之间的直接协作为前提。”❷ 马克思这里所说的“一般劳动”，显然主要是指从事科学工作、技术创造的脑力劳动。这种劳动虽然也是协作的劳动，但它不限于今人的协作，它包含一代代知识创造者接力棒式的协作。马克思在《经济学手稿（1857～1858 年）》中

❶ 所谓抽象物，是指不能被感官观察到，只能通过思维去想象的物。参见：F. H. 劳森，B. 拉登．财产法［M］．施天涛，等，译．北京：中国大百科全书出版社，1998：5.

❷ 马克思．资本论（第3卷）［M］．北京：人民出版社，1975：120.

对这种作为“一般劳动”的动态的知识创造过程给予了高度的重视。他甚至指出：“随着大工业的发展，现实财富的创造较少地取决于劳动时间和已耗费的劳动量，较多地取决于在劳动时间内所运用的动因的力量，而这种动因自身——它们的巨大效率——又和生产它们所花费的直接劳动时间不成比例，相反地却取决于一般的科学水平和技术进步，或者说取决于科学在生产上的应用。”❶ 创造性劳动促进了资本主义市场经济的竞争和技术革新的进程，而近代以来日益发展的知识产权制度，其实质主要是着眼于保护服务于资本生产环节的那部分的所谓“知识”产权，对作为“一般劳动”的动态的知识创造过程却是视而不见的。虽然知识产权制度中的“知识产权”也包含一定程度的知识创造者的精神权利，但其重点显然在于服务于资本生产环节的知识产权的经济权利。

（三）知识产权制度只是强化了资本的统治地位

马克思通过对知识创造过程的动态特征分析，揭露了资本对“一般劳动”的剥削本质。

马克思在《剩余价值论》中指出：“对脑力劳动的产物——科学——的估价，总是比它的价值低得多，因为再生产科学所必要的劳动时间，同最初生产科学所需要的劳动时间是无法相比的，例如学生在一小时内就能学会二项式定理。”❷ 他在《经济学手稿（1857～1858 年）》中指出：“另一种不费资本分文的生产力，是科学力量。（不言而喻，资本总要为僧侣、教师、学者纳一定的税，不管他们发挥出来的科学力量是大还是小。）但是，资本只有通过使用机器（部分也通过化学过程）才能占有这种

❶ 马克思恩格斯全集（第 46 卷下）［M］. 北京：人民出版社，1980：217.

❷ 马克思恩格斯全集（第 26 卷第 1 册）［M］. 北京：人民出版社，1972：377.

科学力量。人口增长也是一种不费资本分文的生产力。”❶

马克思在《资本论》第1卷也指出：“利用自然力是如此，利用科学也是如此。电流作用范围内的磁针偏离规律，或电流绕铁通过而使铁磁化的规律一经发现，就不费分文了。”“科学不费资本家‘分文’，但这丝毫不妨碍他们去利用科学。资本像吞并别人的劳动一样，吞并‘别人的’科学。但是，对科学或物质财富的‘资本主义的’占有和‘个人的’占有，是截然不同的两件事。尤尔博士本人曾哀叹他的亲爱的、使用机器的工厂主对力学一窍不通。李比希也曾述说英国的化学工厂主对化学惊人地无知。”❷

即使在资本利用科学的环节，也有不同的情形。马克思提到了“经常观察到的下列事实”：“一台新机器初次制造的费用和再生产的费用之间有很大的差别。”“经营一个建立在新发明基础上的工厂所需要的费用，同后来在它的废墟上，在它的遗骸上出现的工厂相比，要大得多。这种现象如此普遍，以致最初的企业家大都遭到破产，而后来用比较便宜的价格买到建筑物、机器等的人才兴旺起来。因此，从人类精神的一般劳动的一切新发展中，以及这种新发展通过结合劳动所取得的社会应用中，获得最大利润的，大多都是最无用和最可鄙的货币资本家。”❸

用马克思的这些观点来看现代知识产权制度，显而易见，现代知识产权制度所要保护的重点显然不是知识创造、发展及其应用的整个过程，而仅仅是资本利用知识的环节。从长远来看，资本在知识的应用环节对知识的统治，割裂了知识创造、传播和发展的动态特性，扭曲了知识产生和发展的自身规律，因此，当今世界范围内的知识产权制度作为一种法律制度，作为上层建筑的

❶ 中共中央马克思恩格斯列宁斯大林著作编译局．马克思恩格斯全集（第46卷下）[M]．北京：人民出版社，1980：287.

❷ 马克思．资本论（第1卷）[M]．北京：人民出版社，1975：424.

❸ 马克思．资本论（第3卷）[M]．北京：人民出版社，1975：120.

组成部分，从长远来看，是阻碍生产力的发展和科学技术的进步的。

（四）知识产权法的目的是将创造性劳动整合到生产方式之中

知识产权制度所保护的知识产品不是一般的劳动产品，而是一种创造性劳动产品。这种产品与有形商品不同之处就在于它是脑力劳动的产物。基于此，知识产权制度在立法上的一个重要特点便是重视“创造性”这一条件。当然这一条件在不同的知识产权制度要求下是不相同的。即使是对同一知识产权法而言，不同的知识产品其创造性要求也不一样。

将创造性劳动融进生产过程中是资本主义社会建立知识产权制度的缘由所在。资本是统治一切的力量，资本主义的目标是无止境地追逐利润。而个体资本家则是生产过程的代表以及高度理性的价值追逐者，他们具有明显的扩充价值的目标。资本主义生产制度使个体资本家理性地积累资本，以便能够引进新的技术扩充资本。竞争迫使个体资本家进行技术革新以寻找新的价值来源。为了获得竞争优势，资本家会千方百计地采取新技术，开展技术革新工作。然而，技术革新的进行离不开创造性劳动，因为创造性劳动成为不断革新之源。个体资本家出于竞争的压力，便不断寻求创造性劳动。基于对抽象物所有权控制的动机，这就为资本家追求知识产权提供了另外一个动力。

知识产品的无形性并不影响知识产权的价值，对以抽象物表现的无形财产来说，法律保障是完全必要的。这是在确认在资本主义社会中创造性劳动同样是在商品性劳动基础上所得出的必然结论。在资本主义社会中，知识产权法使创造性劳动出现商品化的特点。知识产权法为资本主义提供了另一个有特色的商品形式，资本主义可以继续进行不断繁荣的商品生产是因为通过知识产权法重新构建了商品生产的可能性，知识产权法的宗旨就是承认和维护对抽象物的所有权。通过创造抽象物，知识产权将创造性劳动直接带进了生产关系中。创造性劳动可以创造更有效率的生产手段，实实在在地降低了物质生产劳动的地位。这样，工业资本家的目标不再是依赖于合同和工业关系法去控制物质生产劳动，而在于通过知识产权法控制创造性劳动。

二、马克思主义知识产权观对知识产权的意义

（一）有助于认识创造性劳动对知识产权起到的基础性作用

知识产权主要源于人们的创造性劳动，这种创造性劳动目的在于实现作品、发明、实用新型、外观设计、商标和装潢设计等抽象性成果——可以以某种有形形式复制的智力成果。通过将抽象性成果型塑（ formulate）为抽象物，知识产权赋予资本主义又一具有显著特征的商品形式，并且至少是潜在的具有扩张性的一种商品形式，这就是创造性劳动。同时，通过型塑抽象物，知识产权将创造性劳动导入资本主义生产关系之中。资本主义能够继续其蔚为壮观的商品生产秩序，很大程度上是由于它通过知识产权重构了创造性劳动商品生产的可能性。不仅如此，创造性劳动通过更加有效的生产方式，实际上也降低了物化劳动的作用。在资本主义社会，资本家不再通过合同和企业控制物化劳动，而是通过知识产权控制创造性劳动。知识产权法的目标就是将创造性劳动与资本主义商品生产体系相融合。

马克思对创造性劳动、抽象物的法律论证，为我们理解知识产权和知识产权法提供了一个极具现实意义的视角。马克思关于资本家对竞争压力的反应和资本的商品属性的分析，完全可以构成知识产权的一个哲学基础。马克思主义的一个重要的立场是人本主义。马克思反对剥削，认为资本主义的条件不足以解放全人类，为“真正的”人类利益服务。马克思把人视为一个基本的创造力，由此可以引申出创造性劳动的概念。创造性劳动一旦融入商品生产，就意味着它也要进入商品交换系统。商品的奥秘就在于它能将人们的劳动的社会性质反映成劳动产品的物的性质，

把生产者同总劳动的社会关系反映成存在于生产者之外的物与物之间的社会关系；由于这种转换，劳动产品成了商品，成了可感觉而又超感觉的物或社会的物。根据马克思的理论，各种商品不过是人类劳动的凝结物。知识商品亦不例外，它是蕴含着人类创造性劳动的抽象物。

总之，创造性劳动和抽象物已经并将继续充当市场经济发展的第一推动力，而这个第一推动力必须依赖法律才会名副其实。只有借助知识产权法，创造性劳动才能获得作为抽象物的财产形式，融入到市场经济的商品生产体系之中。由于历史所限，尽管马克思主义政治经济学的整个理论体系并未清晰描述知识产权和知识产权法的重要作用，但这并不妨碍我们运用马克思的理论及其思想来解释知识产权现象，构建更为科学合理的知识产权理论体系。洛克生活的时代同样没有知识产权的完整概念，但其理论依然被广泛运用于解释知识产权的正当性。知识产权制度本身并不能有效回答它自身的正当性问题，必须依靠科学的哲学观。马克思主义是一个开放的理论体系，完全可以沿着马克思的推论得出一些知识产权方面的结论。在市场经济体系及其变迁中，利用马克思主义的创造性劳动和抽象物理论来发展知识产权哲学，具有很强的现实意义。

（二）有助于认识资本主义制度下知识产权的本质

知识产权制度是掌握生产工具——知识资本的阶级意志的表现。根据马克思的理论，知识产权也具有一个清晰的意识形态功能，知识产权法具有刺激和酬劳创造性劳动的功能，会掩盖资本主义生产方式中创造性劳动被剥削的事实。知识产权由于其将抽象物并入所有权之物中，增加了商品拜物教的成分。并且在知识产权中商品拜物教达到了顶点。因为个人精神生活这个完全应该属于个人的东西被外化或异化为物之间关系的部分，以及资本主义生产与交换机制部分。资本主义社会知识产权法的目的是将创造性劳动整合至资本主义生产方式中。

马克思在《资本论》第1卷深刻地揭露了资本原始积累和圈

地运动的本质。他指出："新被解放的人只有在他们被剥夺了一切生产资料和旧封建制度给予他们的一切生存保障之后，才能成为他们自身的出卖者。而对他们的这种剥夺的历史是用血和火的文字载入人类编年史的。"❶ 在当今世界，一场表面上似乎要温文尔雅得多的"圈地运动"正在知识产权领域悄悄地展开，跨国公司大规模的战略性专利申请、大公司之间白热化的专利竞赛、发达国家对发展中国家的知识产权贸易战等，正是这种"知识""圈地运动"的具体表现。

"TRIPS 以及现有国际知识产权制度给一些国家和人民带来的信息垄断比封建时期地主对农民的奴役还要强烈。因为在现有知识产权规则下，农民成为专利和许可制度的承租人，农民代表公司（知识产权权利人）管理技术系统，公司密切监视农民的土地和作物，以保证其专利和许可得到履行。不同的是，封建社会的农民对使用种子和技术的权利比现代社会的农民还要多。"❷ 知识产权体制通过否认大部分人的产权，使他们成为少数知识产权所有者的奴隶，这种制度体现了统治阶级的意志，是维护资本家阶级经济利益的根本手段。

（三）有助于认识不同政治制度下知识产权基础理论的差异

西方资产阶级知识产权理论用来宣扬知识霸权的正当性，充满了意识形态的欺骗性。西方资产阶级知识产权理论建立在天赋人权和自然法权理念的基础之上。这种超阶级的法律观为知识产权的垄断与滥用提供依据。根据马克思的唯物史观和阶级的观点分析，法律是统治阶级意志的体现，是统治阶级对社会权力的控制。统治者认识到财产是权力的一种工具，那些掌握生产工具的人就会想方设法利用法律来保护他们的经济利益，并进一步控制

❶ 马克思．资本论（第 1 卷）[M]．北京：人民出版社，1975：783.

❷ 彼得·达沃豪斯，约翰·布雷斯韦特．信息封建主义 [M]．刘雪涛，译．北京：知识产权出版社，2005：14.

权力。因此，知识产权作为一种财产权，是维护一定利益的权力工具。在资本主义社会，它维护的就是资产阶级的权益，维护的是知识“资本家”的利益。

从历史的观点来看，知识产权起源于王室特权，是由一种封建特权逐渐演变而来的。知识产权既非起源于任何一种民事权利，也非起源于任何一种财产权。这一起源说明了知识产权实质上是在完全不符合资本主义“私权”原则的环境中产生的，由此可见，知识产权作为一种私有财产权出现，只是生产力发展到一定阶段后，才在法律中作为一种财产权出现。它是与资本主义社会的政治传统和社会背景密切相关的，是应资本主义政治和经济社会发展的需要而产生的一种私权。因而，作为以私权为核心理念的知识产权是与资本主义的政治制度和价值取向完全一致的，它首先维护的必然是资本主义的生产方式和建立于这种生产方式上的经济制度和政治制度。

资本主义的知识产权及其法律制度是与特定的资本主义生产方式相密切联系的，脱离不开资本主义的政治环境和政治制度，它维护的是资本主义的生产方式、资产阶级的统治地位以及资本家运用资本对整个社会的控制，特别是对智力劳动的垄断，是资本主义将创造性劳动商品化的独特形式。社会主义政治传统和政治架构完全是在对资本主义模式的批判中建构的，它巩固的是生产资料的社会主义公有制，它实行的是人民当家做主的政治模式，而马克思主义的知识产权理论是在对资本主义法律制度进行阶级分析，在批判资本主义的私权至上的基础上建构的，因而更加关注知识产权的公共性，关注对创新主体的激励与保护，维护劳动者的利益和权利。

包含知识产权法在内的整个资本主义的政治法律制度的主体是占有生产资料、掌握资本的资产阶级。因而，资本主义的价值取向是围绕着资产阶级的权益来展开的，它不可能超越资产阶级的利益范围。资产阶级私人占有资本的经济基础决定了资本主义的价值理念必定是维护这一经济基础的。因而为了资本家占有资本的便利，资产阶级的价值理念就必定维护资产阶级的自由财产观，宣扬以个人主义为基础的天赋人权理念和私有财产神圣不可侵犯的基本理念。实质上维护的是资产阶级对资本的占有权的神圣不可侵犯性。相对于资本家对资本的占有，广大劳动人民对自己基本生活资料的私人占有可以说是微乎其微。资本主义制度下，科学技术发明往往是资本家掠取超额利润、扩大剥削的工具。知识作为一种商品，在知识产权法律制度下，成为资产阶级榨取剩余劳动的又一重要武器。

社会主义的价值理念是以广大人民群众的根本权益为根本导向的。生产资料的社会主义公有制是其维护的经济基础。它力求消灭阶级剥削，消除两极分化，最终达到共同富裕，从而实现全人类的解放，最终实现每个人的自由而全面发展。因此，在这里，不是以某个人的或者某个阶级的利益为根本导向，而是以每个人的利益为根本导向。力求平衡个人利益与共同利益之间的冲突、个人利益和共同利益与利益实现的途径。因而，在这里，公权和社会利益占有核心地位。它追求的是一种在每个人之间权益的平衡。以及每个人权益与公共权益的平衡，追求的是共同富裕，而不是个别人、个别群体的单独权益。相应地，社会共同利益是构建知识产权制度的立足点。

总之，西方资产阶级知识产权理论与马克思主义知识产权理论在意识形态、财产所有制、政治传统与政治架构，以及价值取向上的差异，能够引导我们更为深入地接近知识产权内部，揭示知识产权本质，从而构建更为科学合理的知识产权理论体系。

三、马克思主义知识产权观的局限性

马克思主义知识产权理论不等于马克思本人的理论，由于历史的局限，马克思并未正面论述过知识产权。尽管在他所处的时代，版权法和专利法已经很好地建立起来了，商标登记制度和商

业秘密保护也初露端倪，但在马克思的时代，知识产权还处于萌芽状态，作为知识产权国际保护框架开端的《巴黎公约》（1883年）和《伯尔尼公约》（1886年），则是在马克思逝世后才出现的。知识产权的广泛影响，如立法保护电路布图设计和植物新品种的权利，尚未进入马克思的理论视野。我们今天所理解的知识产权法，在马克思的时代还处于襁褓之中，因而其巨大影响不可能出现在马克思的视野之中。因此，尽管马克思已经看到劳动的质的差异，而将劳动区分为简单劳动和复杂劳动，但是他只将复杂劳动作为自乘和倍加的简单劳动，并未意识到创新劳动生产的知识产品也具有财产属性，故而没有对财产权进行法理分析，更不可能对知识产权的性质作法理上的透视。

此外，用马克思的阶级观点和意识形态理论解释知识产权，似乎有些牵强且模糊不清。尤其是马克思主义法理学不分析规范体系的结构，而从社会学的角度来研究规范体系，并且只考虑经济的条件却不及其他。从规范的视角来看，正如凯尔森所言，这是一个明显的缺点。❶ 从马克思的论述中可以看到，他对某些法律领域有着相当稔熟的了解，但是，几乎同样真实的是：当他论述财产关系时，在心里装着的仍旧是土地、房屋之类的物质性的东西，而不是抽象的东西。换言之，所有权是对有形物的所有权，而不是对抽象物的所有权。罗素也批评马克思在考察社会情况时，只考虑经济的一面，而忽视政治一面。❷ 但是，正如Drahos Peter所言，马克思通过其唯物辩证法，曾经深刻地阐释了资本、劳动、竞争、价值、财产以及利润是如何组织起来并相互关联的，❸ 这些阐述都与当代的知识产权制度发展密切相关。

---

❶ 凯尔森. 共产主义的法律理论［M］. 王名扬，译. 北京：中国法制出版社，2004：238.

❷ 罗素. 西方哲学史（下卷）［M］. 马元德，译. 北京：商务印书馆，2004：340.

❸ DRAHOS PETER. A Philosophy of Intellectual Property［M］. Hanover：Dartmouth Publishing Company Limited. 1996：94.

第七节　社会规划理论

一、社会规划理论概述

（一）社会规划论的理论基础

社会规划论是在数字技术的蓬勃发展，数字环境的日益推进的背景下产生的，其主要代表人物是奈特尼尔和费舍尔，目前尚处于兴起阶段。[1] 该理论主张知识产权是一种社会关系，可以通过知识产权的具体架构型塑社会关系来构建一种理想社会——“优良社会”。因此，应该称其为知识产权社会规划论。

社会规划论的理论基础有两个：一是优良社会思想，二是知识产权生产关系理论。这两个理论基础都是在考察和反思知识产权的社会功能基础上，结合经典理论衍生而来的。

社会规划论的“优良社会”思想源自有着理性乐观主义信念的古典哲学家和政治理论家。亚里士多德认为，国家的目的就是使人们过上优良的生活。这种优良的生活就是国家所追求的最高的善。优良生活观给定了优良社会的目的。优良生活和优良社会都是生活在社会中的人们所要追求和实现的。在古典共和主义者如美国缔造者（framers）之一托马斯·杰斐逊看来，优良社会是一个公正、理智、和谐的社会。

当优良生活和优良社会的构成元素逐渐为人们所认识和理解时，如何促使这些构成元素的出现便是人们特别关注的问题。而对于这些构成元素的关注，便有可能使得人们将这些构成元素与生产、传播和使用知识产品联系起来。基于此，社会规划论认为，世界上存在诸如人性的东西，它神秘、复杂，却又稳定而可

[1] 本节内容参考了饶明辉博士论文《当代西方知识产权理论的哲学反思》相关内容。

知。人们的本性致使人们在某种条件下要比在其他条件下更加繁荣，因而，社会和政治制度应当加以构建以便利于那一理想繁荣图景的实现。

社会规划论的知识产权社会关系理论受到社会学思想的影响。经典马克思主义者把权利（特别是财产权）放置在社会的大框架内进行研究，从政治经济学的角度对作为资本主义生产要素的资本（包括知识产权）进行了彻底的剖析。沿着马克思的思路，知识产权表明了人的精神生活的商品化，因此，知识产权法则掩盖了资本主义生产方式是对创造性劳动的制度性剥削这一深刻本质。但在马克思所崇尚的共产主义社会中，精神产品不再是上层建筑和意识形态，而是要成为人类本质的充分表现。知识产权既构成意识形态的一部分，又发挥着意识形态的功能。马克斯·韦伯则明确地将“社会关系”界定为“两个或两个以上的个人，在有意识的行动中发生的相互关系”，[1] 法律关系作为社会关系的一种重要形式进入韦伯的视野，他认为经济的、政治的、宗教的、家庭的以及人身的等多重地位和利益，均在法律的名义下获得保障与维护。包括知识产权在内的财产权法律制度，其功能与价值因包含了多重社会地位而显得异常广阔。这从一定程度上暗含着知识产权在功能上的多样性。韦伯甚至还在有关法律规范效力的论述中提及了法律规范的意识形态性，这促使人们去思考知识产权的意识形态性。

及至20世纪，社会规划论者将知识产权意识形态性界定为知识产权作为财产权的社会关系。强调由于财产权借助了“物”这一沟通渠道和介质，在本质上是一种社会关系，为此财产权的具体架构如何，型塑的是社会关系。这样，通过架构具体的知识产权，进而可以构建起某种社会。

---

[1] 马克斯·韦伯. 论经济与社会中的法律［M］. 张乃根，译. 北京：中国大百科全书出版社，1998：4.

（二）社会规划论主要观点

1. 费舍尔的“智识文化社会观”

费舍尔以亚里士多德主义的道德哲学传统作为理论依据，在吸收功利主义者和康德自由主义者的某些观点基础上，提出了一种公正的、有吸引力的智识文化社会观，也被称为“乌托邦社会”。他用消费者福利、丰富的信息和思想、一种丰富的艺术传统、分配正义、话语民主、社会沟通能力以及尊重等词汇来描述“智识文化社会”的社会图景，指出这种社会首先有赖于一种优良的生活。所谓“优良的生活”就是一种自觉的、奉献的，具有一定冒险精神的，从事有意义工作的生活。而优良社会则会以有利于实现优良生活的方式来分配和使用资源。这就使为所有人提供平等参与优良生活的机会成为必要。优良社会应当具有的基本特征是：多样性的文化、丰富的艺术传统、充分的自我意识和反应能力、设计精巧的经济体制、广泛的公共服务、普及的义务教育以及平等的机会。费舍尔还指出，一种文化的共同语言越复杂、越具有共鸣，该种文化就越能为其成员提供在交流和思考方面进行创造和抽象的机会。而知识产权便可以培育出这种丰富的艺术传统，因此优良社会应当把侧重点放在某种独特文化的建构上面。[1]

2. 合理使用知识产权推进优良社会

社会规划论主张知识产权是推进某种优良社会的必备条件。包括著作权、商标权和专利权等在内的知识产权能够而且应当加以型构，它们不但为社会带来的知识产品会使人们达致一种优良的生活，而且它们自身的架构会成为构筑理想社会的要素，从而把人们带入到一个公正的、有吸引力的“优良社会”。

按照费舍尔的观点，由于经济学仅仅关注稀缺资源的使用效

---

[1] William Fisher. Reconstrucing the fair use doctrine [J]. Harvard Law Review, 1988, 101 (166): 101.

率，因此在强调著作权以维护权利人经济利益时，著作权“合理使用”的协调和平衡功能就难以发挥出来。为此，应当在权利人的经济利益之外寻求著作权合理使用的路径。通过这一路径，应该达到将“优良生活”和“优良社会”这些特定观念融合进人们社会生活的目的。这就需要通过对著作权法、商标法和专利法的调控，来制定一个知识产权的合理使用原则。在他看来，促使公民广泛接触到一系列的信息和思想，使其娱乐丰富而多样化，生活富于刺激性和享受性，就是一个“智识文化社会”型构的过程。而“智识文化社会”中公民“优质生活观”形成的两大核心条件——自我决定和自我表达，发挥作用的关键是能否接触大量的知识产品。因此，促使公民能够接触大量知识产品的“合理使用”原则将会有助于达致一种更为公正的社会秩序和一种更加一体化的法律话语。[1]

3. 知识产权对社会的重构通过民主范式来实现

这一观点主要来自奈特尼尔。奈特尼尔独创性地提出知识产权具有两大功能：生产功能和结构功能。知识产权通过这两项功能来促成一个民主的市民社会。以著作权为例，其基本观点如下：[2]

（1）生产功能使著作权为知识产品的生产提供激励。原因有两个：第一，独创性表达的传播是民主政治的基石。在民主的市民社会中，政府通过保障市民间的信息沟通来实现民主治理，于是能够作为沟通媒介的电子媒体和印刷媒体所生产的电子产品以及印刷作品，成为市民联合的纽带。显然著作权对这些作品的创造、传播和修改加以促进或者加以禁止的规制，对于市民的社会参与特质具有十分重要的意义。第二，教育激发人的思考与创

---

[1] William Fisher. Reconstrucing the fair use doctrine [J]. Harvard Law Review, 1988: 101 (166): 1744 - 1783.

[2] Neil Weinstock Netanel. Copyright and a democratic civil society [J]. Yale Law Journal, 1996, 106 (2): 106.

造，著作权则为此提供广泛的知识储量。民主市民社会中公民权利的保障在很大程度上依赖于知识的广泛传播。由于有效而民主的教育通过主动学习激发起市民独立的思考，对现有知识的接触就必定包含重构观念与改变表达作品的机会，而非仅仅是反映观念与表达作品。在这一方面，著作权就为作者和出版者提供了增进知识储量的重大激励。

（2）结构功能使著作权着眼于加深公共的民主特质。著作权采取两条途径履行其结构功能：第一，著作权孕育出一个关于知识的创造和传播的独立领域。只有业已确立的独创性表达是自主的、多样的，独创性表达的公共沟通才将有助于一个民主的市民社会。而政府管理者和个别精英人士对于表达的管控，导向的是等级统治而非民主参与。将知识传播给每一个人，同时开辟出公民自由与公共教育的独立领域，是著作权的核心。亦即，著作权的核心乃在于传授知识、拓展公民自由。第二，著作权为创造性表达的私人控制行为设定范围。大部分媒体联合的权力来自于对新近创造出来的表达作品进行表达、选择、市场化以及分配的能力。然而，由于著作权的扩张，这一权力同样构成某种对现有表达的利用予以控制的能力。

根据奈特尼尔的观点，传送和组织大众媒体娱乐和信息的各种迂回路径，在不断地削弱着公认的媒体巨头的特权，因此独占性控制范围的设立，实际上就是对作者所享有的著作权施加的限制。这种限制结果反而使主体更加自由。原因在于，当少数媒体联合大企业享有生产知识产品的自由时，大多数潜在创造者也因为民主的市民社会具有更广泛的参与性而获得知识产品创造的自由。由此，社会主体之间将达致一种民主的平等对话氛围。

二、社会规划理论对知识产权的意义

（一）使知识产权的正当性有了更为合理的基础

社会规划理论在激励理论、劳动理论和人格理论批判的基础上，更加关注上述理论的合理性。社会规划理论者注意到了作为劳动理论之命脉的个体自由，在所设计的理想社会图景中，包含激励理论的福利观念，将包括知识产权在内的财产权视作为政治权力分散化的主要手段，特别是把知识产权当做某种民主制度的结构化机制，让知识产权充当公民表达自由权的捍卫者、自由市场的坚固堡垒以及反对国家干预有力的武器。受人格论启发，社会规划理论认为，人们一旦理解了自我表达通常是自我创造的某种形式，那么，它应该就会使得人们尊重他人的作品。这样，“尊重”也构成它所谓的“一个公正的、有吸引力的文化”的一个方面。知识产品创造过程是从事一场社会对话。各种社会主体在不间断地构造意义的过程。经由这一过程，社会主体把意义赋予了客观世界并确证了其自身的存在。创造过程使社会的每一个主体为客观世界制造丰富多彩的意义，这些意义乃是主体所赋予的。这些意义最终要由知识产品来体现。因而，知识产品在实质上充当着创造者身份的确证者。此外，社会规划理论者还吸收劳动理论关于知识产权领域的分配正义原则。

正是在对激励理论、劳动理论和人格理论之合理内核加以吸纳的基础上，知识产权社会规划理论才得以在视域方面变得宽广起来，社会规划理论者所描绘的理想社会图景才得以具有充分的说服力和可信度。

（二）引导人们去探索知识产权的政治功能

社会规划理论在论证知识产权存在合法性的同时，为我们展示了知识产权的政治功能。“阶级统治的工具”“意识形态工具”“民主的市民社会”“公正的、有吸引力的文化”等主题，足以彰显知识产权的政治色彩。

知识产权处于私法领域，本应在市民社会中发挥作用。不过，知识产权不仅限于此。知识产权为创造者生产大量的知识产品提供了有效的法律保障。知识产品和信息丰富多样，便利了人们的接触和使用，人们获得了知识和理性思考能力，这有助于人们更加有效地参与社会和国家事务的管理。与此同时，知识产品的丰富也为人们增添了生活的可享受性和富于刺激性，从而使人们相互间的沟通更加经常化和便利化。这些都在推进社会的民主化程度。而知识产权共有领域的设立，保证人们能够有机会去瓦解知识、思想、文化和政治权威。知识产权的存在，保证了包括作者、艺术家、发明家、商标设计者等在内的创造者知识产品创造者阶层的独立存在。他们能够凭借其知识产品增加社会的知识总量，并使社会的思想状况呈现出多元化。民主特质便在知识产权的推动下逐渐孕育、生长。

总之，社会规划理论使知识产权与民主政治关联起来，试图引导人们去思考知识产权的政治性质和政治功能。针对网络时代的知识产权法，社会规划理论者指出，正是知识产权而不是网络规范，才为财富、权力和使用资格在信息社会中的传播/分配提供了枢纽。知识产权制度可以构建也可以打破网络领域内教育的、政治的、科学的以及文化的命运。它是在信息决策方面进行最重要决策的核心。它深刻地影响着对数字环境下的政治与经济力量所作出的分配。它还影响着从教育到表述自由等多方面的问题。所以，应该建立一门新的政治学，即知识产权政治学。❶ 过去人们往往更多地关注知识产权带来的经济效益，知识产权在经济、贸易方面的作用一直为国家和企业、团体所强调。社会规划论则试图打破人们的这一认识局限，把关注的焦点放在政治层面，寻找到了一条论证知识产权合法性的有效路径。这标志着知识产权在研究视角上的转移。不仅如此，社会规划理论表达的“知识产权公共领域重构合理使用原则”的改革主张，反映出他们重构知识产权的愿望和努力。

❶ James Boyle. A politics of intellectual property: environmentalism for the net? [J]. Duke Law Journal, 1997, 47 (1): 87-116.

三、社会规划理论的局限性

（一）“优良社会”的思想过于理想化

社会规划论的社会重构目标是建立在某一特定文化图景前提上的。不同的人对于理想的社会图景有不同的看法。理想社会图景尽管可被设计丰富的构成要素，但理想社会始终是某种乌托邦式的。诸如民主和公正之类的东西一旦被排除于理想图景之内，社会规划论就需要解决知识产权是否还能够肩负起其民主政治功能的问题。由于对于什么样的社会才是优良的，每个人或许都有自己的答案，而不一定是某种一致的观念。[1] 假如政府强行规定一种优良社会观，这无异于剥夺了个人对自己想过的生活进行自由选择的权利。社会规划论者在很大程度上正是希望为社会所有成员设立一个优良生活的模板。但这样一来，也就注定了其“优良社会”的目标与现实相去甚远。

（二）重构“优良社会”的机制过于虚化

假使每个人都认可社会规划论所设计的那样一幅公正的、有吸引力的文化图景，该图景中的分配主义等构成要素也会令政治哲学家们争论不休。社会规划论试图将这些极具争议性的问题融于知识产权体制之内加以解决，却没有一套值得信赖的机制。此外，即使能够较为一致地赞同某种公正的、有吸引力的理想社会图景，但是这一图景中的各个构成要素也并非都是赞成知识产权保护的。例如，研究人员用某种基因技术发现了能够用于治疗乳腺癌的基因物质，就理想图景中的消费者福利而言，该基因技术便应当受到知识产权保护，因为给予该技术以专利保护，能够极大地改善针对乳腺癌疾病的治疗效果。不过，从理想图景中的分配正义来说，基因专利的授予则导致相关治疗费用昂贵，使许多患者无法接受治疗，从而无法享受基因技术的福利。因而，社会

[1] 约翰·密尔. 论自由［M］. 程崇华，译. 北京：商务印书馆，1959：13.

成员有关知识产品保护的争议并不会因他们对“优良社会”已经达成的共识而消失。可见，缺乏具体的社会重构机制，是知识产权社会规划论面临的最大局限。

社会规划论通常依据知识产权的功能或目的来论证知识产权正当性。或认为知识产权能够实现知识产品利益的分配正义；或认为知识产权凭借其生产功能和结构功能为民主的市民社会作出推动；或认为知识产权具有意识形态功能，是在阶级社会中由统治阶级进行阶级统治的工具，等等。社会规划论更多地侧重于借知识产权的目的或意图来对知识产权的合理性加以解释。在社会规划论那里，民主、公正是应当去努力追求的善，只要知识产权能够最大限度地增加民主与公正等“善”，知识产权便具有合理性。因此，尽管知识产权社会规划论者实际上都有着自己对于理想社会图景的设计。这也是社会规划论未能足够成熟以至为人们所普遍接受的一个主要原因。不过，在知识产权正当性论证理论中，它仍然成为能够占据支配地位的理论之一。

第八节　对知识产权理论的质疑

一、知识产权怀疑论

知识产权怀疑论的主要观点是：知识产权保护使人们的创造机械化、智慧创造物商品化以及传播的商业化。这样的结果很难说能够促进社会的进步。知识产权制度对社会、教育、文化和经济等不是产生了积极的推动作用，而是产生了阻碍或者妨碍的效果，这与建立知识产权制度的初衷大相径庭。该观点的代表人物是美国的阿纳托利·沃雷涅茨（Anatoly Volynets）。

知识产权作为一种独占权，具有与有形财产所有权相同的绝对性。但知识产权与有形财产所有权不同：首先，有形财产所有权如房屋、土地、食品、衣物等，与普通人的生活息息相关，而知识产权保护只是文化人或者知识分子等少数人的事，与普通人的关系不是非常密切，因此，对智慧创作物给予知识产权保护，就相当于让少数人从多数人口袋里掏钱，所以知识产权制度有失公平。其次，有形财产所有权所涉及的是具体的有形财产，除了具有稳定社会秩序、安抚普通人生活、促进生产交换等功能外，基本上不会给其他的人造成更多的麻烦。但知识产权所涉及的是智慧创作物，而不是仅限于某个具体的对象。依据这样的逻辑，知识产权所有人所获得的就是整个社会利益的一部分，也就是说，知识产权所有人以有限的投资而垄断了整个社会的一个巨大市场，限制全社会其他人进入该市场。

二、知识产权否定论

知识产权否定论认为，知识产权制度加剧了社会的分配不公，扭曲了正常的社会秩序。在国际层面，如果要求发展中国家或者不发达国家与发达国家按照同样的标准来保护智慧创作物，其唯一可能的结果就是发展中国家或者不发达国家将永远处于发达国家的掠夺之下。以计算机软件为例，美国的微软公司几乎完全垄断了世界范围内的视窗软件市场，如果不否定这种垄断权，那么在可以预见的将来，任何国家都不可能有机会超越微软视窗系统而开发出与之抗衡的新软件。这就是说，其他国家的软件系统将永远依赖于美国，受到美国的牵制。在专利领域，其效果也是一样。该观点的代表人物是美国的理查德·斯托曼（Richard Stallman）。

知识产权否定论思潮发端于美国，该思潮认为，美国的知识产权保护已经到了无孔不入的地步，公众为此所付出的代价越来越大。最让人担心的是，美国国会数次延长版权保护期，使公众每年为此付出沉重的金钱代价。而美国国会为此行为所作辩护的依据是“全球协调论”❶ 与“鼓励投资论”❷。在反知识产权权利人士看来，国会的这两种理论都不合情理。就“全球协调论”而言，目前两大国际公约《伯尔尼公约》和TRIPS，都没有将版权保护期延长，而真正起到协调作用的应该是这两个公约，而不是欧盟或美国的立法。否定论的主张是：取消知识产权保护，可以加快智慧创作物的转化，使智慧创作物为人类带来更多福音。因为知识产权保护的过分严厉，妨碍了普通公众正常的使用智慧创作物的权利。

三、知识产权僵化论

知识产权僵化论是针对任何一项智慧创作物必须符合法律规定的条件才能取得相应的知识产权规定提出来的。该观点的代表人物是加拿大的丹尼尔·J. 利维斯（Daniel J. Gervais）。

根据各国法律规定，知识产权客体必须符合实质条件。譬如，作品必须具有独创性，才能取得版权；发明创造必须具有创造性、新颖性和实用性，才能取得专利权；商标必须具有显著性，才能获得注册，取得商标权。知识产权主体必须合格并且确定，具体表现为：一项智慧创作物要取得相应的知识产权，其主

❶ 美国版权局就再次延长版权保护期限时所陈述的理由之一是：在信息全球化的今天，国际社会应当有一个统一协调的版权保护期标准。现在，欧盟已经通过一个版权指令将其版权保护期延长至作者有生之年加上死亡后70年。根据《伯尔尼公约》规定的“较短保护期规则”，如果美国不将其版权保护期延长至作者有生之年加上死亡后70年，那么，美国人作品的版权就只能在欧盟获得作者有生之年加上死亡后50年的保护期，从而使美国人在欧盟的利益受到损失。为了与欧盟的版权保护期相一致，美国需要延长其版权保护期。[EB/OL]．[2013-10-11]．http：//www. copyrightextension. com/page01. html.

❷ 美国版权局就再次延长版权保护期限时所陈述的另一个理由是：鼓励对现有版权作品进行投资。美国国会认为，如果不延长现有版权作品的保护期，就没有人愿意对那些即将进入公有领域的但是却具有投资价值的版权作品进行追加投资。因此，延长版权保护期就能使这种追加投资成为可能。[EB/OL]．[2013-10-11]．http：//www. copyrightextension. org/page01. html.

体不仅是本国公民，或者是某一知识产权公约成员国国民，或者其他符合条件的人，而且还必须是一个具体的自然人、法人或者其他组织。知识产权的内容表现为"禁止权+许可权"。知识产权所有人可以禁止其他人擅自以经营为目的实施其受知识产权保护的智慧创作物。这样的制度框架，既有利于保护智慧创作者的创作性成果，也有利于维护公众的合法利益，防止智慧创作者将公共领域的资源不附加任何创作性劳动就收归己有，同时也有利于激励知识创新，促进社会进步。然而，这种制度的弊端也是显而易见的，它难以适用于传统知识。

传统知识是在世界范围的土著或者本地区的知识、发明与习惯做法，是经过数个世纪的演绎发展，并适用于本地文化和环境，以口头形式一代代传承下来的，其所有者为一个集体或者区域，表现为故事、歌曲、民谣、谚语、文化理念、信仰、仪式、社区规划、方言土语，以及农家习俗，包括植物品种的培育。传统知识主要是实用性的，在农业、渔业、医药和林业等领域尤其如此。传统知识不能成为知识产权的客体，首先，是因为它们基本不符合知识产权的实质条件；其次，传统知识的主体为某个土著居民民族、部落、区域或者某一部分不具有严密组织结构的土著人，不能满足知识产权的主体要求。但是，一旦有人对传统知识加以利用，开发出符合知识产权条件的智慧成果，开发者就能够取得知识产权，反过来禁止或者限制传统知识所有者对其传统知识的正常利用。这种状况让知识产权否定论有了支撑其理论的事实依据。与此同时，传统意义的知识制度的僵化性在网络环境下将会受到越来越多的冲击，尤其是著作权制度，受到的冲击已经是不争的事实。[1]

[1] 曹新明．知识产权法哲学理论反思——以重构知识产权制度为视角［J］．法制与社会发展，2004（6）：68－70.

第四章　知识产权与知识产权法

第一节　知识产权与物权的关系

一、知识产权与物权的区别

知识产权作为一种财产性权利，需要与物权加以比较研究，才能更好地认识知识产权之所以从传统民法的保护中剥离，而需要知识产权专门法予以特别规定的真正原因。同时，通过与物权关系的分析，能够了解知识产权对物权乃至物权法的影响。

（一）物权和知识产权分别具有不同性质的权利客体

从权利客体上看，物权是指权利人直接支配标的物，享受其利益并排除其他一切人干涉的民事权利。以德国法为代表，认为“物”仅应为狭义的有体物，即既能为人所感知又能为人所控制的物。不包括专利、商标、著作、营业秘密、技术秘密（Know－how）、信息等这些无体物。以法国法为代表，认为物应包括有形财产和无形财产两种形式。无形财产是指不具物质形态，只能通过思维的、抽象的方式认识其存在的财产，其中除了债权及股东权外，还包括普遍存在于现实生活并时常更新的知识产权。

尽管在现代社会中物权客体逐渐扩张，包含电、热、声、光甚至空间都成为能够为人们所控制并具有一定的经济价值的“物”，但是这些“物”的无形性和智力成果的无形性是完全不同的，两者最重要的区别就在于智力成果实际上是一种“价值信息”，而电、热、声、光甚至空间等实际上是一种“实体”，我们无法将应用于“实体”的取得、使用、收益、处分、占有、保护等方面的规则应用于“价值信息”，否则采取混淆有体物和无体物的法律规范，就会失去了法律的科学性和进步性。

（二）物权的权能小于知识产权

从权能内容上看，知识产权权利人随着科技手段的丰富，对于智力成果享有开放性、多元化、发展着的权能内容；物权的权能仅限于占有、使用、收益、处分四项权能，所有权人享有全面的权能，而他物权人仅享有部分权能；物权人享有禁止他人占有、使用、收益、处分的权利，而随着对智力成果侵权行为的多样化，知识产权权利人的禁止权也是多样化的。由于权能内容的不同，可以看到，物权法律规范无法适用于较其权能内容更为丰富的知识产权的法律规范之中，我们不能将主要针对物权权能作出规定的物权法应用于具有开放性、多元化权能的知识产权之中。

（三）物权和知识产权权能性质有差异

从权利性质上看，物权是纯粹的财产权，而知识产权带有一定的精神属性；如果剥离知识产权的精神属性，仅强调其为一种无形财产权，并试图以作为财产法的基础的物权法解释并运用于知识产权，这样的做法很难行得通。因此我们认为，将物权法律规范应用于知识产权法律规范是不适当的，对于现代社会中的“物”应由物权法和知识产权法共同加以调整。

二、知识产权对物权的影响

（一）知识产权对民法上“物”的归属的影响

以智力成果为客体的知识产权的任何变化、任何瑕疵，都会影响到智力成果的“附着物”——载体——有形物体的法律命运。例如制假者以假冒商标生产实物产品，即使该产品本身并无质量问题，也会导致假冒商标的产品被没收、销毁或作其他处理；侵犯他人著作权而制作的盗版图书、音像制品，尽管盗版者进行生产行为，并付出了劳动和投资，但也无法掌握盗版复制品的命运，盗版复制品仍可依法没收、销毁，令盗版者丧失对产品的所有权。虽然对侵犯知识产权物品的处置，并非对物行使所有权，而是针对附着其中带有瑕疵的智力成果，但由于有体物和无体物不可分离，容忍侵权物品存在则难以保障知识产权，故只能采取一并没收、销毁的办法。现实生活中，不论在数量上还是在种类上都有很多有形之物，正是因其中的无体物的问题而导致“物”的归属的不稳定和不确定。从知识产权角度来看，由于智力成果物化为实物产品，才使得无体物控制有体物并决定有体物的法律命运成为可能。因此，民法上“物”的归属的基本规则不可避免地受到知识产权的影响，财产所有权不仅是由物权法律制度加以确定，还要联系知识产权的确权才可以最终确定“物”的归属。

（二）知识产权对民法上“物”的变动的影响

在传统民法上，“物”的变动可以基于法律行为而发生，亦可以基于其他非法律行为而发生，如继承、先占、取得时效、遗失物拾得、埋藏物发现及添附等。“物”的变动要以不动产的登记制度和动产的交付为其物权变动要件，此外，动产的善意取得制度也是在动产转让制度中一项重要的制度。如果从有体物上附着知识产权的角度进行考察，应当承认，知识产权的相关规则也会在财产转让中发挥功效。以动产的权利变动来说，须以交付为其生效要件，财产于交付之时，发生物权变动的效力，受让人即取得所有权。但是，如果动产附着知识产权，即便已经现实交付，受让人直接占有标的物，也未必发生物权变动的法律效力。例如，动产之中所附着的著作权、专利权、商标权存有问题时，自然会引起对知识产权的保护，知识产权权利人有权追回侵权物品，并有权通过销售者（受让人）追查造假者（转让人）。此时，侵犯知识产权物品的制造者、销售者就不能以物的转移占有来对抗知识产权权利人。在动产善意取得制度中，法律保护那些善意受让人取得所有权，但这一“善意”应包括更多的内涵。

在传统民法中，“善意”仅指不知或不应知向自己出售产品的人不是该产品的真正所有人，如果将有体物上包含的知识产权一并考虑，则“善意”应在此基础上介入知识产权法律规范的含义，还应当包括受让人不知其受让之“物”属于侵犯知识产权的产品。如果向其出售产品的人确系该产品的所有人，但受让人明知该产品为侵犯知识产权的产品，仍进行购买，则依然具有“恶意”，不能适用动产的善意取得制度。该受让人如果是产品的销售者，还进一步将该产品出售给他人，则要承担更重的责任。

（三）知识产权对物权所有权权能的影响

传统民法上，物权所有权的权能可以概括为占有、使用、收益、处分四项权能。当“物”上附着有智力成果时，知识产权可以影响所有权人对物的占有、使用、收益和处分等各种权能。例如，出售后的著作权载体，尽管作为“物”的所有权已经转移给受让人，但作者所转让的仅仅是作品载体的原件，其所“用尽”的仅仅是作品的发表权。对于美术作品和摄影作品来说，作者还会丧失展览权。但在上述情况下，著作物的转移并不意味着著作权的转移，著作物的受让人当然不得以财产所有权为依据对作品进行利用，如将作品复制发行，甚至对于某些作品（电影类作品、计算机软件）而言，合法购买了作品复制件，不得将该复制件用于出租，否则著作权人可以要求受让人停止侵犯著作权的行为，或者要求支付合理的报酬。知识产权对物权行使的影响在商标“反向假冒”中体现得尤其充分。未经商标注册人同意，将其售出的商品撤换商标后又投放市场的，之所以构成侵犯注册商标专用权的行为，原因就在于：经销商只对合法购进的商品取得了所有权，可以商品为支配对象，行使其对物的占有、使用、收益、处分之权能，但是并没有连同商品一起而取得注册商标专用权，而撤换商标并重新销售的行为所侵犯的对象，恰恰是知识产权的客体——注册商标，而不是物权的客体——商品，权利的行使超出了物权所设定的效力范围，介入他人知识产权范围，无疑侵犯了商标专用权。由此可以看到，受让人所有权的行使，尤其是使用、收益和处分权能的行使，均有可能受到知识产权的影响。[1]

第二节　知识产权法与相邻法的关系

一、知识产权法概念和性质

（一）知识产权法概念和调整对象

1. 知识产权法概念

知识产权法，是指国家制定或者认可的，调整因智慧财产的创造、获权、归属、利用以及维权等诸方面产生的各种社会关系之法律规范的总和。知识产权法可分为形式的法和实质的法。形式的法，是指以法典形式出现的知识产权法；实质的法，则是指一切调整知识产权法律关系的法律规范。到目前为止，除法国外，编纂有《知识产权法典》的国家不多，我国也没有《知识产权法典》。我国的知识产权法是由《著作权法》《专利法》《商标法》和《反不正当竞争法》等单行法组成的法律体系。

2. 知识产权法的调整对象

（1）因知识产权权利取得所产生的社会关系。智慧财产是自然人或者是在法人或者其他组织的组织和主持下由自然人创造、设计、创作产生的成果。由于知识产权具有法定性，所以，某项智慧财产能否取得知识产权，应当由法律明确规定；对发明创造或者商标而言，能否产生相应的专利权或者商标权，须由国家有关行政机关审查批准。由此发生的社会关系是知识产权法的调整对象。

---

[1] 张今，陈健．试论知识产权对物权法的影响和作用［M］//吴汉东．私法研究（第3卷）．北京：中国政法大学出版社，2003：11.

（2）因知识产权权利归属所产生的社会关系。知识产权的归属有三种情形：首先，由法律直接规定，如我国《著作权法》第 11 条第 1 款规定："著作权属于作者，本法另有规定的除外。"第 12 条规定："改编、翻译、注释、整理已有作品而产生的作品，其著作权由改编、翻译、注释、整理人享有。"其次，由合同约定，即法律允许有关当事人在合同中约定某项知识产权的归属。如我国《著作权法》第 17 条规定："受委托创作的作品，著作权的归属由委托人和受托人通过合同约定。"最后，知识产权的移转。知识产权中的财产权利可以移转，即可以通过转让、赠与、继承、遗赠等方式将知识产权中的财产权利移转给继受人，由继受人取得知识产权，由此发生的社会关系由知识产权法调整。

（3）因知识产权的保护所产生的社会关系。知识产权保护是建立知识产权法律制度的重要组成部分，也是实现知识产权价值的重要手段。知识产权保护包括行政保护、民事保护和刑事保护等，由此发生的各种社会关系主要由知识产权法调整。

除了上述三个方面的社会关系外，还有因知识产权的利用所产生的社会关系，知识产权贸易所产生的社会关系等，都应当由知识产权法调整。

（二）知识产权法的性质

与民法、刑法等普通法或者婚姻法、继承法、物权法等特别法相比，知识产权法还非常年轻，理论界对知识产权法性质研究的时间不长。所以，到目前为止，关于知识产权法的性质尚无结论性的定位。但可以将它概括为：

1. 知识产权法是私法，同时包含某些公法的内容

私法是与公法相对的分类，界定私法与公法的学说主要有三种：（1）利益说。按照该学说判断一项法律关系或者一条法律规范是属于私法还是属于公法，应以其是涉及公共利益还是私人利益为标准。即涉及公共利益的法律关系或法律规范，就是公法；

涉及私人利益的法律关系或者法律规范就是私法。依此标准，因为知识产权法所调整的利益主要是私人利益，所以为私法；但其中也部分地涉及公共利益，如反动作品可能危害国家政权的稳定，所以我国《著作权法》规定，依法禁止出版、传播的作品，不受《著作权法》保护。因此，知识产权法包含有公法的内容。(2) 隶属说。该学说认为，公法的根本特征在于调整隶属关系，而私法的根本特征在于调整平等关系。知识产权法主要调整平等主体之间的财产关系和人身关系，但也涉及极个别的隶属关系，如我国《专利法》第49条规定："在国家出现紧急状态或者非常情况时，或者为了公共利益的目的，国务院专利行政部门可以给予实施发明专利或者实用新型专利的强制许可。"(3) 主体说。该学说认为，如果某个公权载体正式以公权载体的身份参与法律关系，则存在公法关系。在知识产权法律关系中，也少量存在公权载体以其身份参与的现象，如专利复审委员会和商标评审委员会所参加的法律关系，就是公权载体的身份。

2. 知识产权法是国内法，同时包含涉外法的内容

涉外民事法律关系就是指主体、客体和内容这三要素中，至少有一个以上的因素与国外或境外有联系的民事法律关系。调整有涉外因素法律关系的法为涉外法；调整不具有涉外因素法律关系的法为国内法。知识产权法所调整的法律关系中，以不具有涉外因素的法律关系为主，兼具有涉外因素的法律关系为辅，如关于受理外国人专利申请、商标注册申请的规定，中国人提出PCT申请的规定等。[1]

3. 知识产权法是实体法，同时包含程序法的内容

规定自然人、法人或者其他组织实体权利义务的法为实体；

---

[1] PCT是《专利合作条约》(*Patent Cooperation Treaty*) 的英文缩写，是有关专利的国际条约。根据PCT的规定，专利申请人可以通过PCT途径递交国际专利申请，向多个国家申请专利。PCT申请简化了提出申请的手续，为本国申请人向外国申请专利提供了更方便的途径。

规定自然人、法人或者其他组织诉讼权利义务的法为程序法。知识产权法主要是规定自然人、法人或者其他组织实体权利义务的法，但也部分地规定了知识产权所有人诉讼的权利义务，《专利法》第58条规定："专利权人对国务院专利行政部门关于实施强制许可的决定不服的，专利权人和取得实施强制许可的单位或者个人对国务院专利行政部门关于实施强制许可的使用费的裁决不服的，可以自收到通知之日起三个月内向人民法院起诉。"

二、知识产权法与民法的关系

（一）知识产权法与民法是特别法与普通法的关系

民法是指调整平等主体的自然人、法人和其他组织之间的财产关系和人身关系的法律规范的总和。知识产权法是指国家制定或认可的，由国家强制力保证实施的、调整自然人、法人或非法人单位在知识产权的确认、使用、保护等过程所产生的各种社会关系的法律规范的综合。知识产权法因而被当做民法的一个下位法部门来看待。知识产权法与民法的关系，如同物权法、债权法、婚姻法、继承法、侵权责任法与民法的关系一样，是部分与整体的关系，是民法的重要组成部分。我国《民法通则》第五章第三节专门以"知识产权"为节，将知识产权列为民事权利的一种，并对知识产权基本原则、基本内容和权利义务范围作出了明确规定，规定了著作权、专利权、商标权、发明权、发现权和其他科技成果权，知识产权作为一项民事权利的属性得到法律的确认，由此也确立了知识产权法与民法的特别法与普通法的关系。

（二）知识产权法适用民法的原则性规定

由于知识产权法与民法是特别法与普通法的关系，决定了知识产权法在许多方面需要适用民法的原则性规定。

1. 知识产权法适用民法的基本原则

我国民法的基本原则主要有平等、自愿、公平、等价有偿、诚实信用、公序良俗、权利不得滥用等，而这些原则都应当在知识产权贸易、知识产权权利取得、权利利用与权利保护中得到体现与适用。而知识产权纠纷案件的裁判也是民法的运用过程，当知识产权法和民法均没有规定时，得适用民法的基本原则加以裁量。

2. 知识产权法适用民法的调整方法

知识产权法主要调整的是平等主体之间因在智力成果的创造、利用、转让、侵权与保护过程中所产生的各种社会关系，包括财产关系和人身关系。民法则调整平等主体之间的财产关系和人身关系，可见，知识产权法的调整关系包含于民法的调整范围之内。知识产权法与民法的调整对象基本一致，这使得民法的调整方法适用于知识产权法，特别是在知识产权的实施、转让、授权他人许可使用、侵权责任归责原则等方面表现得更为明显。

对于知识产权侵权行为采用民法的保护方法，即通过对侵权损害行为课以民事责任予以法律保护是知识产权法律保护的主要责任形式。而只有当违反知识产权法行为带来严重的社会危害性，危及社会公共利益与国家利益时，才对违反知识产权法的行为人追究刑事责任或行政责任。因此，知识产权的私权性决定了其民事责任的主导性，行政责任和刑事责任的辅助性。所以，知识产权法应当适用民法的调整方法。

3. 知识产权法适用民法的权利主体制度

私法是权利法，而权利离不开主体，权利主体是民法上权利的归属者，包括自然人、法人及其他非法人组织。知识产权法作为规范知识产权的归属及流转的法律制度，自然不能没有权利主体制度。但现有知识产权法律并无有关知识产权主体权利能力和行为能力的规定。事实上，知识产权法对其权利主体的规制一直在遵循民法的权利主体规范。

4. 知识产权法适用民法的诉讼时效制度

诉讼时效是指因不行使权利的事实状态持续存在一定期间后，即依法发生权利因期限届满而丧失的时效制度。在我国知识产权法的各个单行法中，只有《专利法》第 68 条用三个条款规定了诉讼时效，其他法律法规均没有作出相关规定。但在实践中，所有知识产权纠纷都完全适用《民法通则》关于诉讼时效的规定。

5. 知识产权法适用民法关于法律行为的规定

法律行为是引起权利产生、变更和丧失的法律事实，以意思表示为要素。知识产权权利的成立、生效、撤销、行使等问题，也同样适用民法的相关规定。

（三）知识产权法不同于民法的主要表现

知识产权法作为一项民事权利与其他民事权利之间，既有密切的内在联系，又有明显的特性差别。这主要表现在一些具体的实体规范和程序规范之中。

1. 知识产权法与民法的立法结构不同

对于民法来说，具体任务大致可以概括为三个：一是对权利的确认，相当于物权制度和人身权制度；二是对权利使用的规范，相当于债和合同制度；三是对权利的保护，相当于民事责任制度。在这三个具体任务中，对权利使用的规范又是主要内容，因为在整个民事法律体系中，对交易的规范以及对交易规则的遵守是中心内容。例如，民法把诚实信用原则列为自己的“帝王条款”，这本身就说明了交易关系在民法中的重要性。民法的侧重点在于交易和流通环节。

对于知识产权法来说，知识产权法要解决的主要问题是对知识产权权利的确认、规范和保护问题。权利的交易和使用并不是知识产权法关心的重点，相反，在权利的交易和使用这一环节中，知识产权法主张按照民法中的《合同法》处理，但在关键环节上依法实行监管，例如，专利权的转让合同必须经过专利局的公告才能生效等。总的来说，在这一问题上，知识产权法中除了个别的限制和程序要求以外，基本上适用民法中的债和合同的制度，这一点可以看做两种法律的交叉。

2. 知识产权法与民法的内容存在很大差别

(1) 实体法与程序法兼容性不同。民法主要是实体法，而知识产权法中除了关于权利的实体性规定以外，还同时有大量的程序性规定，可以说是实体法和程序法的结合。当然，这里的程序法是指知识产权的权利依法获得和保护的程序。

(2) 法律规范的特点不同。知识产权法中的大部分规定都是强制性规定，任何人，包括权利人在内，都必须无条件地遵守和执行。在知识产权法中，关于权利的取得和保护条件等方面不提倡个人的意志自由和个人的选择，更不可能遵从某个人的个人意愿。即使在权利的使用和转让中，虽然允许权利人可以通过与他人签订协议来行使使用权和处分权，但是，同样对可以转让的权利类型和转让方式作了限制，权利人必须遵守。如人身权利不可转让，有些权利甚至不能继承。这与民法的立法精神和尊重个人意愿的做法相差很大，完全不是一种价值趋向。

(3) 责任的产生方式和承担的责任不同。对于民法来说，产生责任的方式主要是违约和侵权，其中又以违约为主，因为违约责任产生于交易过程中，属于民法的主要内容。对于违约责任来说，当事人之间只承担民事责任。对于侵权责任来说，关于承担责任的方式，民法中也只是规定了承担责任中的民事责任部分，如果侵权人在侵权中造成了他人人身及财产的严重伤害和损失，涉及刑事犯罪的话，则由刑法单独处理，不再属于民法的处理范围，即在民法中不含有行政和刑事责任。

对于知识产权法来说，虽然也同样存在侵权责任和违约责任两种责任形式，不同的是，知识产权法只规定了侵权责任。由于在权利使用和转让方面和民法有交叉部分，直接按照民法中的违约责任处理，就没有另行规定。在侵权责任中，同时规定了民事、行政和刑事三种承担责任的形式，这三种形式的适用范围和程度又各不相同，大体上可以分为以下几种情况：①只承担民事责任；②只承担行政责任；③既承担民事责任又承担行政责任；④既承担民事责任又承担刑事责任。这几种情况在实践中都是具体应用的，相比之下，第一种情况适用的程度高一些。

知识产权法和民法中对责任的不同规定，实质上是两种法律中的权利不同属性的反映。作为私权和私法，民法把承担责任的方式紧紧地限定在民事责任的范围中是合适的。而对于知识产权法来说，由于知识产权并不是简单的私权，知识产权法也不是简单的私法，甚至可以被认为是"半公半私"的法，这样，反映在承担责任的方式上肯定应该存在差别，这样是合理的，也反映了两种法律的差别。

（4）知识产权法与民法的权利形态不同。与知识产权法中的权利相比，民商法中的权利在形态上是单一的，也就是说，每个权利都是相互独立存在的，它们都在一个层面上，属于同一层面上的东西；相互之间并不互相影响和制约，都在独立地发挥自己的作用。而知识产权中的权利却大不相同，这里的权利是分层排布的，层与层之间存在因果关系，前面的权利可以影响和制约后面的权利，整个权利体系呈现网状结构。

三、知识产权法与物权法的关系

物权法和知识产权法形成了和而不同的两种法律制度，在以科技创新为先导的现代社会中，智力成果的商品化、物质产品中科技文化含量的增大，凸显了知识产权法律制度对社会经济发展的作用，同时促使知识产权法和物权法"殊途同归"，共同肩负起对于社会财产进行法律调整的使命。一方面，物权法中"物"的概念仅仅局限于"有体物"，有其优势，那就是在法律概念上和司法操作中更为清晰明确，有利于立法和法学研究的发展。另一方面，在充分认识知识产权法的社会作用和法律价值的基础上，应当认识到知识产权法对物权法的影响和作用。

（一）知识产权法与物权法的共同性

1. 两者同属私法范畴

从两者保护的权利内容来看，物权和知识产权都是绝对权、支配权，都体现了权利人对于权利客体的绝对支配力，其义务主体都是不特定的社会一般人。

2. 两者都采权利法定原则

基于物权的对世性，物权法采取物权法定原则，不允许当事人自由创设物权的种类和内容。知识产权法的对世性，同样要求知识产权权利的转让、利用、许可和担保应依据法律的规定，不能超出法律所限定的范围，因而，在知识产权领域之中，权利法定原则也蕴含其中。

3. 两者在公示制度和请求权制度规定方面具有相通性

在权利公示公信制度上，物权法规定的公示公信制度和工业产权法规定的登记制度的价值功能是相同的，只不过工业产权登记制度是针对无形的知识产权加以公示并同样产生公信力。从权利保护上看，虽然物权法规定了“物上请求权”制度，而知识产权法注重对于智力成果侵权的认定，但在保护权利的方式上，知识产权法和物权法基本一致。知识产权权利人可以像物权人行使物上请求权一样，对于侵犯知识产权的行为人提出排除妨碍、恢复原状等请求权，以恢复对知识产权的支配状态。知识产权权利人也可以在因侵权行为遭受损失时，行使债权请求权即请求损害赔偿，以补偿所受到的财产损失。

4. 两者都规定了财产权利的用益性和担保性

物权法是确认财产之归属及利用的关系，因而确立了所有权、用益物权、担保物权，在所有权的支配下，充分发挥物之功能，实现物尽其用、个人利益最大化之经济效益。而知识产权法首要任务就是确立权利归属之原则，之后方能调整和保护对知识产权权利的利用，以谋求经济效益的最大化，并促进科技进步与文化繁荣。例如，专利权的转让、质押和许可他人使用，即为对专利权的利用和收益。

（二）知识产权法与物权法的差异性

1. 调整的社会关系不同

物权法和知识产权法虽都是私法，原则上都属于财产法的范畴，但两者调整的社会关系不同。

知识产权法调整的对象是因确认、行使和保护知识产权的过程中所产生的各种社会关系。具体地说，从知识产权法律制度的内容以及各项知识产权法律法规实施的情况看，知识产权法调整的社会关系是涉及智力成果完成者、智力成果使用者、知识产权所有者、知识产权使用者、知识产权管理机关、知识产权执法机关等主体之间，在确认、行使、保护知识产权的过程中所发生的各种社会关系。这些社会关系一经知识产权法调整，便在上述主体之间以及公民、法人或者其他社会组织之间形成法律上的权利义务关系，也就是知识产权法律关系。

物权法调整的对象是“因物的归属和利用而产生的民事关系”。物的归属关系就是所有权关系。物的利用关系就是物在利用中产生的关系，是所有权人与利用人的关系以及利用人和其他人的关系。物权法通过确定归属和利用的规则，来规范或者调整平等民事主体之间因物的归属和利用而产生的财产关系。

2. 保护的权利客体不同

物权法的客体是有体物，通常讲就是有形物，能够作为物权法规范的对象必须是人力所能控制并有利用价值的物。而知识产权的客体是知识财产，是一种抽象物或无体物，具有无形性。虽然知识财产是无体物，不受物权法的调整，但由于其具有财产的性质，也就使得知识产权具有某种类似物权的特性，使得物权法中的一些原理和原则对知识财产法律关系的调整及知识产权的保护也发挥着重要的指导作用。

此外，在权利取得上，物权法不存在行政审查因素，而知识产权中的工业产权、工业版权均经由行政审批取得权利；在权利内容上，物权法规定了“物权法定主义”，而知识产权的类型是开放和发展着的，知识产权的范围没有限制；在权利行使上，物权法规定了在若干情况下的物权相互排斥，而在知识产权法上各种使用权是相互独立的，并行的，具有完全不同于物权法的相当特殊的现象。总之，两者存在相当多的差异。

（三）处理物权法和知识产权法关系的原则

1. 在绝大多数情况下，知识产权法律规范对于物权法律规范构成排斥

例如在“物”的归属方面，智力成果的瑕疵会导致“物”的所有人失去“物”的所有权；在“物”的转移方面，智力成果的瑕疵也会影响“物”的移转效力。作为智力成果的载体的“物”发生转移之时，知识产权权利人也并未失去对于智力成果的权利，“权利用尽”并不影响知识产权权利人对于“物”的购买人具有相当程度的限制，如专利权人有禁止“物”的所有人（购买人）为生产经营目的擅自制造、使用、许诺销售、销售、进口专利产品，商标权人有禁止“物”的所有人（购买人）为生产经营目的擅自制造、使用、许诺销售、销售、进口带有商标的产品等的权利，著作权人也有权禁止“物”的所有人（购买人）进行擅自复制、出租、发行、播放、信息网络传播等权利。

2. 在“物”之占有人系善意之时，应依据知识产权法律规范对物权的取得制度加以调整

在占有人系善意之时，如果含有知识产权的“物”是动产，占有人不能仅凭动产的善意取得制度而获得对于“物”的所有权；如果含有知识产权的“物”是不动产，占有人也不能仅凭不动产的登记制度而取得对于“物”的所有权。应当依据知识产权法律规范的要求，在确定占有人享有对“物”的所有权之时，给“物”之所有人建立若干限制，以保障知识产权权利人的权利。例如，当“物”的占有人系善意取得一“物”，而“物”上附着的知识产权有瑕疵，此时对于个人占有人来说，他可以保有对于该“物”的所有权，有权继续正当合理地使用该“物”；但是，对于盗版软件的善意占有人来说，即使他确为善意而购买了盗版软件，也应依据《计算机软件保护条例》的规定，停止使用并销毁该盗版软件。对于作为销售商的占有人来

说，他只要能够证明其产品合法来源，就不再承担赔偿责任，但这并不意味着，他就有权保有对于该“物”的所有权，并有权继续以生产经营为目的使用、许诺销售、销售该“物”。

3. 在知识产权受限制的范围内，物权法律规范构成对知识产权法律规范的排斥

当“物”之占有人系出于著作权法所规定的合理使用、法定许可使用等情况而占有了作品的载体时，占有人享有对于“物”的所有权或使用权，在合理使用、法定许可使用范围内，物权法排斥知识产权法律规范的适用。当某人系先用权人或者专为科学研究和实验而使用有关专利之时，其享有的物权也可以排斥知识产权法律规范。应当看到，即使在上述情况下，“物”的所有权人或使用权人也并非享有绝对不受限制的所有权或使用权，对“物”的所有权或使用权也只能在知识产权受限制的范围内，可以由所有权人或使用权人正当合理使用，超出该范围，物权法律规范不能构成对于知识产权法律规范的排斥。

四、知识产权法与侵权责任法的关系

知识产权的保护最终体现在财产权利的恢复、财产利益的返还与赔偿方面，而这与侵权责任制度不谋而合。2009 年 12 月 26 日，第十一届全国人民代表大会常务委员会第十二次会议审议并通过《中华人民共和国侵权责任法》。《侵权责任法》是一部全面保护私权的法，该法从侵权行为、侵权责任等多方面对侵权责任的追究建立了系统的规范，这无疑对知识产权侵权行为及其法律责任的规制奠定了原则性准据基础。

（一）知识产权法与侵权责任法是特别法与一般法的关系

侵权责任法是调整有关因侵害他人财产、人身的行为而产生的相关侵权责任关系的法律规范的总和。侵权责任法作为民法的一部分，与物权法、债权法、继承法等共同构筑了民法宏大而严谨的体系，而知识产权法作为民法调整的一部分，自然与侵权责

任法构成了特殊与一般的关系，即知识产权法属于特别法，而侵权责任法属于一般法，因而两者表现为特别法与一般法的关系。

我国《侵权责任法》明确规定了侵权行为法律性质与构成要件的判断原则，以及侵权责任类型、侵权责任承担等内容的基本制度，是关于所有侵权责任的基本法律。因此，对于知识产权侵权行为与侵权责任，应当基于《侵权责任法》所确立的基本要件与基本原则结合著作权法、专利法或商标法等知识产权专门法律中有关侵权行为及其侵权责任的规范来进行相应的判断。但在知识产权相关法律没有明确规定的情况下，则应当适用侵权责任法对应当追究知识产权侵权责任的行为追究其相应的法律责任。

（二）知识产权权益是侵权责任法所保护的民事权益之一

我国《侵权责任法》第2条第2款明确规定："本法所称民事权益，包括生命权、健康权、姓名权、名誉权、荣誉权、肖像权、隐私权、婚姻自主权、监护权、所有权、用益物权、担保物权、著作权、专利权、商标专用权、发现权、股权、继承权等人身、财产权益。"其中著作权、专利权、商标专用权和发现权被明确以侵权责任法的法律形式确定为民事权益，并受到侵权责任法的保护。

（三）侵权责任法所确立的侵权责任承担方式适用于知识产权侵权行为与侵权责任

《侵权责任法》第15条规定："承担侵权责任的方式主要有：（1）停止侵害；（2）排除妨碍；（3）消除危险；（4）返还财产；（5）恢复原状；（6）赔偿损失；（7）赔礼道歉；（8）消除影响、恢复名誉。以上承担侵权责任的方式，可以单独适用，也可以合并适用。"既然知识产权权益是民事权益，当民事权益受到侵犯时，被侵权人既可以依据知识产权法，也可以依据侵权责任法追究侵权行为人的法律责任，要求侵权行为人对其财产损害与精神损害进行赔偿。

（四）知识产权侵权责任归责可适用侵权责任法的归责原则

归责原则，是指在行为人的行为致人损害时，根据何种标准和原则确定行为人的侵权责任。知识产权作为民事权益，过错原则和过错推定原则适用于知识产权法领域，并且，在著作权法、商标法以及专利法等关于知识产权侵权责任中都有相应规定，司法实践中也采用了过错责任原则和过错推定原则。

由于知识产权侵权责任的特殊性，主要适用《侵权责任法》所确立的“过错责任原则”，但对于权利人举证相对较为困难的一些特殊情况下，则可采用《侵权责任法》所确立的“过错推定责任原则”。《侵权责任法》第6条和第7条分别对侵权责任的归责原则进行了规定。其中第6条规定：“行为人因过错侵害他人民事权益，应当承担侵权责任。根据法律规定推定行为人有过错，行为人不能证明自己没有过错的，应当承担侵权责任。”第7条规定：“行为人损害他人民事权益，不论行为人有无过错，法律规定应当承担侵权责任的，依照其规定。”这两个法律条文，一般概括为过错责任原则、过错推定责任原则与无过错责任原则。

在发生知识产权侵权行为、从而适用损害赔偿责任时，应当适用过错责任原则，即构成侵权一般表现为明知是他人拥有著作权、商标专用权和专利权而实施侵权行为，但是对“知识产权侵权行为”的界定上，适用无过错原则，即无论行为人是否存在过错，只要实施了侵权行为，就要承担停止侵害的责任形式。

（五）侵权责任法为知识产权侵权责任的承担提供了有益补充

我国《侵权责任法》第5条规定：“其他法律对侵权责任另有规定的，依照其规定。”这说明若知识产权法有特别规定时，应适用知识产权法的规定，若没有特别规定，则应当适用侵权责任法的规定。随着科技进步、经济繁荣与文化发展，知识产权侵权现象也将愈趋复杂，可能会出现新的侵权现象难以找到知识产权法司法准据的情况，此时便可依据上述规定，依据《侵权责任法》的相关规定追究这些新的知识产权侵权行为的法律责任。

比如，知识产权法尚无对网络侵权及免责事由之规定，《侵权责任法》则弥补了这一空白。《侵权责任法》第36条规定："网络用户、网络服务提供者利用网络侵害他人民事权益的，应当承担侵权责任。网络用户利用网络服务实施侵权行为的，被侵权人有权通知网络服务提供者采取删除、屏蔽、断开链接等必要措施。网络服务提供者接到通知后未及时采取必要措施的，对损害的扩大部分与该网络用户承担连带责任。网络服务提供者知道网络用户利用其网络服务侵害他人民事权益，未采取必要措施的，与该网络用户承担连带责任。"该条从三种情况就网络用户和网络服务提供者侵权责任的形式和承担进行了规定，尽管这些并非是直接针对知识产权侵权行为所作的规定，但为追究网络知识产权侵权责任人的责任提供了法律依据，这是立法的创新与进步。

五、知识产权法与反不正当竞争法的关系

（一）反不正当竞争法与知识产权法具有深刻的联系

反不正当竞争法是指通过制止市场交易中的不正当竞争行为来维护经济秩序的法律规范的总和。关于反不正当竞争法与知识产权法的关系，学术界有两种倾向：一是经济法学界的学者们都将反不正当竞争法视为经济法的重要部分，同时他们的著作中也多半会论述到专利法和商标法；二是知识产权法学者们则认为，反不正当竞争法是知识产权法的一部分。这种思路显然受到国际知识产权公约的影响。

《保护工业产权巴黎公约》从20世纪初开始，逐渐将制止不正当竞争纳入其中文本中。《保护工业产权巴黎公约》现行文本（1967年斯德哥尔摩文本）第1条第2款规定："工业产权的保护对象是专利、实用新型、工业外观设计、商标、服务商标、商号、产地标记或原产地名称以及制止不正当竞争。"可见，该公

约将反不正当竞争列入了知识产权法范畴之内。1967 年的《建立世界知识产权组织公约》同样也将“禁止不正当竞争”规定在知识产权范畴。

一个世纪以前，国际工业产权保护的先驱们将制止不正当竞争纳入知识产权保护体制，概因许多不正当竞争行为都直接或者间接地侵害了知识产权。当然，如果仅仅从历史的惯性出发，是不能完全解释反不正当竞争法和知识产权法的关系的。事实上，反不正当竞争法和知识产权法之间的深刻的联系源于其共同的目标和原则。

1. 立法目的和原则的相似性

反不正当竞争法和知识产权法之间的深刻的联系，首先源于其有共同的目标和原则。反不正当竞争法的立法目的在于建立公平的竞争秩序，从而保护竞争者、消费者的利益乃至社会的公共利益；而知识产权法的立法目的则在于保护企业、个人对其智力成果、商业标记及其他相关成就的财产利益和人身利益，其最终目的也在于维护正常的市场秩序。正是对市场公平竞争秩序的共同追求，造成了这两种法律存在诸多的共性。两者均以诚信信用、利益平衡、公平竞争为基本原则，以充分实现个人、企业、社会公众和国家因智力成果的生产、利用而产生的财产利益和人身利益为基本目标。

2. 指导原则的相通性

公平竞争秩序的形成依赖于外力的干预，同时，它更依赖于市场信用的形成，而在市场信用的形成过程中，市民之间遵循一些基本原则进行自律是其关键，我国《反不正当竞争法》第 2 条规定：“经营者在市场交易中，应当遵循自愿、平等、公平、诚实信用的原则，遵守公认的商业道德……”从这一条规定我们可以发现，虽然在反不正当竞争法中国家权力的介入较多，在众多的领域中，市民的自律是至关重要的，而市民的自律所遵循的基本原则，显然深深地打上了民法基本原则的烙印，这与知识产权法是相通的。正是在共同原则的指导下，反不正当竞争法与知识产权法才能完成其共同的立法目的，这是一脉相承的。

3. 立法内容的相似性

《反不正当竞争法》第 5 条规定了经营者不得采用的不正当竞争手段：“（1）假冒他人的注册商标；（2）擅自使用知名商品特有的名称、包装、装潢，或者使用与知名商品近似的名称、包装、装潢，造成和他人的知名商品相混淆，使购买者误认为是该知名商品；（3）擅自使用他人的企业名称或者姓名，引人误认为是他人的商品；（4）在商品上伪造或者冒用认证标志、名优标志等质量标志，伪造产地，对商品质量作引人误解的虚假表示。”这些规定与《商标法》（第三次修正）第 57 条的规定极为相似。即：“有下列行为之一的，均属侵犯注册商标专用权：（1）未经商标注册人的许可，在同一种商品上使用与其注册商标相同的商标的；（2）未经商标注册人的许可，在同一种商品上使用与其注册商标近似的商标，或者在类似商品上使用与其注册商标相同或者近似的商标，容易导致混淆的；（3）销售侵犯注册商标专用权的商品的；（4）伪造、擅自制造他人注册商标标识或者销售伪造、擅自制造的注册商标标识的；（5）未经商标注册人同意，更换其注册商标并将该更换商标的商品又投入市场的；（6）故意为侵犯他人商标专用权行为提供便利条件，帮助他人实施侵犯商标专用权行为的；（7）给他人的注册商标专用权造成其他损害的。”

总之，反不正当竞争法与知识产权法有着相辅相成的关系，一方面，反不正当竞争法对于保护知识产权，特别是保护那些不能直接获得知识产权特别法律保护的智力成果及相关成就有着不可缺少的作用，故可以说它是知识产权法的一部分；另一方面，知识产权制度本身的建立，也有利于促进市场竞争秩序的健康发展，所以，可以说，它反过来也是竞争法律制度的重要组成部分。当然，它们之间的交叉、重叠作用只是部分的，其各自的独立个性不应被忽视。反不正当竞争法是行为法，而知识产权法是财产权法。保护知识产权并不是反不正当竞争法的唯一任务，甚至也不是它最重要的任务。

（二）反不正当竞争法与知识产权法的差异

1. 权利保护方式的差异

知识产权是一种包括“行”与“禁”两方面权能的权利：一方面，它既可自己或授权他人实施其权利；另一方面，他人如未经其允许而实施其权利，则他可自己或请求国家权力进行禁止；而在不正当竞争法中，权利人行使权利的方式显然与此不同。从反不正当竞争法的法律名称中我们可以明显地体会其立法目的及精神均在于“反”，也即只有在存在不正当竞争行为的时候，反不正当竞争法赋予当事人的权利才能启动，才能去禁止这种不正当竞争行为。因此，这种权利必须依赖于不正当竞争行为才能存在，并且，它只有“禁”的内容而无“行”的内容，也即是说，“反不正当竞争法能够给智力和工商业成果开发者带来的只是一种有限的、相对的、几乎没有什么排他性质的利益。这是一种消极的、被动的保护，只有在个案发生时经法院确认才能发挥效力”，❶ 而知识产权法则在为智力和工商业成果开发者带来消极的被动的保护的同时，更带来了一种积极的、主动的保护，而不是如有的学者所认为的那样，“例如版权，只有在版权人的权益受到他人违反版权法行为的侵害时，版权人才能在提起诉讼加以制止的过程中显示出自己的权利人的地位”，❷ 事实上，“禁”的方面仅是知识产权权能的一部分，作为私法，知识产权法更赋予当事人更多的“行”的权利，这一点可以从世界范围内的立法得到印证：我们可以发现各国反不正当竞争法条文几乎均为禁止性规范，而知识产权法则更多为授权性规范，这正是这两者的不同立法基点与切入点。

---

❶ 韦之. 论不正当竞争法与知识产权法的关系［J］. 北京大学学报：哲学社会科学版，1999（6）：25－33.

❷ 郑成思. 知识产权法［M］. 北京：法律出版社，1997：7.

2. 保护利益的侧重点不同

知识产权法保护的是作者、发明人、商业标志所有权人以及其他相关权利人的智力成果或其他成果权，其侧重点在于保护权利人的权益，翻开我国新修改后的《著作权法》《专利法》《商标法》的第1条，我们便可领会到这种立法精神。虽然在知识产权法中也存在保护消费者，公众等其他人的利益的条款，然而，知识产权法作为私法这一定位便决定了这种条款的数目是极其有限的；而反不正当竞争法则不然，反不正当竞争法更多地被定位为经济法，在这个前提下，不管它属于市场行为法也好，也不管它属于市场调控法也罢，这决定了它更多地侧重于国家权力的介入，而这种介入的目的不单在于保护权利人、竞争者的利益，还在于维护其他社会公众的利益，“反不正当竞争法有三种保护方向：一是保护竞争者（单个或集团企业的）利益；二是保护消费者的利益，尤其是最终消费者的利益；三是保护公共利益（大众和国家利益）。”[1] 这一点也在我国《反不正当竞争法》第1条内容中得到反映[2]。总之，反不正当竞争法保护的利益范围远远广于知识产权法，同时，它更侧重于社会公益的保护，这也是与知识产权法相异的。

3. 维权主体的差异

知识产权是一种私权，这决定了一般情况下的维权程序只能由权利人提起，而国家机关仅仅起一种消极的作用，也即不主动介入权利的争议解决过程；而反不正当竞争法的经济法特性决定了国家力量直接介入争议的处理是这种法律的主要特征，国家机关在此间的作用是积极的、主动的。不可否认，因为知识产权法与反不正当竞争法存在诸多的重叠之处，并且这两种法律存在融合的现象，这导致上述的差异正在缩小，但我们也不可否认，至

---

[1] 格·施里克尔. 欧洲不正当竞争法的新发展［J］. 外国法译评，1995（4）：67.

[2] 第1条：“为保障社会主义市场经济健康发展，鼓励和保护公平竞争，制止不正当竞争行为，保护经营者和消费者的合法权益，制定本法。”

少在未来一段时期内，这种差异仍然存在。

4. 侵权的判断标准不同

不正当竞争行为的存在与否的判断标准，以是否引起“混淆”为标准；而知识产权法除了商标法外，在著作权法及专利法中，是否侵权的判断标准，更多的以是否存在复制等雷同行为为准。从这一点区别我们可以发现，知识产权侵权的认定标准更为严格，而在反不正当竞争中的违法认定则更为宽松，并且后者的认定标准当然包含了前者，也即雷同行为当然包括在混淆行为之内，这也导致了反不正当竞争法的调整范围更为广泛。

5. 立法技术的不同

在知识产权法中，法律更多地采取了一种列举式的立法；只有法律列举的权利，权利人才能行使实施权与禁止权，否则权利人不得禁止他人实施，比如在我国《著作权法》修改以前，权利人是不享有出租权的，因此，如其他人将其作品出租，则权利人是无权禁止的，而修改后的《著作权法》赋予了权利人以出租权，因此，权利人便取得了禁止他人将其作品出租的权利。再如 2013 年修正的《商标法》新增“声音”可以作为商标申请注册，之前，尽管以声音作为商标要素的情形越来越多，要求对其进行专有权保护的需求也越来越多，但不受商标法保护。此次修改，顺应了实际需要和国际商标领域的发展趋势。这种立法是利益平衡的产物，也即为了促进社会文化、生产力的发展，知识产权权利人的权利必须有一定的限度，而这个限度又取决于社会经济、文化的发展水平，不同状况的经济文化发展水平决定了权利人可享有哪些权利，而在这个范围之外的一些权能，其他人可自由地利用。因此，知识产权法只能通过列举的、具体的规定方式赋予权利人以一定的权利；反不正当竞争法则不同，由于破坏市场公平竞争秩序的行为是不可穷尽的，因此，反不正当竞争法的规定便不可能采有列举的方式，否则，便会造成立法目的落空。因此，反不正当竞争法更多地采取一种概括式的立法技术以期穷尽一切不正当竞争行为，比如我国《反不正当竞争法》第 2 条便规定了何谓“不正当竞争”，而一切符合这一定义的行为都应归属于该法的调整范围。

六、知识产权法与反垄断法的关系

（一）“知识产权垄断”与反垄断法反对的“垄断”

1. 反垄断法之“垄断”含义

反垄断法是维护市场竞争机制的专门性法律，其发挥作用的前提和基础是市场经济。反垄断法旨在防止竞争者通过排斥和限制竞争的垄断行为来损害竞争机制（如操纵供需）、破坏市场所需的公平自由竞争规则。反垄断法关注的焦点是垄断行为，而非一个竞争者是否处于垄断地位。只有当竞争者实施了反垄断法所明确规定的垄断行为时，反垄断法才对其予以禁止和惩戒。反垄断法的这一原理实际上划清了法律上所禁止的“垄断”与日常用语中的“垄断”的界限，前者专指法律所禁止的垄断行为，后者则指一种独占的格局或状态，与反垄断法并无直接联系。

2. “知识产权垄断”之垄断含义

“知识产权垄断”实际上是指，智力成果的创造者或者商业标记使用者对成果或标记拥有排他性权利或专有权，而这种专有权和其他的财产权（譬如所有权）并无实质性的区别。如果一定要将知识产权称为“垄断权”，那么所有权人对特定的所有物具有排他使用的权利，也同样可以称为“垄断权”。尽管知识产权和所有权在获得的程序和要件上存在一定的区别，譬如通过买卖（如购买图书）或登记（如房产登记）能取得所有权，而知识产权则通常需要通过申请及批准等程序才能获取，但是，这一区别仅仅说明了各自取得法律承认所需要的要求和条件不同，权利性质却并无二致，都是对特定对象的独占和支配。

总之，“知识产权垄断”中的“垄断”与反垄断法要反的“垄断”，尽管文字相同，内涵却大相径庭。

（二）知识产权法与反垄断法的一致性

1. 两者均具有促进竞争和推动创新的相同功能

知识产权是一种垄断权，但这种垄断权不等同于反垄断法所规制的垄断行为。反垄断法规制的垄断行为会产生对竞争的限制或者阻碍，而知识产权的垄断是合法的垄断，并往往是作为反垄断法的适用除外而存在的。例如，日本《禁止垄断法》第21条规定："本法各项规定不适用于被认为是行使著作权法、专利法、实用新型法、外观设计法或商标法规定的权利的行为。"作为知识产权客体的智力成果，常常是初始权利人为竞争目的或在竞争过程中的创造。对这种成果的知识产权保护，可以使经营者能够事先根据法律将会赋予的独占程度，比较确定地预期其技术开发和创新投资的经济回报，从而鼓励其通过技术创新增强市场竞争力，更好地释放其竞争潜能。而每个企业的技术水平和竞争力的提高，也必将通过由此激化的竞争，推动整个国民经济素质和国际竞争力的提高。而知识产权法则通过授予和保护经营者重要但有期限的独占权来奖酬其在创新上的投资，为创新提供动力，同时维护公平的市场竞争秩序。

知识产权与反垄断统一于与竞争的联系和对竞争的促进，从而推动创新和促进经济发展的目的和功能上。反垄断法的基本目标是反对垄断，维护市场的自由公平竞争，以维护经济活力，这就要求并保障经营者之间开展正常的竞争以寻求新的创新之路，为创新提供压力，同时防止取得支配地位的企业损害和阻碍创新。强大的知识产权与强有力的反垄断政策在促进创新的共同目标上是同一枚硬币的两面。

2. 两者均具有保护消费者利益的共同目标和功能

知识产权法无论是通过鼓励创新、促进经济发展，在总体上增加消费者福利，还是通过对具体市场上的假冒等侵犯知识产权行为的制止和制裁以使消费者免遭损害，都可以达到保护消费者的目的；而反垄断法的一个重要目标就是保护消费者利益，增进消费者福祉。因此，知识产权法与反垄断法都具有推动创新和保护消费者的共同目标。正如美国司法部和联邦贸易委员会1995年联合发布的《关于知识产权许可合同的反垄断指南》所规定的那样：知识产权法与反垄断法的共同目标是促进创新和保护消费者利益。知识产权法通过确认和保护新产品、方法和作品的财产权，实现了刺激创新、鼓励新技术传播和商业化的作用。反垄断法则通过禁止对竞争产生危害的行为，实现了促进创新、确保消费者利益的目的。美国司法部和联邦贸易委员会2007年发布的《反托拉斯执法与知识产权：促进创新与竞争》报告再次重申这一基本立场。尽管主要作为私法的知识产权法和主要作为公法的反垄断法对竞争的关注与调整的角度和方式不同，但是它们在促进竞争方面殊途同归。

（三）知识产权法与反垄断法的差异性

知识产权法与反垄断法表面差异明显，反垄断法是反对垄断和保护竞争的，而知识产权法是授予和保护某种对竞争进行限制的权利。知识产权法和反垄断法的冲突由知识产权权利滥用行为引起。即知识产权权利人在行使其权利过程中超过了法律允许的范围或者正当的界限，不正当地排除、限制了市场竞争。

知识产权尽管只是一种合法的垄断权，但它毕竟在一定范围内限制了竞争，因此允许这种限制竞争是法律权衡利弊的结果，知识产权的存在本身不能说明它没有任何消极后果，只是这种消极后果是在可容忍的范同之内。当知识产权权利人利用知识产权的自然垄断力和法定垄断属性，图谋取得市场垄断或者支配地位，从而使得知识产权发展成为垄断手段，限制了正当竞争并损害了社会利益时，知识产权即从法定的垄断权，转化成为反垄断法所能规制的不合法垄断行为。此时。知识产权法与反垄断法之间即发生了联系与冲突。

（四）反垄断法适用知识产权垄断行为的情形

1. 反垄断法优先使用原则

在传统的竞争环境下，知识产权法与反垄断法形成了一种和谐的互动状态：一方面，在技术创新的过程中，知识产权法赋予权利人以垄断权，在法定的期间内充分保护其合法权益不受非权利人任意“搭便车”的侵害；另一方面，由于权利的行使往往容易引发滥用的后果，而知识产权的滥用则会导致私人利益和公共利益之间的失衡，在这种情况下，虽然知识产权法具有一定的实现公共利益的目标，但是其基于私法性质的调整手段的局限性需要带有公法性质的反垄断法的介入，方可解决知识产权权利滥用的问题。因此，一旦权利人行使知识产权超出法定范围，与反垄断法通过保护竞争所要实现的社会整体目标（实质公平和社会整体效益）相冲突时，反垄断法应当优先适用，以对知识产权的行使行为加以必要的限制。这即是知识产权权利滥用的“反垄断法优先适用原则”。

2. 反垄断法适用知识产权“垄断”的判断标准

反垄断法意义上的“垄断”，一定是与整体的市场竞争相联系的，而在市场竞争中，拥有知识产权的产品并不一定具有很强的竞争力，或者一定能够在市场上占据支配地位，而且其即便拥有垄断地位，但只要没有实施垄断行为，则不会对相关市场的竞争构成实质性损害，当然不受垄断法的规制。反垄断法并不关心一个具体权利是否具有“排他性或独占性”，而是关注某个竞争行为对正常的市场竞争是否造成了危害或威胁，以致降低了市场效率，损害了消费者的整体福利。所以，即使出现了滥用知识产权的情形，如对拥有知识产权的产品超高定价、拒绝将知识产权许可他人使用等，虽然也损害到其他交易人的利益，但只要其不破坏市场机制，并不招致反垄断法的干预。由于知识产权在本质上是一种私权，因此滥用知识产权就如同滥用所有权一样，完全可以在禁止滥用民事权利这一原则下由民事法律进行规制。因而，法律适用有其明确的界限：当权利人“滥用知识产权”对市场竞争造成实质性损害时，应适用反垄断法对其进行规制；当滥用不涉及竞争问题时，知识产权法、民法等相关法律均可以对其予以规制。关于知识产权权利滥用问题在本书第 7 章第 5 节将有专门论述。

总之，滥用知识产权是否限制了相关市场的竞争，其判断标准只能以反垄断法的原则和标准进行分析。行使知识产权的行为限制了相关市场竞争的，要受到反垄断法的规制，而不论其是否有滥用行为；相反，即使存在知识产权权利滥用行为，但并未对相关市场竞争造成负面影响的，不适用反垄断法，对其应以知识产权法、民法等民事法律加以规制。

七、知识产权法与科技法的关系

（一）科技法的含义

科技法是科学技术法的简称，它是我国法律体系的一个重要组成部分，意指国家对科技活动所产生的各种社会关系进行调整的法律规范，或国家调整科技活动所引起的社会关系的法律规范的总和。其调整对象包括：（1）国家在科学技术领域所进行的纵向管理关系；（2）不同科技部门、不同科技领域和相关企业之间在研究、开发、协作、技术流转（转让和转化）和管理过程中所发生的横向关系；（3）科技机构内部和科技人员之间发生的权利和义务关系；（4）国际科技合作过程中所发生的关系等。科技法的核心内容不是规定科技活动过程中涉及的方方面面的法律法规，而反映的是国家干预、介入科技活动以及促进科技进步方面的有关法律规定。

我国科技法以《科技进步法》为基本法，其体系一般包括：（1）科技进步基本法律制度及有关科技体制改革的规定，如《科技进步法》《关于进一步推进科技体制改革的暂行规定》等。（2）研究开发法律制度，主要涉及有关科技研究机构和科技社团管理方面的立法，如原国家科委发布的《自然科学研究机构建立、调整和审批试行办法》等。（3）科技成果法律制度，如有关科技成果的确认、评估、管理、保护和奖励等制度，包括知识产权法中有关科技成果授予特定权利条件之规定、科技成果奖励和管理条例等，如《专利法》中有关专利的“三性”规定、《计算机软件保护条例》中有关软件的规定等。（4）关于建立和健全技术市场、技术贸易模式和加强技术市场管理的法律法规，如《促进科技成果转化法》《技术合同法》《标准化法》等。（5）有关科技人员的培养和管理方面的规定，如《科学技术干部管理工作试行条例》等。（6）有关国际科技交流的规定、国际条约和协定等。有些学者认为还应当包括高新技术法律制度，如涉及信息技术、生物技术和核技术等方面的法律制度及有关科技活动中的法律纠纷之解决制度等。

从上可以看出，科技法偏重于国家宏观管理，性质上说属于公法范畴，但其中有关技术转移方面的制度却带有私法性质，需以私法原则如民商法（含合同法）的基本原则为指导；但这类法律法规在科技法中并不是主流。在调整手段上，科技法以鼓励为主，有关违法惩治的规定并不多。[1]

（二）知识产权法与科技法的联系

知识产权法是调整因创造、使用智力成果而产生的，以及在确认、保护与行使智力成果所有人的知识产权的过程中，所发生的各种社会关系的法律规范之总称。知识产权法律制度一般包括著作权法律制度、专利权法律制度、商标权法律制度、商号权法律制度、产地标记权法律制度、商业秘密权法律制度、反不正当竞争法律制度以及植物新品种法律制度等。

在分析二者概念及其组成部分时，可以发现它们之间关系密切，甚至有部分内容重叠。主要体现为科学技术成果是知识产权的权利客体（专利、专有技术和著作权特别是计算机软件著作权）。如果没有科技成果，知识产权制度就如同空中楼阁，无从谈起；而知识产权制度的确权和保护又有利于科技的发展、成果

[1] 马忠法，黄玲玲．试论科技法与知识产权法之关系及其在高校教学体系中之设置［J］．科技与法律，2008（6）：3－5.

的扩散和转让，有利于创新能力的提升，在微观上起着激励科技人员创新积极性的作用。从历史上看，科技规范先于知识产权制度诞生，而当代意义上的科技法又后于知识产权法律制度产生，它真正产生于20世纪五六十年代。一般认为，近代科技法制度是与知识产权法的产生和确立相适应的。

在二者交叉重叠部分方面，主要涉及成果的确权、保护及技术流转和贸易方面。主要涉及《专利法》《技术合同法》《计算机软件保护条例》等技术性较强的法规。由此可见，科技法主要涉及科学技术，而当知识产权法涉及该部分内容时无疑就会重复。此外，两者的目标和使命是一致的，即都致力于促进国家创新能力的形成，提高国家科技水平和形成国家或企业的核心竞争力。

（三）知识产权法与科技法的区别

在规范性质上，科技法属于公法范畴，而知识产权法属于私法范畴。前者强调国家管理，调整的多为纵向管理关系，但它也调整平等主体间的有关技术交易行为；而后者调整的是私权，其制度重在保护私人权利和鼓励权利人在实现个人合法权利下让社会分享其成果，但它又离不开国家有关机构的管理和授权，国家公权力对其又有一定的干预。总体上说，科技法中的私权利部分不如知识产权法领域中公权力干预的那么明显，所占比例也远不如知识产权法公权力干预那么大。

在目标导向上，科技法偏重于宏观科技政策的制定，科技创新意识的培养，研发投入导向性政策和相关政策的优惠，对有关科技法活动主体进行方向性的调整，为科学发展定下基调和发展路径；它关注的是公共权力对微观经济领域的影响。而知识产权法围绕落实和实现科技法律、政策目标的手段、途径及科技成果的确权、保护和运用而作出具体规定；它注重微观私权利，关心的是有关主体如何获取相关权利及其使用和转让，以帮助权利人实现最佳利益，最大限度激发出它们的创造积极性；当然，它也会含有公共权力干预部分，如权利限制、他人合理使用和法定许可与强制许可等。但可以看出，知识产权的国家干预还是直接与权利的行使有关，这一点与科技法没有直接联系。

在调整手段上，知识产权以确权、保护和鼓励实施等为主要形式，而科技法主要以鼓励、肯定等积极调整为主。因此，打击各种侵犯知识产权行为的惩罚手段在知识产权领域十分突出，而在科技法领域，尽管有追究有关违法者法律责任之规定，但它们的惩罚性色彩并不是很明显，在打击力度上要温和许多。由于科技研发等活动难以预测性，对科技人员或相关活动以鼓励为主也就顺理成章。科技法通过调整科技行政关系，理顺科技劳动组织关系的隶属关系，对不同科技劳动的多样化管理既强劲有力又有条不紊，充分发挥科技劳动管理的作用；科技法通过科技政策和科技规划的制定及实施、科研经费的使用和管理、科技成果的奖励和转让，使科研开发具有稳定和坚强的组织和管理保证。科技法通过调整科技民事关系，维护科技活动的充分自由和必要秩序，与知识产权法结合起来保护知识产权，使得管理部门、科研部门、科技人员依法履行科技法律的责任。而这些是知识产权法所不涉及或涉及不深的。

在调整范围上，科技法主要集中于科学技术领域及科学技术活动的全过程，涉及科学技术活动的各个主要环节；而知识产权法仅涉及科技领域中科技活动出成果的阶段，即科学技术活动有了成果后，权利人如何处理自己的成果，它涉及科技成果创造、确权、保护和扩散的领域。两者调整范围不同还表现在，科技法仅限于调整科学技术活动中的社会关系，知识产权法所要保护或调整的不仅限于科学技术成果，还对于文学、艺术、社会科学、经营管理等方面的智力成果以及商标、商誉、地理标志、域名、植物新品种等与科技无直接关系的也要进行规范和调整。显然它们在逻辑上超越了科技法调整的范围。至于像保护商业秘密、反不正当竞争、集成电路布图设计等一般也不纳入科技法的范畴，但知识产权法也要一视同仁地予以规范、保护。可见知识产权法的保护在某些方面超越了科技领域。

在历史起源上，系统的科技法制度晚于知识产权法制度。尽管科技规范要早于知识产权法制度，但它不是现代意义上的科技法制度。知识产权制度源于商品经济的发展，特别是文艺复兴以后，知识产权的商品价值日益得到体现，为维护有关权利人的利益，相关制度应运而生，如早期专利法规范有1474年的《威尼斯专利法》、1790年的英国《垄断法案》、1790年的美国专利法，以及1709年英国的《安娜女王法案》等。知识产权诞生以后经过长时间发展已经形成一个相对完整的体制，尽管其本身还在不断发展和完善。而科技法是社会生产力发展到一定水平的产物，它经历了古代的技术规范阶段（主要以行业规定和约定俗成为特色，此为萌芽阶段）、近代的科技法阶段和现代的宏观科技法阶段（强调国家宏观管理和调控之特征）。可以说现代科技法是在国家干预经济日渐深入的20世纪五六十年代，尤其是随着高科技的发展及它们在一国经济发展中所起的重大作用，国家将其作为干预国家发展的一个重要手段之后而日渐形成和发展起来的。

总之，科技法律制度的完善有利于知识产权法的形成和发展，而知识产权法律制度的完善又可以推动科技法目标的实现。科技的发展需要知识产权法的微观保护，这样才能激发科技工作者的创新精神和激情；而科技立法的完善也有利于知识产权的保护，并为知识产权制度的完善提供参考目标。

第三节　知识产权制度立法体例

一、单行立法形式

立法体例，是指一部法律或者一项法律制度的表现形式和结构安排。从世界范围看，知识产权的立法体例主要有单行立法形式、编入民法典形式和编纂专门法典形式三种做法。

单行立法形式是目前世界上最主要的知识产权法立法形式。英美法系国家是单行立法形式；大陆法系国家则是民事基本法下的民事特别法形式。单行立法形式产生的主要原因是：（1）英美法系国家没有形式意义上的民法典存在，知识产权法以制定法的形式存在，不涉及民法典的编纂问题；（2）大陆法系知识产权法的权利制度的体系化没有在法律活动中体现。主要的原因是立法技术无法将专利权、著作权、商标权整合成一个概括的统一的知识产权法律体系。

二、编入民法典形式

20 世纪以来，意大利、荷兰、俄罗斯、越南等国在其民事基本法制定中，均将知识产权法纳入到民法典体系当中。由于知识产权自身的特性和立法技术的诸多困难，民法典难以将知识产权制度融入其体系之中。上述国家民法典的起草者采取了两种方式：一是将知识产权的相关规则全部纳入民法典，这无疑是法律规范的位置平移，由于涉及诸多公法规范的处理，这一方式难以适用于所有的知识产权制度（如越南法）；二是从各类知识产权中抽象出共同适用规则和若干重要制度规定在民法典中，但同时保留各专门法。此类方法在一定程度上保留了私权立法的纯洁性与形式美，但其实质意义不大。

综上，编入民法典形式最大的问题是无法解决实体法与程序法冲突的关系，有关知识产权的程序性规范、行政法与刑法规范只能交由单行条例或者其他法律部门来完成。如此这样，意大利民法典、荷兰民法典、俄罗斯民法典并没有解决知识产权法与民法典编纂的关系问题，不具备示范和借鉴意义。

三、编纂专门法典形式

编纂专门法典就是所谓知识产权法的法典化问题。1992 年法国将 23 个与知识产权有关的单行法规整理汇编成统一的知识产权法典，开创了知识产权法法典化的先河，成为知识产权立法史上的里程碑。1999 年菲律宾也颁布了知识产权法典。1994 年缔结的 TRIPS 也第一次将发明、实用新型、外观设计、作品、计算机程序、数据库、商标、地理标志、未披露信息（商业秘密）、集成电路布图设计、植物新品种等大部分知识产权保护对象，集中在一部国际条约中进行规范，相当于是一部法典化的国际公约。

但是，客观地分析法国知识产权法典，它并没有改变其作为民事特别法的基本地位和本质属性。在法国，知识产权法与民法、商法依然是特别法与基本法之间的关系。法国知识产权法典与法国民法典是体系分立的两部法典，但并非是地位平行的两部法典，它们之间仍然是特别法与基本法的关系。两部法典区分的意义在于：一方面，在知识财产问题的法律适用方面，知识产权法典的适用应优先于民法典。另一方面，法国民法典是专门法规系统化的特殊形式。一般意义的法典，不是已有规范性文件的简单汇总，而是在原有法律规范基础上经过加工、整理而成的系统化的法律文件。法国知识产权法典则遗漏了法典编纂的一个要素，即缺乏各项知识产权制度共同适用的原则和规则，立法者未能也许不可能设计出一个与民法典相同的总则。由此可见，在立法技术上，法国知识产权法典是各类法律法规的汇集，是专门法的系统化，没有根本改变知识产权制度作为民事特别法根本属性。

四、中国知识产权立法的模式选择问题

关于我国的知识产权立法例有两种观点：一是维持目前单行法体例；二是单独编撰知识产权法典。主张单独编撰知识产权法典的，又有两种观点：一种主张在民法典中系统规定知识产权制度，即将该类制度平行移植到法典而成为“知识产权编”；另一种主张是仅在民法典作一般性规定，但同时保留民事特别法的体例。

本书倾向认为，民事特别法的形式仍然是大陆法系国家知识产权立法的首选模式，这会给知识产权法将来的发展提供充分的

空间。主要理由是：（1）现代知识产权法是一个综合性的法律规范体系。即它是以综合性法律规范、多样性法律制裁措施为主要特征的专门法律，它与作为民法典的民事基本法有着显著的差别。知识产权法在立法技术上具有私法与公法相结合的特点，如果将知识产权制度全部纳入民法典，则大量存在的程序性规范和公法性规范将会使民法典在体系上难以协调，相关条文在性质上将难以兼容；如果将知识产权制度根据其规范性质不同，分别纳入民法典和进行单独立法，则会造成同一法律制度被人为割裂的状况，徒增法律运用的不便。（2）知识产权法是一个开放式的法律规范体系。现代知识产权法正处于不断发展、变革的过程之中，其权利制度是一个动态的、开放的法律体系。将频频变动的法律置于一个需要相对稳定的民法典，显然不合适。（3）现代知识产权是一个不断创新的法律规范体系。知识产权法不仅要通过制度创新实现立法现代化，而且要在全球范围内建立新的知识产权保护机制，从 20 世纪末至今知识产权法一直处于频频变动之中。正是基于这一情况，法国知识产权法典颁布后修改不断。法典化的最大特征是稳定性，知识产权法的这一变化显然与法典化不相适应。（4）关于民法典的一般性规定问题，在构建民法典的体系时，并不一定要在形式上把知识产权法纳入，并作出一般性的规定。但考虑到知识产权是私权，是受到民法典保护的权利，我国 1986 年的《民法通则》对知识产权作了一般性的专门规定。从立法的传承性上来说，未来的中国民法典对知识产权作出一般性规定，并无不可。

总之，立法体例的选择，不仅是一种法律传统、法律文化的偏好，而且涉及立法技巧、立法规则的运用，受制于一定社会政治、经济、科技等因素的影响，更取决于该法所要调整的社会关系的特殊性。从长远发展的角度看，它不仅是与内容相匹配的形式载体，更是作为体现立法特色的独立元素，立法者在选择前应给予慎重的论证。

第四节　知识产权与知识产权法学体系

一、知识产权体系

（一）知识产权体系的概念和特征

知识产权是一个权利束，对其权利范围的不同认识会直接影响知识产权法律制度体系的构建。所谓知识产权体系是指由法律确认的各类型知识产权组成的科学体系。这一概念涵盖了知识产权的各种类型，侧重的是各类知识产权之间的关系及其形成的一个整体。“知识产权的体系化涉及权利的类型化问题，事关知识产权法未来的立法体例选择。关于知识产权的权利类型，有广义和狭义之分。广义的知识产权包括著作权、邻接权、商标权、商号权、商业秘密权、地理标记权、专利权、植物新品种权、集成电路布图设计权等各种权利。”“狭义的知识产权既涉及文学产权（著作权及与著作权有关的邻接权）、工业产权（专利权和商标权），也包含工业版权……这种新型权利。”❶

知识产权具有两个方面的特征：一是从宏观结构上看，知识产权体系是由各类知识产权构成的一个有机整体。知识产权体系不是各类知识产权的简单相加，而是一个自足的逻辑体系，是由各类知识产权组成的一个有序系统。二是从微观结构上讲，体系之内的知识产权，彼此联系，相互依存。

（二）知识产权体系构成

“民事权利的种类很多，各种权利的性质千差万别，我们必须把各种不同性质的权利加以整理分类，使之成为一个比较系统完整的体系。在这个体系里，不同的权利各得其所，各种权利的

---

❶ 吴汉东，李瑞登．中国知识产权法学研究30年理论［J］．法商研究，2010（3）：149－150.

特点都能显示出来。这是建立民事权利体系的实益所在。”中国学者们依据知识产权与物权权利属性的共同点，提出沿袭物权的分类方法对知识产权权利体系进行建构，从而形成有影响力的“本权”“他权”论和“二元体系”论。

“创造者的权利即知识产权应为本权，是对知识财产依法进行全面支配的权利；传播者、使用者的权利则为他权，是根据法律规定或本权人的意思对他人知识财产进行有限支配的权利。根据利益衡平原则，本权与他权的关系表现为：主体之间公平相待，交换应该是有偿互利的，但合理使用除外；知识财产利益合理分享，在法定范围内应该兼顾各方当事人的利益，这具象为创造者权利、传播者权利、使用者权利三者之间的协调。”[1]

知识产权的“二元体系”说，借鉴物权体系，主张知识产权体由完全知识产权和定限知识产权构成。认为完全知识产权是指权利人对自己的知识财产所享有的专有并排除他人干涉的权利，在知识产权体系内处于中心地位；定限知识产权是指权利人在他人专有的知识财产之上享有的被限定于某一特定方面或某一特定期间的知识产权，分为用益知识产权和担保知识产权。用益知识产权是指以知识财产的使用和收益为目的通过知识产权许可而设立的定限知识产权。担保知识产权是指为担保债权的实现而设立的定限知识产权，如知识产权留置权、知识产权抵押权和知识产权质权。[2]

“本权”“他权”论和“二元体系”论，虽然都涉及知识产权的分级及定位问题，但前者着眼点在于论述知识产权的权利属性，而后者着眼点在于论述知识产权的体系构建，二者并无实质的关联性。

也有学者认为知识产权体系可分为形式上的知识产权体系和

---

[1] 吴汉东．关于知识产权私权属性的再认识——兼评“知识产权公权化”理论［J］．社会科学，2005（10）：58－64．

[2] 齐爱民．论二元知识产权体系［J］．法商研究，2010（2）：93－100．

理念中的知识产权体系。[1] 前者主要指知识产权的制度体系，表现为知识产权立法和知识产权实践；后者主要指知识产权的理论体系，表现为知识产权理论和知识产权文化；前者是后者的现实基础，后者是前者的抽象反映；两者相互影响、相互促进。

二、无形财产权体系

（一）无形财产权含义

无形财产渊源于古罗马法。公元 2 世纪罗马法学家盖尤斯（Gaius）在其所著《法学阶梯》里将物划分为“有体物”（也称有形物）和“无体物”（也称无形物）。他认为，有体物（Corporales）是可以触摸的物品，如土地、衣服、金银；无体物（Incorporales）则是不能触摸的物品，它们体现为某种权利，如继承权、债权和用益权等。因此，在罗马法中所有权之外的权利常被拟制为“无体物”，被纳入物和客体的范畴。[2] 从罗马法至近代法国民法典无形财产一直居于“无体物”的地位。

“无形财产权”的概念系由德国学者科拉于 1875 年率先提出。他批判了以往的学说将无形产品之权利说成是一种所有权的错误，而将其看做区别所有权的权利，即“无形财产权”（Immateriagiiterrecht）。此学说发表后即风靡欧洲大陆。在一些西方国家，相关立法与学说曾以无形财产权来概括有关智力成果的专有权利。直至 20 世纪 60 年代，知识产权成为国际上通告的法律术语，仍有西方学者继续采用无形财产权的说法。在现代社会财富构成中，知识产权一词在众多非物质性财产面前已力不从心，现实中，确实存在一种具有无形财产属性又不能归类于知识产权范畴的某些权利，并且随着社会生活的日益发展，还可能出现其他一些更新的权利形态。

---

[1] 卢海君．知识产权体系论［J］．知识产权，2006（4）：15－21.

[2] 盖尤斯．法学阶梯［M］．黄风，译．北京：中国政法大学出版社，1996：82.

（二）无形财产权体系构成

无形财产权体系是因应无形财产不断增多的趋势，对现行的知识产权制度体制作出的变革。无形财产权体系包括一切非物质形态所产生的权利。

1. 知识经验形态

（1）文学产权。文学产权指著作权以及邻接权。在作品及传播媒介的权利形态方面，值得重视的是数据库保护问题。（2）工业产权。主要有专利权（含外观设计权）、商标权、商号权、地理标记权、反不正当竞争权。（3）知识财产专有权。该类权利指在传统上既不属于文学产权，也不归类于工业产权的独立知识产权，一般采用专有权的形式。该权利主要有三种：第一是植物新品种权；第二是集成电路布图设计权；第三是商业秘密权。以上权利即是创造性成果权和经营性标记权，属于典型的知识产权范畴。

2. 商业信誉形态

（1）商誉权。商誉（goodwill），即商业信誉与声誉，它是特定主体商业文化的一种特殊价值形态。在我国的法学著述中，商誉是一个内涵广泛的概念。而在经济学理论中，商誉是公众对企业经济能力所产生的肯定性评价。商誉的基本属性可以从两个方面把握：第一，它源于企业自身的经济能力，包括经营状况、生产能力、产品质量、服务水平、履约态度等，这是商誉的客观要件。第二，与传统的知识产权不同，商誉权表现为非确定的地域性、非法定的时间性、非定型的专有性。因此它是一种特殊的无形财产权。（2）信用权。在英国《牛津法律大辞典》和美国《布莱克法律辞典》中，信用（credit）与赊购、信贷等交易活动有关，是当事人特殊经济能力（即偿付债务的能力）的表现，来源于社会对特定主体的评价。我国法学界通说对信用的诠释与国外相关理论不同。其实，信用有别于商誉，前者是关于偿付能力的客观的一般性评价，任何主体都可成为信用的主体；后者是关于一般经济能力的综合的积极性评价，其主体仅限于经营主体。同时，信用不仅是人格利益，它是能够通过信用交换而获得交易利益，虽不具有物质形态，但以信用证、资信文件等为载体的财产利益。因此，信用权应是受到法律保护的一种资信类的无形财产权。（3）形象权。形象（publicity）是人或社会组织所拥有的各种形象，往往与姓名、肖像、形体等人格因素相联系。这些人格因素的某些特征，具有“第二次开发利用”的价值，即将此种形象进行商品化利用的价值。他人以合理的对价受让或许可使用该形象，其目的并不在于该形象的创造性程度，而在于该形象与特定商品的结合对消费者带来的良好影响。这种影响能给形象所附载商品带来广泛的认识度，能给形象的利用者带来一定的经营优势。因此，形象权也是一项独立的无形财产权。

3. 经营资格形态

即特许经营或专营权。特许经营或专营（franchise）是权力机关所授予的从事特种行业、生产或经销特定商品的资格。从性质上讲，它是一种行政权的延伸，是一种能产生特殊经济效益的权力的授予，它包括特种行业经营权、垄断经营权、许可证经营权、资源开采经营权及其他特许经营权。政府授予特许经营权是特定企业获得从事特种商品经营的资格，其权利取得方式的特殊性丝毫不会影响该项权利的基本属性。换言之，特许经营权是一项以专营资格为客体的无形财产权。

三、知识产权法体系

法的体系通常是指由一个国家的全部现行法律规范分类组合为不同的法律部门而形成的有机联系的统一整体。在统一的法的体系中，按照调整对象不同，又可以将各种法律规范划分为不同的法的部门——根据一定标准和原则所划定的调整某一类社会关系的法律规范的总称，如宪法，民法、刑法、知识产权法等。

知识产权法体系是由调整知识产权法律关系的各专门法所组成的规范体系。依据知识产权法律关系客体的客观形态及法律关系特点，知识产权专门法可分为四种基本类型：发明创造类知识产权法、商业标识类知识产权法、文化艺术类知识产权法和市场秩序类知识产权法。从知识产权法律渊源来看，具体构筑我国知识产权法体系的专门法主要包括六个层面。

（一）宪　　法

宪法是国家的根本大法，是一个国家的总章程。一个国家的宪法是调整整个社会基本社会关系的法律部门，具有最高的法律效力，是制定其他一切法律、法规的根本依据。因而我国宪法也当然构成我国知识产权法的重要法律渊源。我国《宪法》第 20 条规定："国家发展自然科学和社会科学事业，普及科学和技术知识，奖励科学研究成果和技术发明创造。"第 47 条规定："中华人民共和国公民有进行科学研究、文学艺术创作和其他文艺活动的自由。国家对于从事教育、科学、技术、文学、艺术和其他文化事业的公民的有益于人民的创造性工作给以鼓励和帮助。"这两条宪法规定既表明了我国对鼓励知识产品创造的态度，又构成了我国知识产权立法的重要渊源。当然，除了这两条规定，更重要的是我国宪法的基本原则和精神，是我国制定和实施具体的知识产权法律制度的基本依据、基本原则和根本准绳。

（二）法　　律

1982 年 8 月 23 日、1984 年 3 月 12 日和 1990 年 9 月 7 日，全国人民代表大会常务委员会先后通过了《商标法》《专利法》和《著作权法》。这三部主要的知识产权法律分别于 1983 年 3 月 1 日、1985 年 4 月 1 日和 1991 年 6 月 1 日起施行。根据政治、经济、文化发展的需要，《商标法》于 1993 年 2 月 22 日、2001 年 10 月 27 日和 2013 年 8 月 30 日先后三次进行了修改。《专利法》于 1992 年 9 月 4 日、2000 年 8 月 25 日和 2008 年 12 月 27 日进行了三次修改；《著作权法》于 2001 年 10 月 27 日和 2010 年 2 月 26 日进行了两次修改，第三次修改工作也正在进行中。

此外，《民法通则》（1986 年 4 月 12 日通过、于 1987 年 1

月1日起施行)；《反不正当竞争法》(1993年9月2日通过，并于1993年12月1日起施行)；《合同法》(1999年3月15日通过，1999年10月1日起施行)；《反垄断法》(2007年8月30日通过，2008年8月1日起施行)；《侵权责任法》(2009年12月26日通过，2010年7月1日起施行) 等法律，为知识产权提供了较为全面的保护。

其他有关知识产权实体和程序方面内容的法律规范还有《刑法》中关于“侵犯知识产权罪”的规定，《民事诉讼法》和《行政诉讼法》中关于知识产权纠纷审理的有关规定等。

(三) 行政法规

涉及知识产权保护的行政法规比较多，有《商标法实施条例》(1983年3月10日发布，分别于1988年1月3日和1993年7月15日进行过二次修订，2002年8月3日新《商标法实施条例》颁布，原条例失效，新条例自2002年9月15日起施)；《专利法实施细则》(1985年1月19日颁布，1992年12月12日修订，2001年6月15日新《专利法实施细则》颁布，原细则废止，新细则分别于2002年12月28日、2010年1月9日进行了两次修改)；《著作权法实施条例》(1991年5月24日颁布，2002年8月2日新《著作权法实施条例》颁布，原条例失效，新条例分别于2011年1月8日和2013年1月30日进行过二次修订，第二次修订自2013年3月1日起施行)。

此外，还有《著作权集体管理条例》(2004年12月28日由国务院颁布，2005年3月1日起施行)，《广播电台电视台播放录音制品支付报酬暂行办法》(2009年11月10日由国务院颁布，2010年1月1日起施行)，《信息网络传播权保护条例》(2006年5月18日由国务院颁布，2006年7月1日起施行)，《计算机软件保护条例》(2001年12月20日由国务院颁布，2002年1月1日起施行)，《集成电路布图设计保护条例》(2001年4月2日由国务院颁布，2001年10月1日起施行)，《实施国际著作权条约的规定》（1992年9月25日由国务院颁布，1992年9月30日起施行），《专利代理条例》（1991年3月4日由国务院颁布，1991年4月1日起施行），《知识产权海关保护条例》（2003年12月2日由国务院颁布，2010年3月24日起施行），《植物新品种保护条例》（1997年3月20日由国务院颁布，1997年10月1日起施行），《中药品种保护条例》（1992年10月14日由国务院颁布，1993年1月1日起施行）等一系列行政法规。

（四）行政规章

伴随着我国知识产权行政保护制度的改革和完善，各知识产权相关行政部门也颁布了一系列部门规章对知识产权进行保护、对相关行为予以规范，比较重要的有：（1）商标方面。《国家工商行政管理总局驰名商标认定工作细则》（2009年4月21日公布并施行），《商标评审规则》（1995年11月2日公布，经2002年9月17日、2005年9月25日两次修订），《地理标志产品保护规定》（2005年6月7日公布，2005年7月15日起施行），《集体商标、证明商标注册和管理办法》（2003年4月17日公布，2003年6月1日起施行），《驰名商标认定和保护规定》（2003年4月17日公布，2003年6月1日起施行）。（2）专利方面。《专利实施许可合同备案办法》（2011年6月27日公布，2011年8月1日起施行），《专利权质押登记办法》（2010年8月26日公布，2010年10月1日起施行），《专利审查指南2010》（2006年5月24日公布，经四次修订后于2010年1月21日公布，2010年2月1日起施行），《展会知识产权保护办法》（2006年1月13日公布，2006年3月1日起施行），《专利实施强制许可办法》（2003年6月13日公布，2003年7月15日起施行）。（3）著作权方面，《著作权质押登记办法》（2010年11月25日公布，2011年1月1日起施行），《计算机软件著作权登记办法》（2002年2月20日公布并施行）。

（五）司法解释

司法解释是指最高人民法院依据有关知识产权方面的法律、法规和行政规章，结合审判工作的实践，所发布的关于法律、法规和行政规章实际适用的通知、意见或批复等。最高人民法院在知识产权方面所作的司法解释，对各级人民法院审理有关知识产权的案件具有遵照执行的效力，因而也构成了我国知识产权法的渊源之一。

人民法院在审理知识产权案件中积累了大量的司法实践经验，最高人民法院对知识产权案件审判过程中出现的重大疑难问题及时总结经验，发布了大量司法解释，主要包括：（1）商标方面。《最高人民法院关于审理商标授权确权行政案件若干问题的意见》（法发［2010］12号），《最高人民法院关于审理涉及驰名商标保护的民事纠纷案件应用法律若干问题的解释》（法释［2009］3号），《最高人民法院关于审理商标民事纠纷案件适用法律若干问题的解释》（法释［2002］32号），《最高人民法院关于审理商标案件有关管辖和法律适用范围问题的解释》（法释［2002］1号），《最高人民法院关于诉前停止侵犯注册商标专用权行为和保全证据适用法律问题的解释》（法释［2002］2号）。（2）专利方面。《最高人民法院关于审理侵犯专利权纠纷案件应用法律若干问题的解释》（法释［2009］21号），《最高人民法院关于审理专利纠纷案件适用法律问题的若干规定》（法释［2001］21号），《最高人民法院关于对诉前停止侵犯专利权行为适用法律问题的若干规定》（法释［2001］20号）。（3）著作权方面。《最高人民法院关于审理涉及计算机网络著作权纠纷案件适用法律若干问题的解释》（法释［2006］11号），《最高人民法院、最高人民检察院关于办理侵犯著作权刑事案件中涉及录音录像制品有关问题的批复》（法释［2005］12号），《最高人民法院关于审理涉及计算机网络著作权纠纷案件适用法律若干问题的解释》（2004年修正），《最高人民法院关于审理著作权民事纠纷案件适用法律若干问题的解释》（法释［2002］31 号）。

（六）中国参加和缔结的知识产权保护国际公约

知识产权保护国际公约是指由两个或两个以上国家参与并签订的，对缔约国具有约束力的，约定在参加国、签字国或成员国之间承担一定知识产权保护权利义务的双边或多边的国际条约、协定或公约。

中国参加的知识产权保护国际公约，与他国签订的双边条约中有关知识产权的条款，也构成了我国知识产权法的渊源，也是我国知识产权法体系中的重要组成部分。

（1）综合性国际公约。《建立世界知识产权组织公约》（1967 年在斯德哥尔摩签订，于 1970 年成立了世界知识产权组织（WIPO），其管理并主持缔结知识产权保护相关国际公约，中国于 1980 年 6 月 3 日加入该公约）；《与贸易有关的知识产权协议》（作为 WTO 协议的一部分，于 1994 年 4 月 15 日签署，1995 年 7 月 1 日正式生效，中国于 2001 年 12 月 11 日加入 WTO）；《保护工业产权巴黎公约》（1983 年 3 月 20 日通过，于 1984 年 7 月 7 日生效，是知识产权领域的第一个国际公约，也是成员国最广泛的保护工业产权的国际公约，中国于 1985 年 3 月 19 日加入该公约）。

（2）专利权国际公约。《专利合作条约》（1970 年 6 月 19 日签订，于 1978 年 1 月 24 日生效，该条约简化了国际间申请专利的程序，延长了申请人的优先权，中国在 1994 年 1 月 1 日正式成为其缔约国）；《国际专利分类斯特拉斯堡协定》（1971 年在法国斯特拉斯堡缔结，中国于 1997 年 9 月 19 日加入该协定）；《建立工业品外观设计国际分类洛迦诺协定》（1968 年在瑞士洛迦诺缔结，中国于 1996 年 9 月 19 日加入该协定）；《国际承认用于专利审查和微生物保存布达佩斯条约》（1977 年在布达佩斯缔结，中国于 1995 年 7 月 1 日加入该协定）。

（3）商标权国际公约。《商标国际注册马德里协定有关协定书》(1891年4月14日在西班牙马德里签订，简化了商标国际注册的流程，向商标注册人提供了便捷的商标国际注册程序，中国于1989年10月4日加入该协定)；《商标国际注册马德里协定有关议定书》(1989年6月27日通过，中国于1995年12月1日加入该议定书)；《关于供商标注册用的商品和服务的国际分类的尼斯协定》(1957年在法国尼斯缔结，中国于1994年8月9日加入该协定)。《商标法新加坡条约》(2006年3月28日在新加坡通过。2007年1月29日中国加入该条约。)

(4) 著作权及邻接权国际公约。《保护文学和艺术作品伯尔尼公约》(1886年9月由英、法等十国发起，于1887年12月5日生效，是著作权领域的第一个国际公约，中国于1992年7月1日加入该公约)；《世界版权公约》(1952年9月6日在日内瓦签订，1971年7月24日在巴黎作过一次修订，由联合国教科文组织管理，中国于1992年7月30日加入该公约)。《保护录音制品制作者防止未经许可复制其录音制品公约》(简称《录音制品公约》或《唱片公约》，1971年10月29日于日内瓦签订，1973年4月18日生效，中国于1993年4月30日加入)；《世界知识产权组织版权条约》(1996年12月于日内瓦缔结，2002年3月6日生效，中国于2007年6月9日加入)；《世界知识产权组织表演和录音制品条约》(1996年12月于日内瓦缔结，2002年5月22日生效，中国于2007年6月9日加入)；《视听表演北京条约》(2012年6月24日于北京缔结，中国为缔约方之一。)。

(5) 其他知识产权国际公约。《保护植物新品种国际公约》(1961年12月2日于巴黎缔结，在此公约的基础上，成立了“保护植物新品种联盟”(简称UPOV)，中国于1999年4月23日加入)；《关于集成电路的知识产权条约》(1989年在华盛顿缔结，因批准国数量未达到条约规定，尚未生效，中国于1989年5月26日签字加入)。

综上所述，截至2013年11月，我国已经加入的知识产权方面的国际条约共有19个。

（七）知识产权国际惯例

知识产权的国际惯例通常为国际经贸惯例，如知识产权合同条款、知识产权收费标准等，即私法意义上的国际惯例，其适用对象为自然人、法人、非法人组织、国家和争讼机关等。

当国家以主权者的身份在国际经济领域中为一定行为时，国家所遵循的国际惯例为国际公法意义上的国际惯例。例如，在两国之间确立对对方的知识产权所有人之权利进行承认和保护的程序与措施、彼此对对方国民在专利权申请方面给予相应的国民待遇等。此时国家所循序的国际惯例应当是国际公法层面上的国际惯例。国家也可以以民事主体的身份从事国际经济交往，例如以政府的名义从外国商业银行借款以及政府采购等。此时，国家与对方当事人自然可以选择国际经贸惯例，而不是国际公法意义上的惯例，来确定彼此间的权利义务关系。

国际惯例的适用主体除国家和私人之外，还有国际经济纠纷的处理机关，主要是法院和仲裁机构。

国际惯例对当事人的效力通常只能基于当事人的明示同意。例如《1990 年国际贸易术语解释通则》规定："希望使用本《通则》的商人，应在他们的合同中明确规定接受《1990 年国际贸易术语解释通则》的管辖。"在通常情况下，国际经济交往的当事人不仅可以决定是否采用及采用何种国际惯例，而且还可以采用某一惯例时对其内容进行适当修改。

四、知识产权法学体系

知识产权法学体系，是指研究知识产权问题所形成的学科体系。该体系包括创造性智力劳动即其成果、非物质性智力成果权、知识产权法律规范与制度、知识产权侵权与保护等内容，也包括知识产权资源开发、知识产权资产运营、知识产权政府管理、知识产权国家战略、知识产权国际交流与合作等众多内容。因此，有关其规律性的探讨是一项宏大的系统性研究工作。由于各类问题的内在关联性，其研究也将按照一定的规律展开，需要从不同方面和不同角度展开分析，这样就形成了知识产权法的认知体系，也就是知识产权法学体系。因视角与观点的不同，会形成不同的法学体系，但其主要内容及其基本认识是大致相同的。

知识产权法学体系具有两方面含义：（1）根据研究对象的不同所形成的知识产权法学体系。这一体系是一个结构性体系，与相应的法律制度体系相适应，包括专利权法学、著作权法学、商标权法学三大部分。（2）根据研究内容的不同所形成的知识产权法学体系。这一体系是由构成知识产权法的概念、规则和原则以及它们相互之间的关系组成的一个法律整体，是一个内容性体系，并不与具体的法律制度体系直接相对应，主要包括知识产权法的起源与发展、知识产权法的内涵与外延、知识产权法的基本原则、知识产权法律关系、知识产权法律规范、知识产权法律特征、知识产权的取得、知识产权的效力、知识产权的限制、知识产权的利用、知识产权的许可、知识产权的转让、知识产权权利冲突、知识产权国际保护和知识产权司法鉴定等。有关这些专题的分析与研究将形成另一个认知知识产权法律制度的体系。

总体上看，知识产权法学在我国还是一门体系化程度比较贫弱的学科。究其原因有三个：一是历史原因，知识产权产生于十七八世纪工业革命时期的英国，其产生有当时的客观性和必然性，然而现当代人类社会已经远远超出了知识产权产生的初衷，需要有更完整的权利基础来加强知识产权法律制度。二是科技原因，知识产权的客体虽日益丰富，但也日益背离其传统意义上的范围和特征，触动了知识产权法在权利客体中的一些固有原则和观念，科技的发展使知识产权的基础始终处于不稳定的状态。三是理论原因，一方面，知识产权法学研究与民法学的隔离使得知识产权立法和理论研究成了无源之水，无本之木，不能形成一个完整而协调的体系；另一方面，知识产权领域的绝大多数研究成果只涉及某个具体的技术领域或者是对某个制度的比较研究，这种过度细化的研究态势违反了社会科学的发展规律，使得知识产权权利体系这一基础性问题始终未被足够重视。

五、知识产权法的部门法归属

（一）知识产权法的部门法归属主要观点

法律部门是指由调整同一类别的社会关系的法律规范总和构成的部门，知识产权法的部门法归属，是指知识产权法在整个国家法律体系中所处的地位。法律体系是由一个国家全部现行法律规范按照一定标准和原则划分为不同法律部门而形成的内容和谐一致，有机联系的统一体。法律部门划分标准一般是调整对象和调整方法。

知识产权法的部门法归属理论上存有分歧，主要有三种观点：民法的分支、综合性法律部门、相对独立的法律部门之说。

认为知识产权法是民法的分支的理由在于：知识产权法与民法的调整对象和调整方法具有一致性，民法的基本原则、基本制度、法律规范适用于知识产权法，民法理论是知识产权法的基础。调整平等主体之间财产关系和人身关系是民事权利的最本质特征，知识产权法是调整平等主体间因智力成果的创造、利用、保护过程中所产生的各种社会关系，包括财产关系和人身关系，具备了民事权利的最本质特征。[1] 知识产权法的调整对象属于民法调整对象的一部分，二者是种属关系。

认为知识产权法是综合性法律部门的理由在于：知识产权法本为私法、实体法，但其中公法规范、程序法规范（如知识产权法中的行政管理、行政处罚、刑事规范、专利法及商标法的行政审批程序等）、国际保护等内容，使其与民法、刑法、行政法、国际法等联系紧密，因此应当为综合性法律部门。

认为知识产权法是相对独立的法律部门的理由在于：知识产

[1] 刘春田．知识产权法学［M］．北京：中国人民大学出版社，2000：14.

权制度在知识经济时代地位提升及法域的拓宽，使知识产权制度已经形成一个相对完整的体系，其作为一个独立法律部门的条件已经具备。该观点认为，无形的知识财产构成了知识产权法的调整对象，既有平等主体之间的，也有不平等主体之间的经济管理型知识产权关系（如国家对地理标记、专利强制许可的管理关系），还有知识产权行政关系（如专利权、商标权审批）。

此外，在我国知识产权法研究的初期，还有一些其他观点，如认为知识产权法应归于科技法。[1] 理由是专利权、著作权、集成电路布图设计权、技术秘密权、植物新品种权等也属于科技成果权，其客体为科技成果，因此产生的科技社会关系应当属于科技法的调整对象。

（二）知识产权法的部门法归属观点评价

目前，学界及各国立法关于知识产权法属于民法的分支，已经不存争议，知识产权的私权性质在国际上得到普遍认可，知识产权法的私法性质已成定式。

综合性法律部门之说过于宽泛，会掩盖知识产权法的私法属性。因为知识产权法中的程序性规范依附于实体法而存在，具有公法于私法结合的特点，行政管理、行政处罚、刑事制裁等公法的存在是为了更好地保护知识产权这一私权的实现，不足以影响该法的私法性质。

知识产权与其他民事权利相比没有实质性区别，世界上建立知识产权制度的国家，均以立法承认知识产权的民事权利性质，知识产权法的私法性质毋庸置疑，而按照大陆法系传统民法私法与公法两分法，则知识产权法不可能处于二者之间的地带（社会法），因此，知识产权法作为独立法律部门的观点难以成立。

科技法与知识产权法的调整对象虽有交叉，但是也有各自的

---

[1] 吴汉东．知识产权法学［M］．北京：北京大学出版社，2000：2；张玉敏．知识产权法教程［M］．重庆：西南政法大学出版社，2000：14.

研究领域。知识产权中的商标权、商号权、地理标记权等工商业标记没有任何技术性，不属于科技成果权；另一方面，科技法所调整的科技社会关系包括科技管理关系和科技财产关系，其中的科技管理关系不属于平等主体之间的社会关系，不属于知识产权法的调整对象。

第五节　知识产权法基本原则

一、知识产权法基本原则概述

（一）知识产权法基本原则的概念

按照《布莱克法律词典》的定义，法律原则是指："法律的基本真理或准则、一种构成其他规则的基础或根源的总概括性原理或准则。"就知识产权法而言，其基本原则就是指贯穿于知识产权实践运作过程中，作为知识产权法规则基础的指导思想和总括性原理。

知识产权法基本原则必须满足以下几个条件：首先，知识产权法基本原则应具有普遍性。它必须贯穿于知识产权法的全部实践过程，能够指导知识产权立法、执法和司法，保障和促进知识产权守法以及智力成果的创造和利用。其次，知识产权法基本原则应具有法律性。不具有法律性的原则不能成为法律的原则，这就要求知识产权法基本原则应含有规范性功能，即能够体现知识产权法权利义务运作特性或要求。另一方面，它能够作为知识产权执法、司法依据，即知识产权法基本原则能对知识产权法主体的行为确认为有效或无效。不会导致上述法律后果的原则，不应作为知识产权法的基本原则。最后，知识产权法基本原则应与民法基本原则不同，也应与一般财产法基本原则不同，它具有知识产权法特有性。即它是知识产权法所特有的，要鲜明反映知识产权法这一部门法独具之特色。

需要指出的是，知识产权法基本原则不同于知识产权法的价值。知识产权法的价值是知识产权法规则所欲实现或达到的目标，而知识产权法的基本原则是知识产权法价值的具体体现，它反映知识产权法价值。知识产权法价值体现和昭示了知识产权法的内在精神和宗旨，相对于知识产权法基本原则，它更抽象和一般。

此外，知识产权法基本原则也不同于知识产权的原则、知识产权保护的原则、知识产权的主要原则或具体原则。知识产权作为一项民事权利，本身无所谓有没有原则；知识产权作为一项民事法律制度，它的基本原则也不同于知识产权法基本原则。知识产权的保护原则主要针对知识产权的保护而言，即在知识产权的保护过程中贯彻的保护准则，它是知识产权法基本原则在知识产权保护领域中的具体体现。知识产权的主要原则是指知识产权法具体原则中对知识产权运作实践起重要作用的一些原则，但它不具有总括性，即它不属于总括性原理或准则，因此不同于知识产权法的基本原则。

（二）国内知识产权法基本原则的研究状况

对于我国知识产权法法中应确立哪些基本原则，学者们断断续续地进行了一些讨论，但尚未达成一致的认识。

早在20世纪80年代，我国民法学界的学者就对知识产权法的法律原则进行了开创性的研究，理论概括出我国知识产权法的基本原则包括：鼓励和保护智力创造活动的原则、坚持社会主义原则、立足于国内兼顾国际惯例的原则、等价交换和有偿使用的原则、禁止权利滥用的原则等五项基本原则。[1] 虽然说这些基本原则也适用于知识产权法，但它们均称不上是知识产权法的基本原则。由于著述较早，且当时中国知识产权立法刚刚起步，其概

---

[1] 王利明，郭明瑞，吴汉东，方流芳，等．民法新论（下）［M］．北京：中国政法大学出版社，1988：387．

括有缺陷也在所难免者，但学者们当时就能意识到建立知识产权法的共同的基本规则已是非常难能可贵的。

按说，鉴于目前我国理论界对知识产权法的概念、特点、性质以及知识产权法的地位甚至各单行的知识产权法律是否能成为统一的知识产权法等知识产权法的基础理论问题均尚存争议，在解决这些问题之前研究知识产权法的法律原则是有难度的，甚至不太现实。但仍有少许学者不懈努力地研究着，且为我们呈现了具有启迪性的可喜成果。较早时期，有学者认为，知识产权法应确立以下基本原则：鼓励和保护智力创造活动的原则、促进智力成果推广应用的原则、遵守国家法律和社会公德的原则、本国法与参加的国际条约相一致的原则。[1] 也有学者基于法律原则的决定因素与规律研究，分析决定知识产权法法律原则的主客体因素，理想地设计出：独立确定的知识产权主体原则；法律限定主义或法定主义的知识产权类型与内容原则；一客体一知识产权的客体原则；公示与公信主义的知识产权的变动原则；合理限制的知识产权的权利范围与行使原则。[2] 后继学者从最高私法原则、财产法的共有原则和知识产权法特有原则研究，构建起复杂而完善的知识产权法基本原则体系。财产法的基本原则包括：知识产权法定原则、一财产一权利原则、公示公信原则、同等保护原则；知识产权法的特有原则包括：思想与表达相区分原则、合理使用原则、权利穷竭原则等。[3] 还有学者认为："知识产权之财产权的基本原则是国家整体利益最大化。"[4] 国家利益最大化原则包括综合利益原则、阶段适应原则、利益平衡原则、创引结合原则、差别统筹原则、互惠互利原则等分项原则。"这些分项原

[1] 刘春茂．知识产权原理［M］．北京：知识产权出版社，2002：24－29.

[2] 王太平．知识产权法法律原则：理论基础与具体构造［M］．北京：法律出版社，2004：148－161.

[3] 齐爱民．知识产权法总则［M］．武汉：武汉大学出版社，2011：39－55.

[4] 张勤．知识产权基本原理［M］．北京：知识产权出版社，2012：163.

则未必在同一个逻辑层面上，也未必彼此互不交叉，但它们从各自不同的角度解释了国家利益原则，是我们在应用国家利益原则时必须考虑的因素。”❶

虽然目前国内影响最大的司法部法学统编教材、教育部面向21世纪课程教材和教育部法学学科“十五”“十一五”规划教材以及全国高等学校法学专业核心课程教材均没有涉及知识产权法的法律原则内容，但个别高校在其教材编写中对其还是有所阐述，如将知识产权法的基本原则归纳为充分保护知识产权的原则、反不正当竞争的原则和利益平衡的原则。❷或对知识产权单行法提炼基本原则，如将著作权法的基本原则概括为保护作者利益为核心的原则，作者、传播者与社会公众利益相协调的原则，尊重国际惯例的原则等三个原则；❸将商标法的基本原则概括为保护商标专用权原则和保护消费者利益原则等。❹

总之，国内学者对知识产权法基本原则的研究一直没有中断过，虽研究者甚少，对知识产权法基本原则的概括也还难以说取得令人满意的结果，但对知识产权法基本原则的研究起到了开拓和星火传递作用，对知识产权法基础理论研究的贡献是显著的。

二、知识产权法基本原则体系

纵观上述论点，有些是内容过于泛化，而不具有部门法的指导意义，如“鼓励和保护智力创造活动的原则”“充分保护知识产权的原则”等，有些内容已失去法律原则的性质，而具有明显带有政治功能特点，如“坚持社会主义原则”“国家整体利益最大化”原则等。有些内容是其他部门法的有关特征的客串，如“公示公信原则”“同等保护原则”等。如果将上述原则作为知

---

❶ 张勤．知识产权基本原理［M］．北京：知识产权出版社，2012：166.

❷ 张玉敏．知识产权法学［M］．北京：法律出版社，2011：25－27.

❸ 杨巧．知识产权法学［M］．北京：中国政法大学出版社，2012：53－54.

❹ 杨巧．知识产权法学［M］．北京：中国政法大学出版社，2012：267.

识产权法的基本原则，就会使知识产权法从本质上丧失其个性而流于一般。

要确立知识产权法基本原则体系，必须考虑社会系统对知识产权法的功能需求，社会系统对知识产权法的功能需求，即是实现知识产权法的法律目的和法律价值，即公平和平等、自由、幸福、安全、秩序等。社会系统对知识产权法的功能需求表现为：知识产权法在实现人们的法律价值中的作用，主要是为人们追求财富活动的正常进行，提供了一种法律制度框架。一种好的法律制度框架能够有效地引导人们的逐利行为，并把它引导到社会利益上去。这种社会系统对知识产权法的功能需求，为构建知识产权法基本原则体系提供了最直接的依据。

知识产权法作为民法的子法，我国民法的平等原则、自愿原则、公平原则、诚实信用原则、守法原则、公序良俗原则和禁止权利滥用原则等七项原则，毋庸置疑适用知识产权活动，但将其转化成知识产权法的基本原则不具有现实价值。知识产权法已经从完全的民法性质转变成具有公法性质的私法，带有明显的国家对私人权利进行限制和干预的色彩，民法的个人主义和自治要求已经不是它的全部基本价值追求，相反从整体主义和社会本位出发，知识产权法更加关注智力成果权的正当性和智力成果的社会价值实现——利益平衡的理念已经对民法精神进行了修正和扬弃。

财产法的基本原则虽然能够而且必须涵盖知识产权法的所有领域，知识产权法也必须遵守财产法的基本原则，但是用上位法的基本原则来置换下位法的基本原则，在理论上过于抽象，在实践中则有简单化的嫌疑，因为知识产权法的特殊性要求和个性化价值在财产法的一般原理中无法具体体现，也不能全面概括。知识产权法在财产法的整体原则之下应当且必须抽象出自己的独特原则。

综上所述，对于知识产权法基本原则来说，只有知识产权法基本原则的具体结构所决定的它的功能，与知识产权法的法律目的和法律价值所决定的社会对它的功能需求之间达到契合，所设计或提炼出来的知识产权法基本原则体系，才是合目的的和有效率的。鉴于此，本书认为知识产权法基本原则包括：权利主体确定性原则和利益平衡原则。

三、知识产权法基本原则效力

知识产权法基本原则对于知识产权法规范起根本指导作用，其效力表现为对知识产权法规范的解释、行为的合法性判断和作为处理知识产权纠纷的依据三个方面。

1. 知识产权法基本原则是解释知识产权法的依据和补充法律漏洞的基础

在社会生活中，人们往往对同一知识产权法规范的内容产生不同的理解，需要进行解释，而指导人们理解和解释知识产权法律规范的内容的标准之一，就是知识产权法基本原则。

2. 违反知识产权法基本原则的行为无效

知识产权法基本原则是判断有关知识产权民事行为的效力的准绳，只要是违反基本原则的行为均无效。构成侵权的，承担侵权责任。私法贯彻自治原则，就是说私法规范允许当事人协商变更，但是私法规范中的禁止性规范不允许当事人变更，知识产权法基本原则就属于不允许变更的禁止性规范。

3. 知识产权法基本原则可以作为司法裁判的依据

知识产权法基本原则作为法定的原则，具有法律约束力，可以作为司法机构和仲裁机构裁判案件和处理纠纷的依据，并且，任何案件的审理和知识产权纠纷的仲裁都不能违背知识产权法的基本原则。[1]

[1] 齐爱民．知识产权法总则［M］．武汉：武汉大学出版社，2011：39.

四、知识产权主体确定性原则

这一原则的具体含义是指知识产权主体必须是具有独立利益且能够被法律确定的事实主体。这一原则确立的原理在于只有知识产权主体享有独立的利益地位，才既能承受生产这种知识或信息的成本，也享有其收益，即承担从事知识产品生产活动的全部法律后果。也只有这样，作为追求个人效用最大化的自利的理性人或经济人的人性才能够发挥其作用。法律并不关心知识产权主体如何运用其为知识产权法所保护的知识或信息，而仅提供了一种把一切后果都赋予知识产权主体，在知识产权主体内在的自利与理性行为的指引与驱动下来达到对其所控制的知识或信息资源的最佳使用的框架。迈克尔·D. 贝勒斯认为，在私有财产制度的前提下，“一切资源均须由确定的主体拥有，或者，必须明了确定的主体如何获得对资源的所有权”。并认为这一原则孕育着效率和秩序。[1] 知识产权所保护的知识或信息当然是一定的资源，因此它必须由确定的主体拥有或者明了确定的主体如何获得对它的权利。使社会上的资源各有其主本身就构成了一种资源归属的社会秩序，而这种秩序是能够充分调动起人们发明创造的积极性的，因而也带来了效率。因此知识产权法的这一原则既是知识产权法效率和秩序价值的要求，实际上它也孕育着知识产权法效率和秩序的价值。

这一原则在历史上有着充分的证据，文艺复兴以来的思想革命使得追求个人利益逐步合法化，追求个人利益的动力极大地促进了资本主义生产的发展，使得资本主义在其诞生一百年左右的时间里创造的财富相当于此前人类所创造的全部财富。我国的社会主义经济体制改革在一定意义上同样是调动了人们追求合法利

[1] 迈克尔·D. 贝勒斯. 法律的原则——一个规范的分析 [M]. 张文显，等，译. 北京：中国大百科全书出版社，1996：88－89.

益的积极性，其效果是不言而喻的。正如亚当·斯密所主张的那样，只要有合理的法律把人们追求个人利益的行为限制在一个合理的范围与界限内，个人利益一般会自动地导向社会利益。知识产权法更是这种充分利用市场机制，充分激励人的巧妙机制。这一机制发挥作用的条件就是，法律仅仅按照一定规则把某些社会资源（这里当然是知识或信息）确定给经济人或自利的理性人，经济人或自利的理性人在其利益的驱动下，自然而然地就会非常关心其知识或信息资源的合理的生产和充分利用。[1]

知识产权主体确定性原则对知识产权法律实践具有重要的指导意义。最能体现知识产权主体确定性原则对立法的必要性和影响表现在以下方面：首先，无论是专利法、商标法还是著作权法，对发明人、设计人、作者的身份认定没有法律上的行为能力限制，而是凭是否进行了实际创造活动的事实行为来认定，这有别于通过民事行为能力来划分民事主体类型；其次，知识产权权利人的范围较广，从专利权人来看，既可以是发明人、设计人，也可以是发明人、设计人的雇主、发明权转让中的受让人、专利权转让中的受让人、继承人、以国家形式出现的法人等，商标权的主体和著作权的主体与此情形类同；再次，知识产权的客体具有复杂性和扩张性，发明有职务发明和非职务发明之分，作品也有职务作品和非职务作品之分，商标有商品商标、服务商标、证明商标和地理标志之分，另外，还有遗传资源和传统文化问题等，这些客体的区分和客体的增加，都与知识产权主体的确定性问题有关；最后，互联网时代数字技术的运用，使知识产权权利主体的认定增加了难度。可见，无论上述问题已获解决，还是未获解决，都是知识产权主体确定性原则精神体现的结果，上述各种状况都是满足知识产权主体确定性原则内在要求的法律使然。

---

[1] 王太平．知识产权法法律原则：理论基础与具体构造［M］．北京：法律出版社，2004：148.

五、知识产权利益平衡原则

利益平衡原则不是知识产权法特有的原则，在经济法、劳动法、环境法等部门法中都有体现。在知识产权法的整个历史发展过程中，利益平衡始终是知识产权法发展的主旋律，在知识产权立法和司法中起着重要的指导作用。知识产权利益平衡原则的内容主要为：对创造者从事智力创造的激励与对智力创造物的传播的激励的平衡；创造者从事智力创造的激励与使用者对智力创造物需求、使用之间的平衡；知识产权中私人利益与公共利益的平衡。

利益平衡原则首先是作为一项知识产权立法原则，通过立法确定权利人利益与社会公共利益的平衡点，以实现利益平衡的立法宗旨。例如，我国《著作权法》第1条规定："为保护文学、艺术和科学作品作者的著作权，以及与著作权有关的权益，鼓励有益于社会主义精神文明、物质文明建设的作品的创作与传播，促进社会主义文化与科学事业的发展与繁荣，根据宪法制定本法。"《专利法》第1条规定，《专利法》的宗旨在于"鼓励发明创造，有利于发明创造的推广利用，促进科学技术的发展，适应社会主义建设的需要"。我国《商标法》中亦有如此规定。在知识产权国际公约中，利益平衡原则也得到充分重视，如TRIPS第7条规定了知识产权的保护与执法目标"应当有助于技术创新以及技术转让和传播，有助于技术知识的创作者与使用者相互收益，并且是以增进社会和经济福利的方式，以及有助于权利和义务的平衡"。第8条授权成员可以在国内法律与条例的制定与修订中采取必要措施保护公众的健康与发展，以增加对其社会经济与技术至关重要之领域中的公益，可以采取适当措施防止权利人滥用知识产权。

知识产权法中基于利益平衡的制度安排，主要通过规定知识产权权利人的义务来实现对知识产权的权利限制。一般认为对权利的限制有内部限制和外部限制两种途径，前者认为权利本身包含义务，权利应为社会目的而使用；后者则是在承认并保障权利的不可侵犯性、权利行使的自由性的前提下，以公法的措施（法定许可使用、强制许可使用）适当限制权利，以民法上的诚实信用原则、权利滥用禁止原则以及公序良俗原则来限制权利行使的自由权。如对知识产权有效期、地域、权利客体、权利行使方式的限制等。

从司法实践角度来讲，利益平衡原则是解决知识产权权利冲突的一种重要办法，是保护在先原则、维护公平竞争原则、利益兼顾原则等权利冲突的具体处理原则的指导原则。知识产权制度本身是平衡知识产权权利人个人利益与社会公共利益的调节器，在处理知识产权权利冲突时，兼顾利益之间的平衡是很有必要的，这可以使不同的知识产权各得其所、相互协调，使知识产品得到最有效的利用。但如何实现权利人利益和社会公众利益之间的平衡，是知识产权法永恒的课题。

第六节　知识产权法的价值

一、知识产权法的价值释义

价值一词的内涵尚无定论，这主要是因为价值的本质与定义是一个复杂的问题。“价值”一词在不同的学科领域有不同的含义。从经济学理解，价值是商品固有的一种属性，它是凝结在商品中的无差别的人类劳动的具体体现。马克思指出：“如果把商品体的使用价值撇开，商品体就只剩下一个属性，即劳动产品这一属性。”[1] 作为哲学上的概念，“价值，就是在人的实践—认识活动中建立起来的，以主体尺度为尺度的一种客观的主客体关系，是客体的存在、性质及其运动是否与主体本性、目的和需要

[1] 马克思．资本论（第1卷）［M］．北京：人民出版社，1975：350.

等相一致、相适合、相接近的关系”。[1] 从这个角度，可以将价值理解为客体对满足主体需要的积极意义。价值不同于真理的根本之处就在于：现实中的真理总是一元的，而价值常常是多元的。

法律价值的概念与哲学上关于价值的概念有关。法律价值同价值的概念一样，也体现了一种主客体之间的关系，法的价值“就是法这个客体（制度化的对象）对满足个人、全体、社会或国家需要的积极意义”。[2] 知识产权法的价值研究为揭示知识产权法的本质，树立科学的法律观所必需。知识产权法的价值必然具有知识产权法的烙印，带有知识产权法的特点。知识产权法的价值既具有一般法价值的构成要素，又有其特殊法的价值内容，从而形成自身的法律价值体系。

知识产权法的价值具有两个特征，即客观性和主体性。知识产权法的价值的客观性是指知识产权法对主体的积极意义，不管主体认识到没有，都是客观存在的。知识产权法的价值的主体性是指知识产权法的价值是在主体的意识中得到反映的，主体对客体价值的评价是主观的。知识产权法的价值是相对于主体的需要而言的，主体需要的可变性，决定了知识产权法的价值的可变性。知识产权法律制度对不同的主体来说其价值是不同；不同的时间、不同的地点的同一主体，其价值也是不同的。没有脱离具体历史条件下一定主体需要的绝对的、永恒不变的法的价值。

关于知识产权法的价值内容虽然学界还没有取得一致的意见，但正义、公平、自由、创新、秩序、效率等被法学家认为是法律的基本价值。按照价值主体被满足的程度，知识产权法的价值可分为终极价值和基础价值。前者是指被法律化的主体最高价值追求，主要是正义、效率和创新；后者是指派生于最高价值的

[1] 李德顺．价值论［M］．北京：中国人民大学出版社，1987：101.

[2] 孙国华，朱景文．法理学［M］．北京：中国人民大学出版社，2002：58.

一般性价值，包括自由、公平和秩序等。知识产权法的基础价值是其终极价值追求在具体制度上的间接表达。[1]

二、知识产权法的基础价值

（一）自　　由

法律是自由的保障。法律虽然是可以承载多种价值的规范综合体，然而其最本质的价值是“自由”——“法典就是人民自由的圣经”。[2] 从哲学上而言，自由是指在没有外在强制的情况下，能够按照自己的意志进行活动的能力。法律价值上所言的“自由”，即意味着法以确认、保障人的这种行为能力为己任，从而使主体与客体之间能够达到一种和谐的状态。自由体现了人性最深刻的需要，人类活动的基本目的之一，便是为了满足自由需要、实现自由欲望、达成自由目的。

知识产权法同样包含了自由价值。自由总是和权利相联系的，知识产权法确认了著作权人、专利权人、注册商标所有人、商业秘密拥有人等享有的多项权利，权利人可以按照自己的意愿对法定权利自由行使。如作品创作完成后，作者可以按照自己的意志决定署名和发表；商标设计完成后，商标所有人可以自由决定是否注册、何时注册、何地注册；发明创造完成后，发明人或设计人可以自由决定是否申请专利、申请何种专利、在哪些国家申请专利；商业秘密拥有者有权自由决定将其技术秘密或经营秘密公开与否。知识产权法对创新成果进行保护，一旦成果完成人依照法定程序登记、注册、审批后，成果完成人就会获得法定权利，这些权利保障了权利人对知识产权的自由行使和处分。

但相对于其他财产法而言，自由价值在知识产权法中的地位

---

[1] 吴汉东．知识产权法价值的中国语境解读［J］．中国法学，2013（4）：17.

[2] 中共中央马克思恩格斯列宁斯大林著作编译局．马克思恩格斯全集（第1卷）［M］．北京：人民出版社，1995：71.

相当较低。出于知识产品是一种公共需求的资源考虑，知识产权法对权利人的自由进行了某些必要的限制。如在著作权法领域，各国都规定了著作权的保护期限、合理使用制度、法定许可和强制许可制度等；在专利法领域，除了规定专利的保护期外，许多国家规定了强制许可制度，规定了专利权人积极实施专利的义务等；在商标法领域，很多国家法律规定了商标权人使用商标的义务，否则可能被视为对商标权的抛弃。

总之，自由是知识产权法的基础价值之一，但权利人行使权利的自由受到了更多的限制。

（二）公　平

公平是人类所追求的一种理想状态。公平存在于人与人之间的相互交往中，是在涉及利害关系的场合，要求平等地对待他人的观念形态。

科技在现代社会中的意义非常突出，国与国之间的竞争越来越表现为科技实力的竞争，进而表现为知识产权和人才的竞争，知识的重要性被人们普遍认可。

新知识的创造不是一件容易的事情，它的产生融入了创造人艰辛的劳动，花费了创造人大量的人力和物力，所以说创造性成果也是人类劳动结晶，知识产权具有内在的价值属性。例如，商标的产生凝聚了设计人的心血，商标所有人也要投入商标设计费、注册费、维护费、广告费等，这一切费用和脑力消耗都通过商标所附着的商品的价格表现出来。发明创造的完成更是不易，发明创造人投入研究而购买仪器、设备、原材料等的费用不菲，有的发明创造需要成百上千的科技工作者协同劳动，成果完成人理应享有对其脑力劳动产品的所有权。进行创造是要付出代价的，然而随着计算机技术和信息技术的发展，信息的传播是瞬间的事情，如果不对知识产权加以特殊保护，他人可以随意复制、模仿、使用创造人的劳动成果，在与创造人进行市场竞争中他人明显会取得竞争优势。创造人为完成成果进行了先期成本投入，他人对成果基本是不劳而获，这就决定了创造人与他人竞争条件的不对等，这种状况的出现显然对创造人是不公平的，最终会抹杀整个社会对发明创造的积极性，进而阻碍科技的发展和人类知识的传播。正是为了保护公平竞争的社会环境，各国才纷纷确立了知识产权制度。但另一方面，人类社会追求知识是永无止境的，对知识的渴望是人类的一种需求，如果过分保护知识产权，这必然会限制人类追求知识的自由，也不利于人类进步和知识的传播，并且对知识的独占达到一定规模就形成了对知识的垄断，这种结果反过来又是对他人的不公平，所以知识产权法对权利往往加以限制，知识产权法的一系列制度设计都充分体现了公平、正义。

（三）秩　　序

秩序是知识产权法的基础价值之一。法学上所言的秩序，主要是指社会秩序。它是指人的社会活动、行为具有一致性、连续性、确定性。人天然具有对秩序的需要，由不同的人所组成的社会要得以维系其存在和发展，就必须确立基本的秩序形式。法律在促成人类秩序的形成方面发挥着重要的作用，任何一种法律都要追求并保持一定社会的有序状态。可以这样说，法律总是为一定秩序服务的，在秩序问题上根本不存在法律是否服务于秩序的问题，所存在的问题仅是法律服务于谁的秩序和怎样的秩序问题。在全球化与现代化不断发展的今天，面对社会冲突扩大化、法律和经济全球化、科技与文化多元化、环境问题复杂化等，构建和谐社会成为时代的主题和最强音，与此相应，和谐也就成为法的价值追求。

知识产权法在很大程度上维护了和谐的社会秩序。知识产权法的调整对象是确认、保护和利用知识产权过程中产生的各种社会关系，不仅包括智力成果创造者、传播者、使用者和社会公众之间的利益关系，还包括本国智力创造者与外国智力创造者之间的利益关系，以及不同国家在知识产权保护上的利益关系，也包括人与文化自然的共生关系。对这些社会关系的协调决定了知识产权法必须以和谐为其价值目标，即知识产权法的目的不仅在于保护智力创造者的权利，促进知识的传播和有效配置智力资源，还要保证人与文化自然的和谐共生状态。知识产权法在确保知识产权权利人基本权利的基础之上，通过在时间、效力、使用等方面的限制，使公众自由接近信息的机会不受影响。这种限制不仅提供了利益主体间得以互动和交换的规则，对智力活动构成了有效的激励，而且达成了利益主体之间的宽容和妥协，从而形成了不同利益主体可预期的行为规则和规范，使利益矛盾和冲突对社会秩序混乱的威胁程度大大降低，由此获得了一个稳定与和谐的秩序。

三、知识产权法的终极价值

（一）正　义

实现正义是创设知识产权的第一目标。在西方法律思想史上，正义观念与自然法理论相伴共存。在近代立法中，知识产权被描述为一种自然法上的权利，它基于创造者的智力活动而自然产生，摆脱封建特许束缚而法定存在，因而是符合正义的。反之，无视创造者权利的存在，他们的智力活动投入就无法得到补偿，精神生产领域将陷入无序状态，这个社会也就无正义可言。正义价值的阐释，描述了知识产权法的正当性基础，知识产权法蕴含着以下正义价值。

1. 平等主体的人格正义

法律人格，即作为主体享有权利和承受义务的资格。平等性是主体地位界定中的法律正义。知识产权法的平等精神有着自身的价值内涵：（1）知识产权的平等是一种从事知识创造活动的自由选择，表现为取得创造者权利机会均等。任何人只要通过创造活动取得智力成果，即可依法享有相应的知识产权。（2）知识产权的平等是一种当事人权利义务关系的对等，它意味着各利益主体都处于独立地位，在正义的范围内实现知识产权利益结构的有序化。(3)知识产权的平等意味着对外国人的平等保护。依国民待遇原则，著作权法奉行“作者国籍”或“作品国籍”原则，工业产权法奉行“居所原则”或“国籍原则”。知识产权法的国民待遇原则，是国际法上“法律人人平等”思想的体现，它将外国人同化为国民，使外国人在其选择保护的国家享有与该国国民同等的权利。

2. 利益均衡的分配正义

利益分配，在法律上意味着权利的配置和安排。公平性是知识财富分享中的法律正义。公平是一种主观的评价，判断公平与否，一般是从正义的角度，以人们公认的价值观、是非观作为标准的，包括人们公认的经济利益上的“公正”“合理”。在知识产权领域，公平原则是知识财富分配正义的体现，在制度设计上是对创造者、传播者、使用者三者利益的协调，这种法律平衡与协调主要表现在以下两方面：第一，知识资源的专有领域与非专有领域。知识产权的保护对象是知识产品，但并非所有的知识形态都是知识财产的权利客体。立法者在知识资源范畴中划分了两类区域：一是专有领域，创造者对此享有独占使用与获得利益的权利；二是非专有领域，包括知识产品的“公共领域”与权利客体的排出领域，所有人对此类知识资源可以自由使用。第二，知识产权的独占性与有限性。知识产权是一种独占性权利，具有绝对性、排他性的特点；同时，该权利又是一种限制性权利，受到地域、时间及权能的限制。知识产权法的权利配置，实质上是一种对知识资源的利益分享。

3. 权利安排的秩序正义

法律秩序，是指法律必须具有一定的稳定性、连续性以及法律规范之间的相互妥协性。[1] 有序性或者说妥协性是秩序正义的价值要求。知识产品，即知识产权的客体，具有非物质性特点，

---

[1] 李龙. 良法论［M］. 武汉：武汉大学出版社，2001：95.

其本身不可能自然占有和有形控制，因此，需要法律对知识财产状态作出“纯粹法律的占有”[1] 的制度安排，给予逸出创造者控制的知识财产以特别的保护，这就是知识产权法以权利安排为中心所建立的知识产品创造、流转和使用的法律秩序。知识产权法追求的正义秩序，主要包括以下内容：一是权利的界定秩序，即在无形的知识资源之上确定明确的产权边界，以体现国家统一法则来维系知识财产的稳定状态；二是权利的交易秩序，即通过知识产权利用制度，规范产权交易活动秩序，促进知识技术的传播和利用；三是权利的保护秩序，即以督促义务人履行义务，追究侵权人承担责任等措施，保障权利人充分行使自己的权利。权利保护是秩序正义内涵中最为重要的内容。[2]

（二）效　　率

法律不仅应具备维系社会正义的功能，还应担负起实现权力资源有效配置、促进社会财富增加的使命。从某种意义上讲，一切法律问题归根结底都是经济关系的反映与要求，任何法律无不体现经济方面的基本规律和原则。效率评价对衡量某一法律制度是否准确表现社会的经济生活条件，是否胜任促进社会经济发展的功能，起到了不可替代的作用。

效率是知识产权法产生的思想基础，也是知识产权法追求的价值目标。诸多知识产权制度的建立以及实施，都可以从效率原则中得到解释。如果没有专利权，信息产品“不足”的现象将十分严重，专利权的授予发挥了激励作用。但是，如果专利授权门槛过低，则会产生无效益的垃圾专利。对技术成果授予专利权并为专利授权设定必要的门槛条件，有助于激励技术创新并提高专利技术的利用价值，从而保持专利制度的效率；著作权的效率

[1] 康德．法的形而上学原理——权利的科学［M］．沈叔平，译．北京：商务印书馆，1991：58.

[2] 吴汉东．知识产权法价值的中国语境解读［J］．中国法学，2013（4）：17－18.

功能，体现在创作—传播—使用的法律链环中，立法者从产生私人产权与促进知识传播的二元立法宗旨出发，通过著作权保护、利用、限制等三大制度安排，以实现信息资源优化配置的效率目标；商标权的制度收益，在于“通过给定统一质量的保证而节约消费者的寻找成本”。商标具有商品来源标志和商品声誉体现的基本功能，对其进行权利配置，必须考虑收益与成本的关系。在“先使用制”国家，商标权的取得以“使用”为前提，并且是“充分的使用”，而非“象征的使用”，这是效率原则的要求；而在“先注册制”国家，商标权的取得以注册为条件。一个未使用而受到保护的注册商标，虽未在使用中实现收益，但“先注册制”的审查及管理成本低于“先使用制”，因而“先注册制”也是符合价值目标的。

知识产权法的效率价值追求，在制度设计方面体现为合理与有效的权利配置。也就是使各方主体在权利体系中达致一种均衡状态。均衡是知识产权法效率目标对制度安排的基本要求，用意在于，在知识产权的保护与限制中寻求平衡，消除知识产品的创造者、传播者和使用者之间的利益冲突。[1]

（三）创　　新

创新理论是知识产权制度创新的思想基础。制度创新一般是指制度主体通过新的制度构建以获得追加利益的活动，它是关于产业制度、产权制度、企业制度、经济管理制度、市场运行制度等各种规则、规范的革新。在创新体系中，制度创新居于基础和保证地位。知识创新立足于科技、文化、经济一体化目标，是一种为促进经济发展而进行的新技术应用与商业化的活动，它离不开相应制度的保障、规范和约束。知识产权是私法法律制度创新与变迁的结果，同时也是直接保护知识创新活动的基本法律制度。

---

[1] 吴汉东．知识产权法价值的中国语境解读［J］．中国法学，2013（4）：18－19.

创新价值是知识产权法的价值灵魂。法价值观依法律制度的不同及法律制度发展阶段的不同而存在差异。在特定时代背景下，特定的法律制度不仅会包含若干不同的价值，而且其各自的价值侧重点也有所不同。例如，刑事立法体现了秩序、正义，民法直接规定了平等、诚信，而经济法侧重体现了“效率”；而在知识经济时代，知识产权法其有独立的主导性价值，即创新价值。这是因为，当代经济的发展着重依靠知识和信息的生产、分配和使用，“创新”业已成为知识经济时代的主要特征，并得到了前所未有的重视和发展。创新不仅反映了人与自然的关系，而且反映了人与人、人与社会的关系，已经成为一个具有普遍意义的关系范畴。同时，创新已成为人类行为选择的标准之一，“创新”作为一个“历史观”意义上的概念，还凝结着人类的理想追求。历史观要回答和解决历史发展过程中的根本动力、机制和规律问题，创新发展存在于广阔的社会实践领域与久远的历史运动过程之中。

创新价值体现在知识产权政策制定与立法活动之中。国家通过政策导向包括知识产权制度设计，将创新这一行为上升为“规划理性”的法律价值，体现了作为法价值主体的人在法价值发现中的能动性干预和控制。

知识产权法以基于创新所产生的社会关系为主要调整对象，体现了尊重创新、保护私权的宗旨。例如，专利权制度保护的是新技术发明的第一次商业应用并获得经济效益，即保护的是“技术商品化”的创新结果；著作权制度保护各类作品的第一次出版并获得相关受益，可以视为保护的是“作品商品化”的创新结果；商标权制度保护的是以商业标志为载体、以商品声誉为内容的财产利益。商标本身可能不具有创新性，但其实际上保护的是这种标志作为商标的第一次运用以及第一个获得商标权的主体利益，以及由此涉及的由于消费者对这种第一次的认同所获得的利益。在界定私人产权的同时，知识产权法创建了“知识产品公开”“在先权利保护”等制度，既促进与保护权利人的个人创新行为，又同时考虑到社会创新发展的连续性和创新成本的合理性。

此外，知识产权法还通过“保护期限制”“权利穷竭制度”等规范，对权利人的专有权利予以必要的限制，使得私人独占的知识产品适时地进入公有领域，以激励人们不断进行新的创造活动。[1]

[1] 吴汉东．知识产权法价值的中国语境解读［J］．中国法学，2013（4）：19－20.

第五章　知识产权法的起源与发展

第一节　知识产权法产生的社会基础

一、知识产权法产生的经济基础

“法的关系正像国家的形式一样，既不能从它们本身来理解，也不能从所谓人类精神的一般发展来理解，相反，它们根源于物质的生活关系。”❶ 知识产权制度的产生与社会经济发展到工业社会有着直接的关系。知识产权法律制度起源及其嬗变的社会动因乃是与特定社会历史条件下的物质利益需要有关的。

在自然经济条件下，人们对新技术的要求不那么明显，在物质自给自足、商品流通缓慢的社会中，不要说是知识产权法律制度，就是一般的财产法律制度也很难孕育和发展。成熟和完善的商品经济是知识产权法律制度赖以产生、发展和完善的土壤。从中世纪中后期开始，欧洲主要国家开始奉行重商主义政策，商品经济开始繁荣起来。商品经济与经济自由之间存在难以割舍的关系，许多国家在生产和流通领域存在的垄断与商品经济的繁荣格格不入。例如，在英国，大量行会通过皇家授予的特权控制着几乎各个领域的生产和流通。法国也长期执行着以国王为中心的批发销售制的商品流通垄断体制。在殖民地时期的美国，英国公司几乎控制了当地的所有贸易。代表新兴工商阶层的资产阶级不断

---

❶ 中共中央马克思恩格斯列宁斯大林著作编译局．马克思恩格斯选集（第2卷）．[M]．北京：人民出版社，1972：82.

要求废除妨碍其利益的各种垄断，寻求对其劳动成果包括智力成果的尊重。这种努力首先在英国获得成功。1601 年，英王伊丽莎白一世在议会发表“黄金演说”（Golden Speech），宣布自己不再签署任何授予垄断权的证书。1623 年，英国又颁布了《垄断法》（*Statue of Monopolies*），将废除垄断的承诺通过立法的形式固定下来。垄断的废除带来的将是经济自由目标的实现，而经济自由的目标与实现各种产品包括知识产品的极大充足、不断提高民众社会福祉的目标之间有着密切的联系。

人类社会进入工业社会后，有了产生规模效应的现实可能，为了以更新和更多的产品占领市场，对技术的需求开始增加，这是专利制度产生的前提。规模生产时的产品的成本得以下降，竞争也愈加激烈，市场自然提出了区别相同产品不同生产来源的要求，对商标的需求由此产生。因为专利和商标与工业之间有着密切的关系，因而专利权和商标权在以货物生产为主的工业革命时代被统称为工业产权。早期的版权制度主要是对出版商利益的保护，现代意义的版权制度于 1709 年在英国建立时，没有显现版权制度与工业发展之间有什么直接的关系。直到 WTO 建立，确立了服务贸易的国际贸易形式后，版权产业才伴随着现代服务业开始在世界范围内呈现蓬勃发展的态势，至此，版权制度与生产产业的联系才得以逐渐显现。

随着商品经济不断发展和生产力水平的提高，智力成果在物质生产过程中的独特作用和价值不断凸显，并为越来越多的人所认识。由于智力成果与有形物质产品有很大的差别，它在创造时期往往耗费创新者大量的脑力劳动、时间和金钱；一旦创造成功，又很容易在使用过程中被广泛传播，创新者很难再完全通过自身力量来维持对智力成果的占有和收益。因此，围绕智力成果产生的经济关系日趋复杂，借助于封建王权调整智力成果创新者与使用者之间关系的知识产权法最终产生。

二、知识产权法产生的政治基础

奴隶社会时期，在智力成果的出现和发明过程中，不管奴隶主有无亲自参与或组织领导，或随着生产力水平的提高，由专司技术发明、智力成果创造的劳动者负责，从智力成果的最终归属来看，均属于奴隶主所有。封建社会时期，主要的智力成果属于封建帝王或朝廷所有。包括出版商特权在内的封建特权制度是王室恩惠的结果，受王室随意左右的封建特权制度更多是在服务于国家统治者的需要。

在权力高度集中的封建专制社会，智力成果的创造者充当着统治者的附庸角色，很难想象后者会为了前者的利益而主动去颁布一项知识产权法律。在封建专制社会，政治结构的上述局限性注定了封建特权很难转变为发明者、作者的专利权和版权。包括专利法和版权法在内的知识产权法的产生需要政治体制的转型，需要民主氛围的烘托。

英国在资产阶级革命之前，王权、贵族和新兴的资产阶级为各自获得权力舞台的“话语权”而一直在不断斗争和妥协。《自由大宪章》的通过，普通法的至高无上对限制王权、保障新兴资产阶级尤其是商人的利益都起到了重要的作用。英国资产阶级革命的进行以及君主立宪政体的确立，最终为该国锁定了民主的政治结构。随着民主政治体制的确立，包括新兴资产阶级、智力成果创造者在内的利益诉求有了表达的通道，专利立法、版权立法开始有了实现的可能。也正是在这种民主的环境下，中小资产阶级和发明人所提出的废除不正当竞争、保护正当专利的诉求才能最终以《垄断法》的形式得到实现；保护作者利益，以及版权代替出版商特权的愿望才能够实现，《安娜女王法》才能通过。

美国和法国也是最早进行资产阶级革命的国家之一。在殖民地时期，美国缺少民主的土壤，作者、发明者从属于殖民者，他们对自身智力成果保护的诉求不可能被统治者所关注，因为他们缺少必要的博弈权力。殖民统治的推翻，以及民主政府的建立，为作者和发明者寻求利益的保护畅通了渠道。作者和发明者可以通过选票获得立法者关注的筹码，美国宪法中“知识产权条款”以及随后的专利法、版权法才得以有通过的可能。同样，法国大革命的激流中，发明者和作者的地位才得以提升，《人权和公民权宣言》才得以通过，版权法和专利法才得以制定。如果没有资产阶级革命的进行以及民主政体的权利，具有私权属性、旨在保护智力劳动者劳动成果的近代知识产权法律制度是不可能产生的。

近代知识产权法律制度的产生在政治上还与国家的统一有着直接的关系。在政治四分五裂的历史时期，每个地区的利益诉求很难统一，在强有力、统一的立法结构缺失的情况下，不可能出现同时涵盖各个独立地区的知识产权法，近代专利制度和版权制度之所以最早出现在英国，与其很早就实现了单一制体制有很大关系。美国从独立到建立联邦制的十多年时间里，各州陆续通过了自己的专利法或版权法，但内容各异，效力也仅局限在狭窄的范围内。1777 年通过的《美国邦联条例》中也没有关于知识产权立法的授权条款。随着 1787 年美国宪法的通过以及联邦制的最终确立，美国才于 1790 年通过了在全国范围适用的专利法和版权法。[1]

三、知识产权法产生的科技基础

知识产权法从其兴起到现在只有三四百年的时间，其间，科技领域历经从工业革命到信息革命的不同时期，知识产权法的历史也就是科技发展的历史。

中世纪后期，伴随“文艺复兴”运动的兴起及大学的建立，

[1] 吴汉东．知识产权制度基础理论研究［M］．北京：知识产权出版社，2009：83－84.

科学精神得到彰显，科学知识被广泛传播，新的科技成就频繁出现，近代自然科学产生。在近代科学研究中，理论和实践密切结合，这为科学知识转化为现实的技术提供了契机，愈来愈多的新技术被大量推出，并逐步运用到了生产实践中。自英国工业革命以来，大致发生了四次技术革命：第一次技术革命是指 18 世纪中叶至 19 世纪中叶始发于英国，以欧洲为中心，波及欧美的工业革命。第一次技术革命的标志是瓦特发明了蒸汽机。第二次技术革命发生于 19 世纪和 20 世纪的转交之际，发明和使用发电机和电动机是其技术革命和创新的典型代表。第三次技术革命始于 20 世纪 50 年代，以原子能工业、半导体工业、高分子合成工业、空间技术、计算机技术为标志。第四次技术革命发端于 20 世纪 80 年代，其创新标志是以计算机及网络为代表的信息技术革命和人类基因图谱破译所带来的生物学革命。

第一次技术革命时期，正是近代知识产权法产生的时期。随着资本主义生产方式的兴起，竞争日益加剧。除资金、经营方式外，生产技术成为增强企业竞争实力的有力工具，技术成果开始像其他商品一样通过市场进行交易，而这一切如果缺少相应的法律保障将很难维持。智力成果的非物质化特点及非排他性属性，决定了其时所有权制度很难实现对智力成果的保护目的，而在缺乏保护的前提下，很难激励更多智力成果的出现。因此，对现有的财产权制度进行法律制度创新以容纳非物质化的技术成果已非常迫切，一场财产法领域的非物质化革命已成必然。知识产权法的出现，就是财产权领域的一次法律创新。正是这种新型的产权制度，才得以出现大量的发明家，并使得这些发明家转化为企业家，从而启动了工业革命并创造了经济增长的奇迹。如世界著名的德国西门子公司、美国贝尔公司、英国邓禄普公司的创始人，都是得益于知识产权的发明家。

知识产权法律制度创新始于英国，继而扩展到欧洲。英国是近代专利法（1623 年）、著作权法（1709 年）的发祥地，也是欧洲工业革命的发源地。随后，知识产权法在欧洲其他国家得以普及，这与近代科学精神的出现以及科学与技术的密切结合，存在直接的因果联系。科学与技术的结合使新的技术成果源源不断地涌现出来，日益刺激着知识产权法律制度的产生，而知识产权法律制度的出现又进一步保证了人们对科学精神的探索以及对技术创新的追求。[1]

四、知识产权法产生的文化基础

文化与制度之间有着密切的关系，文化是本，制度是形。制度的奥秘在于：制度的精神重于形式，制度的精神体现为制度背后的文化。知识产权法律制度的建立需要相应的文化支撑，需要存在对个人自由和私有权利给予尊重的传统和环境。

14～16世纪，西欧资产阶级所发动的文艺复兴运动，以复兴古典学术和艺术为口号，反对蒙昧主义和宗教神学，继承、利用古希腊的科学文化，倡导以人文主义为中心的新思想。这一新文化价值观激励人们改造现世、研究自然、重视实际有用的知识。文艺复兴中提出的新文化价值观，为资产阶级一手将科学技术作为物质武器、一手将私权制度作为法律武器提供了必要的文化思想准备。还有新政治文明的萌生。在17世纪中叶英国资产阶级革命的过程中，从霍布斯、米尔顿到洛克等思想家、政治家都主张主权在民，倡导平等自由，强调私有财产的不可侵犯性，这也为知识产权法律制度的建立作出了重要的思想准备。

在促进近代西方知识产权法律制度诞生的文化因素中，个人主义精神、自由主义精神、理性主义精神起着重要的作用，一同构成知识产权法律产生的文化基础。

“个人主义”概念广义，包含着多种思想、观点和学说，

---

[1] 吴汉东．知识产权制度基础理论研究［M］．北京：知识产权出版社，2009：87－88.

其共同要素都是以“个人”为中心。个人主义的精神主张，是近代私法构造的文化基础，即是近代私法中人格独立原则、权利平等原则、私法自治原则的思想渊源。知识产权从本质上讲，属于私权范畴。首先，知识产权是一种私人财产权，不是君权神授的结果，而是基于作者、发明者创造性活动的本源。同时，知识产权也是私有的权利，这些都体现着个人主义的精神光芒。

自由主义提倡个性自由、个人能力发展与个人主体地位。而以个人自由为基石所构建的私法体系，彰显了私法自治或意思自治的精神主张。私法自治原则强调权利的主体即是意思的主体，实施一切民事行为皆取决于当事人自己的意思，不受国家和他人的干预。这一原则精神贯穿于各项民事权利制度。思想自由是自由主义精神的核心内容，也是近代知识产权法律构建的灵魂所在。思想自由本是一项政治性权利，其内容包括创作自由、学术自由、艺术自由、言论自由、出版自由等。思想自由较早出现在1789年法国《人权和公民权宣言》中。该宣言第11条规定：“自由传达思想和意见是人类最宝贵的权利之一。因此，每个公民都有言论、著述和出版的自由。”美国宪法的制定者创建了“推广知识传播、公共领域保留、保护创造者权利”的三项知识产权政策。上述宪法文件的规定都深刻地体现了思想自由的精神主张，而封建特许权制度缺乏这种思想自由的精神内涵。

理性主义对罗马法到近代民法的形成和发展有着重要影响，它既有价值理性，又有工具理性。知识产权是创造者维护知识财产私有的权利主张，亦是人们促进知识传播的理性追求。知识产权在其法律制度建立之初，就存在知识产权保护与限制的问题：即是在保护创造者权利的基础上寻求个人利益与社会利益的平衡。以合理使用为核心的知识产权限制制度，被称为是一项“理性的公平主义原则”，“该规则充满公平正义观念并具有弹性而无法定义”。[1]

五、社会主义知识产权法产生的根源

社会主义社会是人类社会继资本主义社会之后步入的更高级社会形态。社会主义制度优于资本主义制度是历史发展的必然，但知识产权法律制度形成和发展却是资本主义社会生产力发展的客观结果，有其特定的社会属性和功能。知识产权作为一种民事权利，在鼓励创新发明、丰富文化知识、增进社会财富增长、促进科技发展等方面起到了巨大作用。知识产权的学习、借鉴和参考是社会主义制度优于其他制度，保持其文化先进性的应有之举。社会主义国家应建立知识产权法律制度，但社会主义社会与资本主义社会相比，具有完全不同的经济基础，在不改变知识产权的本质属性及其特点下，社会主义知识产权法的产生必然有其自身的根源和规律。

（一）社会主义知识产权法的产生是生产力发展的客观要求和必然趋势

社会主义知识产权法与资本主义知识产权法在社会属性上有本质差别。因社会主义社会的本质属性是公有制和按劳分配，因而，智力成果作为劳动者脑力劳动的产物和社会再生产所需的新型生产要素，也应当由全体劳动者共同占有和受益，智力成果创造者凭借所付出脑力劳动的多寡获得相应收入。但是，由于社会主义还处于初期发展阶段，一方面脑力劳动还是劳动者谋生的手段，而且生产力发展的不平衡客观上要求多种所有制并存。因此，通过维护创新者的智力成果所有权、受益权等权利以刺激智力成果的发现、发明和应用成为社会主义发展的重要手段和必然选择。当围绕智力成果产生的经济关系和法权关系日益复杂，作

---

[1] 吴汉东．当代中国知识产权文化的构建［J］．华中师范大学学报：人文社会科学版，2009（2）：105.

为它们的客观反映和法律表现，知识产权法在社会主义国家的诞生和发展成为生产力发展的客观要求和必然趋势。

社会主义知识产权法对创新者权益的维护是以公共利益为基础、前提和目标的，这与资本主义知识产权法以私人利益为基础、前提和目标有着本质区别。同时，资本主义国家的历史实践表明，社会生产力的发展是推动知识产权立法的根本物质动力，加强知识产权立法也能有力推动生产力的发展。因此，在社会主义初级阶段，有必要随着生产力水平的提高逐步加强对知识产权的保护。

（二）社会主义知识产权法的产生是建立知识产权个体利益和社会利益平衡机制的需要

在以私有制为核心的资本主义社会里，个体利益和社会利益的矛盾是其先天不足制度带来的无法解决的痼疾，但在生产力尚不发达的社会主义初级阶段，在社会主义公有制条件下，知识产权的私权性和知识产品具有公共资源的属性，使个体利益与社会利益的矛盾在社会主义知识产权法产生过程中同样无法回避。权利即利益，社会主义知识产权法要解决的就是如何既尊重个人创造性劳动的成果，又维护社会主义生产关系的基础，实现个体利益和社会利益的平衡。社会主义社会在知识产权立法中，个体利益和公共利益的矛盾并不是对抗性的、不可调和的，而是可协调的。因此，社会主义国家有必要发挥综合协调作用，统筹各方利益，制定符合社会经济发展要求的知识产权法。

（三）社会主义知识产权法的产生是适应资本主义知识产权法日趋国际化的需要

21 世纪以来，全球化基本上是资本主义的全球化，在知识产权立法方面，发达国家也正加紧资本主义知识产权法在全球的推广和应用。社会主义知识产权法的产生是适应资本的全球化发展趋势，维护社会主义国家的根本利益，应对资本主义知识产权法向社会主义国家的渗透和蔓延，既合作又斗争的必要策略和手段。由于资本主义与社会主义是两种根本不同的社会制度，制度上的差别必然决定知识产权法的制定有本质上的不同，由此导致在全球化过程中两种知识产权法的冲突是难免的，竞争将是激烈的，这就给社会主义国家制定符合自身利益的知识产权法带来了严峻的挑战和考验。

第二节　知识产权法的变迁

一、专利法的起源与发展

专利制度的建立，至今已有300年的历史了。它是随着人类社会科学技术的进步和商品经济的发展而发展的。

专利制度的雏形萌芽于中世纪的欧洲。在商品经济关系初步发展的英国和意大利，最早产生了专利制度的雏形。这就是由封建君主政府以特许的方式，授予一些商人或工匠的某项技术以独家经营的垄断权。例如，1331年，英王爱德华三世曾授予约翰卡姆比在缝纫与染织技术方面“独专其利”，目的在于避免外国制造作坊将在英国使用的先进技术带走。又如1421年，意大利佛罗伦萨共和国授予建筑师布鲁内莱西的“装有吊机的驳船”3年的垄断权。1443年威尼斯颁发了第1号专利，并于1474年3月19日颁布了世界上第一部最接近现代专利制度的法律，目的是吸引和鼓励发明创造。但是它并不是真正现代意义上的专利法，因为它的出发点是把工艺师们的技艺当做准技术秘密加以保护，只在当地同领域工艺师之间传授技术，而对外国工艺师们严格保密，只有接受这一出发点才可能获得专利并得到保护，而现代专利制度一项突出特征却是“公开”。威尼斯的这一制度其实是以法律的形态将科学技术置于国家的控制之下，在本国国内传播并避免流传到他国的制度，并非现代意义的专利制度。

现代专利制度是商品经济发展到一定阶段的产物，与科技和经济的发展水平相适应。到17世纪资本主义经济发展和资本主义生产方式确立后，现代专利制度才逐步形成、发展和完善起来。

1623年英国颁布了《垄断法》，此为现代专利法鼻祖。它以立法取代了由君主赐予特权的传统，规定了许多一直沿用至今的原则和定义。如发明专利权的主体、客体、可以取得专利的发明主题、取得专利的条件、专利有效期以及在什么情况下专利权将被判为无效等。18世纪初，英国改善了它的专利制度，加入了“专利说明书”，具有现代特点的专利制度最终形成。为了换取公众在一定时期内承认对创新成果的专有权，专利法中要求发明人必须充分地陈述其发明内容并予以公布，即专利的内容必须包括专利说明书。这对于打破封建社会长期的技术封锁，交流和传播科学技术，是具有革命性的一步。

《垄断法》是世界专利制度发展史上的一个里程碑，它已初步具备了现代专利法的基本要素。所以，欧美其他国家在本国工业革命前夕，纷纷效法英国，相继建立了专利制度。美国、法国分别于1790年和1791年颁布了本国第一部专利法。随之，一些发达的资本主义国家，如荷兰、奥地利、法国、日本等相继颁布了本国的专利法。迄今已有170余个国家和地区建立了专利制度。

由于专利权是源于君主或国家授予的特权，因此专利法具有很强的地域性特点。为了满足不断增长的国际间经济技术贸易的需要，19世纪末，各国颁布的专利法都既是国内法，又是涉外法——一个国家的企业或个人为了其技术在另一个国家能得到保护，就必须向那个国家申请并取得专利权，这就造成了技术交流和技术贸易的成本上升。而且由于专利的实质内容审查需要一定的时间，在时机稍纵即逝的国际商业战场上，各国自成一体的专利审批程序已经无法满足需要，专利制度国际一体化、实质审查和申请审批程序简化和统一的要求日趋迫切。

1883年，第一个有关工业产权（专利、商标等）保护的国际公约——《保护工业权巴黎公约》缔结，规定了“国民待遇”原则和“国际优先权”原则，为一个国家的国民在其他国家取得专利权提供了方便。专利制度在一定程度上突破了地域性的限制，让外国的与本国的发明创造享受同等的法律保护，这对尊重知识成果是一大进步，也是专利制度国际化的萌芽。

此后，一系列的多边保护专利或工业产权的国际或地区性条约先后签订，如1971年的《国际专利分类斯特拉斯堡协定》、1978年的《欧洲专利公约》和《专利合作条约》以及1991年达成的《与贸易（包括假冒商品贸易）有关的知识产权协定》（TRIPS）等，❶ 解决了很多理论和操作方面的问题。专利制度的国际一体化进入了崭新的发展阶段。

二、商标法的起源与发展

“商标”译自英语Trademark，Trademark是组合词，由Trade（贸易、商业、商务、商贸）和Mark（标志、标记、牌子、牌）组合而成。显然，商标是商品交换的产物，是商品经济发展到一定阶段的必然产物。

人类使用商标的历史很悠久，商标的起源与发展经历了从官方垄断经营或税收标记向商品标记过渡的历程。

最早使用商标可追溯到两千多年前的远古时代。古时候在产品上使用商标主要以地名、人名为主，这是劳动人民使用商标的最原始、最简单的做法，被称为“人为标识”。但法律并未给予相关生产经营者以私权性质的商标权利。在古罗马法中，伪造、

❶ 1994年之后，该协定所涉范围无争议地包括假冒商品贸易，这一点已被所有国家所理解、接受，故“包括假冒商品贸易在内”这一附语，没有再出现在最后文本的标题上——它已成为历史。

冒充商标被认为是一种商业欺骗行为，或者是违反诚实信用的行为，准许买主向卖主提出控告。早期商标保护多适用侵权法以至刑法，不具备工业产权法律的特征。

中世纪的欧洲，行会的盛行为商标的广泛使用提供了条件，但随着商品生产与交换日益发达，商标的使用也越来越普遍，因商标使用、保护产生的纠纷也显得愈加突出，因而，中世纪行会的行规和商业道德及习惯已不能适应这种变化，需要用法律手段确立相应的商标制度来加以调整和保护。

商标作为一种私有财产受到法律的承认和保护，并成为一种专门的法律制度，始于资本主义时期。现代商标是伴随着商品经济的迅猛发展，随着资本主义萌芽的产生而产生。以成文法来确立商标制度最早始于19世纪的法国。法国1791年的法律将商标所有者的权利用反不正当竞争法来进行保护，1803年法国制定的《关于工厂、制造坊和作坊的法律》，也是将假冒商标按照私自伪造文件处理，该法并不是关于商标的专门法律。1804年的法国民法典则第一次肯定了商标权应与其他财产权同样受到保护。1809年法国又制定了《备案商标保护法令》。1857年法国制定了被认为是世界上最早的一部系统的商标法，即《关于以使用原则和不审查原则为内容的制造标记和商标的法律》。1964年，法国制定了现行商标法，并采用了注册原则、服务标识注册制度及审查原则等。1978年进行了修改，1991年对应于欧盟指令又作了修订。[1]

英国对于商标的保护，最初采用判例法的形式，第一个经法院判决保护提供者准用标志的案例发生在1618年的英国。该案案由为被告将他人享有盛誉的布商标记，冒用于劣质布料上，意图鱼目混珠。因而，原告以被告行为造成原告商誉损害为由，向

[1] 刘斌斌．知识产权——法理论与战略［M］．北京：北京大学出版社，2012：29.

巡回法院提起了诉讼。[1] 在以后很长的时间里，英国都通过普通法以判例来保护商标，这对英国后来的商标制度影响很大。1875年英国依照“先使用原则”制定了《商标注册法》，后经数次修改，1938 年颁布制定了现行法。其特征是采用了使用原则、审查原则和申请公告原则等。1986 年的《专利 · 外观设计及商标》又引入了服务标识的注册制度。为了使商标制度与时俱进，适应社会经济发展的需要，英国于 1994 年重新颁布了《1994 年商标法》。

美国于 1870 年制定有关商标注册的统一法，即《联邦商标条例》，同年 8 月又补充了对商标侵权行为适用刑事制裁的规定。美国现行的是 1946 年颁布的《兰哈姆法》，该法尽管历经数次修订，仍是美国联邦商标法的代称。其特征是采用了彻底使用原则、审查原则、申请公示制度、服务标识、证明标章制度等。1988 年对使用原则进行了放宽规定。[2]

德国于 1874 年公布了《商标保护法》，采用的是“不审查原则”，后又于 1894 年颁布了以“审查原则”为内容的商标法。1936 年的德国商标法，采用了注册原则、审查原则和申请公告制度等。1979 年通过修订，引入了服务标识的注册制度。1990年德国统一之后，对商标法进行调整，由 1992 年颁布的《工业所有权扩张法》扩大了东德和西德商标权的保护对象的范围。

日本最早的商标法制定于明治 17 年（1884 年），即是采用了注册原则和先注册原则的《商标条例》。后经过数次修订，于昭和 34 年（1959 年）制定了现行商标法。之后又进行了二十多次的修订。现行商标法的特点是：采用以识别力为注册要件、通过使用认可其识别力、商标权的自由转让、防护标章制度等。平成 3 年（1991 年）的修订，加入了服务标识注册制度，平成 8

[1] 陶鑫良，袁真富．知识产权法总论［M］．北京：知识产权出版社，2005：27.

[2] 李明德．知识产权法［M］．北京：北京师范大学出版社，2011：175.

年（1996 年）的修订加入了立体商标制度、团体商标制度等。平成 11 年（1999 年）的修订，引入了商标注册申请公开制度。平成 14 年（2002 年）为了对应接入网络的商品的流通及服务，修订了商标使用的定义。❶ 比如确认启动电脑后出现的标识也是商标使用的一种方式。2005 年修改加入地区集体商标制度，这是日本商标法的特色。

在西方主要国家纷纷制定商标法、建立各自国内的商标制度之后，随着国际贸易的发展，如何在国际范围内保护商标的问题，也很自然地提到了议事日程上。1883 年由有关国家在巴黎缔结的《保护工业产权巴黎公约》和 1891 年在西班牙缔结的《商标国际注册马德里协定》及其议定书，标志着商标国际保护制度已基本形成。20 世纪 90 年代以来，在 WTO 和 WIPO 等国际组织的推动下，各国国内的商标立法不断完善，其商标制度之间的差异正在不断缩小，不论是程序规则上还是实体规则上，各国商标法都日渐趋同。

三、著作权法的起源与发展

禁止随意复制模仿的著作权法的产生与发展，是从人类获得大量复制技术之时开始的。著作权法起源于欧洲，关于著作权法律制度的发展历程，有四个时期和两个时期的概括之分。四个时期指的是：著作权制度的起因——特许出版权时期；著作财产权时期；作者权时期；国与国之间的著作权保护和国际公约保护时期。两个时期指的是：特许出版权制度时期和现代版权制度时期。四个时期的表述中的前三个时期是从权利重点的转移轨迹来划分的，即特许出版权—著作财产权—作者权，第四个时期则表明著作权保护从一国走向了国际。两个时期的表述主要是从权利君授还是权利法定的不同来进行划分。也就是说，四个时期强调

❶ 刘斌斌．知识产权——法理论与战略［M］．北京：北京大学出版社，2012：30.

的是权利重点的转移，两个时期说强调的是权利来源不同。

一般认为，著作权法大体经历了四个时期。

1. 特许出版权时期

无论是四个时期还是两个时期的划分，都提到著作权制度的起源与特许权有关。封建王权为了维护其统治，必须要控制能够影响人的思想意识、价值判断和精神信仰的出版业。16 世纪中叶，英国成立了印刷公会。此后实行出版书刊的特许证制度，需经过皇家特别授权，给予印刷公会的成员或者其他获得特许状的人以出版书籍的特权。特许证制度所要保护的权利主体是印刷出版商，作者没有任何利益。权利性质属于国家授予的特权，所保护的行为是出版。在出版商的利益获得保护后，另一个矛盾就突出来了。人们发现，作者才是著作的真正源泉，如果作者的权益得不到保护，出版商的利益就成为无源之水。

2. 著作财产权时期

随着资产阶级取代封建统治者登上政治舞台，英国议会 1709 年通过了世界上第一部保护作者权利的法律——《为鼓励知识创作授予作者及购买者就其已印刷成册的图书在一定时期内之权利的法》，即《安娜女王法》。该法承认作者本人是著作权保护的本源，对已出版的著作采取有期限的保护；立法的目的立足于鼓励知识分子的努力创作，以便促进全社会文化的发展与进步。该法首先明确了作者对其作品的支配权，使早期以出版商为本位的特权，转变为以作者为本位的权利。将出版商长期垄断的对作品的商业性使用与特权转移到作者手中，从而确立了在这项权利中作者的核心地位。其次，由于权利依法产生，而不再是根据皇家授权，也使原来的特权由公法领域转变为由民法所调整的可转让的财产权。权利主体和权利性质这两个本质问题的转变在著作权制度的发展史上具有里程碑的意义。《安娜女王法》的颁布，为现代著作权法律制度的建立奠定了基石。但由于该法仅涉及书籍的复制权，所以这种权利还只是“版权”（copyright）。

3. 作者权时期

18 世纪末期，在德国启蒙思想家康德等人的推动下，著作权概念有了进一步的发展。他们认为，作品不同于任何商品，而首先是作者人格的反映。在著作权中，人格权应当是首要的权利，财产权次之。这一思想对后来欧洲大陆法系国家的著作权立法产生了很大影响，成为作者人格权的起源。这种思想导致大陆法系国家称该法为作者权法（author's rights law）。这进一步使著作权的概念更加明确，内容更加丰富。至此，在大陆法系国家的法律中，著作权已发展成为以作者为核心的、由相互依赖的多项人身权利和财产权利相结合的民事权利。其中，1793 年法国制定的著作权法成为许多大陆法系国家著作权法的典范。

4. 著作权国际公约保护时期

法律作为一种文化，也受到各个国家不同社会因素的影响，由此，著作权法也形成了两个具有代表性的法律体系：一个是以英国和美国为代表的强调著作财产权的版权法体系；另一个是以法国和德国为代表的作者权法律体系。但是，随着经济全球化的发展，国际条约和公约的签署，各国著作权法也在趋乎一致。著作权保护的国际化是为了应对跨国侵权的需要而产生的。一般来讲，一国法律的效力仅限于该国国内有效，对于该国以外的国家或地区使用该国作品的行为，作者的利益就难以得到保障。随着作品载体和传播技术的发展，作品超越一国国境而传播成为很容易的事情。为了保护作者的权利免遭异国侵害，开始出现国际间相互保护著作权的情况。19 世纪中叶前后，有些国家通过双边条约或互惠原则给予对方国民以著作权保护。但由于这种保护缺乏统一性，各国意识到有必要通过多国条约来保护著作权。1858 年在布鲁塞尔举行的文学与艺术作品作家代表会议上，各国开始就建立著作权国际保护机构问题进行了磋商。经过努力，有 10 个国家于 1886 年签订了《保护文学和艺术作品伯尔尼公约》，该公约于 1887 年 12 月 5 日生效。

由于著作权问题本身的复杂性，发展中国家与发达国家之间在作品保护取向上有着极大分歧，发展中国家基于国内文化发展的需要不主张提高著作权保护水平，而发达国家作为文化资源大国，为保护本国著作权人利益而积极主张强力保护。随着发展中国家与发达国家之间的矛盾日益突出，自《保护文学和艺术作品伯尔尼公约》产生之后，一方面国际知识产权社会通过对该公约部分敏感条文进行反复修改、完善，另一方面也通过对发展中国家与发达国家之间的矛盾、冲突进行多种形式的协调，到 1971 年最终形成目前的公约文本之时，已有 130 多个国家加入了该公约。该公约已成为当今世界多数国家相互间保护著作权的基础性公约。

这一时期的美国出于本国利益的考虑，并不接受《保护文学和艺术作品伯尔尼公约》，由于以美国为代表的一些国家在著作权保护标准上仍达不到《保护文学和艺术作品伯尔尼公约》的要求，因而这些国家对该公约作出了许多保留。为了更好协调这些国家和其他成员国之间的关系，在联合国教科文组织的斡旋下，经过 3 年的艰苦谈判，于 1952 年在瑞士日内瓦又签署了另一个著作权国际公约——《世界版权公约》。各国试图通过该公约对现行的著作权国际保护条约进行相应的补充。

此后，国际知识产权社会在两大国际著作权保护体系下，又分别于 1961 年、1971 年和 1974 年产生了《保护表演者、唱片录制者和广播组织公约》《保护唱片录制者防止其唱片被擅自复制的公约》和《人造卫星播放载有节目信号公约》。1993 年通过的 TRIPS，更进一步强化了国与国之间相互保护著作权的联系性和一致性。

四、当代知识产权法的发展趋势

（一）知识产权法的保护对象不断扩大，创造性特点逐渐淡化

早期著作权法的保护对象主要限于文学艺术作品，后来扩及

工程设计图、产品设计图、示意图等图形作品和模型作品，显然这些作品逐渐地远离了文学艺术作品的内涵。至于保护计算机软件，更是与文学艺术作品毫不相干。可见，著作权法的保护对象已然发生重大变革，但无论如何，这些对象尚能保持独创性的特征，只是独创性的程度逐渐弱化了。

在专利法方面，1996 年通过的《欧盟数据库指令》，确立了一种新的知识产权“数据库特殊权利”，赋予数据库制作者以“摘录权”和“再利用权”，意在阻止他人擅自使用数据库的全部或实质部分的内容。从此，在内容选择和结构编排上没有独创性的数据库，也可以得到这种新型知识产权的保护。而在传统上，数据库只有在选择和编排上满足独创性的要求，才可按汇编作品给予著作权保护。知识产品的创造性特征，由此受到了严峻的挑战。

体现在商标法上，保护对象的不断扩大反映在对证明商标的保护。证明商标的保护是一个典型的例证。证明商标是用以证明商品原产地、原料、制造方法、质量、精确度，或者其他特定品质的标记。这种标记是对商品的来源地区的识别，而不是对商品的来源厂商的识别。可见，原产地证明商标已改变了识别性的内涵。至于仅仅是对商品的质量、产地等特定品质起证明作用的证明商标，基本上没有任何来源识别的功能。因此，证明商标动摇了商标权客体传统上的识别性特征。

知识产权法保护对象的类似变化，在其他领域仍然存在。比如集成电路布图设计创造性比专利法上的创造性要求低得多。商业秘密中的一些，比如经营秘密，可能只是一些客户名单或进货渠道，既与创造性无关，也与识别性无涉，但同样能获得知识产权法的保护。

此外，科学技术的迅猛发展还触动了知识产权法在权利客体中的一些固有原则和观念。比如生物技术的兴起使发现与发明的界限变得模糊，“专利只能授予发明，不能授予发现”的传统观念遭到了挑战。算法、治疗方法不受专利保护的说法也有人质疑。因此，传统上被排除在知识产权保护之外的一些内容，可能也会逐渐聚集到知识产权法的保护伞下。

（二）知识产权的权利内容不断扩大，知识霸权形成

在经济、政治和科技的推动下，知识产权的权利类型日益丰富，一方面通过颁布新法，增加权利种类，比如集成电路布图设计专有权；另一方面通过调整旧法，增加新的权项。比如专利法上增加了许诺销售权；著作权法上增加了信息网络传播权、禁止规避技术保护措施权等。同时，知识产权的权利内涵也日益拓展。比如商标权的保护范围扩及域名之上，禁止在域名上恶意使用他人的注册商标，尤其是著名的商标；作品的复制权也延及将作品数字化的权利。

从知识产权产生来看，知识产权的发展史就是其权利内容扩张史。美国学者认为："除了少数几个例外，商标法的修改史几乎完全是商标所有人权利的扩张史。"[1] 而日本学者认为，专利的发展史也是一部权利的扩张史，认为"在伊丽莎白一世时代的专利制度中，专利权也不过是专利使用费的征收权而已，在英国的联邦时代（Commenwealth）时代，规定获得专利的人有向他人传授其技术的义务"。[2] 而到了现代，专利权已成为完全的财产权了。

TRIPS 的产生，使已经扩张的知识产权的权利内容完全合法化了。在发达国家的大公司主导下达成的 TRIPS，反映的是大公司一手缔造的知识产权贸易蓝图，代表着发达国家和大公司的利益。TRIPS 使得知识产权的权利扩展达到极致。代表着发达国家意志的知识产权法理念和规则波及全球，在全球范围内知识产权

[1] 墨杰斯，等．新技术时代的知识产权法［M］．齐筠，等，译．北京：中国政法大学出版社，2003：439.

[2] 富田彻男．市场中的知识产权［M］．廖正衡，等，译．北京：商务印书馆，2000：136.

殖民主义得以确立。这在一定程度上挤压了公众自由使用科学技术的空间，阻碍了其他企业的自由竞争。[1]

（三）知识产权法典化登上历史舞台，知识产权制度设计开始整合

将知识产权制度纳入民法典是20世纪制定的一些民法典的独创，将知识产权制度法典化将是21世纪各国知识产权制度设计的重新开始。

早在1979年，斯里兰卡就开创了知识产权法法典化的先河，成为知识产权法典化第一国。该国于1978年加入世界知识产权组织后，参照该组织公约规定，于1979年出台世界上第一部知识产权法典。该法典于1980年1月1日生效，将以前适用英国的单独立法调整的专利权、工业设计权、商标权、著作权、商号权等具体权利全部归由一部法律调整。这部法律在斯里兰卡已适用了20多年，其间在1980年、1983年、1990年、1997年和2000年进行过修订。1995年斯里兰卡加入WTO，针对1979年颁布的知识产权法已不能满足WTO的要求，斯里兰卡议会于2003年11月12日通过了新的知识产权法典，原法典废止。新法典一共11编43章213节，各编分别为管理、著作权、工业设计权、专利权、商标权、商号权、集成电路设计、不正当竞争、地理标志、咨询委员会的组成及其权利、杂则等。作为一个有着英美法系传统的国家，先后制定两部知识产权法典，足以显示出斯里兰卡政府对知识产权的保护程度。

1992年《法国知识产权法典》（法律部分）颁行于世，成为知识产权立法史上的里程碑。《菲律宾知识产权法典》《越南知识产权法》也紧随其后。WTO于1994年缔结的TRIPS也第一次将发明、实用新型、外观设计、作品、计算机程序、数据库、商标、地理标志、未披露信息（商业秘密）、集成电路布图设计、植物新品种等大

[1] 齐爱民．知识产权法总则［M］．武汉：武汉大学出版社，2011：11.

部分知识产权保护对象，集中在一部国际条约中进行规范，相当于是一部法典化的国际条约。可见，知识产权法的法典化已正式登上历史舞台。知识产权制度设计进入一个历史的新时期。

《法国知识产权法典》的制定，使法国200多年间在立法和司法实践上已形成的相对独立和零散的知识产权各部门立法“汇集成了一个内容丰富的有机整体，充分体现了法典这种立法形式结构清晰、逻辑严密的优点”。[1] 该法典共分为三个部分：第一部分为文学和艺术产权，包括著作权、邻接权、数据库制作者权；第二部分为工业产权，包括行政及职业组织、工业品外观设计、发明及技术知识的保护、商标及其他显著性标记的保护等内容；第三部分为在海外领地及马约尔属地的适用。其中，第6卷的技术知识的保护是指制造秘密、半导体布图设计和植物新品种的保护，第7卷的其他显著性标记是指原产地名称。该法典共计17编51章441条，它几乎囊括了所有的知识产权制度。在该法典颁布后的6年间，法国又先后12次对法典进行了修改和增补，使其知识产权立法始终处于世界各国的前列。

《法国知识产权法典》优点主要体现在：一是它的体系和谐，系统性好，法典较好地处理了知识产权内部各部门立法之间的关系。由于知识产权的保护对象种类多，容易交叉，法典十分注意划分各个保护对象的界限，避免产生内部的冲突。二是该法典能够较好地处理知识产权法中的特别规范与一般民事规范之间的关系。由于知识产权属于无形财产权，《法国民法典》的很多规定不能直接适用于此，因此该法典便规定了大量的特别规范来解决上述问题。三是该法典的规定可以较好地解决民法典的稳定性与知识产权制度的易变性之间的矛盾。由于将知识产权制度置于民法典之外，因而知识产权制度的特殊性、知识产权法规的修订及知识产权内容的更迭仅会对知识产权法典产生影响，而对民

---

[1] 法国知识产权法典（法律部分）[M]. 黄晖，译. 北京：商务印书馆，1999：8.

法典影响不大，所以这种处理方法的优点十分明显。

菲律宾于1997年7月制定《菲律宾知识产权法典》，其主要内容包括：第一部分知识产权局，第二部分专利法，第三部分商标、商号、服务商标法，第四部分版权法，第五部分最后规定(类似我国法典中的附则)，该法典自1998年1月1日起施行。该法典专利法部分设有13章，版权法部分设有20章，商标法部分没有单独设章，全法典共计241条。该法典内容涵盖了对专利(发明)、厂商名称、商标、地理标志、实用新型、工业产权、工业品外观设计、技术转让、未披露的信息（商业秘密)、版权与相关权利（邻接权)、知识产权及相关法律的执行、知识产权监管机构、集成电路布图设计的法律保护等。

越南国会于2005年11月19日通过了一部统一的法典式的知识产权法。该法于2006年7月1日开始施行。这部法律对以前的各项知识产权法律进行了清理，将它们纳入一部统一的法律之中，保证了知识产权法律体系的协调统一。该法分为6编，分别是总则、著作权及相关权、工业产权、植物品种权、知识产权保护、附则，共计18章222条。《越南知识产权法》成为越南知识产权法律发展历程中的里程碑，它标志着越南知识产权法体系的成熟。而且，在越南制定知识产权法的时候，其新民法典也获得颁布，并于2006年1月1日开始施行，新民法典第六编“知识产权与技术转让”也对知识产权的相关内容进行了规定。

《越南知识产权法》的基本特点是：(1）保护水平较高。《越南知识产权法》对知识产权采取高标准的保护，其规定与国际公约的规定高度一致，保护对象广泛，保护内容丰富。(2）对侵权行为的法律制裁严格。(3）法律体系严密。《越南知识产权法》虽然没有冠以“法典”（code）之名，但从逻辑体系性上来看，却比《法国知识产权法典》更像法典，从体例上看更类似于《德国民法典》的体例，可以说它是一部编纂式的法

典而不是汇编式的法典。❶

国际社会一直为制定统一适用各国和地区的知识产权法而努力，WTO最终完成了这一工作。由其产生的TRIPS作为WTO的组成部分，对《巴黎公约》《伯尔尼公约》《罗马公约》以及《关于集成电路知识产权公约》等公约的内容进行了协调，在全球范围内统一了知识产权保护的基本水平和规则。

相比于具体知识产权制度的交叉融合，知识产权法的法典化在制度整合上，更有其独特的意义所在：一方面，知识产权法的立法层次将因此提高，其制定程序也会更严格，利益斟酌将更加客观理性，有助于提高立法质量。另一方面，将知识产权法律规范置于统一的法典中通盘考虑，必将最大限度地避免部门的局限性与部门的利益化倾向，而且有利于消除知识产权之间的权利冲突，形成内在和谐的规范体系，进而加强知识产权制度的科学化。❷

（四）知识产权法与国际政治和贸易关系更加紧密

从知识产权的占有情况看，当代国际社会90%的知识产权被发达国家所掌握，造成了发达国家和发展中国家的严重不平衡。而知识产权已经发展成为可以进行交易的一种资源，掌握了知识产权，就掌握了主要的社会基础资源。并且，知识产权贸易已经成为当代国际社会的主要贸易方式，掌握了制定知识产权规则的权利，就掌控了国际市场。国际贸易的摩擦以及不同国家、地区间的利益竞争，影响着各国和地区的知识产权立法。美国等发达国家为了自身的利益，极力主张把贸易与知识产权保护挂钩，致使一个国家或地区的知识产权保护水平和立法状况，往往会与这个地区或国家的贸易伙伴的利益相关。发达国家，尤其是

---

❶ 何华．越南知识产权法的新发展［J］．知识产权，2007（1）：87.

❷ 袁真富．论知识产权法的现代发展［G］//陶鑫良．上海知识产权论坛（第2辑）．北京：知识产权出版社，2004：211.

美国，为了其自身的利益，极力推进适合于它们的知识产权法价值观和具体的规则设计，并在不能顺利实现目的的情况下施以经济报复和制裁的“武力威胁”。

知识产权问题的重要性，就在于它不仅仅是一个贸易的问题，而且在一定程度上还表现为政治问题。一些发达国家，尤其是美国，把知识产权保护水平作为实施外交政策的一种手段，积极向全球推销它们的知识产权价值观，并作为一种国际力量干预到目标国家的知识产权立法进程中。知识产权法的制定和规则的选择，最终演变为一个与国家关系密切相关的政治问题。[1]

（五）知识产权立法紧跟新技术革命步伐，为高新技术产业化提供法律保障

自20世纪下半叶以来，以微电子技术、生物工程技术与新材料技术为代表的新技术革命对社会发展带来巨大影响。各国为谋求发展高新技术，纷纷出台科技政策，从而推动了一大批高新技术群的崛起，引发了高技术含量的信息产品的大量涌现。各国立法者不断探索对高新技术产品保护的法律途径：一是“边缘保护法”，即采用工业版权与著作权的若干规则，创设一种新的制度即“工业版权”来保护新的技术成果；二是“单独保护法”，即为信息产品创设“信息产权”，给予准专利或类似其他知识产权的保护；三是“传统保护法”，即沿用传统知识产权制度即著作权、专利权给予保护，但在内容方面有许多变革与创新。

发端于20世纪80年代直至现在席卷全球的“知识革命”是新技术革命的继续和发展，其中最有代表性、最具影响力的时代技术当属网络技术和基因技术。

作品和录音制品的数字化是网络环境构成的基础，也是网络环境下版权保护的前提条件。在1996年12月通过了《世界知识产权组织版权条约》（WCT），其所附的通过该条约的外交会议

---

[1] 齐爱民. 知识产权法总则［M］. 武汉：武汉大学出版社，2011：9.

的议定声明，对这一问题已作了解决："《伯尔尼公约》第9条所规定的复制权及其所允许的例外，完全适用于数字环境，尤其是以数字形式使用作品的情况。不言而喻，在电子媒体中以数字形式存储受保护的作品，构成《伯尔尼公约》第9条意义下的复制"。1996年12月通过的《世界知识产权组织表演和录音制品条约》（WPPT）所附的外交会议的议定声明中对这一问题也有类似的声明：该条约所规定的复制权及其例外，"完全适用于数字环境，尤其是以数字形式使用表演和录音制品的情况：不言而喻，在电子媒体中以数字形式存储受保护的表演或录音制品，构成这些条款意义下的复制"。将作品或录音制品数字化只是属于对原作品或录音制品的一种复制行为，并不形成新的作品录音制品，也要受到版权法的限制与保护。

域名与知识产权保护关系被WIPO列入日常议事日程，已是不争的事实。1998年，WIPO于1999年4月30日公布了有关域名问题的最终报告《互联网名称和地址管理及其知识产权问题》。1998年10月26日成立的"国际互联网名址分配公司"（Internet Corporation for Assigned Names and Numbers，ICANN），已于1999年3月4日公布了"关于委任域名注册机构规则的声明"，1999年8月26日公布了《统一域名纠纷处理规则实施细则》，1999年10月24日公布了《统一域名纠纷争论规则实施细则》，并于1999年11月29日指定WIPO作为第一个"纠纷处理服务提供者"。[1] 无独有偶，在1999年11月29日这一天，美国总统克林顿也签署了一项与域名有关的法案《反域名抢注消费者保护法》，该法案已分别于1999年11月18日和19日被众参两院通过，并已生效。

现代生物技术以与人类本身关系极为密切，并涉及伦理道

[1] 朱揽叶，邓炯．世界知识产权组织推出域名管理新规则［J］．知识产权，2000（1）：45－48.

德、人类自身的生命安全、宗教信仰等相关的问题，这些都需要从法律上加以界定和调整，涉及多种法律制度，但是其中最主要的当属知识产权法律制度。1998年7月30日生效的欧洲议会和欧盟理事会《关于生物技术发明的法律保护指令》（EC/98/44），可以说是世界上迄今为止对生物技术的知识产权保护（主要是专利保护）规定最全面、最详细的一个地区性国际条约。它对生物技术的知识产权保护所涉及的许多问题，如以什么类型的知识产权来保护现代生物技术；是利用现有的知识产权法，还是专为现代生物技术立法保护等，这些在现代生物技术出现之初曾引起争议的问题，都作出了明确的回答。上述问题从理论和实践上基本已得到解决。

知识产权法是高新技术发展的强大动力机制，知识产权法律通过调整高新技术开发者、投资者、应用者之间的权利义务关系，既能对高新技术产业发展起到良好的导向作用，促进高新技术产业向相关行业拓展，优化高新技术产业结构；又能切实地保障拥有自主知识产权的高新技术业主的正当权益，维护高新技术产品市场流通秩序和高新技术产业竞争秩序。并且促进高新技术领域国际间合作与交流以及高新技术产业的国际化。

第三节　中国知识产权法律制度的历程

一、中国知识产权法效仿的雏形期

中华民族具有五千年的文明史，勤劳智慧的中国人民对世界文明作出了重大贡献。但是，在对人类精神的创造成果（Mental Creations）给予法律保护方面却远远滞后于世界发达国家。

中国历代封建统治都采用“重农抑商”政策，自给自足的自然经济一直占主导地位。在一个商品经济不发达的社会中，统治阶级不可能自觉地创立适合于市场经济的专利制度，根植于中国本土的法律制度一直是“重刑轻民”“以礼入法”。直到清末，在一些启蒙思想家和洋务派的影响下，1898 年光绪皇帝钦准的《振兴工艺给奖章程》颁布，一般认为这是中国知识产权立法的开始。该章程因“戊戌变法”失败而夭折。中华民国政府于 1912 年 12 月颁布《奖励工艺品暂行章程》，对于发明或者改良过的新产品授予 5 年的专利权或给予名誉上的褒奖。1928 年，中华民国政府颁布了《奖励工业品暂行条例》，并废止先前颁布的有关奖励章程，后又于 1932 年颁布《奖励工业技术暂行条例》。这些章程或条例虽然涉及了有关专利权的内容，但不是真正意义上的专利法。中国有史以来第一部真正意义上的专利法由中华民国政府于 1944 年公布的《中华民国专利法》，由于种种原因，该法并未在中国大陆得以有效实施。

中国是世界上较早使用商标的国家，但用法律手段调整商标关系、建立商标法律制度却是在美、英、法、日等帝国主义的压力下进行的。1902 年《中英续议通商行船条约》、1903 年《中日通商行船续约》和《中美通商行船续定条约》以不平等条约的形式分别规定赋予外国人商标权。1904 年清政府颁布中国历史上第一部商标法规，即《商标注册试办章程》，该章程内容具有极浓厚的半殖民地半封建的色彩，且一些帝国主义国家认为该章程的内容更有利于英国而纷纷抗议，故该章程只实行了 1 条，即外商商标在南北洋海关呈请挂号，其他条款并未实施。[1] 1923 年中华民国政府颁布《中华民国商标法》和《商标法实施细则》，但由于北洋政府的垮台，该法仍未能实施。1927 年国民党政府建立后，分别于 1930 年、1932 年及 1938 年颁布了自己的商标法及其修改法，其法律条款大多是取材于外国商标法。

中国的版权起源可以上溯到宋代乃至五代，但当时并不存在近现代意义上的著作权法。自 1840 年鸦片战争后，伴随西方列

---

[1] 赵宾，李林启．知识产权法［M］．北京：清华大学出版社，2012：106.

强的经济掠夺和文化侵略，也将著作权制度带入中国。1903 年，清政府与美国签订了《中美通商行船续定条约》，条约中首次使用“版权”一词，❶ 为了履行中美条约义务，1910 年，清政府以日、美等国的著作权法为蓝本，颁布了《大清著作权律》，这是中国历史上第一部著作权法，虽然次年清政府被推翻，但该法在中国著作权的立法史上却产生了深远意义。1915 年北洋政府颁布的《中华民国著作权法》、1928 年国民党政府颁布的著作权法，都深受其影响。

相对于西方发达国家，中国在知识产权法律制度建设方面起步艰难，因受到帝国主义、殖民主义外力强加的影响，北洋政府和国民党政府先后制定的著作权法、专利法和商标法等，多为仿效甚或直接照搬外国的法律，因此没能产生什么积极影响。况且，其法律建设与实施的物质基础及社会环境等客观条件并不相符，因此，基于这样的前提建立的法律形同虚设，很难符合其自身发展的需要，其法律价值也很难体现。

二、中国知识产权法发展的缓滞期

1949 年 10 月 1 日，中华人民共和国的成立，废除了国民党政府时期的包括专利法、商标法、著作权法在内的旧法律，揭开了中国知识产权立法的序幕。

1950 ~ 1981 年，中国知识产权法一直处于缓慢进展直至停滞的状态。

（一）新中国知识产权法缓慢进展阶段（1950 ~ 1963 年）

中国实行专利制度的时间不长，专利制度的立法历程也较短。在新中国成立后的第二年，即 1950 年 8 月，中央人民政府政务院批准公布《保障发明与专利权暂行条例》，同年 10 月，政

❶ 张东刚，冯素杰．近代中国知识产权制度的安排与变迁［J］．中国人民大学学报，2004（3）：86.

务院财政经济委员会公布该条例实施细则。该条例自公布之日起实施，至 1963 年 11 月国务院明令废止，历时 13 年，先后批准了 4 项专利权和 5 项发明权。同时，公布《发明奖励条例》。

商标局成立于新中国成立初期，1950 年颁布了《商标注册暂行条例》及其实施细则。在生产资料所有制的社会主义改造基本完成后，需要有新的商标条例来调节社会主义国营企业与集体企业的商标专用权，于是国务院在 1963 年 4 月公布了《商标管理条例》及其施行细则，以取代 1950 年的两个法律文件。除上述条例外，1954 年还出台了《未注册商标暂行管理办法》，承认未注册商标的合法性。为了使我国的出口商品适应国际市场的需要，强化对出口商品的商标管理，国务院分别于 1959 年和 1963 年发布有关出口商品使用商标的通知，要求所有出口商品的商标，都必须经过外贸部审查批准后才能使用。

在版权保护方面，当时尚未颁布过单行的版权法，只是通过一些文件作出各种有关保护版权的规定，并通过出版社的一些格式合同来实施有关规定。1950 年 9 月，全国出版会议在《关于改进和发展出版工作的决议》中指出，出版业应尊重著作权及出版权，不得有翻版、抄袭、篡改等行为。稿酬办法应在兼顾著作家、读者及出版家三方面利益的原则下与著作家协商决定，原则上不允许版权全部转让。1953 年 10 月，国家出版总署发布了《关于纠正任意翻印图书现象的规定》，其中指出：一切机关团体不得擅自翻印出版社出版的书籍、图片，以保护版权。1958 年 7 月，文化部颁布了《关于文学和社会科学书籍稿酬的暂行规定》。

此外，有关政府部门还颁发过其他一些涉及版权问题的文件。这些规范性文件中的原则与某些主要内容，大都体现在 20 世纪 50 年代各出版社制订和公开使用的格式约稿合同、格式出版合同及稿酬办法之中。其中颇具代表性的是当时人民出版社使用的格式合同和稿酬办法。这些合同及办法的条文曾被美国 1973 年出版的《国际贸易中的法律与政策》引用，作为评论中国版权制度的主要依据。所有这些都表明，尽管我国长期以来未出台版权法，但并不意味着对作者的权利未给予任何保护，只是保护的力度还不够。在这一阶段中，批准专利权和发明权的数量显然不大，经注册核准的商标也不多，但同以前相比，已迈出了坚实的步伐，为以后知识产权法制建设积累了宝贵的经验。❶

这一阶段，中国知识产权法虽然发展缓慢，但为知识产权领域确定了政策性法律秩序，使得专利、商标和著作等领域有法可依，立法也体现了新中国对知识、对人才的尊重，促进了科学文化事业的繁荣发展，为经济建设提供了智力支持和精神服务。

（二）新中国知识产权法停滞阶段（1964～1981年）

在此期间，由于受"左"倾思潮的影响，已颁行的保护工业产权方面的条例和规范性文件，未得到很好的贯彻和执行。十年浩劫，专利制度遭到摒斥与批判，《商标管理条例》及与之配套的施行细则和法律文件在"文革"期间部分或全部被停止使用。

对于科研工作来说，长期以来由于极左思想的影响和科技体制与经济体制上存在的弊端，通过批判"知识私有"，从根本上否定了科技人员在科技发明成果上的劳动消耗所构成的价值。国家加强了对科技发明成果的管理，科研工作的选题由上级下达，科研经费由国家拨款，科研成果归国家所有，任何单位对这些成果均可无偿使用，没有按价值规律办事。所在单位人力、物力和财力上的花费得不到补偿，调动不了各方面搞发明创造的积极性。这样，使得作出发明创造的科研单位及其科研人员得不到应有的补偿和报酬，有没有发明创造及发明创造多或少都一样。长期这样做的结果，造成了对知识、对智力劳动成果、对人才的不尊重，严重挫伤了广大科技人员和企事业单位发明创造的积极

❶ 宋锡祥. 新中国知识产权法制建设的回顾与展望［J］. 外国经济与管理，1999（10）：20.

性，使国家的发明创造事业缺乏活力，特别是影响新技术的产业化，使科研和生产脱节。

“文革”时期，国家的商标法律制度遭到严重破坏，商标注册和商标管理受到冲击和干扰，商标管理机关被撤销，除外国商标注册和出口商标由中国国际贸易促进委员会办理外，内销商品商标处于无人管理状态。商标的使用处于混乱状态之中，有些商品应该使用商标而未使用，有的商品使用商标也不注册，一些假冒、乱用商标的恶意行为也未进行处理。

“文革”时期，中国的法制建设处于全面的停滞状态。虽然并非对著作权绝对不予保护，但事实上中国的版权制度建设也同样处于停顿阶段。1966 年 1 月 3 日由中央批转的《文化部党委关于进一步降低报刊图书稿酬的请示报告》到 1977 年 9 月的《新闻出版稿酬及补贴实行办法》，没有制定一部具有权威性的著作权法律，也没有制定具有指导性的著作权法规，“著作权制度建设”一词从中国的主流话语中消失。“文革”中的知识分子命运多舛，大部分被强制劳动改造而丧失创作的权利和机会。作者所著作品的著作权被剥夺，同时，作者对作品所享有的身份权如作品的署名权、修改权、保护作品的完整权及发表权受到限制。由于当时的社会政治环境不允许作者或者说权利所有所利用作品取得经济利益，因此，作者基于作品所享有的经济权利受到极大限制。在文化专制主义盛行的氛围中，许多优秀作品被压制而得不到发表。稿酬制度几乎已被取消。

1978 年，中美贸易因知识产权问题陷入僵局，这引起了中国政府对知识产权法律制度建设的高度重视。党的十一届三中全会之后，随着经济体制的改革及经济开放政策的实施，恢复知识产权制度被提上了议事日程。在版权法尚未颁布的情况下，我国已有不少单行法把版权与其他财产权同等对待。以 1980 年颁行的《中外合资经营企业所得税法施行细则》为例，该细则的有关条款明确承认了版权属于某种财产权，可以由企业或个人享有。1980年，国家出版局正式出台了《关于书籍稿酬的暂行规定》，对于将报刊上发表过的个人文章成册出版、由出版者选编的报刊文章汇编出版、著译的复印等，也都规定了向著作者（或译者）付酬的各种办法。在其他带有法律性质的条例或规定中，也开始实行了作品再利用时对原作者及现有的版权所有人乃至表演者的保护。专利奖励制度于1978年开始恢复。

这一阶段中国知识产权法的止步不前与整个国家的法制建设被破坏是休戚相关的，这其中的教训是深刻的，就知识产权法而言，忽视知识产品的产权属性，不恰当突出知识产权品的公共物品属性，缺乏营造尊重知识、人才和智力劳动成果的良好的环境及公平的竞争机制，以及毫无法制精神的个体行为，是造成当时中国知识产权法败坏的主要原因。党的十一届三中全会后，中国知识产权法制建设才真正迎来春天。

三、中国知识产权法体系构造的形成期

1982～1992年，这一时期是中国知识产权法初具规模、立法框架业已形成的阶段。

伴随着经济、文化、科学的发展和改革开放的步伐，中国政府把保护知识产权作为改革开放政策和社会主义法制建设的重要组成部分和开展国际间科学技术、经济、文化交流与合作的基本环境条件之一。自20世纪80年代初以来，先后颁布了《中华人民共和国商标法》（1982年）、《中华人民共和国商标法实施细则》（1983年）、《中华人民共和国专利法》（1984年）、《中华人民共和国专利法实施细则》（1985年）、《中华人民共和国著作权法》（1990年）、《中华人民共和国著作权法实施条例》（1991年）、《中华人民共和国计算机软件保护条例》（1991年）以及《实施著作权国际条约的规定》（1992年）等。此外，在1986年颁布施行的《中华人民共和国民法通则》中，知识产权作为一个整体（包括著作权）首次在中国的民事基本法中被明确为公

民和法人的民事权利。这一时期中国知识产权立法任务繁重，效率高，成果丰硕。

在抓紧国内立法的同时，中国政府审时度势，适时加入了一批国际公约。1980 年，中国加入 WIPO，之后，又相继加入《保护工业产权巴黎公约》《保护文学和艺术作品伯尔尼公约》《世界版权公约》《专利合作条约》和《商标国际注册马德里协定》及其议定书等一批重要的知识产权国际公约。参加这些重要的国际公约，为中国在知识产权领域参与国际交流与合作，在国际舞台上表达中国的立场，维护本国的利益，提高国内立法和研究水平，都起到了积极的作用。

随着市场经济的萌生和发展，经济活动中各种不正当竞争行为日益突出，这些不正当竞争行为往往直接损害经营者的技术权益和体现于各种商业标记上的市场信誉，而知识产权法却无能为力。因此，制定反不正当竞争法被提上立法议程。1993 年 9 月 2 日，第八届全国人大常委第三次会议通过了《中华人民共和国反不正当竞争法》。至此，我国的知识产权法制建设基本完成了初创阶段的任务，形成了以《宪法》为依据，以《民法通则》为支撑，知识产权单行法与《反不正当竞争法》相互配合的合理格局。我国知识产权立法的快速发展，强有力地保障和促进了中国知识产权事业的繁荣和发展。

这一时期的知识产权立法，主要是考虑本国国情，处于较低水平的短暂“过渡期”。这主要表现在：主要知识产权法律已经制定，但立法技术有待完善，其他知识产权立法未及考虑；知识产权保护标准不是很高，但符合中国国情，适应本国经济、科技和文化发展现状；国际交流开始，但对话地位不对等，中国在国际知识产权制度规范标准确定上还缺少应有的话语权。

四、中国知识产权法内容的完善期

进入 20 世纪 90 年代后，国际经济关系和环境发生了很大的变化。1990 年 11 月，在关税与贸易总协定（乌拉圭回合）多变贸易谈判中，达成了 TRIPS 草案，它标志着知识产权的新的国际标准的形成。中国政府积极参与了这一谈判进程，并为推动该协定的达成作出了极大的努力。出于扩大开放的需要，中国政府积极履行保护知识产权的国际义务，努力使知识产权保护水平向新的国际标准靠拢，采取了许多重大措施，进一步提高中国现行的知识产权保护水平。从 1993 ~ 2008 年，这一时期可以称为中国知识产权法体系的完善期。

中国现行《商标法》及其实施细则是在改革开放初期出台的，随着改革的不断深化，开放的不断扩大，特别是社会主义市场经济体制的确立和 10 年来商标实践的发展，《商标法》的有些规定与其时的经济发展和商标注册保护等实际运作不相适应，因此，全国人大常委会于 1993 年对《商标法》作了重要修改。修改后的《商标法》及其实施细则拓宽了保护范围，增加了对服务商标、集体商标和证明商标的注册保护，强化了对注册商标专用权的保护力度；在跨类申请方面，否定了原法律中的一表一类的规定，采用了较为原则的写法，为以后实行一表多类排除了法律障碍。为了加强对驰名商标的保护，新法还增加了对保护公众熟知商标的原则性规定，同时进一步完善了确权程序。

与之相配合，1994 年 12 月 30 日，国家工商局发布了《集体商标、证明商标注册和管理办法》，并于 1995 年 3 月 1 日起实施。1996 年，国家工商行政管理局发布了《驰名商标认定和管理暂行规定》（以下简称《规定》），对驰名商标的认定与保护作了系统的规定，从而使中国的驰名商标保护工作纳入了法制化的轨道。该《规定》为驰名商标的认定确立了公开、公正的原则，明确了认定驰名商标应考虑的基本因素。该《规定》对驰名商标保护范围的规定基本上与 TRIPS 保持一致，这与我国是该协议的签字国不无关系。

为进一步打击假冒注册商标的犯罪行为，维护商标权利人和广大消费者的合法权益，全国人大常委会还在1993年制定了《关于惩治假冒注册商标犯罪的补充规定》（以下简称《补充规定》），对严重侵犯他人注册商标且构成犯罪行为作了明确界定，并扩大了责任主体，提高了刑期。另外，对于那些纵容、包庇《补充规定》所列犯罪行为的国家工作人员也设置了刑事条款。该《补充规定》后来被纳入到1997年修订的《刑法》之中。可见，1993年的修改以及与之相配套的相关规范性法律文件的相继出台，使我国商标法律制度得到了进一步的完善。

随着我国对外科技、经贸交往的不断扩大，要求修改《专利法》的呼声越来越高。为此，1992年9月4日，全国人大常委会通过了《关于修改〈中华人民共和国专利法〉的决定》，该决定于1993年1月1日施行。修改后的《专利法》扩大了专利保护范围，对食品、饮料品、调味品、药品和化学物质，不论是产品或是生产方法，都给予专利保护；增加了专利权人对其专利产品的进口权保护，以及将方法专利的效力延及用该方法直接获得的产品；将发明专利权的保护期限延长为20年，实用新型专利权和外观设计专利权的保护期限延长为10年，取消续延；增加专利授权后的行政撤销程序，以取代专利授权前的异议程序；重新并且严格规定了颁发强制许可的条件；增加了对冒充专利的处罚条款。这些修改的举措努力旨在使我国《专利法》的保护水平进一步向国际高标准和TRIPS靠拢或与之接轨。

在版权保护方面，面临国际化趋势不断增强的大环境，我国先后参加了《保护文学和艺术作品伯尔尼公约》《世界版权公约》《保护录音制作者防止未经许可复制其录音制品公约》等等。为了努力使知识产权保护水平向国际标准靠拢，表明依法保护知识产权、恪守保护知识产权有关国际公约及双边协定的真诚立场和充分承担国际义务的能力，我国政府于1994年6月公布了《中国知识产权状况白皮书》；同年7月又公布了《关于进一步加强知识产权保护工作的决定》。与之相适应，全国人大常委会于1994年作出了《关于惩治侵犯著作权的犯罪的决定》，后来又颁布了《知识产权海关保护条例》，建立了涉外音像制品合同登记制度、涉外版权许可认证制度、激光唱盘片源识别码制度、著作权行政处罚制度等。此外，在1992年1月，中美两国政府就知识产权保护签署了谅解备忘录。[1]

从20世纪90年代初至21世纪初，我国在对已有知识产权法律规范进行精心打磨的同时，还颁布了《音像制品管理条例》《植物新品种保护条例》《知识产权海关保护条例》《特殊标志管理条例》等知识产权法规。除了行政法规外，还有大量由国务院知识产权行政主管部门制定和颁布的规章制度，如《专利审查指南》《商标审查指南》《专利强制许可实施办法》《涉及公共健康的药品专利强制许可实施办法》等，使我国知识产权保护的法律制度不断趋于完善。

为了对知识产权实行切实有效的法律保护，2001年我国加入世界贸易组织前后，对已有知识产权法律法规和司法解释进行了全面修改，并颁布了《集成电路布图设计保护条例》和《奥林匹克标志保护条例》。我国知识产权法律法规不但在立法精神、权利内容、保护标准、救济手段等方面更加突出了促进科技进步与创新的目的，而且实现了与TRIPS以及其他知识产权国际规则的接轨。

五、中国知识产权法制的强化期

随着中国知识经济的高速发展、综合国力日益增强、国际地位的不断提升，人们逐渐意识到知识产权在国际舞台上扮演的角色的重要性。一直以来，西方发达国家不断加强知识产权立法，并积极推动知识产权规则进入世界贸易的范畴之中，进而将其国

[1] 宋锡祥．新中国知识产权法制建设的回顾与展望［J］．外国经济与管理，1999（10）：22－23．

内的知识产权立法国际化，主导世界贸易游戏规则，从而在国际竞争中处于有利的地位。随着我国知识产权法律制度建设不断完善，我们在国际贸易游戏中的话语权也不断增加。2008 年 6 月 5 日，国务院正式印发《国家知识产权战略纲要》，这标志着中国知识产权法律制度建设迈入了战略主动的崭新阶段。

2008 年 6 月，国务院发布了《国家知识产权战略纲要》。2008 年 6 月 5 日，国务院印发了《国家知识产权战略纲要》，这是中国运用知识产权制度促进经济社会全面发展的重要国家战略，也是今后较长一段时间内指导中国知识产权事业发展的纲领性文件。其战略目标是：到 2020 年，把我国建设成为知识产权创造、运用、保护和管理水平较高的国家。知识产权法治环境进一步完善，市场主体创造、运用、保护和管理知识产权的能力显著增强，知识产权意识深入人心，自主知识产权的水平和拥有量能够有效支撑创新型国家建设，知识产权制度对经济发展、文化繁荣和社会建设的促进作用充分显现。为了顺利地实现纲要所确定的战略目标，中国迎来了新一轮立法、修法的高潮。其主要任务是：（1）启动现行法律修订工作，以此适应后 TRIPS 时代知识产权制度变革需要和网络技术、基因技术条件下知识产权保护需要。为落实上述任务，知识产权法律法规体系建设取得新进展。如《专利法修改草案（送审稿)》《职务发明条例草案（送审稿)》起草工作基本完成。《专利实施强制许可办法》《专利标识标注办法》《行政复议规程》完成修订。版权局完成《著作权法》修订草案（送审稿）并提交国务院法制办。工商总局积极配合国务院法制办推进《商标法》修订工作。《商标法修正案(草案)》已经国务院常务会议讨论通过，并提交全国人大常委会审议。[1]

---

[1] 参见：2013 年 4 月 25 日国务院新闻办《2012 年中国知识产权发展状况》新闻发布会所披露信息。

截至目前，除2008年、2010年、2013年分别完成对《专利法》《著作权法》《商标法》的修改外，2013年1月还对《植物新品种保护条例》进行了首次修改。与此同时，新一轮对《专利法》《著作权法》的修改工作又在进行中。此外，还要对《信息网络传播权保护条例》《集成电路布图设计保护条例》等作出首次修订；（2）对一些知识产权专门法律、法规进行清理，使其体系化、系统化和合理化。目前散见于诸多法律规范性文件中的商业秘密、商号以及特殊标志的相关规定，有待整合，以制定《商业秘密保护法》《商号法》《特殊标志保护法》；（3）加快民间文艺、传统知识以及遗传资源保护的立法工作。着手制定专门法律，促进《生物多样性公约》《保护和促进文化表现形式多样性公约》在中国的实施。以此为契机，建立符合国际知识产权制度发展趋势，体现中国知识产权保护优势的新制度体系。

六、小　结

回顾中国知识产权法律制度百年来的发展历史，是一个从“逼我所用”到“为我所用”的法律变迁史，也是一个从被动移植到主动创制的政策发展史。从清朝末年到中华国民政府50年的时间里，中国知识产权制度处于“被动性接受”阶段。自19世纪末叶以来，从清朝政府实行新政向西方学习到北洋政府、国民党政府取材外国法进行移植，知识产权法律无一不是被动立法的结果。

从新中国成立到中国加入WTO前的50年间，中国知识产权制度则处于“调整性适用”阶段。这一时期，中国经历了从计划经济到市场经济的转型，知识产权制度处于“法律本土化”的摸索阶段：前30年在计划经济体制下，知识产权制度强化管理功能，主要依赖一些行政规章保护知识产权；后20年在社会主义市场经济体制下，知识产权立法工作得以“拨乱反正”，建立健全了符合国际通行规则、门类比较齐全的知识产权法律体系。从中国加入 WTO 到现阶段，中国知识产权制度进入“主动性安排”阶段。近 10 年来，中国站在战略全局的高度，致力于知识产权制度建设，并通过制定和实施国家知识产权战略，有效利用知识产权制度，以此作为缩小与发达国家的差距、实现跨越式发展的政策抉择。[1]

根据前述，可以说明这样一种现象：当一个法律制度不是在受外力强加的情况下，而是基于本国的经济文化发展水平的客观条件来制定的，便有助于推动经济与社会的协调发展。即一部法律的立法动因如果是积极而主动的，这部法律就会取得良好的社会效果。反之，如果是消极的、被动的，其法律效果不仅得不到充分体现，反而会抑制自身的发展，造成不良的社会后果。[2]

---

❶ 吴汉东．中国知识产权法制建设的评价与反思［G］//张玉敏．西南知识产权评论（第 1 辑）．北京：知识产权出版社，2010：30.

❷ 夏辰旭．中国知识产权法律制度的历史发展与变革［J］．人民论坛，2013（14）：129.

第六章　知识产权法律关系

第一节　知识产权法律关系界定

一、知识产权法律关系概念

法律关系是社会关系的一种类型，是根据法律规范建立起来的一种社会关系，它由法律关系主体、法律关系内容（权利义务）和法律关系客体三要素构成。知识产权法律关系，是指由知识产权法律调整的，基于知识产权法律实施而形成的，以权利义务为内容的特殊的社会关系的总和。具体地说是智力成果和工商经营活动显著标志的创造者、所有者、使用者等自然人、法人或者其他非法人组织之间在知识产权的取得、占有、使用和处分活动中根据法律的规定而形成的权利义务关系。

现实中，也有另一种观点认为，知识产权法律关系应从知识产权法调整的对象去考虑，“知识产权法的调整对象是因确认、行使和保护知识产权的过程中所产生的各种社会关系。具体地说，从知识产权法律制度的内容以及各项知识产权法律法规实施的情况看，知识产权法所调整的社会关系涉及智力成果完成者、智力成果使用者、知识产权所有者、知识产权使用者、知识产权管理机关、知识产权执法机关等主体之间在确认、行使、保护知识产权的过程中所发生的各种社会关系。这些关系一经知识产权法调整，便在上述主体之间以及公民、法人或者其他组织之间形成法律上的权利义务关系，也就是知识产权法律关系。”❶ 这些法律关系具体包括知识产权权利归属方面的法律关系、知识产权权利行使方面的法律关系、知识产权管理方面的法律关系、因侵犯知识产权而发生的法律关系。这种观点实际上将知识产权法律关系概念泛化了，它忽视了知识产权是私权的本质属性，不恰当地将知识产权的行政法律关系、甚或知识产权刑事法律关系纳入了进来。本书认为，从知识产权法律调整的对象去研究知识产权法律关系的概念是值得肯定的，但前提是，不能动摇知识产权法的私法地位，毕竟，权利是法律关系的本质，应该将知识产权的民事法律关系作为知识产权法律关系概念形成的基础。

二、知识产权法律关系特点

知识产权法律关系与一般的法律关系不同，其不是指某种具体的法律关系，而是在知识产权的客观存在上发生的各种法律关系的集合，同时还因为知识产权区别于物的特殊品性，使得知识产权法律关系具有自己独特的特点。

1. 知识产权法律关系几乎涵盖了私法上各种性质的法律关系

知识产权法律关系的这个特点与知识产权法产生的背景有关，知识产权法是在已经日趋完备的私法体系中为保护新出现的权利类型而建立的法律，为完善知识产权各方面的法律制度，知识产权法学研究了知识产权在私法上各种法律关系中的特殊处理原则，在此基础上形成了一套比较完整的法律规范体系。与其说知识产权法律关系是某种私法上的法律关系，不如说知识产权法律关系就是某种私法法律关系。

2. 知识产权法律关系中事实处分行为与法律处分行为相互分离

物上建立的法律关系，其事实处分行为与法律处分行为是一

---

❶ 赵宾，李林启．知识产权法［M］．北京：清华大学出版社，2012：21.

体的，而知识产权法律关系中，知识产权权利人在基础关系中不能为法律上的处分行为，在合同关系中不能为事实上的处分行为。产生这一差异的根本原因在于知识产品无形性、可复制性和可表现性的法律特点，知识产品这些区别于物的特征一方面使知识产品和知识产权脱离了一一对应的关系，突破了物权法上一物一权的基本原则，另一方面使得知识产权权项的损害与知识产品经济价值的降低脱离了必然的联系，这样，知识产品和知识产权之间产生了一定程度的分离，在物上建立的法律关系中，物的存在等同于权利的存在，而在知识产权法律关系中，知识产品的存在却不等同于知识产权的存在，因此产生了知识产品上为事实处分行为和知识产权上为法律处分行为的差别。

3. 知识产权法律地位不等同于物

从权利设定的原则来看，基于私法自治的法律原则，关于所有权的内容采取法律没有明确禁止即为允许的概括性原则，而知识产品的本质是思想内容，其对世性权利的具体范围有赖于法律的明确规定，法律没有规定受保护的行为，即不称其为知识产权的权项，也就是说，物权法定的原则仅仅及于所有权的设定，而不及于所有权的具体内容，而权利法定的原则不仅及于在知识产品上是否设定知识产权的问题，还及于如何设定知识产权具体权项的问题。从权利设定的程序来看，对世权的设定应当遵守公示、公信原则，物权的设定分为占有和登记两种，知识产权的设定则分为知识产品的完成、登记和审查三种，部分知识产权需要通过国家知识产权主管机关形式或实质上的审查，并经过法定的行政确认程序才能设立。从直观的法律关系各项要素来看，对世性法律关系中物的法律地位与知识产品相当，相对性法律关系中物的法律地位与知识产权相当，如前所述，产生这种差异的原因是知识产品与知识产权脱离了物权法一物一权的基本原则。

第二节　知识产权法律关系形成

知识产权法律关系的形成总是因为知识产权领域中的一些特殊事由而形成，这些特殊事由是由知识产权的特殊性质所决定的。知识产权法律关系的产生，主要是因为一定的法律事实的发生而引起，这一法律事实通常表现为三个方面：一是法律行为；二是法律事件；三是违法行为。法律行为因行为人法律上的意志而在当事人之间形成相应的期待性法律关系，如许可法律关系、转让法律关系、委托法律关系等；法律事件因事件的不可预见、不可控制性而在相关当事人之间形成相应的善后性法律关系，如知识产权继承法律关系等。违法行为则因行为人行为损害其他人法律上的利益而在相关当事人之间所形成的相应的救济性法律关系，如知识产权损害赔偿法律关系等。

一、知识产权法律行为

法律行为是公民或者法人设立、变更、终止权利和义务的合法行为。知识产权法律行为，是指公民或者法人设立、变更、终止知识产权方面的权利和义务的合法行为。知识产权法律行为应具备下列几个条件。

（1）行为人具有相应的知识产权权利能力和行为能力。作为民事法律关系主体来讲，权利能力与行为能力是其基本法律要件，从知识产权活动基本规律看，其主体的权利能力条件是普遍具有的，但是其主体的行为能力则因行为人的年龄、智力等方面的差异而各不相同。知识产权行为能力的判断适用于民事一般规则。

（2）意思表示真实。知识产权主体为知识产权法律行为时，其意思表示的真实性将直接影响其行为的法律效力，也就是说，知识产权行为人的外在表示应当与行为人的内心意愿相一致，是行为人不受欺诈或胁迫，在平和、理智，即正常状态之下的自由表达。

（3）不违反法律和社会公共利益。由于法律行为将产生一定的法律后果，因此，其行为不得违反法律的规定，也不得损害社会公共利益。所以，知识产权法律行为只能是一种合法行为。

知识产权法律行为作为知识产权法律事实中的一种行为，具有如下三项特征而区别于其他知识产权法律事实：（1）知识产权法律行为是一种合法行为。知识产权法律行为必须具有合法性，因为只有合法行为才能为国家法律所确认和保护，从而能够产生行为人预期的知识产权法律后果。在理解知识产权法律行为的合法性时，应着眼于其内容和形式均应符合法律的规定，且合法性的范围是广义的，既要符合法律法规的规定，也要符合社会公共利益和社会公德的要求，这是知识产权法律对社会经济生活进行调整的目的，也是知识产权法律行为的本质属性。（2）知识产权法律行为以行为人的意思表示作为构成要素。意思表示，是指行为人追求知识产权法律后果的内心意思，通过一定的外化表达方式，表现于外部的一种有意识的活动。由于知识产权法律行为是人们有目的、有意识的行为，所以，意思表示是知识产权法律行为的必要组成部分。每种知识产权法律行为都应具有某种明确的有关知识产权的意思表示。缺少民事法律和知识产权法律所要求的意思表示的行为就不是知识产权法律行为。意思表示是知识产权法律行为的构成要素，但并不等于知识产权法律行为，因为，不同的知识产权法律行为，其意思表示构成是不一样的，既可以是由一种意思表示所构成，也可以是包含了两种或多种意思表示。（3）知识产权法律行为能够实现行为人所预期的知识产权法律后果。知识产权法律行为是一种目的性行为，即以设立、变更、终止知识产权法律关系为目的，因而，基于知识产权法律行为所具有的合法性、法律确认和保护知识产权法律行为的效力、行为人所追求的预期后果等必然可以实现。可见，知识产权法律行为的目的与实际产生的后果是相一致的。这一特点使得知识产权法律行为区别于知识产权违法行为。因为，知识产权违法行为也含有依法产生的法律后果，如因侵权行为的发生，将出现侵权行为人依法应承担知识产权损害赔偿法律责任的后果。但是，这种法律后果并不是行为人实施知识产权违法行为时所追求的后果。而是根据法律规定直接产生，且并非以当事人的意思表示为根据。

知识产权法律行为的种类有：申请行为、登记行为、注册行为、实施行为、许可行为、转让行为、签约行为、履约行为、执法行为等表意行为；还包括发明行为、创作行为、先用行为等非表意行为（事实行为）。所谓表意行为，是指行为人有明确的法律上意图的情况下所为之行为；而非表意行为，是指行为人并无明确的法律上的意图之行为，行为人并不一定具有直接想产生某种法律上后果的主观目标，而只是为了实现一般的社会目的，但其行为又自然将导致某种法律后果的产生。非表意行为是知识产权法律行为的一种特殊情况。

二、知识产权法律事件

知识产权法律事件，是指其本身不直接包含人的主观意志，但又能引起知识产权方面相应法律后果的法律事实。例如，知识产权权利人的死亡、手稿灭失等自然事件，以及权利期限届满、无效宣告、权利撤销等人为事件。

知识产权法律行为、知识产权违法行为和知识产权法律事件是知识产权法律事实的三种基本形式，其共同性在于，它们都将产生一定的知识产权法律后果，其相异性在于，由于其引发法律后果的原因不同，其法律后果也不一样。从形式上说，法律后果主要包括三种基本情形：（1）知识产权法律关系的发生。知识产权法律关系的发生，是指因某种原因在当事人之间形成了相应的知识产权法律关系。它包括绝对发生和相对发生两种形式。绝对发生是指当事人间的权利义务原始发生，而不是由其他主体转移而来；相对发生是指当事人间因继受其他主体的权利义务而形成知识产权法律关系，该类法律关系是因转移关系而形成。（2）知识产权法律关系的变更。知识产权法律关系的变更，是指因某种原因使得当事人间业已存在的知识产权法律关系发生了变化。知识产权法律关系要素中的任何一个要素发生了变化，也都意味着知识产权法律关系的变更。因此，它既包括主体的变更和客体的变更，也包括权利的变更和义务的变更。（3）知识产权法律关系的消灭。知识产权法律关系的消灭，是指因某种原因使得当事人间业已存在的知识产权法律关系出现了终止。知识产权法律关系的消灭包括绝对消灭和相对消灭两种形式。绝对消灭是指当事人间的权利义务已不复存在；相对消灭是指主体的权利义务因转移给他人而终止。

三、知识产权违法行为

违法行为表现为行为人之行为于法律指向上的反动，是指行为人违反了法律的规定，从事了法律所禁止的行为，或者未从事法律所要求的行为。由于知识产权违法行为并不要求行为人有主观上的违法心理，只要行为后果构成了违反法律的客观结果，从性质上说就是一种违法行为。在知识产权领域之中违法是一个法律性质问题，从形式上说，应当区分一般性违法行为和侵权性违法行为。一般性违法行为是指没有按照法律的规定为一定行为或不为一定行为，而侵权性违法行为，则不仅是未按法律的规定为一定行为或不为一定行为，同时还对权利人的权利构成了侵害。如依照法律规定，商标权人有保证使用注册商标商品质量的义务，但由于商标权人的疏忽而客观上未能提供相应质量的商品，此行为显然是一种违法行为，但却并非是一种侵权行为。由此可见，一般性违法行为往往是自己法定义务的未能履行，而侵权性违法行为则往往是对他人权利的冒犯。因此，侵权行为一定是违法行为，但违法行为不一定都是侵权行为。

在知识产权违法行为中，既有一般性知识产权违法行为，也有侵权性知识产权违法行为。主要包括权利侵害行为、权利滥用行为、假冒行为、反向假冒行为、仿冒行为、淡化行为、非法平行进口行为、非法复制行为等。这些违法行为是知识产权领域中较为典型的知识产权违法行为，即违反知识产权法律制度的行为。

区别一般性违法行为和侵权性违法行为的意义，在于各自所应承担的法律责任之后果不同，因为并非所有的违法行为都要承担侵权赔偿责任，但是所有的侵权违法行为都要承担停止违法行为的责任或者停止侵害的责任。

第三节　知识产权法律关系主体

一、知识产权法律关系主体概述

（一）知识产权法律关系主体概念

知识产权的主体包括著作权人、专利权人、商标权人等，从法律关系的角度看，知识产权法律关系主体，亦即知识产权法律关系的参加者。包括知识产权权利主体和义务主体两个方面。不同的法律关系有不同的权利主体和义务主体，但无论在何种法律关系中，权利主体与义务主体总是具有统一性，即它既是权利主体又是义务主体，只不过其权利义务的内容不同而已，在当事人之间呈现出一方的权利往往表现为另一方的义务，而一方的义务又表现为另一方的权利。本书所称的权利主体，是各类知识产权的所有人。这里所指的人，可以是自然人，也可以是法人，在一定条件下还可以是非法人单位甚至国家。知识产权法律关系主体的确认对判定权源、划分权属有着重要的意义。

（二）知识产权法律关系主体特点

知识产权法律关系主体特点主要体现为法律地位的平等性、创新行为的事实性，以及权利安排的公益性。

1. 主体法律地位平等

知识产权主体制度的平等精神，既在本质上同于一般意义上的私法平等原则，但又有着自身的法律品性。这主要表现在两个方面：第一，知识产权制度中的平等，是一种主体从事创造性活动的自由选择，是一种取得创造者权利的机会均等。现代民法奉行的是一种程序意义上的平等观，即只要社会向人们提供了平等的机会，便做到了平等。知识产权的原始取得主要来源于主体的创造性行为（包括创作、发明等）。创造性行为属于事实行为，而不是一般民事法律行为，它不受民事法律行为能力的限制，主体只要以自己的创造性行为完成知识产品，即可以创造者的身份依法取得权利。第二，知识产权制度中的平等，是一种当事人权利义务关系的协调，是对社会精神财富的合理分享。所以，对于所有公民和符合条件的外国人来说，因符合法定条件而成为权利主体后，其法律地位具有完全的平等性。

2. 主体基于事实行为取得创造者身份

知识产权法律关系中，主体资格最重要、最基本的因素是主体的创新性行为及其成果。创新性行为属于一种非表意性法律行为（事实行为），不受知识产权法律关系主体之民事行为能力的限制或经营范围的限制，任何人只要以自己的创新性行为完成了智力成果之后，都可能以创新者身份获得知识产权。

知识产权法律关系主体在权利能力和行为能力方面，与一般民事法律关系主体相比，具有以下不同：第一，在权利能力方面，作为一般民事主体的公民的权利能力，始于出生而终止于死亡，但在知识产权法律关系当中，公民死亡后仍可保留某些特殊的权利能力。如著作权法规定，作者的署名权、修改权、保护作品完整权等人身权的保护期不受限制，即使公民死亡，这种权利也永远存在；第二，在行为能力方面，作为一般民事主体的公民的行为能力有着严格的分类，不同行为能力的人所进行的法律行为有着不同的能力，而在知识产权法律关系中，主体没有行为能力的限制。但这里应注意公民在知识产权法律关系中不受行为能力限制，只是在知识产权取得的法律关系中，而不是在所有知识产权法律关系中，尤其是在知识产权的许可使用和转让法律关系中，则应严格按照民事行为能力的要求确定其法律效力。事实行为无论在何种法律关系当中，都没有行为能力的限制。因为事实行为的法律效力是不以当事人意思表示为转移的，只要当事人的行为符合法律规定的条件，便应当产生相应的法律后果，所以不受当事人行为能力的影响。

3. 主体创设满足社会公共利益需要

由于主体资格是针对权利而设定的人格条件，因此，知识产权法律制度考虑了专有权人与社会公众之间的利益平衡需要，针对原创者、生产者、传播者和使用者等不同的主体，设定了不同的权利形式及其不同的主体资格，以实现其制度的公益性目标。知识产权主体一般属于从事创造性智力劳动的自然人，但在有的情况下也可能归属于组织、主持创造活动并体现其意志或承担相应责任的法人。与古代社会的家长身份以至现代社会的消费者身份、雇佣劳动者身份不同，自然生命体与社会组织体都有可能取得知识产权主体的身份；知识产权主体的身份与一般身份所依存的血缘关系、婚姻关系或其他社会关系无涉，它既是智力创造性活动这一事实行为的结果，又是行为人取得知识产权的前提。

4. 主体资格取得需经国家机关授权或确认

在知识产权的原始取得中，国家机关的授权行为是权利主体资格最终得以确认的必经程序。授权行为从性质而言是一项行政法律行为。它与创造性行为一样，对权利的原始取得具有重要意义。创造性活动是权利产生的源泉，而法律（国家机关授权活动）是权利产生的根据。知识产权需经由主管机关依法授予或确认而产生，是因其客体的非物质性所决定。

由于知识产品不同于传统的客体物，不可能进行有形的控制或占有，容易逸出创造者的手中而为他人利用。因此，知识产品的所有人不可能仅凭创造性活动的事实行为当然、有效、充分地取得、享有或行使其权益，而必须依靠国家法律的特别保护，即通过主管机关审查批准后授予专有权或专用权。[1]

二、知识产权法律关系主体制度的变化

封建社会后期是知识产权制度萌芽的时期，封建政府授予出版印刷者和行业经营者的印刷专有权和行业专营权，这种权利并不是现代意义上的知识产权，权利的享有者是出版印刷商、特许专营者，其享有以封建政府的特许为前提，并且没有一般的成文法律依据，可以算是知识产权在萌芽时期的表现形式。

现代知识产权主体制度的全面形成以英国 1624 年的《垄断法》、1709 年的《安娜女王法》和法国 1803 年的《关于工厂、制造坊和作坊的法律》为标志。法律保护的主体由得到封建特许者转向作出创作、发明的作者、发明者和实际使用商标的经营者，并且这种权利是以一般的成文法律为依据的，只是这时保护的主体只限于本国的国民。

18 世纪末到 19 世纪中叶前后，世界上多数国家都建立了知识产权法律制度，为知识产权制度的国际化奠定了基础。在知识产权主体方面，以 1883 年的《巴黎公约》和 1886 年《伯尔尼公约》为标志，各国地域之间的限制被打破，公约成员国的发明人、作者、商标使用者被纳入到内国知识产权主体法律制度中。之后知识产权领域的国际公约不断增多，成员国数目显著增长。关贸总协定（乌拉圭回合谈判）达成的 TRIPS 使知识产权制度

[1] 吴汉东．关于知识产权本体、主体与客体的重新认识——以财产所有权为比较研究对象［J］．法学评论，2000（5）：7.

在国际化方面迈出了一大步，国际化成为世界经济、文化一体化背景下知识产权主体制度变革与发展的必然趋势。

现代知识产权制度的普遍确立是在资产阶级革命后，受当时社会环境的影响，建立了以自然人为中心的知识产权主体制度，认为只有自然人能成为知识产权的原始主体。随着社会的发展、制度的变迁，在意识形态领域出现了功利主义思潮。同时，现代公司制度的建立对社会经济发展发挥了积极作用，客观上促成了法人等团体的法律人格实现。以 1806 年《法国商法典》和 1896 年《德国民法典》为标志，法人制度逐渐在各国立法中得到确立。以 1961 年 10 月 26 日由国际劳工组织、世界知识产权组织及联合国教育、科学和文化组织共同发起，在罗马缔结的《保护表演者、唱片制作者和广播组织罗马公约》（简称《罗马公约》）为标志，将知识产权主体由自然人扩及法人，其更进一步的发展使除了法人之外的其他组织也能成为知识产权主体。

“兴起于 20 世纪 90 年代初的网络技术对知识产权制度产生了强大的冲击。网络对知识产权制度的冲击突出表现为使知识产权主体从现实主体向虚拟主体发展。此处所说的现实主体，主要是指以现实空间为背景的知识产权主体，其客体为传统意义上的智慧创作物；此处所说的虚拟主体，主要是指以网络空间为背景的知识产权主体，其客体为数字形式的智慧创作物。知识产权虚拟主体概念的提出，在于解决现实空间的知识产权保护与网络知识产权保护的衔接问题。以数字化图书馆为例：现实空间的图书馆，只需到书店购买有形物质载体——书籍、图片、影音资料等放在图书馆，任何人均可查阅，但是网上的数字图书馆则有许多不同之处。这就显示出知识产权主体在网络空间的权利效力与现实空间的不同，因此虚拟主体的构建是必要的。”[1]基于数据库和数字图书馆而形成的虚拟主体虽无专门法律明确规定，但以 1995

[1] 曹新明．知识产权主体制度的演进趋向［J］．法商研究，2005（5）：13.

年 12 月欧洲联盟部长会议通过的《关于与个人数据处理相关的个人数据保护及此类数据自由流动的指令》，即《个人数据保护指令》（*Directive 95/46/EC of the European Parliament and of the Council of 24 October 1995 on the protection of individuals with regard to the processing of personal data and on the free movement of such data*）、1996 年 12 月 20 日由 WIPO 主持通过的《世界知识产权组织版权条约》（*World Intellectual Property Organization Copyright Treaty*, WCT）、美国 1998 年 10 月 28 日生效的《数字千年版权法》（*Digital Millennium Copyright Act*）为标志，基于数字技术而生成的新主体在不久的将来定会成为知识产权主体大家庭的一员。

以发展权为核心的第三代人权关注具体的平等，扬弃了传统人权观念仅仅将着眼点放在抽象平等之上，而忽略个体差异性带来的不平等这一缺陷；关注非主流的发展，力求营造一个全体人民和所有个人积极、自由、有意义参与发展，并公平分配发展所带来的利益的环境。将传统知识纳入知识产权保护的范围同第三代人权的基本精神相契合，具有合理性。传统知识经过某一特定地区或种族的集体创造而形成，融入了几代甚至几十代人的智力成果，其受益人可能是个人，但若没有文化的维护和群体的集体权利，它们的内容会蒸发消逝。以 1972 年 11 月 16 日联合国教科文组织大会第 17 届会议在巴黎通过的《保护世界文化和自然遗产公约》（*Convention Concerning the Protection of the World Cultural and Natural Heritage*）、1992 年 6 月 1 日由联合国环境规划署发起的政府间谈判委员会第七次会议在内罗毕通过的《生物多样性公约》（*Convention on Biological Diversity*）、世界粮农组织（FAO）2001 年通过的《食品及农业用植物基因资源国际条约》（*International Treaty on Plant Genetic Resources for Food and Agriculture*）为标志，传统知识的权利主体获得国际承认。同传统的知识产权主体相比，传统知识的主体具有不确定性。

三、中国知识产权法律关系主体状况

从立法来看，中国知识产权的主体的规定比较混乱。根据《专利法》第18条、第19条的规定，发明人、设计人、专利权申请人、专利权人、专利权受让人、专利权继承人的主体包括中国单位、个人、外国人、外国企业或者外国其他组织；根据《商标法》（2013年第三次修正）第3条、第4条和第17条的规定，商标权人的主体包括自然人、法人、其他组织、团体、协会、外国人、外国企业。根据《著作权法》第2条，作者的主体包括公民、法人或者其他组织，外国人、无国籍人等。

从法律术语来看，法人、自然人、个人、外国人、无国籍人、外国企业、团体、协会好理解，而“单位”和“其他组织”则不太好理解。“单位”和“其他组织”可以说是中国法律语言中的特有词汇，现有法律没有对“单位”下过定义，所以它不是法律概念。习惯意义上，“单位”一般包括：机关、团体、法人、企业等非自然人的实体或其下属部门。“其他组织”使用场合比较多，对“其他组织”有一个司法解释，是指：（1）有一定组织机构和财产，但又不具备法人资格的组织；（2）依法领取营业执照的私营独资企业合伙组织；（3）依法领取营业执照的合伙型联营企业；（4）依法登记领取我国营业执照的中外合作经营企业、外资企业；（5）经民政部门核准登记领取社会团体登记证的社会团体；（6）法人依法设立并领取营业执照的分支机构；（7）中国人民银行、各专业银行设在各地的各分支机构；中国人民保险公司在各地的分支机构；（8）经核准登记领取营业执照的乡镇街道村办企业。[1] 目前对“其他组织”的理解，就是指上述的“单位”。“外国其他组织”一般是指外国非

---

[1] 参见：1992年《最高人民法院关于适用民事诉讼法若干问题的意见》第40条规定。

法人组织，至于法人和其他组织的国籍，按照国际私法的规定，通过设立地或者总部所在地等予以确定。

就上述中国知识产权主体法律规定而言，存在不少问题。从宏观上来讲，现有主体法律制度规定存在对主体外延的界定和表述上相互不一致、用语不准确以及与民事基本法规定的民事权利主体法律制度不一致的问题。从微观上来讲，现行的著作权法规定一定情形下可将法人视为作者。这不符合大陆法系关于作者的理论，而且与著作权由法人享有的职务作品在适用上产生混淆。故建议协调专利法、商标法和著作权法三大主体法律制度，统一采用“自然人、法人、其他组织”以及“外国自然人、外国法人、外国其他组织”的表述。同时，在未来的民事基本法中采用“知识产权主体”的概念，以确保从民事权利主体到专利权主体、商标专有权主体以及著作权主体的自然过渡，并保证民事权利主体和三大主体在外延界定上的一致性。可以考虑取消对“法人作品”的规定，现有适用法人作品条款的情形由职务作品容纳。我国有着丰富的传统知识资源，而目前在传统知识的知识产权保护方面的立法极为欠缺，只有几条原则性的法律规定。因此尽快将传统知识纳入知识产权法律制度，确认成员不确定的集体的知识产权主体资格，也是完善我国知识产权主体法律制度的必然趋势。

四、知识产权法律关系主体的分类

（一）原始主体与继受主体

这是根据知识产权取得的方式来划分的。由于知识产权的取得方式包括两种基本形式：一种是因为发明创造者产生智力成果的先创行为或者是先用行为而获得，还有一种是因为非发明创造者接受许可、接受转让、接受赠与或者接受继承的法律行为而获得知识产权，因此，前者即是“原始主体”，后者即为“继受主体”。

在知识产权领域，由于继受取得原因的复杂性，使得同一知识产品之上拥有若干权利主体的情形，大致可分为三种情况：(1) 某类权利主体对其知识产品既享有财产权利又享有人身权利时，发生继受取得的权利只能是其中的财产权，即继受主体不能取得专属于创造者的人身权利。这样，就同一知识产品所产生的人身权和财产权就会为不同的主体所分享。(2) 某类知识产权仅是不完全转让的，继受主体只能在约定的财产权项上享有利益。如同所有权与其权能分离一样，在原始主体依然存在的情况下，还会产生一个或数个拥有部分权利的不完全主体，即财产权的诸项权能为不同主体所分享。权利与权能的分离对知识产权与所有权来说有着完全不同的内容和意义。所有权的标的物，既为独立的特定物，在一定时空条件下就只能为某一特定主体所控制利用。所有权与其权能的分离，意味着占有人即非所有人，也是物件的实际支配者，而原所有人只能是不直接控制物件的“空虚权利主体”。但知识产权的标的是非物质形态的精神产物，在一定时空条件下可能被多数主体利用，包括原始主体自己使用与授权继受主体共同使用。(3) 某类知识产权的转让同时在不同地域范围进行时，例如著作权人分别在数国转让其版权、专利权人在不同国家出卖其专利，就会出现两个或两个以上独立的权利主体。但是，若干受让人只能在各自的有效区域内行使权利，即主体地位独立，权利互不相涉。在这种情况下，原知识产权所有人虽丧失了主体资格，但在不同的地域却可能产生若干相同的新的知识产权所有人，即各个继受主体彼此独立地对同一知识产品享有同一性质的权利。[1]

此外，国家可以通过接受赠与、遗赠或者依法征购、收归国有而成为知识产权的继受主体。

---

[1] 吴汉东．关于知识产权本体、主体与客体的重新认识——以财产所有权为比较研究对象［J］．法学评论，2000（5）：10.

（二）内国主体、外国主体和无国籍主体

这是依据国籍来划分知识产权主体的。“内国主体”，是指依据所属国家或地区法律取得知识产权且具有所属国家或地区之国籍的主体；“外国主体”，是指依据所属国家或地区法律取得知识产权具有外国国籍的主体；“无国籍主体”，是指依据所属国家或地区法律取得知识产权不具有任何国家国籍的主体。

外国人要在内国取得知识产权存在一定条件，这一条件是在知识产权国际公约所确定的“国民待遇原则”基础之上的各国具体规定。

在工业产权领域里，各国规定的条件主要包括外国人在本国境内有经常居所或营业所等；在著作权领域里，这些特定条件主要包括外国人创作的作品须在一国境内首次发表等。除了这些特定条件之外，还包括需按照外国人所属国与本国缔结过知识产权双边协定或多边协定所确立的类国民待遇原则或者互惠原则办理等。例如，我国《专利法》第 18 条规定：“在中国没有经常居所或者营业所的外国人、外国企业或者外国其他组织在中国申请专利的，依照其所属国同中国签订的协议或者共同参加的国际条约，或者依照互惠原则，根据本法办理。”我国《商标法》第 17 条规定：“外国人或者外国企业在中国申请商标注册的，应当按其所属国和中华人民共和国签订的协议或者共同参加的国际条约办理，或者按对等原则办理。”我国《著作权法》第 2 条第 2 款规定：“外国人、无国籍人的作品根据其作者所属国或者经常居住地国同中国签订的协议或者共同参加的国际条约享有的著作权，受本法保护。”《植物新品种保护条例》第 20 条规定：“外国人、外国企业或者外国其他组织在中国申请品种权的，应当按其所属国和中华人民共和国签订的协议或者共同参加的国际条约办理，或者根据互惠原则，依照本条例办理。”

国民待遇原则是“法律平等”思想在国际知识产权法律制度领域里的体现，使得一国的国民有资格在外国取得和享有知识产权，且其知识产权的权利内容与效力与该外国的国民具有同等性。

（三）单一主体与共同主体

这是根据创造性智力劳动者的人数来划分的。从事创造性智力劳动的可能是一个或一个以上的人，或者是由于一个人或多个人继受而获得知识产权。所谓单一主体，是指由单个人享有知识产权而成为知识产权主体的情形；所谓共同主体，是指由两个及两个以上的人享有知识产权而共同成为知识产权主体的情形。

在知识产权共同主体的情形下，其共有关系既可以是共同享有完整的知识产权权利，也可以是针对知识产权财产权利或知识产权权利人身权利分别形成共有关系。在知识产权共有关系中，一般采取“共同共有”的方式来享有知识产权权利。但如果共同主体，即共有人之间有份额约定时，也可按“按份共有”的方式来享有知识产权权利。按份共有一般只能针对知识产权的财产权利形成的共有关系，而共同共有既可以针对知识产权的财产权利，也可以针对知识产权权利人人身权利形成的知识产权共有关系。例如，我国《专利法》第8条规定：“两个以上单位或者个人合作完成的发明创造、一个单位或者个人接受其他单位或者个人委托所完成的发明创造，除另有协议的以外，申请专利的权利属于完成或者共同完成的单位或者个人；申请被批准后，申请的单位或者个人为专利权人。”《商标法》（第三次修正）第5条规定：“两个以上的自然人、法人或者其他组织可以共同向商标局申请注册同一商标，共同享有和行使该商标专用权。”我国《著作权法》第13条规定：“两人以上合作创作的作品，著作权由合作作者共同享有。没有参加创作的人，不能成为合作作者。”我国《集成电路布图设计保护条例》第10条规定：“两个以上自然人、法人或者其他组织合作创作的布图设计，其专有权的归属由合作者约定；未作约定或者约定不明的，其专有权由合作者共同享有。”

五、知识产权社区主体

（一）知识产权社区主体的概念和特点

社区，是指生活在一定地域范围的具有相同或相似的传统知识和文化表达的一种社会生活共同体。WIPO 对传统知识（Traditional Knowledge）和文化表达（Traditional Cultural Expressions）的解释是：“基于传统的文学、艺术或科学作品；表演；发明；科学发现；外观设计；标记、名称和符号；未公开信息；和所有其他在工业、科学、文学或艺术领域内产生的基于传统的发明和创造”，并把“基于传统的”进一步解释为“知识系统、创造、创新和文化表达一般地从一代传向下一代，通常被认为与特别的民族和地域有关，并随着环境变化而经常地演化”。传统知识一般分为：农业知识，科学知识，技术知识，生态学知识，医学（包括药学）知识，生物多样性有关的知识，以音乐、舞蹈、歌曲、手工艺品、外观设计、故事和艺术品等形式表现的“民间文学艺术表达”，名称、地理标记和标志，以及可移动的文化财产。但是，不属于来自产业、科学、文学艺术领域里智力活动的人类遗体、通用语言以及与广义上的“遗产”相类似的其他要素不包括在传统知识的范围内。[1] 简言之，传统知识和文化表达就是特定群体在长期历史生活中共同创造或维系，并经由该群体中特定或不特定成员传承并延续至今的智力成果。

传统知识的起源是集体创作的、整体的，原住民传统知识是

[1] WIPO. Intellectual Property Needs and Expectations of Traditional Knowledge Holders：WIPO Report on Fact－finding Missionson Intellectual Property［EB/OL］.［2013－02－09］. http：//www. wipo. int/export/sites/www/freepublication/en/tk/768/wipo－pub－768. pdf.

代代口耳相传的，传统知识会因社会环境变迁而演进，常归属于某个特定居住区域的居民。[1] 但在确定具体的传统知识和文化表达的创造主体上则相对困难，概由文化之间、民族之间的相互交流和融合造成。既然传统知识和文化表达归创造它们的群体所有，而基于一定自然和社会条件长期共同的社会生活的一群人都可以被称为群体，那么，尽管传统知识通常局限于以地域和生存环境划分或以宗族和血缘为纽带的社区群体，但是也不排除有很多传统知识可以归属于一个民族、多个民族，甚至整个国家的大多数人民乃至全体人民。因此，创造或维系传统知识和文化表达的特定群体理论上可以分为社区、民族和国家三个层次。

尽管对保护传统知识及文化表达要考虑到国家利益因素，但在传统知识和文化表达中，社区传统却最为丰富多样，也最有生命力，是构成民族传统和国家传统的基础。所以在传统知识和文化表达的法律保护上，首当其冲的是强调对于社区传统的保护。传统知识和文化表达遂成为知识产权的新客体，知识产权社区主体就是指因保护传统知识和文化表达而形成的一类新型权利主体。

（二）知识产权社区主体的成因

1. 人权的需要

将传统知识和文化表达纳入知识产权保护是尊重人权、实现基本人权的重要举措。人权历经公民权利和政治权利、经济社会和文化权利、发展权等集体人权三个发展阶段。这“三代”人权构成了包括知识产权、生存权、健康权、发展权在内的完整体系。[2]

知识产权对发达国家来说是保护其创新性知识的权利，但对发展中国家和传统部族来说，则意味着其传统知识被发达国家剽

---

[1] 郭华仁，等．传统知识之保护初探［G］//（台湾）国立清华大学科技法律研究所．（台湾）清华科技法律与政策论丛．2005，2（1）：59－61．

[2] 参见《世界人权宣言》《经济、社会、文化权利国家公约》《发展权利宣言》等国际人权文件相关条款。

窃的合法性，即可以“合法”占有其传统知识和表达文化而获得知识产权。从一定程度看，传统知识构成了发展中国家和传统社区经济社会生活的技术基础。因而，传统知识的保存和发展是发展中国家和传统社区发展权的基本内涵。如果传统知识被赋予知识产权，在传统知识商业化过程中产生的巨大商业利益中，发展中国家和传统社区将获得一定的份额，加以利用传统知识和传统文化的品牌作用，必能实现发展中国家和传统社区的传统知识利益，从而促进其发展权、健康权等基本人权的实现。而且，给予传统知识以知识产权上的人格权保护是阻止滥用、掠夺传统知识，尊重原创群体的最佳保护手段。

2. 文化传承的需要

虽然全球经济一体化促使文化一体化融合的影响甚大，但文化的发展目标应是多元化而非一元化。文化一元化的危害不言而喻。人们在质疑保护传统知识及文化表达必要性时，常会援引自然界的优胜劣汰法则：文化或传统也是随着人类社会生产和生活的发展而自生自灭的，不应主动动用公共资源去保护。其实，保护传统知识和文化表达的必要性理由很简单，正如人类对保护濒危物种已达成了共识：生物多样性的内在价值不容忽视。同样，在文化领域，只有那些拥有自己特殊“基因”的本土文化才具有无可取代的价值，在世界文化发展中占一席之地。换句话说，越是民族的越是世界的，人们更愿意接触的是有独特风格和文化底蕴的产品。显然，知识产权社区主体概念的创立，不仅仅意味对继承、维护和发展传统知识与文化表达起到了理论贡献，更意味着在知识产权法律关系中，知识产权社区主体找到了自己应有的法律位置。

3. 社区发展权的需要

社区传统知识和文化表达的知识产权保护是对社区发展权的实现与发展。将社区定义为传统知识在知识产权上的权利主体，不仅仅是因为传统知识的主体具有社区群体性的特征，还因为，拥有传统知识和文化表达的知识产权也是社区的一项权利，是社区发展权不可或缺的内容。既然知识产权是人权中的重要内容，那么，社区发展权作为集体人权，当然享有知识产权，而传统知识与文化表达正是社区在知识产权上需要实现的客体。知识产权法律制度对传统知识的确认和保护，是对社区的经济与文化的促进和发展，是社区外部发展权的实现形式之一。

4. 法律公平的需要

知识产权法在各种利益之间特别是知识产权权利人利益和社会公众利益之间求得平衡，需要引入公平和正义原则，以公平正义确定知识产权法中各种利益的归属，使利益主体各得其所，也就是使利益的分配实现各方都能够接受的程度。知识产权法在对知识产品的确权、知识产品利益分配、权利的行使和限制等方面体现了公平正义价值取向。

从现代法律体系来看，传统知识和文化表达的价值并没有得到应有的尊重和补偿，特别是当传统知识和文化表达导致商业受益时，现行知识产权法只保护了挖掘和改编者的利益，而传统知识和文化表达的真正创造者没有得到合理的回报，这是极不公平的。传统知识和文化表达是传承人类文明的重要符号，创造它们的群体依然在不断地更新和发展之，其所付出的努力必须得到承认和尊重，并且获得应有的利益。

（三）知识产权社区主体的类型

以传统知识和文化表达的传承人范围为标准，传统知识和文化表达的权利主体可分为三类：（1）国家。照国家主权原则，一国对本国传统知识和文化表达享有主权；从私法的角度看，国家也可以成为传统知识和文化表达的权利主体。在国家疆域范围内的、由不特定的大多数国民传承的传统知识和文化表达，其权利主体为国家。这些传统知识和文化表达包括整个国家的语言、文学、音乐、舞蹈、游戏、神话、礼仪、习惯、手工艺、建筑等。（2）团体性权利主体。很多传统知识或文化表达是由行业团体或者家庭性团体传承发展的。由特定社会团体（包括行业团体和家庭）传承的传统知识和表达文化，其权利主体为该团体。（3）个体性权利主体。尽管传统知识和文化表达绝大多数是由集体创造完成的，但这并不排除有一部分传统知识和文化表达是由个人创作完成的，或是由个人传承的。特定个体传承的传统知识或文化表达，其权利主体为该个人。

（四）知识产权社区主体的法律实践

正如现行知识产权制度中地理标志的权利主体，传统知识的集体产权模式已得到国际组织的肯定和一些国家的响应。传统社区作为权利主体，已为很多国家的传统知识保护的相关立法所采纳。

1. 世界知识产权组织的规定

2007年12月世界知识产权组织形成的《传统文化表达修订案》规定：保护传统文化表达措施应有益于原住人和传统及其他文化地区，受益人包括：根据习惯法和实践，监护、照管和保护传统文化表达的人和团体；保护、使用或开发传统文化表达，并将保护、使用或开发传统文化表达作为文化和社会典型特征和文化遗产的人和团体。同时，世界知识产权组织形成的《传统知识修订案》规定：传统知识保护应利于在传统和世代相传范围内产生、保持和传播知识的传统社群，以及与此相关和以此进行文化识别的社群。❶

世界知识产权组织的两个修订案的规定异曲同工，代表了世界知识产权组织关于受益人，即传统知识和文化表达权利主体的共识。根据两个修订案的规定，权利主体包括：（1）既包括监护、照管和保护的人和团体，也包括保护、使用或开发过程中，并将保护、使用或开发传统文化表达作为文化识别的人和团体；（2）产生、保持和传播传统知识的社群，以传统知识进行文化识别的社群。

❶ 李秀娜．非物质文化遗产的知识产权保护［M］．北京：法律出版社，2010：77.

2. 有关国家的法律规定

巴拿马法律规定，权利主体是相关原住民社群的一般代表大会，或传统当地代表，或一个或两个以上的原住民社群。巴西法律规定：权利主体是创造、发展、持有或保存与遗传遗产传统知识的原住民或地方社群。地方社群就是通过代代相传以及固有的习惯方式组成的人类团体，并保存其社会经济制度，以特殊的文化状态与其他团体相区别。2002 年秘鲁《关于建立土著人生物资源集体知识产权保护制度的法律》规定，保护主体是原住民和社群，受保护的知识应属于原住民，而非该族中特定的个人或数人，也可能属于两个以上的原住民族。原住民族是指原就居住在该地的人民，拥有先于秘鲁国成立既已存在的权利，维持自己的文化，占据特定的领域，包括该人民自愿遗世孤立或无法与外界联系者、农民和当地的社群。埃及则认为，传统知识不应该属于个人，而是群体的集体财富，国家是传统知识的拥有者，使用者应当向国家缴纳使用费。我国台湾地区规定，权利主体为原住民族或部落。[1]

各国或地区关于传统知识和文化表达权利主体的规定都比较一致，原住民族和地方社群成为权利主体，大多数国家认为传统知识一般属于集体所有。与世界知识产权组织明显不同的是，各国或地区都没有规定在保护、使用或开发过程中，将保护、使用或开发传统文化表达作为文化识别的人和团体作为权利主体。

第四节　知识产权法律关系客体

一、知识产权法律关系客体之争

法律关系客体是指法律关系主体之间的权利和义务所指向的

[1] 李秀娜．非物质文化遗产的知识产权保护［M］．北京：法律出版社，2010：78.

对象。它是法律关系发生和存在的前提，是构成法律关系的要素之一。关于知识产权法律关系客体的定义见之甚少，这缘于一般认为知识产权法律关系客体就是知识产权客体，如“就知识产权权利义务关系这一类型的法律关系而言，知识产权法律关系的客体也就是知识产权的客体”。[1]而知识产权客体一直是研究的热点和难点。近年来知识产权研究领域出现的体系认同困境、知识产权固有意义丧失、基础概念分歧、工具主义流行等问题，很大程度上都和知识产权客体的认识深度有关。首先遇到的难点就是知识产权客体与知识产权对象的关系之争。

有观点认为知识产权对象就是知识产权客体，两者并无二致。如“知识产权保护的对象，是指人们在科学、技术、文化等知识形态领域中所创造的知识产品。知识产品是与物质产品相并存的一种民事权利客体”。[2] 更为直接的说法如“知识产权的对象，也称为知识产权的权利客体，是人们在科技、文化和工商业领域中创造的智力成果、识别性标记等具有一定商业价值的信息”。[3] 但也有持截然相反的看法，认为知识产权的客体与对象有本质的区别。因为“对象是具体的、感性的，客观的范畴，是第一性的，客体是抽象的理性的范畴，是利益关系即社会关系，是第二性的。对象和法律关系的客体是两种不同的事物”。“知识产权的对象是知识本身。”“与对象有关的概念是知识产权的客体，知识产权的客体是指基于对知识产权的对象的控制、利用和支配行为而产生的利益关系或称社会关系，它是法律所保护的内容。”[4] 另一方则认为，知识产权的客体和对象无本质不同，知识产权客体和对象是统一范畴。[5] 若一味地强调两者的区别，

[1] 何敏．知识产权基本理论［M］．北京：法律出版社，2011：104.
[2] 吴汉东．知识产权法［M］．北京：法律出版社，2011：16.
[3] 王兵．知识产权基础教程［M］．2 版．北京：清华大学出版社，2010：30.
[4] 刘春田．知识产权法［M］．北京：高等教育出版社，2000：4.
[5] 吴汉东．知识产权法学［M］．北京：北京大学出版社，2005：1.

只是在玩文字游戏。知识产权客体就是各种专利、作品和商标，特别情况下行为也可以成为客体，例如表演者权的客体就是表演者的行为。[1] 从上述争论也可以看出，关于知识产权客体，有观点认为是知识产品；有的认为是信息；有的认为是社会关系（利益关系）；也有的认为是各种专利、作品、商标和特定行为。这些观点基本上代表了知识产权客体研究的主要成果。

1. 无体财产说

所谓无体财产，概指知识产物或智力成果，它们与物（有体物）相对应而存在，分别成为无形财产权（或知识产权）与一般财产所有权的客体。[2]

知识产权的客体，是难以采用客体物的理论作出诠释的。无形财产在法国与英国也有着完全不同的理解。法国民法继承了罗马法关于物的分类理论，无体物即无形财产，特指除所有权以外的财产权利。法国学者认为："无形财产是一种非物质财富。例如，知识产权为无形财产，而知识产权不是直接针对物质资料，故其属于非物质财富。"[3] 法国民法意义上的无形财产，具体包括权利人就营业资产、顾客、营业所、作品、发明专利、工业设计、商标、商业名称以及现代社会的商业信息等所享有的权利。而英国法上没有物的概念，不存在有体物与无体物的分类，其无形财产的归类标准，一是须为区别于实物动产的无体物，二是须为象征财产利益的抽象物。在其无形财产所包括的范围中，既有债权、知识产权等权利（法国民法意义上的无体物），又有债券、股票等有价证券（现代民法理论将其称为特殊种类物[4]）；也有兼具人身与财产内容的商誉。

上述情况表明，无形财产在不同国家有着不同的理解，或指

---

[1] 郑成思．知识产权论［M］．北京：法律出版社，1998：79.

[2] 小岛庸和．无形财产权［M］．日本创成社，1998：2.

[3] 尹田．法国物权法［M］．北京：法律出版社，1998：51－53.

[4] 佟柔．民法总则［M］．北京：中国人民公安大学出版社，1990：203.

智力创造性成果（如日本），或指特定财产权利（如法国），或泛指一切具有财产意义之抽象物（如英国）。因此，将无形财产概括为知识产权的客体，尚未在世界范围内形成共识。

实际上无形财产并不限于知识产权，而是一个庞大的权利系统，包括股权、票据权利、信托财产权、市场经营自由权、政府特许权等，绝大多数无形财产并不属于知识产权法的范畴。如若通过知识产权法的扩张来制定无形财产权法，那么一方面使知识财产仍束缚于物权理论和立法体系之下，另一方面也使现行知识产权法本身的调整规则失去已有价值。

2. 知识产品说

"知识产品说"强调知识产权的客体是"人们在科学、技术、文化等知识形态领域中所创造的知识产品"。知识产品包括创造性成果、经营性标记和经营性资信。并认为："知识产品，是人们在科学、技术、文化等精神领域所创造的产品，具有发明创造、文学艺术创作等各种表现形式，它是与物质产品（有形体）相区别而独立存在的客体范畴。"❶ 上述观点建立的理由有三点：（1）作为知识产权的客体应当含有知识二字。1967 年的《建立世界知识产权组织公约》使用了知识产权（Intellectual Property）这个概念，使得一些起初使用"无形财产权"的国家，如德国，停止使用无形财产权的称谓。❷ 目前，知识产权已经成为国际通用的法律术语。1986 年我国《民法通则》颁布，正式使用"知识产权"这一概念以取代"智力成果权"的传统说。既然国际上和我国民法均采用知识产权，作为知识产权的客体就应当含有知识二字，体现出是知识"创造"的财产或产品之意。这样使客体给人以形象感，以避免精神产品、信息产品、智力成

❶ 吴汉东．知识产权基本问题研究［M］．2 版．北京：中国人民大学出版社，2009：37.

❷ 郑成思．知识产权法［M］．北京：法律出版社，2000：3.

果等称谓过于抽象，难以把握。同时避开了无形、无体的争议，直接反映了用知识的特性来决定权利客体（知识产品）的特性。同时，智力成果的传统说法，未能突出其本来具有的商品属性和财产价值，没有反映出知识产权客体的本质特征，应予检讨和反思的。[1]（2）人类社会经济的发展从产业结构的角度划分，可以分为农业经济、工业经济、知识经济三个阶段。21 世纪是知识经济的时代，知识经济时代是以"知识（智力）"资源的占有配置、生产、分配、使用（消费）为最重要因素的经济时代。所以，在知识产权成为主导权利形态的知识经济时代，知识产权的客体称谓更应含有知识二字以顺应时代潮流，体现时代特征。[2]（3）关于知识产品这一专门术语，已有国外学者作出类似表述，"知识产权"概念的倡导者、比利时法学家皮卡第曾将知识产权称为"使用知识产品的权利"。[3]"我们认为，知识产品较之物和智力成果来说，更能概括知识产权客体的本质特征。物的概念突出的是人身以外的物质对象，它可能是未经加工的自然物，也可能是人类物质劳动的创造物，明显地表现出客体的物质性；而知识产品概括了知识形态产品的本质含义，强调这类客体产生于科学、技术、文化等精神领域，是人类知识的创造物，明显地表现出客体的非物质性。同时，知识产品的内涵突出了它在商品生产条件下的商品属性和财产性质，反映了著作权、商标权、专利权中的财产权利内容，而智力成果作为权利对象的含义，难以明确指向'知识产权'（Intellectual Property）中包含的'知识所有权'原意，无法揭示非物质财富具有价值和使用价值的商品形态。因此，我们应将知识产权的客体表述为知识产品，而不是物

[1] 吴汉东，胡开忠. 无形财产权制度研究［M］. 北京：法律出版社，2001：35.

[2] 钱矛锐. 知识产权客体问题的澄清［J］. 西南政法大学学报，2002（4）：114.

[3] E. A. 鲍加特赫，等. 资本主义国家和发展中国家的专利法［G］//中国科学技术情报所专利馆国外专利法介绍. 北京：知识产权出版社，1981：12.

或智力成果。”[1]

对“知识产品说”持不同意见的观点认为：“此说直接借用了知识产权中的‘知识’一词。似可以当然地涵盖知识产权的全部客体。问题在于‘知识产权’本身也是一个颇受争议的（翻译）词语，而争议之关键就在于商标权与‘知识’的不同。但知识产权一词仍坚强地生存下来了。原因在于习惯使然。另外，更重要的是，它已成为我国现行法中的一个几无动摇可能的法律术语。相比之下。‘知识产品’说承受了‘知识产权’本身不足之处（商标何以成为‘知识’产品?），却并无支撑知识产权一词的上述有利因素。不仅如此，‘知识产品’中后一个词也拖了后腿。在法学文献中。一般较少用‘产品’一词，而多用‘财产’‘物’和‘成果’等更抽象一些的词语。即使有时用到产品，也更多指有形产品，即物质方面的成果。故假若‘知识’一词尚可。则‘财产’或‘成果’应该是比‘产品’更可取的后缀。事实上，‘知识财产’也已经是用得较多的词。”[2]

总之，“知识产品说”侧重强调知识产权的财产属性，更多地从经济学的角度进行表述。知识产权固然是一种财产权，但在突出其财产属性的同时可能忽略了其人身属性，而这一点对于权利人的保护又是非常重要的，因此，“知识产品说”也是有其斟酌之处的。

3. 智力成果说

“智力成果说”是20世纪80年代较为流行的学说，其时知识产权作为民法学的一部分，多被称为“智力成果权”编（或者章）。现在的“知识产品说”“信息说”的一些倡导者，早期也是“智力成果说”的代表，如当时认为“智力成果说”“概括

[1] 吴汉东．知识产权法［M］．北京：法律出版社，2011：18.

[2] 韦之．知识产权客体的统一称谓之我见［J］．电子知识产权，2006（4）：57.

了知识产权的最本质因素，是比较准确经历过反复推敲的”。[1]“知识产品，亦称智力成果，是人们在科学、技术、文化等精神领域中所创造的产品。”[2]“智力成果说”认为，知识产权的客体是人类的智力成果，依据劳动价值理论，智力活动是知识产权成为独立权利的合理根据。识别性的商业标志也是创造性的智力成果，因为商业标志特别是商标和商号的设计是一种创造性的智力活动，商业标志的使用人在使用商业标志的过程中，通过广告宣传、打通销售渠道，保证商品和服务的质量等经营活动，才能使有关商业标志在市场上建立信誉，而这些活动都是创造性的智力活动。“智力成果说”从知识产权的权利来源角度界定知识产权客体，突出知识产权客体的智力性、归属性，符合人们的社会经验认知。但这种观点受到挑战。（1）知识产权具有人格权、财产权一体性，人格权和财产权在保护传统知识产权中是“二难选择”的话题，智力成果说是人格权本位，忽视了知识产权的商业属性和价值属性，而在现代社会，后者显然更能满足权利人的利益主张和社会需求。（2）从方法论上看，“智力成果说”是从知识产权客体来源角度在描述其性质，这种描述没有逻辑上的漏洞，但在法律制度的建设方面意义有限。“法律制度的设计只关心财产的形态，以及由此决定的行为方式，而财产的形成过程没有必要被引入到概念之中。譬如物权的概念只关心物的形态，而不必强调物来源于体力劳动或智力劳动，即使物事实上产生于体力劳动，在法律概念中表述为体力劳动产生的物仍属多余。”[3]（3）将全部知识产权的保护对象都界定为创造性智力成果有以偏概全之嫌。因为，商标、商号和其他商业标志在知识产权法中是作为商业活动的标志而不是创造性智力成果受到保护的。1883

[1] 郑成思．知识产权法详论［M］．北京：法律出版社，1998：71．

[2] 吴汉东，闵锋．知识产权法概论［M］．北京：中国政法大学出版社，1987：1．

[3] 李琛．法的第二性原理与知识产权概念［J］．中国人民大学学报，2004（1）：99．

年缔结的《保护工业产权巴黎公约》，是将商标等商业标志作为无形财产来保护的，并未考虑它与知识的关系。一个图案的创造性再高，如果缺乏识别性（显著性），也不能作为商标。“以商业标志的信誉、价值产生于创造性的经营活动来证明商业标志的创造性，也是站不住脚的。创造性的经营活动产生信誉，而商标等商业标志是体现这种信誉的载体，不能将创造性的经营活动和体现经营活动所产生的信誉的载体混为一谈。商业标志上所体现的商业信誉的高低好坏，只影响商业标志的价值，并不影响该标志作为商业活动的标志的存在，也不是决定该标志是否受商业标志法保护的条件。”❶（4）将知识产权的主体限定为智力成果的创造人与实际不符。“首先，我国专利法和大多数国家的专利法一样，规定对于职务发明，申请和取得专利权的权利属于单位（雇主）而非发明人和设计人，著作权法规定，某些职务作品的著作权归单位，电影作品的著作权归制片人，即专利权和著作权的原始主体不必一定是智力成果的创造人。其次，继受取得知识产权的人，肯定不是智力成果的创造人。至于商标，其设计人和商标权人在大多数情况下是不一致的。”❷

4. 信息说

“信息说”与计算机问世、互联网建立和信息技术进步是密不可分的。该说认为，知识产权的产生和发展，是一个科技创新与制度创新的过程，也是科技、经济、法律协调发展的过程。知识产权法学除了从哲学、经济学、民法学汲取营养外，物理学、科技学等自然学科也给知识产权的研究提供支持。信息原本是物理学上的概念。现代物理学界把客观世界的构成要素分成物质、能量和信息。客观世界中的物质不是孤立静止的，而是相互联

❶ 张玉敏．论知识产权的概念和法律特征［G］//唐广良．知识产权研究．北京：方正出版社，2003：170－171.

❷ 张玉敏．论知识产权的概念和法律特征［G］//唐广良．知识产权研究．北京：方正出版社，2003：171－172.

系、不断运动的。A 物质的运动会在 B 物质上留下“痕迹”，A、B 物质间的痕迹和映射所形成的运动轨迹就是信息。所以，信息是从制度的角度揭示了物质世界的存在方式。知识是人类关于自然界、人类社会及其思维方式与运动规律的认识、经验的总结，是主观世界对客观世界的反映，其本质也是一种信息。知识具有信息的特征，如客观性、无限性、依附性、共享性等。因此，知识产权的客体是与智力活动有关的非物质信息。“事实上，知识产权的对象就是一定的信息。发明创造是一种知识信息，工商业标记是一种识别信息，未披露过的信息显然是一种信息，对无独创性数据库的特殊权利保护实质是对录入数据库中的信息保护。”[1] 进而提出信息知识产权法，调整信息产权主体间因信息享有、使用、加工、公开、传播等而发生的平等的法律关系，信息知识产权是知识产权法的扩展。[2] 并非所有的信息都可以成为知识产权的客体，成为知识产权客体的信息必须符合下列条件之一：（1）经过创造性劳动获得。通过人们的创造性劳动所获得的信息，可以成为知识产权的客体。如果此种信息是新颖的、实用的和非显而易见的技术信息，则其可成为发明专利和实用新型专利的客体。（2）具有标志性。标志性的信息，是指具有区分功能、表明出处或来源功能以及具有表明质量功能的信息。如果某信息具有标志性，则可以成为商标权的客体。（3）具有原创性或表达性。具有此种性质的信息可以成为版权的客体。此处所谓的原创性、表达性的信息，是指作者在信息的表达上是自己独立完成的，而不是剽窃他人的。（4）通过投资获得。通过投资获得的信息，即使不符合传统知识产权客体的要件，也可成为知识产权的客体。通过投资获得的信息最典型的例子为数据库。对于符合版权客体要件的数据库，可以受到版权保护。但对于不具

---

[1] 王兵．知识产权基础教程［M］．2 版．北京：清华大学出版社，2010：30.

[2] 唐珺．信息产权及相关问题的探讨［J］．南方经济，2006（7）：72.

有原创性的数据库，则无法受到版权的保护，事实上也很难受到其他知识产权法的有效保护。如果此种数据库得不到保护，这必将影响到投资者的利益，其投资便无法收回，影响到投资者在数据库方面投资的热情。

总之，当今社会是一个信息社会，“信息说”很能符合时代潮流，认为信息的来源和归属是统一的，信息是联系来源和归属的纽带，这意味着知识产权的关注点不再是探寻客体的创造性，而是客体在现实社会留下的“痕迹”或贡献。“信息说”扩展了对知识产权客体的价值认知。知识产权的价值机制在发展过程中几经变化，十七八世纪，知识产权客体主要是作品和发明，那时的知识产权假设权利人处在“相对弱势地位”，因此，其重在保护权利人的精神利益和物质利益。进入 20 世纪后，商业秘密、不正当竞争等商业内容也被纳入知识产权体系，知识产权客体不再绝对表现为明确的、自然人形态，也不是完全处于“弱势地位”，知识产权的价值原则相应转向创造者和社会的协调，被称为协调理论。在“信息说”看来，协调没有从本质上揭示出知识产权对社会的意义。因为在信息范式中，信息的主体是多元化、模糊的，其是否明确、是否是自然人都不重要，重要的是信息的流动以及因流动带来的利益。流动中的利益可以并存共享，知识产权的目的是如何合理分配这些利益，实现经济学意义上的“帕累托最优”。

但“信息说”也存在其不足的地方。（1）权利客体必须具备稀缺性、可控性、价值性、独立存在性等特点，而信息是难以确认并控制的，无法确定并掌控的对象不能成为法律关系的客体。（2）信息是物质之间的痕迹和映射，要通过光、电、声音、动作等才能表现出来，从符号学角度分析，进入社会关系，成为权利义务对象的不是流动的信息，而是因承载着这些信息而具有特殊意义的符号。（3）缺乏清晰的信息概念。信息也是区分的，比如世界知识产权组织将信息分成可以被计算机处理的信息和只能意会的信息。“信息产权”的倡导者或支持者通常是直接援引信息科学或信息哲学中的“信息”定义，甚或避而不谈。但是，信息学（包括信息科学和信息哲学）中对于信息的定义多达两百余个，并没有一个公认的信息定义。在这种情形下，将“信息”引入知识产权基本理论的研究当中，值得质疑。（4）信息产权的正当性问题没有解决。“考虑到知识存在专有知识与公有知识的区分，可以说信息产权的提法为有关利益主体蚕食和削弱公有知识领域提供了理论工具。认为用信息产权替代知识产权就能够避开某些利益主张上升为财产权的正当性证明，无疑是一种天真的想法，也是一种不负责任的做法。”“正如支持信息产权理论的学者所说：信息产权的外延明显大于知识产权。知识产权的正当性不足以说明信息产权的正当性。总之，信息产权尚缺乏相应的正当性基础。”[1]

“信息说”对信息的诠释并没有取得令人满意的结果，究其原因是“信息说”混淆了客体和客体属性。从哲学上讲，客体是相对主体而言，是独立于主体之外，不受主体意识而转移的客观现象，是主体认识和活动的对象。在法学上，法律关系有主体、客体和内容三个构成要素，其中的客体又被称为权利客体，是权利主体的权利和义务所指向的对象。法律关系的客体和哲学意义上的客体的共同点在于，它们都是客观存在的，是独立于主体却又能被主体认知、把握、支配的客观现象，既包括客观物质世界中的土地、水流、动物等现象，也包括客观精神世界的现象，如政治制度、名誉、荣誉等。两者的不同之处是，法律关系的客体必须得到法律的确认。也就是说，即使现实生活中人们在围绕某种现象发生着社会关系，但只要该种社会关系没有得到法律确认，也就不能形成法律关系，不能成法律关系的客体。诸如法律认可的客体主要包括物、非物质财富、行为等。

---

[1] 向波．知识、信息与知识产权的对象［J］．知识产权，2011（1）：65－70.

总之，信息是一个外延很广的概念，几乎所有的事物都可转化为信息，而知识产权的客体仅是众多信息中的一部分而已，还有很多信息并不属于知识产权客体的范围。如《专利法》第25条规定的几种情况，完全属于信息的范围，但却为专利法所排斥，可见，“信息说”并不科学严谨。现在确定地认定知识产权的对象就是信息，或者说，知识产权中的知识等同于信息，甚至将知识产权更名为“信息产权”，这是由于未认真分析“知识”“信息”等基本概念所致的误解。这两者虽有一定关系，但区别至为明显。信息一词与各项传统的知识产权客体，如发明、作品、商标等缺乏较直接的联系，因而只有借助于较多的解释才能拉近彼此距离。所以，称知识产权的对象为信息，知识产权是所谓“信息产权”等是难以成立的。

5. 社会关系说（利益关系说）

“社会关系说”认为“知识产权的客体是指基于对知识产权的对象的控制、利用和支配行为而产生的利益关系或社会关系，它是法律所要保护的内容”。[1] 该说认为，与客体相关的概念是知识产权对象。知识产权的对象就是知识本身，在知识产权领域是指创造性智力成果和工商业标记，它们是知识产权法律关系发生的前提和基础。对象和客体是两种不同的事物。把知识产权的对象即创造性智力成果和工商业标记当做知识产权的客体加以论述是不妥当的。二者的区别在于：对象是具体的、感性的、客观的范畴，是第一性的，它是法律关系所以发生的客观基础和前提；而客体是法律关系的要素之一，客体是抽象的、理性的范畴，是利益关系即社会关系，是第二性的。

反对者认为，社会关系这个概念指社会主体之间存在的联系，是对社会现象的描绘，而不是社会主体处分行为的对象，不论事实处分行为还是法律处分行为都是如此。继而从最基础的有

[1] 刘春田．知识产权法［M］．3版．北京：高等教育出版社，2007：5.

关法律关系的法学基础理论反驳“社会关系说”，强调法律关系是法律在调整人们行为的过程中形成的权利、义务关系，法律关系是社会关系的一种特殊形态，“法律关系是由主体、客体和权利与义务三要素构成的”，“法律关系客体是法律关系主体的权利和义务所指向的共同对象”。由此，“社会关系说”所持观点显然不能成立。因为“社会关系说”将作为法律关系要素之一的客体归结为社会关系，而社会关系属于法律关系的上位阶概念，如此一来势必造成秩序上的混乱和逻辑上的错误。

6. 支配行为说

持此观点的学者认为，把智力成果或“知识产品”作为知识产权客体，不仅在理论逻辑上是错误的，而且在实践中也行不通。继而分别提出“知识产权对象”和“知识产权客体”两个不同的概念。认为：知识产权的对象是指知识产权法律关系所据以产生的事物，具体地说，就是有关的智力成果和工商业标记。而知识产权的客体，即知识产权法律关系的客体，与对象是不同的。其立论推理为：法律关系是由“法律规范所确认和调整的人与人之间的权利义务关系”。法律关系的构成要素包括主体、内容和客体。法律调整人与人的关系，不调整人与物的关系。按照这一逻辑推出，法律关系的客体绝不是智力成果或工商业标记本身，而是依法对智力成果或工商业标记进行控制、利用和支配之行为。由于对智力成果或工商业标记进行商业性的利用、控制和支配，才能给权利人带来各种财产的利益。比如复制发行或改编文学艺术作品，许可他人实施自己的专利技术或许可他人使用自己的商标等。反之，如果未经权利人许可为上述利用和支配行为，则构成侵犯知识产权。所以法律所规定的对智力成果和工商业标记的各种利用与支配行为，才是知识产权的客体。

反对者认为，这种观点似乎在力图改革传统法理的客体理论，即认为权利客体不是权利义务所指向的共同对象，而是对共同对象的控制、利用、支配行为。依这种观点的逻辑，我们可以推出在民法领域财产法的客体，也不再是“物”，而是所有人对物的支配行为、转让行为、继承行为等。这种观点的错误在于它混淆了“权利的实现方式”与“权利客体”。事实上，这种控制、利用和支配行为正是权利内容的实现方式。

7. 权利说

“权利说”认为，知识产权法律关系的客体是权利人对智力成果享有的权利。比如，一项专利权，作为无形财产，其所有人行使处分权转让它时，合同标的可能是制造某种专利产品的“制造权”，也可能是销售某种专利产品的“销售权”，却不是专利产品本身。[1]（1）在知识产权许可法律关系中，许可人许可他人使用其知识产权。换句话说，许可人的义务是让渡使用权，而被许可人的权利是取得该使用权。（2）在知识产权转让法律关系中，转让人的义务是“交付”专有权，而受让人的权利是获得该专有权。主体的权利义务均指向专有权而非知识产品。（3）在静态的知识产权法律关系中，知识产权由于具有排他性、对世性等类似物权的特性，权利人对其知识产品享有专有权，而任何他人都有义务不侵犯其专有权。因此静态的知识产权法律关系的客体是专有权而非知识产品。因此，知识产权法律关系的客体是专有权，使用权、出租权、复制权、传播权等各项权利而非作为权利客体的知识产品；不同的权利成为不同类型的法律关系的客体。[2]

“权利说”的不足之处主要在于：（1）“权利说”与“社会关系说”一样，仍然不能合理地解释因权利人自行使用知识产品并从中获益而形成的对世性法律关系中的客体，比如著作权人行使复制权时，复制的是表现为一定形式的作品，而不是权利。

---

[1] 郑成思．知识产权法［M］．北京：法律出版社，1997：11.

[2] 钱矛锐．知识产权客体问题的澄清［J］．西南政法大学学报，2002（4）：114－115.

(2) 法理学上，权利与义务是一对必然的矛盾，二者是利益与负担、主动与受动的一一对应关系，❶ 那么，作为权利说中法律关系客体的“权利”，也应当有与之对应的义务及该权利义务指向的客体，这必然涉及另一个法律关系，以复制权为例，权利说未能回答以复制权为客体的法律关系所引出的一个以复制权为权利内容的法律关系两者之间有什么区别和联系。即使按照权利说理论，为论述方便，暂且将把知识产权法律关系的客体“权利”作为内容形成的法律关系命名为基础关系，问题是如果基础关系的权利内容是知识产权，自然应当被纳入知识产权的调整范畴。如果基础关系属于知识产权法律关系，按照权利说，其客体也应当是权利，这样，“权利说”避免了社会关系说“对象”与“客体”的纠缠，但又陷入了“权利”与“法律关系”的无限循环。产生这种逻辑循环的根本原因正是“权利说”忽视了知识产品上形成的对世性法律关系的结果，事实上，基础关系正是这种在知识产品上形成的对世性法律关系，其客体是知识产品，而不是权利。

二、影响知识产权法律关系客体认识的主要原因

知识产权迄今没有统一的客体，主要有以下两种原因。

1. 人的认识能力的局限性

知识产权法的历史不过寥寥数百年而已，而有着上千年历史的债法、物权法等领域还存有众多争议，故相对“年轻”的知识产权领域存在此争议，不足为奇。理论的发展和人的认识水平有关，人的认识是成螺旋式上升的，科学的认识总是逐步取得的，科学的理论也总是随着人类认识的广度和深度的加强而不但完善的。而在人类的认识方面，人的认识一般都带有时空和经验的局限性。由于人的整体认识水平总要受到特定历史条件、科技

---

❶ 张文显．法理学［M］．北京：法律出版社，2004：100.

发达程度的制约，且人们的认识层次往往存在差异，不同时代、不同国家的人们之间乃至同一时代、同一国家的不同个体之间，在对“知识产权的客体是什么”这个同一问题的认识上必然出现种种分歧。即使同一个人，在不同时期，对同一问题的认识也可能存在不同。

2. 科学技术革命的影响

知识产权制度本身为科学技术和社会经济发展的产物，科学技术和社会经济的继续发展又对知识产权制度提出新的要求。纵观知识产权法的历史，其产生和演变无不伴随着科学技术的创新，每一次科技革命都会影响到知识产权立法的变革。自知识产权产生以来的数百年间，知识产权的客体已从最初专利的“一枝独秀”的场景，发展到如今以专利、文学艺术作品、商业标记为主体架构，包含商业秘密等其他客体的“百花齐放”的繁荣状态。随着科技水平的不断提高，知识产权的客体范围必将越来越广，会有更多的需要保护的客体不断地涌现出来。知识产权客体的复杂性和开放性，决定了目前不可能抽象出像物权之客体“物”一样的能够涵盖知识产权所有客体的词语。

澄清知识产权的客体是知识产权法的基础性研究，对这一问题得出不同结论，固然为求得理论共识增添了许多麻烦，但也为解决这一问题准备了足够的材料和可资借鉴的经验。虽然未必就能得出完全科学的答案，但在全面总结前人得失的基础上，完全可以对这一问题得出比前人更科学或更合理的结论。

三、知识产权法律关系客体的具体内容

从规范分析入手对知识产权法律关系客体进行研究是十分重要的，但上述研究结论差强人意。从认识论的角度看，一般性存在于特殊性之中，对一般原理的认识由对具体事物的认识上升而来。不妨从实证的角度出发，对知识产权范围内的各项具体知识

产权权利的客体逐一进行研究、探求，而后进行归纳总结，应该说这样分析是比较符合认识论的。下面将按照《世界知识产权组织公约》和 WTO 的 TRIPS 所划定知识产权的范围，逐一探求各项具体知识产权权利的客体。

1. 专利权的客体

专利权的客体，由于不同国家有不同的法律规定而各不相同。在我国，专利权的客体包括三大项内容：发明、实用新型与外观设计。发明是指对产品、方法或者其改进所提出的新的技术方案；实用新型是指对产品的形状、构造或其结合所提出的适于实用的新的技术方案；外观设计是指对产品的形状、图案或其结合以及色彩与形状、图案的结合所作出的富有美感并适于工业上应用的新设计。这三者都属于实用技术领域的智力成果。

2. 商标权的客体

传统理论认为，商标权的客体就是指商标法所保护的注册商标。商标是生产经营者在其商品或服务上所使用的，由文字、图形、字母、数字、三维标志和颜色结合，以及上述要素的组合构成的，具有显著特征、便于识别商品或服务来源的特定标志。其实质是特定标志与特定商品或服务联系在一起的构思的外在固化。

3. 商号权的客体

一般认为，商标权的客体即为商号。商号又称企业名称、厂商名称，是企业进行工商经营活动时用于标示自己并区别于他人的标志。其实质是特定名称与特定商事主体相结合的构思的外在固化。

4. 地理标志权的客体

一般认为，地理标志，也称货源标记或原产地名称。也有观点认为，作为某些商品产地所标示的地理标记，其价值来源于当地的自然地理特点，把它归入知识产权是不恰当的，甚至把地理标志当做私权的对象，也是值得研究的。

5. 商誉权的客体

即为商誉利益，实质上是商业主体的特殊经济利益，其形成在于企业在生产经营、服务态度、技术创新、员工素质、商业文化、管理经验等方面所形成的良好能力，并由此获得社会公众的普遍认可和积极评价。

商标权、商号权、地理标志权和商誉权具有共性特点，商标权、商号权和地理标志权的客体绝不仅仅是商标、商号和地理标志，其作为工商业标记，价值不仅仅在其自身，而主要在于其蕴含的商誉利益。所以说，这些标记性权利的客体应为复杂客体，即既包括标记本身，又包括商誉利益。目前关于域名权与商标权、商号权冲突解决的困难，正在于未能正确认识商标权、商号权的客体，即未能认识到商标权、商号权的客体更主要的是商誉利益。各国普遍承认域名与商标的作用及获得途径完全不同，二者发生冲突时，在许多情况下并不必然意味着“商标侵权”。只有将他人商标或商号作为域名注册侵犯了他人商标或商号项下的商誉利益，才构成侵权；未侵犯他人商誉，不构成侵权。

6. 著作权的客体

著作权客体是指受著作权保护的作品。具体包括下述几类作品：①文字作品；②口述作品；③音乐、戏剧、曲艺、舞蹈、杂技艺术作品；④美术、建筑作品；⑤摄影作品；⑥电影作品和以类似摄制电影的方法创作的作品；⑦工程设计图、产品设计图、地图、示意图等图形作品和模型作品。随着民族文化的繁荣和科学技术的进步，著作权保护的作品范围不断扩大，计算机软件、民间文学艺术作品以及法律、行政法规规定的其他作品也纳入了著作权保护的范围而成为了著作权的客体。

7. 邻接权的客体

邻接权一般认为包括出版者权、表演者权、音像制作者权及广播电视组织权。出版者权的客体为出版者所出版的图书、报纸、期刊及其版式、装帧等，既包括表达思想和情感的作品本身，又包括作品的载体。表演者权的客体是表演者的现场表演行为本身，即演员的形象、动作、声音等的组合。音像制作者权利的客体即为音像制品。广播组织权的客体即是广播电视组织所编制的广播电视节目，既包括对著作权法所称的作品的播放，又包括对不构成作品的客观事物的报道，如现场直播体育比赛等。

8. 反不正当竞争权的客体

包括社会公共秩序（主要指市场竞争秩序）、适当市场竞争者的利益和消费者利益，属于复杂客体，以适当市场竞争者的利益为主要客体。

9. 集成电路布图设计（拓扑图）权的客体

即为集成电路布图设计，它是指集成电路中至少有一个是有源元件的两个以上元件和部分或者全部互连线路的三维配置，或者为制造集成电路而准备的上述三维配置。它属于一项高强度的综合性智力劳动成果。

10. 未披露过的信息专有权的客体

即为未公开的信息，也称商业秘密。是指不为公众所知悉，能为权利人带来经济利益，具有实用性并经权利人采取保密措施的技术信息和经营信息，包括经营秘密（trade secret）和技术秘密（know－how）两方面的内容。

11. 发明权的客体

即发明者的发明。发明是指经发明人创造的前人所没有的、先进的、经过实践证明可以应用的重大科学新成就。我国现在实行发明专利和发明奖励的双轨制。发明权与专利权同属于知识产权保护的范围。不具有专利权的发明是发明权的客体。根据我国《发明奖励条例》第2条之规定，发明是一种重大的科学技术新成就。

12. 发现权的客体

即发现人的科学发现，乃为阐明客观物质世界的现象、特性或规律而提出的一种新认识。根据我国《自然科学奖励条例》

第2条的规定，能够获得发现权的科学发现成果，必须同时具备两个条件：其一，科学发现的内容具有客观性、科学性和新颖性。其二，科学发现必须具有在科学技术的发展中有重大意义的价值，即发现的意义在于它能扩大人类认识能力，能引起科学技术的重大变化。

此外，还有其他科技成果权的客体。其他科技成果主要包括科学技术进步成果权、合理化建议成果权和技术改进成果权。它们的客体是科技成果。

综合分析上述各类知识产权权利客体，不难发现，有的是单一客体，有的是复杂客体；即使是单一客体，有的可以归结为智力成果或知识，有的不能归结为知识，而是行为。形成如此情况，缘于知识产权本身的复杂性。客体是主体实现对权利义务进行支配时所作用的具体对象，从法学的角度看，这一对象应当具有三种基本性质：（1）具有客观性。客观性表明这一客体是现实生活中实实在在存在的东西，而非人们凭空想象或杜撰之事物，且是具有可感知性、可再现性、可复制性的客观实体。知识产权客体既然可以加以认知和借以利用，表明它是客观的实体，它不属于人的主观范畴。（2）可控性。可控性表明知识产权客体是一种可以依照行为人的主观意图来进行控制和支配的客观实体。所谓控制是指知识产权的主体可以对知识产权客体进行符合自己意愿的掌控，比如技术方案的描述与保密、创作作品的复制与保存等。可控性是智力劳动成果所体现出的财产性特征之一。（3）价值性。价值性表明知识产权客体是一种具有社会经济价值的事物，一种能够被人们加以利用和使用的智慧性财富。其利用价值在于它能为新的创新提供有价值的启发，其使用价值在于它本身附着于产品载体之上后，便可为人类生产提供帮助、为人类生活提供方便。价值性也是智力劳动成果体现其财产性特征的最为重要的方面。

总之，如果知识产权客体不具有客观性，主体将无法作用于其上以实现主体所期待的权利或义务。如果知识产权客体不具有可控性，法律也将无法为主体设定明确的权利或义务。如果知识产权客体不具有价值性，法律则无须为主体设定任何权利和义务。知识产权客体是一种客观存在的实体，以无体形态加以表现，因其是智力劳动的凝结物，所以俗称智力成果。

四、知识产权法律关系客体的变化

知识产权法之初始，仅以专利法、商标法、著作权法为其主干。随着科技和社会的发展，知识产权法的权利客体日益延伸，渐成无形财产保护的主要法律表现。譬如商标法，早期仅保护商品商标，其后扩及服务商标，现在又延及地理标志和证明标记。随着知识产权法的发展，知识产权法律关系的客体虽日益丰富，但也日益背离其传统意义上的范围和特征。

传统上知识产权客体可以分为两类：一是创造性的智力成果，比如专利技术、文艺作品等；二是识别性的商业标志，比如商标、商号等。因此，知识产权的客体在传统上要么具有创造性，要么具有识别性，并非只要是具有无形性或非物质性特点的财产，就都能在知识产权的保护框架中找到位置。但近年来的知识产权立法，开始缓慢地动摇智力成果传统上应具有的创造性或识别性特征。

以著作权为例，早期著作权法在保护范围上主要限于文学艺术作品，后来扩及工程设计图、产品设计图、示意图等图形作品和模型作品，显然这些作品逐渐地远离了文学艺术作品的内涵。至于保护计算机软件，更是与文学艺术作品毫不相干。虽然著作权法之客体范围已然发生重大变革，但无论如何，这些客体尚能保持独创性的特征，只是独创性的程度逐渐弱化了。但到20世纪90年代欧盟《关于数据库法律保护的指令》出台，确立了一种新的知识产权“数据库特殊权利”，赋予数据库制作者以“摘录权”和“再利用权”，意在阻止他人擅自使用数据库的全部或实质部分的内容。从此，在内容选择和结构编排上没有独创性的数据库，也可以得到这种新型知识产权的保护，至此连客体独创性的特征都抛弃了。而在传统上，数据库只有在选择和编排上满足独创性的要求，才可按汇编作品给予著作权保护。知识产品的创造性特征，由此受到了严峻的挑战。

在商标法上，识别性的特征也日益弱化。以证明商标为例，在证明原产地时，证明商标尚能体现出些许识别性，但这种识别性是对商品的来源地区的识别，而不像一般商标那样，是对商品的来源厂商的识别。可见，原产地证明商标已改变了识别性的内涵。至于仅仅是对商品或服务的质量、产地等特定品质起证明作用的证明商标，基本上没有任何来源识别的功能。因此，证明商标动摇了商标权客体传统上的识别性特征。

知识产权客体的类似变化，在其他领域仍然存在。比如集成电路布图设计创造性比专利法上的创造性要求低得多。商业秘密中的一些内容，比如经营秘密，可能只是一些客户名单或进货渠道，既与创造性无关，也与识别性无涉，但也能得到知识产权法的礼遇。此外，科学技术的迅猛发展还触动了知识产权法在权利客体中的一些固有原则和观念。比如生物技术的兴起使发现与发明的界限变得模糊，“专利只能授予发明，不能授予发现”的传统观念遭到了挑战。算法、治疗方法不受专利保护的说法也有人质疑。因此，传统上被排除在知识产权保护之外的一些内容，可能也会逐渐聚集到知识产权的保护伞下。❶

上述知识产权客体变化现象已经进入系统论研究者视野，基于全面系统干预思维（Total System Intervention，TSI），系统论学者认为：“有关知识产权客体与对象的各种学说分别代表一种方法论、一种理论视角，并且不同的理论视角背后有不同的系统隐喻。”“不同的系统隐喻导致学者们对知识产权客体及对象界定

---

❶ 袁真富．知识产权法律的现代发展［J］．中华商标，2003（8）：18.

的角度不同，因而对知识产权概念的界定，以及对知识产权对象与客体的实质的分析差异较大，表现为多种学说并存，甚至观点相互矛盾现象。”“虽然各种系统隐喻之间差异很大，但是各种隐喻之间也存在一定关系，在总体上呈现出一定规律，这种规律表现为系统隐喻的连续谱特征。从符号、形式、信息、知识、物、财产等，呈现出越来越财产化、‘物’性越来越大、主体的涉入（Involvement）逐渐增强的特征。”而从财产、物、知识、信息、形式到符号，知识产权对象客体、独立性过程明显，越来越符号化、抽象化。“由此可以看出，知识产权对象背后的系统隐喻是一个连续谱，呈现一个谱系状态。由此可以推断出：知识产权对象是一个客体涵盖面广，内涵非常丰富的概念，具有复杂性、多维度性的特征，试图用一种观点和学说同意各种学说确有难处。”[1]

非物质文化遗产的保护，在一定程度上冲击了知识产权法的传统理论。非物质文化遗产，是指在特定社区世代相传并作为社区文化和社会特性组成部分的知识财产。与物质文化遗产不同，虽然许多非物质文化遗产以有形物质为载体和表现形式，但非物质文化遗产和它的载体有本质不同。非物质文化遗产是无形的、抽象的，是人类脑力劳动的成果，本质是思想，应划归知识产权的客体范畴，对其保护应采取知识产权制度。2003 年，联合国教科文组织颁布《保护非物质文化遗产公约》，[2] 正式使用了“the Intangible Culture Heritage”这一概念，即我国通称的“非物质文化遗产”。除美国坚持反对给予非物质文化遗产以知识产权法保护外，发展中国家、欧盟和日本都倾向于以知识产权法保护非物质文化遗产，可以说利用知识产权法保护非物质文化遗产在

---

[1] 黄国群. 全面系统干预视角的知识产权客体内涵解读［J］. 现代管理科学，2011（6）：43.

[2] 中国政府于 2004 年 8 月加入该公约。

国际社会已经达成共识。

由此可见，只要人类社会还在进步，特别是知识经济的深入化，还会有新的、不能为相关法律规范加以调整的社会现象出现，知识产权的范围必然会不断扩大，而知识产权的客体也是一个变化的、无法限定的领域，试图将知识产权范围内各项具体权利的客体抽象为一类，在目前而言是无法做到的。知识产权的客体必将是一个开放的、不断发展的体系，对于知识产权客体的研究也需用发展的眼光看待此问题，随着社会的不断进步，人类认识能力的不断提高，最终必定能够从中知识产权复杂客体中抽象出一个更为准确、简练的概念。

第五节 知识产权法律关系内容

一、知识产权权利的类型

知识产权法律关系内容，是指知识产权所有人依法享有的权利和承担的义务的总和。作为特定权利体系的知识产权，同时包含财产权利和人身权利两个方面的内容。

知识产权权利人身权利，是指那些与某个特定人之人身密不可分的知识产权权利。比如发明权、发现权、发表权、署名权和标记权等权利。人身权利在大多数情况下为自然人所享有，但在特定情况下，也可为单位所享有，比如单位发明或创作时，其知识产权权利人身权利也可由该单位享有。知识产权财产权利，是指那些与某个特定人的人身可以分离而独立存在，且具有财产和经济内容的知识产权权利。如那些具有使用权、收益权、处分权性质的知识产权权利，诸如专用权、实施权、收费权、许可权和转让权等。

尽管知识产权具有人身性和财产性两方面特征，但在知识产权体系中的各类权利，除著作权等少数权利同时具有财产权利和人身权利两方面的内容外，绝大多数种类的知识产权都不同时具有这两个方面的权利。知识产权的社会功能往往更多的是通过财产权利来加以体现的，所以知识产权的财产权利仍是知识产权的核心内容。若无特别说明，在一般场合谈及知识产权时，通常指的就是知识产权的财产权利。

在理解知识产权内容的双重性时，不可将知识产权体系之整体所具有的特征，机械地套用在知识产权体系中每一类的权利上。在逻辑学上，个别的总和不等于整体；反过来，整体也不等于各个个体之和。在专利权体系中，专利权不具有人身权利的内容，但发明人或者设计人却依法享有在专利申请文件中，写明自己是发明人或者设计人的权利。发明人或者设计人依法享有的这项权利，肯定属于人身权利，也肯定属于知识产权体系。又如，在商标权体系中，商标权也是不具有人身权利内容的，但创作设计具有独创性商标图案的人，依法应享有该商标图案的人身权利，而这些权利都属于知识产权体系中的人身权利。

二、知识产权权能的类型

对于一项权利来讲，必须有一些最基本的要素存在。其主要包括：利益、主张、资格、权能、自由五个方面。首先，一项权利的存在必须以利益为内容。因为权利的成立目的是保护利益，权利之得以成立，也是由于利在其中；其次，一种利益要成为权利还必须有人提出对它的主张或要求，否则就不可能成为权利；再次，提出利益主张要有所凭借，就是要有资格提出要求；又次，一种利益、主张、资格的成立还要求具有能够体现权利的实际、具体功能的权能；最后，权利还包括主体可以按个人意志去行使或放弃某种权利，不受外来的干预或威胁。如果某人被迫去主张或放弃某种利益、要求，那么，这种主张或放弃本身就不是权利，而是义务了。

知识产权的权能，亦即知识产权权利所具有的功能，是指知识产权权利内在所具有的、有益的功用和效能。它类同于有体物所有权占有、使用、收益和处分的权能；也包括对知识产权法律关系的客体进行管理、控制、支配、利用、收益和处分的权能。只不过其功能的实现方式与有体物所有权功能的实现方式有所不同而已。不同点也正是知识产权法律关系分属两种不同的民事法律关系的重要原因。

概括而言，知识产权的权能主要包括：（1）专有权；（2）实施权；（3）禁止权；（4）许诺销售权；（5）标记权；（6）专用权；（7）许可权；（8）转让权；（9）特许经营权；（10）发表权；（11）署名权；（12）复制权；（13）表演权；（14）改编权；（15）注释权；（16）整理权；（17）翻译权；（18）修改权；（19）广播权；（20）展览权；（21）汇编权；（22）摄制权；（23）出租权；（24）信息网络传播权；（25）放映权；（26）发行权；（27）保护作品完整权；（28）进口权；（29）出口权；（30）收费权；（31）其他处分权等权能。❶

三、知识产权义务的类型

知识产权权利和义务是实现权利的法定功能及利益的两个方面，知识产权权利人依法承担的义务比较少。

（一）专利法所规定的专利权人的义务

1. 缴纳专利申请及维持年费的义务

专利权人发明创造获得专利权后，应缴纳年费，这是世界各国专利制度的普遍做法。据说这种做法在欧洲中世纪英国国王授予专利特许权时就已经存在。专利权人应当自被授予专利权的当年开始缴纳年费。但是对缴纳专利年费的做法，各国规定的不一致。有的规定自申请日起缴纳，有的规定自公布之日起或者自专利权授予之日起缴纳，有的规定自申请日或者专利权授予之日起

❶ 何敏．知识产权法总论［M］．上海：上海人民出版社，2011：137－138.

几年后开始缴纳。

我国《专利法》第46条规定，专利权人应当自被授予专利权的当年开始缴纳年费。缴纳年费是专利权人的义务，专利权人不履行该义务，其专利权将终止。专利权人同他人签订专利实施许可合同后，有义务保证被许可人在无法律障碍情况下享有专利实施许可合同所规定的一切权利，因此专利权人仍要按期缴纳年费，以保证专利权不提前失效。

2. 实施发明专利的义务

国家授予发明创造专利权的目的之一是有利于发明创造的推广应用，促进科学技术的发展。专利法保护专利权对其获得专利的发明创造依法享有的独占的实施权，但是，如果专利权人取得专利权后便将其发明创造束之高阁，不付诸实施，而任何第三人又不能自由地将这样的发明创造付诸实施，那么就可能会出现由专利权人垄断其发明创造，使国家授予专利权的目的无法实现，这对于推进社会和科学技术的发展是极为不利的。因此，制造专利产品，使用专利方法是实现专利技术的推广应用的必经途径，所以专利权人应努力履行这一义务。

我国《专利法》规定，专利权人有自己在中国制造其专利产品，使用其专利方法的义务。为了履行这一义务，专利权人就必须以生产经营为目的地在中国内实施，可以专利权人自己实施，也可以由专利权人许可他人在中国境内实施。实施的方式通常有：制造专利产品、使用专利产品、销售专利产品、使用专利方法、许可他人实施专利发明创造等。

3. 公开发明实质的义务

专利权人应当在说明书中把发明、实用新型、外观设计的内容按照专利法的要求，详细、清楚而确切地加以阐明，以使同行业的技术人员能够理解和实施。我国《专利法》规定，对不充分公开发明创造内容的专利，其他人有权提请国家知识产权局专利复审委员会宣告该专利为无效。

（二）商标法规定的商标权人的义务

1. 保证注册商标商品或服务质量的义务

商标注册人应当对其使用注册商标的商品或服务的质量负责。许可他人使用其注册商标时，应当监督被许可人使用其注册商标的商品或者服务的质量。如《商标法》（2013 年第三次修正）第 43 条第 1 款规定：“商标注册人可以通过签订商标使用许可合同，许可他人使用其注册商标。许可人应当监督被许可人使用其注册商标的商品质量。被许可人应当保证使用该注册商标的商品质量。”

2. 注册商标使用的义务

商标注册人应当严格按照商标法律的有关规定正确使用其注册商标。（1）注册商标应严格按照《商标注册证》上核准注册的商标和核定使用的商品或服务使用。（2）商标注册人不得自行改变注册商标的方案、图形或者其组合；不得自行改变注册商标的注册人名义、地址或者其他注册事项。（3）商标注册人有使用注册商标的义务。如果注册商标自核准之日连续 3 年停止使用，该商标将可能被依法撤销。（4）商标注册人许可他人使用其注册商标，必须签订商标使用许可合同。许可人应当自许可合同签订之日起 3 个月内，将合同副本报送商标局办理商标使用许可合同备案。

3. 缴纳规定的费用

商标权人应按照商标法规定缴纳各项费用。如商标注册申请费、注册费、转让登记费、续展注册申请费等。

（三）著作权法规定的著作权人的义务

著作权法所规定的义务较为简单，主要包括：（1）不损害公共利益的义务；（2）书面让渡合同的义务；（3）排除声明的义务等。

在某些国家，著作权人、专利权人和注册商标权人还要依法承担制作版权标记、专利标记和注册标记的义务，但我国法律未作此规定。上述例举只是知识产权的普遍义务，在权利义务关系中，相对于具体权利，还会形成相应的各种具体义务。如图书出版人与著作权人之间的权利义务，依我国《著作权法》第30条规定："图书出版者出版图书应当和著作权人订立出版合同，并支付报酬。"第31条规定："图书出版者对著作权人交付出版的作品，按照合同约定享有的专有出版权受法律保护，他人不得出版该作品。"以及第32条规定："著作权人应当按照合同约定期限交付作品。图书出版者应当按照合同约定的出版质量、期限出版图书。图书出版者不按照合同约定期限出版，应当依照本法第五十四条的规定承担民事责任。图书出版者重印、再版作品的，应当通知著作权人，并支付报酬。图书脱销后，图书出版者拒绝重印、再版的，著作权人有权终止合同。"

第七章　知识产权权利冲突与权利滥用限制

第一节　知识产权权利冲突界定

一、知识产权权利冲突的概念

（一）权利冲突概念

长期以来，权利冲突问题一直是中国法学界关注的焦点问题。当一项财产附着许多权利时，就会发生权利冲突的现象。权利冲突问题在法理学界早已有过讨论，“权利冲突应该是指合法性、正当性权利之间发生的冲突”。[1] 所谓的“合法性”，是指权利的取得是法律授予或至少是法律所不禁止的；而“正当性”则是指权利的获得符合公平、正义、诚信等基本价值理念，具体而言，就是权利的获得不为恶意，不侵犯他人的权利。

（二）关于知识产权权利冲突概念的争论

当前，学界关于知识产权权利冲突的争论聚焦在一个问题上，即知识产权是否存在权利冲突。

对知识产权权利冲突持否定态度的观点认为，主张知识产权权利冲突只会为侵权人找到借口，无益于知识产权保护。因而知识产权权利冲突在理论上是个“伪命题”，权利冲突本身实际也是“伪冲突”，即并非权利与权利的冲突，而是权利与侵权的冲突。如果非要强调权利冲突，反而会给侵权人找到侵权的借口，如侵

---

[1] 刘作翔．权利冲突的几个理论问题［J］．中国法学，2002（2）：57.

权人未经在先权利人的合法授权，擅自将他人享有的知识产权另行注册为其他类型的权利时，就会企图以“权利冲突”为名长期非法占用他人知识产权为自己谋利。[1] 即侵权人以所谓权利冲突对自己的侵权行为予以粉饰和辩解，人为地增加了侵权案件的复杂性，增加了案件处理的难度，甚至可能干扰对被控侵权人行为“违法性”的审查，转而对被控侵权人行为“合法性”的求证。这不仅浪费了宝贵的知识产权执法资源，而且有可能影响案件的公正审判。另外，利用“权利冲突”来粉饰和遮掩侵权行为，不仅会因增加案件处理难度而提高权利人的维权成本，而且会使维权意识与能力本来就不强的国内权利人更视维权为畏途，从而阻碍知识产权制度功能的有效发挥。更有甚者，利用“权利冲突”来粉饰和遮掩侵权行为，还有可能混淆视听，对不具有知识产权专业知识的社会公众产生误导，从而不利于加强知识产权保护整体社会氛围的形成。况且随着“知识产权权利冲突”这一似是而非概念的广泛流传，很可能引导、诱使更多的潜在侵权人通过设定“瑕疵权利”或“越界”行使权利的方式去实施侵权行为，从而加大打击的难度，使得知识产权保护形势更为严峻。“所谓权利冲突问题，实际上是个权利边界的划定问题。”[2] 因此主张在知识产权“权利冲突”争议与知识产权侵权争议之间划出一条明晰的界限。

对知识产权权利冲突持肯定态度的观点则认为，知识产权权利冲突是一个极为复杂也是一个非常普遍的法律现象，这是因为知识产权是一个庞大的权利体系，它包含了专利权、商标权、著作权、集成电路布图设计权、植物新品种权、地理标志权等众多的权利形式，其权利取得的实质要件与形式要件各不相同，授权机关也各有所异，因而可能会在同一知识产权客体上存在多个不

---

[1] 魏小毛．知识产权权利冲突是一场误会？［EB/OL］．（2008－04－01）［2012－10－15］．http：//www. sipo. gov. cn/mtjj/2006/200804/t20080401_362045. html.

[2] 郝铁川．权利冲突：一个不成为问题的问题［J］．法学，2004（9）：3－6.

同种类的知识产权。当这些不同种类的知识产权分数于不同的权利主体时，便会造成利益矛盾，权利冲突由此而生。

考虑到知识产品的无形性，生产过程的特殊性，即创新成果并不完全依赖于创新主体在特定区域或范围的活动，而是智力资本长期积累的结果，因而难以在知识产权“权利冲突”争议与知识产权“侵权争议”之间划出一条明晰的界限。这就意味着，知识产权的权利冲突是客观存在，有必要将权利冲突思想引入相关法律制度。

二、知识产权权利冲突的主要学说

知识产权权利冲突，在名称上有“知识产权权利交叉”“知识产权权利重叠”“知识产权权利多重保护”和“知识产权权利竞合”等多种称谓。目前关于知识产权权利冲突主要有广义冲突说、狭义冲突说和真假冲突说三种。

1. 广义冲突说

只要由同一知识产权客体衍生，分属于不同主体的两项或两项以上相互矛盾或抵触的权利在取得上有相应的法律依据，即可构成权利冲突，而不考虑权利人在主观上是否出于善意。例如，在“武松打虎图”著作权与商标权冲突案、[1]“三毛”角色著作权与商标权冲突案[2]等这些知识产权权利冲突典型案例中，尽管商标权的取得未经著作权人的许可，但都依法定程序取得了商标注册，依商标法享有商标专用权，因此，在先著作权与在后商标

---

[1] 1996年年末，北京市海淀区法院就“武松打虎图”版权纠纷一案，判被告山东景阳冈酒厂未经许可将刘继卣创作的图画用作商标，构成侵犯版权，判被告停止侵权并向版权人支付赔偿。1997年2月，国家工商局商标评审委员会终局裁定景阳冈酒厂以“武松打虎国”注册为商标，侵害了版权人的在先版权，应予撤销注册。

[2] 1996年年初，已故漫画家张乐平的继承人冯雏音等，发现江苏三毛集团申请取得“三毛”漫画形象注册商标并对外宣传销售产品，故以三毛集团侵犯其著作权为由向法院起诉。法院终审判决三毛集团停止在产品、企业形象上使用“三毛”漫画作品并赔偿经济损失10万元。

权属于知识产权权利冲突关系。

2. 狭义冲突说

该说以冲突产生的法律基础为定性的逻辑起点。即从产生根源上看，冲突的产生如果是基于先前的侵权行为，则只能将其从源头上定性为侵权，不去探究其后的发展状况。真正的权利冲突不应包括未经已受知识产权法或普通民法保护的知识产权或其他民事权利的权利人的许可，在恶意或存有过失的情况下取得的“在后权”与已受保护的“在先权”的抵触，因为此种所谓的“在后权”并不真正地具有合法性，虽然其在形式上具有法律依据，但实质上它是在侵权的基础上产生的，是一种虚拟的、假象的权利，其不能与真正的在先的合法权利发生冲突，只能构成侵权。如擅自将他人作品作为商标注册后产生的商标权，是一种有瑕疵的民事权利，此种权利的取得使本应构成侵权的行为披上了合法的外衣。所以，“武松打虎图”案和“三毛”案实际上并非真正意义上的权利冲突，而是地地道道的权利人与侵权人的冲突，是一种侵权行为关系。

3. 真假冲突说

真冲突应该是在同一智力成果或商业标识上存在分属于不同主体且依合法程序取得的知识产权之间形成了利益矛盾或权利抵触；假冲突，是指为法律所允许的数个知识产权为不同主体所形成的权利重叠，如果这些权利之间并不存在利益矛盾或权利抵触，则不属于权利冲突。但如果在先权利若是特殊保护的权利，那么假冲突可能成为真冲突。所以，真假冲突有时具有相对性，并不是绝对的。[1]

总之，广义冲突说以冲突的现存状态为定性的逻辑起点，即从当前状态来看，只要其符合权利冲突的构成要件，也就是说从

---

[1] 陶鑫良，袁真富．知识产权法总论［M］．北京：知识产权出版社，2005：268－269.

形式上看冲突是由两种或两种以上由法律认可的权利相互抵触而造成的，就可将其归为权利冲突类，不去进一步探究其产生的基础。如《最高人民法院关于审理涉及知识产权权利冲突民事纠纷案件适用法律若干问题的解释》第1条规定："知识产权民事纠纷案件中的权利冲突争议，是指一方当事人根据其享有的知识产权向对方提出诉讼请求，对方当事人以行使自己享有的知识产权为由进行抗辩形成的争议。"该条规定可以说就是广义冲突说的司法体现。而狭义冲突说，则以冲突产生的法律基础为定性的逻辑起点，即从产生根源上看，冲突的产生如果是基于先前的侵权行为，则一步错，步步错，只能将其从源头上定性为侵权，不去探究其后的发展状况。相比较而言，广义冲突说不仅符合人们认识问题即从形式到本质的逻辑规律，而且有利于更全面地协调各类矛盾，解决各类纷繁复杂的纠纷。但又鉴于不同冲突的本质差异，将权利冲突分为"真冲突"与"假冲突"或实质权利冲突与形式权利冲突，更利于科学地探究其产生根源及确立解决机制。

本书赞同这样的观点："知识产权权利冲突是指两个或两个以上由不同主体合法取得的、基于同一创造性智力成果或经营性商业标记而产生的知识产权之间的利益矛盾。"[1]

第二节　知识产权权利冲突原因

一、知识产权权利冲突的利益根源

知识产权权利冲突根本上是对社会中相对有限的知识产品存量的争夺。资源的有限性导致利益的冲突不可避免，法律的出现就是为了减少和尽可能地消除这种利益的冲突，将每个人的利益界定在一定的范围之内，并以权利的形式固定下来，但法律通过

---

[1] 何敏．知识产权基本理论［M］．北京：法律出版社，2011：268.

权利的形式对利益的界定总有不确定的、模糊的地方。因此，以权利的形式去追求自己的利益时，会受到他人同样以权利形式出现的指向同样对象的利益追求的阻碍，这样，权利的冲突就不可避免了。所以，权利在一定程度上是表征利益的范畴，是利益隐藏在权利的背后，推动权利的发生、运动和变化。

知识产权作为一种重要的无形资产，它不仅是一种法律权利，更是一种极其重要的竞争性资源，它能给人带来经济利益，特别是具有较高知名度的商标、商号，更能使企业获得持续而稳定的市场优势。于是，一些经营者在利益驱动下，将同一知识产权客体依照法定程序申请获得与原权利人不同的知识产权。这样，权利冲突的实质就彰显出来，权利冲突就是一种利益冲突，是以权利冲突形式表现出来的利益冲突。

二、知识产权权利冲突的内部原因

知识产权因其客体的非物质性、时间性和地域性的特殊性质，呈现出与一般民事权利不一样的权利特征，正是这些特性导致了知识产权的权利冲突。

首先，知识产权客体的非物质性促成了知识产权权利冲突的发生。知识产权不具物质形态，不占有一定的空间，人们无法对其像占有有体物那样进行占有，更无法像对有体物一样进行直接支配和控制。因此，对知识产权客体进行占有的主体往往不一定是唯一的，存在“一物多权”的特点，当这几个不同权利分属于不同主体时，就会发生权利冲突。正是知识产权客体的非物质性，导致了知识产权“权利边界”不像有体财产权那样直观、明显，从而进一步促成了知识产权权利冲突的发生。

其次，知识产权的时间性和地域性也是权利冲突发生的原因。时间与地域的交叉易导致权利冲突。知识产权的时间性与地域性实质上是对权利人的知识产权进行限制，以均衡权利人利益与公众利益。知识产权时间性是指确定其保护期，例如，发明专利权的保护期为20年，外观设计专利权的保护期为10年，由作者享有著作权的作品的保护期为作者有生之年加其死后50年，商标权的保护期为10年并可无限延展。通过保护期的界定，知识产品在适当的时候进入了公有领域，以利于知识产品的再创造和满足社会公众对知识产权的合法需求。一旦“在后权利人”在“在先权利”未届保护期的情况下未经许可而利用，则发生时间交叉，因而造成权利冲突。与此类似，地域性交叉是指“在后权利人”在“在先权利”生效的地域未经许可而利用，则会带来权利冲突。

最后，知识产权客体与载体的可分离性导致了知识产权权利的多元性。由于智力成果与智力成果的载体之间可以相互分离，这使得同一知识产权客体可能竞存多种知识产权，导致知识产权的权利重叠。如对一幅绘画作品，甲可以对其创作的绘画作品享有著作权，乙可以对其拥有的画品享有所有权，丙可以对其用作商标标识的此画享有商标权。因各种原因导致了这些合法权利人之间的利益冲突时，也便发生了权利人之间的权利冲突。

三、知识产权权利冲突的外部原因

（一）知识产权权利冲突的制度原因

现行知识产权的分散立法模式与分头执法模式是知识产权权利冲突的制度基础。世界上多数国家不存在统一的知识产权法典，而是采用分散的、单行立法的模式。各部门法，如著作权法、专利法、商标法、反不正当竞争法都先后独立进行，这种分散立法方式无疑可能将同一客体从不同的角度进行不同的规范，进而常常带来冲突与不协调。各部门法在制定或修订过程中虽然注意到与相邻知识产权单行法的协调，但问题是，这种协调的数量、程度都相当有限。与此相对应，立法上缺少统一的权利协调机制，随之而来的是分头执法模式，这为知识产权权利冲突提供了土壤。如我国商标的注册和管理由国家工商行政管理总局商标局负责，而企业名称则由国家工商行政管理总局和地方工商行政管理局负责，这种分散的授权机制使权利的冲撞成为可能。有些权利虽然由同一单位授权，但限于检索能力或者仅作形式审查，无法避免重复授权。有些权利经权利人许可产生，各被许可人之间在权利实施过程中也会发生冲突。有些权利自然产生，如著作权，适用自动取得制度，只要作品完成就产生相应的权利，无须履行任何手续。这种状态下产生的权利极易与其他权利产生冲突。如外观设计专利权的取得只须通过外观设计专利申请的形式审查制度，不适用实质审查制度，由于著作权（美术作品、图形作品、摄影作品和建筑作品等）与外观设计专利权所保护的客体有可能存在局部相同，这就为它们之间发生权利冲突提供了可能。

因法律不断完善，从而导致在原法律框架下形成的法律关系发生变化，也会造成知识产权权利冲突。如浙江省食品有限公司诉浙江永康四路火腿一厂等商标侵权纠纷一案，原告于1979年经受让取得“金华火腿”商标，被告于2003年获准使用金华火腿原产地产品专用标志，二者遂产生了商标权和地理标志权的冲突。[1]

（二）知识产权权利冲突的历史原因

因历史原因引发的权利冲突案件一般涉及老字号企业或者商品，主要有两种类型：一种是双方当事人分别以相同的文字注册商标和企业名称，注册初期彼此相安无事，但经过长期的经营，该品牌具有了相当的知名度，其中一方当事人要求另一方停止使用企业名称。如杭州张小泉集团有限公司诉上海张小泉刀剪总店等商标侵权及不正当竞争纠纷案。原告于1964年取得“张小泉牌”商标，该商标曾

---

[1] 2005年8月25日，上海市第二中级人民法院判决驳回原告的诉讼请求。裁判理由是对于因历史原因形成的、含有地名的注册商标，虽然商标权人根据商标法享有商标专用权，但是如果该地名经国家专门行政机关批准实施原产地域产品保护，则被获准使用的民事主体可以在法定范围内使用该原产地域专用标志。商标权人以行为人合法使用的原产地域专用标志侵犯自己的商标专用权为由诉至人民法院，请求侵权损害赔偿的，法院不予支持（详见上海市第二中级人民法院判决书（2003）沪二中民五（知）初字第239号）。

被认定为驰名商标。被告于1956年取得“上海张小泉刀剪商店”企业名称。原告认为被告在企业名称中和经营活动中使用“张小泉”，侵犯了其注册商标和驰名商标权，构成不正当竞争。法院认为，“张小泉”剪刀已具有三百多年历史，原、被告均对“张小泉”品牌的发展壮大作过一定的贡献。法院认定被告未构成侵权，同时要求被告应在商品、服务上规范使用其经核准登记的企业名称。❶ 另一种是企业在分立、改制过程中，对于知识产权的使用有过约定，但在其后的经营活动中，双方对权利如何使用发生争议。如上海永久股份有限公司诉上海永久麟龙摩托车有限公司不正当竞争系列案，原告系“永久”商标的注册人，原告将其摩托车分公司改制成民营化性质公司即被告，同意被告使用“永久”字号。后原告发现被告在经营活动中有突出使用“永久”字号等行为，要求其停止使用“永久”字号。法院认为，被告企业系由原告分公司改制而成，原告已明确表示同意被告使用该企业名称，无权阻止被告继续使用。法院驳回了原告的诉讼请求。❷

第三节 知识产权权利冲突主要类型

一、知识产权权利冲突的分类标准

（一）根据权利所属领域为区分标准，知识产权权利冲突分为知识产权内部权利冲突和知识产权与其他民事权利的冲突

1. 知识产权内部权利的冲突

知识产权内部权利冲突可细分为三类：第一类与商业标记权

---

❶ 详见上海市第二中级人民法院民事判决书（1999）沪二中知初字第13号和上海市高级人民法院民事判决书（2004）沪高民三（知）终字第27号。

❷ 详见上海市第二中级人民法院民事判决书（2003）沪二中民五（知）初字第47号。

有关；第二类与著作权有关；第三类与专利权有关。详见本节第二部分论述。

2. 知识产权与其他民事权利的冲突

这主要是指知识产权和人格权的冲突、知识产权和物权的冲突，属于广义上的知识产权权利冲突。如2007年年初，某公司向国家商标局提交在耗子药上注册“郑筱萸”商标的申请。郑筱萸乃国家药监局前局长，当时因为涉嫌犯罪被“双规”。商标局认为我国《商标法》明确规定，“有害于社会主义道德风尚或者有其他不良影响的”标志不得作为商标使用。很明显，该公司想利用该人的臭名昭著的名声，获得消费者的青睐，那么，如果注册成功的话，就会产生郑筱萸的姓名权与该公司的商标权间的权利冲突。[1] 再如曾被载入中国美术史册的壁画名作《赤壁之战》，在湖北武汉晴川饭店装修过程中被拆毁，创作此壁画的四位画家向法院起诉饭店和湖北省旅游局等侵害其著作权。此时的画家的合法的著作权就与饭店的物权所有权发生了冲突。[2]

---

[1] 王秋实．“郑筱萸”鼠药商标申请被驳［EB/OL］．（2007－03－09）［2012－06－03］．http：//society. people. com. cn/GB/1062/5453353. html. 2007年03月09日03：44.

[2] 1981年年底，蔡迪安等4位画家受湖北省旅游局委托，为武汉晴川饭店二楼宴会厅创作大型壁画《赤壁之战》。该画全长1720厘米，高320厘米，绘制在7块九夹板上，创作历时一年零九个月。1997年，该画以“中国壁画复兴的代表作品之一”被收入《中国现代美术全集》之壁画卷。但饭店重新装修后，这幅壁画不复存在。2002年7月，4位画家以侵害著作权为由起诉晴川饭店有限公司等6家单位，索赔100万元。武汉中院审理认为，蔡迪安等4位画家对《赤壁之战》享有著作权。但壁画完成后，他们将壁画交给了委托人晴川饭店工程指挥部，该指挥部按合同支付了酬劳，取得该作品的有形财产所有权，后又将财产所有权转移给了晴川饭店有限公司。因此，晴川饭店有限公司拆毁壁画的行为，是对自己的有形财产进行处分，并未侵犯画家们对该壁画的著作权，故驳回画家们的诉请。4位画家不服一审判决，上诉至省高级人民法院。省高院认定了一审认定的事实，终审维持原判（详见湖北省武汉市中级人民法院（2002）武知初字第72号民事判决和湖北省高级人民法院民事判决书［2003］鄂民三终字第18号）。

（二）根据知识产权性质的不同，可将知识产权权利冲突分为同类型知识产权冲突与不同类型知识产权冲突

1. 同类型知识产权之间的冲突

即依据某一知识产权专门法而产生的权利而发生冲突，如专利权与专利权、商标权与商标权、著作权与著作权之间的冲突等。如在钱钟书、人民文学出版社诉四川文艺出版社《围城》汇校本著作权纠纷一案中，法院认定《围城》汇校本不具有独创性，且未经著作权人的许可出版他人作品，侵犯了他人著作权，于是责令其停止侵权、赔偿损失。❶ 但是对于汇校本是否具有独创性，这在理论上还是值得商榷的。如果汇校本具有独创性，那么就会产生形式合法的在后权利，继而引发原作品著作权与演绎作品著作权间的权利冲突。

2. 不同类型知识产权之间的权利冲突

即依据不同专门法产生的知识产权权利发生冲突，如商标权与著作权、专利权与商标权、著作权与专利权之间的冲突、知识产权中的专属权利与公众权益的冲突、国内知识产权与国外知识产权的冲突等。如美国有一家公司在中国商标局注册了“加菲猫”的图形商标，在19种商品上使用。中国的很多孩子都知道这个商标标识。但是广东有一家公司后来用“加菲猫”的形象向中国专利局申请了一个加菲猫表的外观设计专利，被授予了专利权。于是外观设计专利权与商标权发生了冲突。❷

❶ 钱钟书、人民文学出版社诉胥智芬、四川文艺出版社著作权纠纷案［EB/OL］.（2002－11－04）［2012－03－08］. http：//old. chinacourt. org/html/article/200211/04/16957. shtml.

❷ 张伟君：浅议知识产权权利冲突解决机制的完善［EB/OL］.（2006－05－31）［2011－11－09］. http：//www. iprcn. com/IL_ Lwxc_ Show. aspx? News_ PI =1563.

（三）根据相互冲突的权利是否有瑕疵，可将知识产权权利冲突分为无瑕疵的权利冲突和有瑕疵的权利冲突

无瑕疵的权利冲突是指相互冲突的权利都具有充分的合法性、有效性的权利冲突，该冲突源于权利人对其享有的无瑕疵的权利的不正当行使。如企业名称权人在特定产品上不适当地使用其字号，致使其字号与他人使用于相同产品上的注册商标相混淆，公众易产生误认。有瑕疵的权利冲突是指相互冲突的权利之间，一方权利之有效性没有充分的法律依据，虽然该权利在形式上获得了国家机关的授权，但是可依法被撤销或者被宣告无效。这种冲突通常在两种情况下产生，一是一方当事人在侵犯他人合法有效的在先权的基础上产生的“在后权利”，并由此引发的在先权与在后权利的冲突；二是由于有关国家机构的重复授权造成。

（四）根据引起知识产权权利冲突的一方当事人主观上是否具有恶意，可以将知识产权权利冲突分为恶意的权利冲突和善意的权利冲突

主观上是否具有恶意，对处理知识产权权利冲突的结果会产生影响，在处理上所采用的方法因当事人主观心态而有所区分。如在审理计算机域名纠纷案件中确定当事人为商业目的将他人驰名商标注册为域名的，法院则认定为其具有恶意，可以判令停止侵权、注销域名等。

二、知识产权权利冲突主要情形

（一）商标权与企业名称权之间的冲突

企业名称权，是指经核准登记的企业对企业名称在核准登记的区域内所享有的专有权利。而基于商号所产生的专有权利称为商号权。商号是经营主体特定化的标志之一，它是指一个合法经营主体开展经营活动、并与其他主体区分开来的名称。由于商号反映了企业名称的特征性，往往是企业名称中最核心的部分，是

完整企业名称的一种精练概括，所以，在实践中，商标权与企业名称权的权利冲突，主要表现为商标权与企业商号权之间的冲突。

商标权与企业名称权冲突主要表现为，在后企业名称权与在先商标权冲突和在后商标权与在先企业名称权的权利冲突现象。商标权与企业名称权冲突的表现形式呈多样化趋势，主要有：（1）将他人的商标登记为自己企业名称中的字号，并简化使用企业名称，经营相同的产品；（2）将他人的商号注册为自己的商标，并经营相同的产品或者服务；（3）将他人的本不相同的企业名称、字号和商标，反过来注册为自己的商标和字号；（4）将他人的驰名商标注册在不同的产品上或者登记在不同行业的企业名称上。

如原告黑牛食品工业有限公司诉被告广西黑牛乳业有限公司侵犯商标专用权及不正当竞争纠纷一案，原告系“黑牛”商标的注册人，该商标被司法认定为驰名商标，被告字号中包含“黑牛”，原告认为被告将原告注册商标作为企业字号注册使用，在同类行业中使用与其注册商标相同的标识作为字号构成商标侵权，且被告在宣传和产品上突出使用“黑牛”文字构成不正当竞争而诉至法院。一审法院认定被告在原告生产的同类产品上突出使用黑牛标识造成公众误认的行为构成商标侵权和不正当竞争，判决被告停止使用含“黑牛”文字的企业字号，并不得将该字号用于经营活动。被告不服一审判决向上级法院提出上诉。二审中，双方达成调解协议，由被告变更其企业名称并停止使用含“黑牛”文字的企业字号于经营活动中。[1] 对此种情况，《商标法》（第三次修正）第 58 条明确规定了商标与企业名称冲突的法律适用，即“将他人注册商标、未注册的驰名商标作为企业名称中的字号使用，误导公众，构成不正当竞争行为的，依照《中华人民共和国反不正当竞争法》处理”。

---

[1] 广西壮族自治区南宁市中级人民法院民事判决书（2007）南市民三初字第68号和广西壮族自治区高级人民法院民事调解书（2008）桂民三终字第8号。

又如原告湖北九州通医药有限公司与被告广西九州通药业有限公司商标侵权纠纷及不正当竞争纠纷一案，“九州通”文字为原告注册商标的主要部分和企业名称中的字号，被告注册和使用的企业名称中包含“九州通”字号，并以此对外从事与原告经营内容相同的营业活动。原告认为，被告的行为构成商标侵权和不正当竞争而诉至法院。一审法院认定，被告在原告扩大经营和商标宣传时变更为以“九州通”为字号的企业名称，其乃“搭便车”的不当行为，被告的行为构成侵犯原告的商标权和不正当竞争，判决被告停止使用含“九州通”文字的企业字号，并停止以该字号开展经营活动。被告不服一审判决，向二审法院提出上诉，二审法院维持了一审判决。[1]

在先商标权与在后企业名称权之间的冲突现象较为常见，对于在后商标权与在先企业名称权的权利冲突情形则相对较少，且商标权的效力范围延伸至全国各地，而企业名称权仅在企业注册登记的地域范围内有效。商标权是由国家工商行政管理总局公告授权，具有公示、公信力。无论是从效力范围上考虑抑或维护法律关系稳定性的层面上考虑，法律仅将在先的知名企业名称权与在后商标权的冲突纳入其调整视野即可。

（二）商标权与网络域名权之间的冲突

1. 域名的概念

关于域名，早期学术界曾有不同理解。[2] 世界知识产权组织

---

[1] 广西壮族自治区南宁市中级人民法院（2006）南市民三初字第4号和广西壮族自治区高级人民法院民事判决书（2007）桂民三终字第47号。

[2] 第一种观点认为，域名又称网址，是一个通过计算机登上因特网的人在因特网上的地址。参见：常敏，邹海林．关于域名和商标冲突的若干问题［G］//陶鑫良，等．域名与知识产权保护．北京：知识产权出版社，2000：242. 第二种观点认为，域名就是指互联网用户用以确定其在网上的位置，并与其IP地址相对应的名称。参见：李柳杰．域名与商标的冲突及其解决［G］//张平．网络法律评论（第1卷）．北京：法律出版社，2001：122. 第三种观点认为，域名是指域名所有人拥有的用于计算机定位和身份识别的网络地址。参见：刘春茂．知识产权原理［M］．北京：知识产权出版社，2002：848.

的《关于驰名商标保护规定的共同建议》认为，域名是指与因特网上数码地址相应的字母数字混合语符列。2004 年 11 月 5 日信息产业部发布的《中国互联网域名管理办法》第 3 条规定，域名是互联网络上识别和定位计算机的层次结构式的字符标识，与该计算机的互联网协议（IP）地址相对应。可见，域名与 IP 网络地址相对应，是网络世界的身份标记。随着商业活动的网络化，域名所具有的原始意义被淡化，其商业价值日渐凸显，现已成为一项重要的经营性标识。如果域名注册人以与他人商标相同或近似的文字申请注册，则有可能发生域名专用权与商标专有权的冲突。对于域名的法律性质问题，无论是在理论界还是在实务中，仍处于争论之中。

2. 域名的性质

域名与相应的网络服务密切相联系，这就像商标与特定的商品的关系一样，如果孤立地看待域名，就像孤立地看待商业标识一样，将像失去对商标价值的判断一样失去对域名价值的判断。因为，商标之所以有价值是因为它标示了一种有价值的商品，商业标识只是一个符号而已。域名也是如此，域名本身只是一个指向某一个计算机地址的代码或符号，由于代码和符号的唯一性，它会引导访问者进入一个期望访问的网站，这一网站的服务才是域名所指示的“产品”或“商品”。即使不认为域名具有创造性或独创性，不是智力成果，但不能否认它与商标一样是一种具有显著性的标示性标记。因此，域名是知识产权类的财产，并应当赋予它的拥有者以一定的方式对其享有专有权利。事实上，2001 年 6 月 26 日发布的《最高人民法院关于审理涉及计算机网络域名民事纠纷案件适用法律若干问题的解释》中，已经将域名视作一种民事权利，属于知识产权，受知识产权法的调整。

3. 域名权与商标权发生冲突的原因

由于商标与域名的相似性特征，商标专有权与域名专用权之间极易发生权利冲突。导致两种权利之间冲突的主要原因有以下三个。

（1）商标多元性与域名唯一性特征，是商标权与域名权冲突的直接原因。域名的全球唯一性决定了域名的排他性明显高于商标权，在同一域名后缀范围内，域名是绝对唯一的，一个域名不可能由多个人同时拥有。但商标注册的类别化和地域性，决定了商标的多元性，即在不同类别的商标（服务）上可能存在相同的商标，在不同国家（地区）中更可能存在相同商品的相同商标。互联网在商业领域的扩张和商业运营的互联网化，使企业通常将自己知名度较高的商标注册为域名，使域名成为商标在互联网上的延伸；而域名注册人又往往会将其知名度较高的域名申请注册为商标，使域名商标化。但是域名的全球唯一性、绝对性特征，使得域名在全球范围内只能由一个人注册，他人不得注册同一个在先域名。这使域名成为一项稀缺性资源，对于好记、好听、知名的一些商标往往成为被抢注的对象，从而造成商标权与域名权的冲突。

（2）域名国际性与法治国内性矛盾，是商标权与域名权冲突的间接原因。1998 年 11 月成立的互联网域名与数字地址分配公司（ICANN）作为管理通用顶级域名的国际机构，根据 WIPO 的建议，于 1999 年 8 月 25 日通过《统一域名争端解决政策》（*Uniform Domain Name Dispute Resolution Policy*，UDRP），要求所有通用顶级域名（generic top level domains）的注册商必须接受 UDRP。并于 1999 年 10 月 24 日又通过了《统一域名争端解决政策之规则》（*Rules for Uniform Domain Name Dispute Resolution Policy*，*UDRP Rules*），取代了原先由美国网络解决方案公司（Network Solution Incorporation，NSI）制定和执行的《域名争端规则》（*Domain Name Dispute Policy*），作为解决网络域名与商标争议即域名抢注纠纷的规则，并适用于现已存在和日后将被注册的一切域名。尽管 UDRP 和 UDRP Rules 影响深远，不仅成为解决通用顶级域名纠纷的依据，也被许多国家直接用于解决其国内域名纠纷，或成为各国制定域名争议政策和规则的参考。但国内有专家认为："该规则的域名政策及强制性行政程序的实体规则和程序规则都不属于严格意义上的法律，而应属于'契约'的决定。"[1] 2001年9月24日至10月3日，世界知识产权组织成员大会第36届系列会议上通过了《关于在因特网上保护商标权以及各种标志的其他工业产权的规定的联合建议》，该建议旨在为商标注册人在因特网上使用其商标以及参与电子商务发展，提供一个明确的法律框架，为促进有关商标权以及各种标志的其他工业产权的现行法律在因特网上的适用提供便利。但这个文件仍不能对各国域名的争端解决提供有效而全面的司法救济。

我国目前尚未出台有关域名的法律，现行域名方面的规范文件有2001年6月颁布的《最高人民法院关于审理涉及计算机网络域名民事纠纷案件适用法律若干问题的解释》、2004年11月5日由信息产业部发布的《中国互联网域名管理办法》，以及中国互联网络信息中心2006年2月14日公布、同年3月17日施行的《中国互联网络信息中心域名争议解决办法》等规定，尽管这些规范对域名权利冲突的解决机制作出了规定，但效力等级较低。前者为司法解释，后两者为部门规范性文件。

（3）商标审查与域名审查的制度差异，是商标权与域名权冲突的制度原因。域名注册制度遵循"先申请注册"的形式审查原则，这与商标的注册原则有着天壤之别。根据《中国互联网域名管理办法》第24条规定，域名注册服务遵循"先申请注册"原则，对域名注册仅对域名申请材料的真实性和域名的合法性进行形式审查，而不会对域名是否侵犯他人的注册商标权、企业名称权等在先权利的情况进行实质审查，间接地将这种潜在的权利冲突后置于仲裁或司法救济来解决。而商标注册制度，则须

[1] 吴汉东．知识产权基本问题研究［M］．北京：中国人民大学出版社，2005：647.

经受理、初审公告、注册公告等实质性审查程序，一般情况下也不会对相关的在先权进行审查，但历时较长。[1] 然而域名注册耗时很短，以适应网络化的发展速度，但这种较短时间就能完成域名注册为域名抢注埋下了隐患。另外，中国域名注册管理机构为工业和信息化部，而商标注册则为国家工商行政管理总局商标局。不同的注册制度和管理制度及不同的管理部门，是构成商标权与域名权冲突的体制上的原因。

4. 商标权与域名权冲突处理的法律规定

如何解决商标权与域名权的权利冲突，无论是国际还是国内相应的法律法规都极其有限。UDRP 对域名抢注作了规定，即在满足下列三个条件时，域名注册机构认定某域名的注册属于抢注行为，并有权撤销、变更和转让域名注册。同时规定法院对域名争议拥有最终的司法管辖权：（1）该域名与异议人拥有权利的某商标或服务标志相同或有引起混淆的类似；（2）域名持有人不享有涉及该域名的任何权利或合法利益；（3）该域名已经被恶意注册和使用。该规则同时规定了“恶意”的具体认定标准，包括注册域名的目的是向商标或服务标志的所有人或其竞争对手允诺出售、出租、转让该域名；妨碍商标所有人将自己的商标注册为域名；干扰竞争对手的正常经营，或获取商业利益而故意制造混淆以吸引用户访问网站等。[2]

我国信息产业部发布的《中国互联网信息中心域名争议解决办法》第 9 条规定了恶意抢注的情形，当“被投诉的域名持

[1] 《商标法》（2013 年第三次修正）第 28 条规定：“对申请注册的商标，商标局应当自收到商标注册申请文件之日起九个月内审查完毕，符合本法有关规定的，予以初步审定公告。”第 35 条规定：“对初步审定公告的商标提出异议的，商标局应当听取异议人和被异议人陈述事实和理由，经调查核实后，自公告期满之日起十二个月内做出是否准予注册的决定，并书面通知异议人和被异议人。有特殊情况需要延长的，经国务院工商行政管理部门批准，可以延长六个月。”

[2] 刘春茂．知识产权原理［M］．北京：知识产权出版社，2002：855.

有人具有下列情形之一的，其行为构成恶意抢注或者使用域名：（1）注册或受让域名的目的是向作为民事权益所有人的投诉人或其竞争对手出售、出租或者以其他方式转让该域名，以获取不正当利益；（2）多次将他人享有合法权益的名称或者标志注册为自己的域名，以阻止他人以域名的形式在互联网上使用其享有合法权益的名称或者标志；（3）注册或者受让域名是为了损害投诉人的声誉，破坏投诉人正常的业务活动，或者混淆与投诉人之间的区别，误导公众；（4）其他恶意的情形"。对于恶意抢注行为的认定，《最高人民法院关于审理涉及计算机网络域名民事纠纷适用法律若干问题的解释》第4条作了规定："人民法院审理域名纠纷案件，对符合以下各项条件的，应当认定被告注册、使用域名等行为构成侵权或者不正当竞争：（1）原告请求保护的民事权益合法有效；（2）被告域名或其主要部分构成对原告驰名商标的复制、模仿、翻译或音译；或者与原告的注册商标、域名等相同或近似，足以造成相关公众的误认；（3）被告对该域名或其主要部分不享有权益，也无注册、使用该域名的正当理由；（4）被告对该域名的注册、使用具有恶意。"

同时，该司法解释第5条对恶意进行了界定："被告的行为被证明具有下列情形之一的，人民法院应当认定其具有恶意：（1）为商业目的将他人驰名商标注册为域名的；（2）为商业目的注册、使用与原告的注册商标、域名等相同或近似的域名，故意造成与原告提供的产品、服务或者原告网站的混淆，误导网络用户访问其网站或其他在线站点的；（3）曾要约高价出售、出租或者以其他方式转让该域名获取不正当利益的；（4）注册域名后自己并不使用也未准备使用，而有意阻止权利人注册该域名的；（5）具有其他恶意情形的。被告举证证明在纠纷发生前其所持有的域名已经获得一定的知名度，且能与原告的注册商标、域名等相区别，或者具有其他情形足以证明其不具有恶意的，人民法院可以不认定被告具有恶意。”

5. 商标权与域名权冲突处理程序

对于商标权与域名权冲突的解决途径，根据《中国互联网信息中心域名争议解决办法》第15条规定，可以申请专家作出裁决，也可以就同一争议向中国互联网信息中心所在地的法院提起诉讼，或者基于协议提请中国仲裁机构裁决。

与此类冲突类似的还有域名权与企业名称权之间的冲突。此种冲突大多表现为域名注册人将他人的知名企业名称注册为自己的域名而产生的冲突。域名注册人的注册行为乃是有意而为之，企图利用他人已有之商誉牟取利益，此种恶意注册行为法律必须予以规制，以维护公平的市场竞争秩序。

（三）商标权与地理标志专用权之间的权利冲突

1. 地理标志专用权的概念

地理标志专用权，是指用以表明产品源自某个国家的特定区域，或者源自该区域中的某个具体地点或位置的商业性标志。[1]广义上的地理标志还包括货源标记和原产地名称。货源标记，是指用于区别商品来源的标志，通常由名称、用语或符号所构成，用以表示该商品来源于某一国家或地区。原产地名称，是指明示产品源自某地域且产品的质量或特征与该地域特殊的地理环境有关的标志。所以，原产地名称不仅明确标示了商品的产地，同时还表明了该商品因源自某地域而具有某种特殊的品质。

2. 商标权与地理标志专用权冲突的类型

我国对地理标志的保护采取的是双轨制，即地理标志专门立法和商标法双重保护并存，地理标志可以注册为商标，

---

[1] 《商标法》（2013年第三次修正）第16条第2款规定：“前款所称地理标志，是指标示某商品来源于某地区，该商品的特定质量、信誉或者其他特征，主要由该地区的自然因素或者人文因素所决定的标志。”

表现形式既有可能是普通商标，也有可能是集体商标、[1] 证明商标，[2] 因此，地理标志和商标权的冲突可归结为地理标志与普通商标的冲突和地理标志与证明商标、集体商标的冲突。根据注册先后的不同，又进一步可以细化为四类，即先注册的地理标志与后注册的普通商标之冲突，先注册的普通商标与后注册的地理标志之冲突，先注册的地理标志与后注册的证明商标、集体商标之冲突，先注册的集体商标、证明商标与后注册的地理标志之冲突。另外，我国地理标志虽然实行批准注册制度，但在实践中，一些未来得及申报的地理标志也是存在的，如果该标志被抢注为商标，也会发生冲突现象。

（1）先注册的普通商标与后注册的地理标志之冲突。这种冲突在实践中较为普遍。例如，“金华火腿”商标在1979年就被注册，2000年10月7日，商标注册人变更为浙江省食品有限公司，而浙江省食品有限公司系在杭州注册，非金华地区企业。2002年8月28日，“金华火腿”被批准为原产地域产品，即地理标志产品。随后，众多金华本地规模火腿企业获准使用“金华火腿”地理标志，冲突在所难免。[3]

（2）先注册的地理标志与后注册的普通商标之冲突。我国《商标法》仅禁止将县级以上的地名注册为普通商标使用，因此，当某含有县级以下地名的地理标识先被注册为地理标志

[1] 《商标法》（2013年第三次修正）第3条第2款规定：“本法所称集体商标，是指以团体、协会或者其他组织名义注册，供该组织成员在商事活动中使用，以表明使用者在该组织中的成员资格的标志。”

[2] 《商标法》（2013年第三次修正）第3条第3款规定：“本法所称证明商标，是指由对某种商品或者服务具有监督能力的组织所控制，而由该组织以外的单位或者个人使用于其商品或者服务，用以证明该商品或者服务的原产地、原料、制造方法、质量或者其他特定品质的标志。”

[3] 姚芃．“金华市金华火腿”20年商标战火终究平息［EB/OL］．（2007－12－03）［2012－11－03］．http：//www.legaldaily.com.cn/ajzj/content/2007－12/03/content_753193.htm？node＝6106.

后，又有人在商标局申请该标志为普通商标时，因我国法律并没有明确地理标志的权利属性，也无地理标志权的相关表述，且实践中对地理标志是否属于商标法中的“在先权利”模糊不清，商标局无法可依，因而就有可能允许其注册为商标。即使商标局认为其系“在先权利”，如果该地理标志系向国家质量监督检疫总局（以下简称国家质检总局）或农业部申请，商标局与国家质检总局、农业部缺乏地理标志方面的沟通与信息共享机制，往往很难发现该地理标志已为相应权利人所占有，进而允许其注册为普通商标，地理标志的集体使用与商标权利人的独占使用也就产生了矛盾。

（3）先注册的证明商标、集体商标与后注册的地理标志之冲突。绍兴黄酒案属于此种冲突情形。“绍兴黄酒”证明商标注册在先，权利人是绍兴市黄酒行业协会，绍兴市黄酒行业协会制定了相关标准，并允许 15 家绍兴规模黄酒企业使用该商标。绍兴市政府组建“绍兴酒原产地域产品保护申报办公室”，进行绍兴黄酒原产地域品牌的申报工作。申报成功后，15 家规模黄酒企业陆续获准使用“绍兴酒”地理标志产品专用标志。但杭州市萧山区的三家企业直接通过浙江省质检局向国家质检总局申报使用“绍兴酒”地理标志产品专用标志并获准，绍兴市政府和绍兴市黄酒协会对此非常不满，要求国家相关部门禁止萧山三家黄酒企业使用“绍兴酒”地理标志。萧山三家黄酒企业在压力之下，至今未在产品上使用获准的地理标志。但该种冲突如何解决，该事件并未提供一种解决进路。[1]

（4）先注册地理标志与后注册的集体商标、证明商标之冲突。“浏阳花炮”案属于此种冲突类型。“浏阳花炮”从唐朝发

---

[1] 周能兵. 绍兴黄酒协会抗议萧山酒厂冒打“绍兴牌”[EB/OL].（2007－11－26）[2012－01－09]. http://www.zj.xinhuanet.com/newscenter/2007－11/26/content_11772483.htm.

展至今，逐渐形成了自己独特的制作工艺和独有的品质特色，已达到了地理标志的申报要求。浏阳市人民政府于2003年向国家质检总局申请“浏阳花炮”原产地域产品（即地理标志产品）注册保护并获得了批准。但同一年，浏阳市烟花炮竹总会根据《商标法》的规定，又向商标局申请注册“浏阳花炮”证明商标，同样获批。浏阳市政府与浏阳市烟花炮竹总会对“浏阳花炮”标志有各自的使用、管理规则，要求印制的产品包装也相异。且互相不承认对方授予的权利，以至于执法过程中权力冲突的现象时有发生。❶

（5）先注册的普通商标、证明商标、集体商标与未注册的地理标志之冲突。我国地理标志制度建立时间不长，有些地方地理标志意识保护不强，一些符合地理标志注册条件的产品没有申请认定地理标志，如果使用未注册的地理标志作为商标图案，仍可能造成地理标志与商标权的冲突。例如，福建某莲业食品有限公司于2001年向商标局提出“湘莲及图”商标注册申请，指定使用在第29类莲子、果冻、肉等商品上，2003年商标局对该商标予以核准注册。2005年，湖南省湘潭县湘莲协会对该商标提出评审申请，请求撤销其注册。2008年6月商标评审委员会认定“湘莲”为使用在莲子商品上的地理标志，并依据《商标法》第16条的规定撤销了该公司在莲子等商品上注册的“湘莲及图”商标。在该案中，“湘莲”从未被行政部门认定为地理标志，但“湘莲”明显的地理标志属性得到了商标评审委员会的事后认可。正如其评判理由所言，湘莲独有的品质特点是由所在地区气温、雨量、湿度、日照、土壤、水利等自然条件和栽培方式所决定的，并且“湘莲”称谓自南朝沿用至今，早已形成了与其湖南产地相对应的关系，符合《商标法》规定的地理标志条件，

❶ 何炼红．“浏阳花炮”双重保护之痛［J］．中华商标，2006（11）：12－14.

可以认定为莲子产品的地理标志。[1] 在该案中福建某莲业食品有限公司被认定为恶意注册，进而撤销其商标，但如果其他个案中普通商标是善意注册的，已注册的商标是否还能对抗未注册的地理标志？简单地撤销商标对权利人有失公允。

3. 商标权与地理标志专用权冲突的原因

地理标志与商标权的冲突在我国表现特别明显，其原因是多方面的，概括起来主要有以下三个方面。

（1）管理体制的原因。我国对地理标志采取特别法保护和商标法保护并行的双轨制。我国现行的《商标法》第 16 条规定和《商标法实施条例》第 6 条规定[2]构成了我国商标法保护制度。国家质检总局则出台了《地理标志产品保护规定》，详细规定了总则、申请及受理 、审核及批准 、标准制定及专用标志使用 、保护和监督等，农业部也出台了《农产品地理标志管理办法》，规定了农产品地理标志的总则、等级、标志使用等内容，构成了特别法保护制度。带有原产地环境相关的产品既可以申请证明商标、集体商标，也可以申报地理标志保护，农产品还可以申请农产品地理标志，究竟采取哪种途径，企业和行业协会并不很清楚，商标局、国家质检总局、农业部在授权时无协调性规定，当注册登记的地理标志与注册商标重叠，而主体又非同一个时就容易形成冲突。

---

[1] 国家工商行政管理总局商标局．商标法释义［M］．北京：中国工商出版社，2003：96.

[2] 《商标法实施条例》第 6 条规定："商标法第十六条规定的地理标志，可以依照商标法和本条例的规定，作为证明商标或者集体商标申请注册。以地理标志作为证明商标注册的，其商品符合使用该地理标志条件的自然人、法人或者其他组织可以要求使用该证明商标，控制该证明商标的组织应当允许。以地理标志作为集体商标注册的，其商品符合使用该地理标志条件的自然人、法人或者其他组织，可以要求参加以该地理标志作为集体商标注册的团体、协会或者其他组织，该团体、协会或者其他组织应当依据其章程接纳为会员；不要求参加以该地理标志作为集体商标注册的团体、协会或者其他组织的，也可以正当使用该地理标志，该团体、协会或者其他组织无权禁止。"

（2）地理标志的利益诱导。地理标志产品蕴含巨大的价值，如贵州茅台、金华火腿、绍兴黄酒、浏阳花炮、东阿阿胶等，[1]而这几个地理标志均出现过与商标的冲突情形。企业是以利益为导向的，一些企业正是看中了地理标志的价值，利用制度上的漏洞，来达到正当使用地理标志的目的。

（3）历史遗留问题仍然存在。对于“地名”这种公共资源，各国商标法一般都采取限制将其注册为商标的做法。我国《商标法》在1993年修改之前对此并无限制，将地名注册为普通商标的现象大量存在，特别是那些著名的旅游胜地、文化名都、特产之乡等地名，被命名为各种不同商品的商标而使用。在这些被注册的地名商标中，很多都具有地理标志的属性，后来被当地政府或相关协会、组织等根据现行法律申请注册为地理标志。当这些地理名称既属于个人普通商标，又属于集体组织的地理标志时，由于权利主体的不同，二者之间的冲突便产生了。《商标法》（2013年第三次修正）第10条第2款规定：“县级以上行政区划的地名或者公众知晓的外国地名，不得作为商标。但是，地名具有其他含义或者作为集体商标、证明商标组成部分的除外；已经注册的使用地名的商标继续有效。”在该法规定之前已经注册为普通商标并使用至今的地名，仍可以合法使用，如“东阿阿胶”“金华火腿”等。这种历史遗留的问题为地理名称注册为商标留

[1] 北京中郡世纪地理标志研究所课题组《第二次全国地理标志调研报告（2011）》显示，贵州茅台酒的综合价值量为1154.31亿地标当量，金华火腿为85.30亿地标当量，绍兴黄酒为321.38亿地标当量，浏阳花炮为808.62亿地标当量。（地标当量，即地理标志综合价值当量，是地理标志综合价值的计量单位。一个地理标志综合价值当量单位相当于综合价值指数为1000分、产值为1000万元的一个虚拟理想化的地理标志形成的综合价值量，一个综合价值当量单位用一个“亿地标当量”来表示。某一地理标志的综合价值大小就是该地理标志拥有多少个地理标志综合价值当量单位数，即具有多少个“亿地标当量”的综合价值。这种衡量地理标志综合价值的方法，考虑到地理标志综合价值不同于一般商品的品牌价值，不能单独用经济价值来衡量，让人耳目一新，但其科学性和应用性有待检验。）

下了较大的空间。商标法发展至今，那些已经存在的具有地理标志属性的地名商标，构成了其与地理标志冲突的来源。

4. 商标权与地理标志专用权冲突的处理

保护在先权利是处理知识产权权利冲突的最基本的一项法律原则。（1）当地理标志注册在先，地名商标注册申请在后时，因我国地理标志制度实施时间不长，后申请的地名商标多为借地理标志提升知名度，其商品信誉度本身往往不高，此种情形可适用保护在先权利原则，保护在先的地理标志。在实践中，已受保护的地理标志应作为在先权利的一种，当注册商标涉及地理标志这一在先权利时，依法不予注册并禁止使用。作为例外，已经善意取得注册的商标继续有效。（2）相比商标制度而言，地理标志制度在我国建立相对较晚，如果商标权在先，地理标志在后，仍然按照“时间在先，权利在先”的原则，一味保护商标权人的在先权利，往往会损害地理标志价值，让商标权人将地理标志所体现的集体利益据为个人利益。所以，《商标法》（2013 年第三次修正）第 59 条第 1 款规定：“注册商标中含有的本商品的通用名称、图形、型号，或者直接表示商品的质量、主要原料、功能、用途、重量、数量及其他特点，或者含有的地名，注册商标专用权人无权禁止他人正当使用。”当然，商标权人的商标经过注册，也不能断然否定其商标专用权。（3）当驰名商标与地理标志发生冲突时，由于两者均具有较强的保护力，只能个案分析，利益衡量。如果驰名商标在地理标志所在区域内拥有绝对的市场份额和知名度，可以考虑优先保护驰名商标；如果地理标志和驰名商标均具有广阔的发展前景，应允许两者并存，通过细化和规范地理标志和驰名商标的使用方式，将两者有所区分，避免造成消费者误认。

（四）商标权与著作权之间的冲突

商标权与著作权的权利冲突是指在同一客体之上，由不同的民事主体分别享有商标权和著作权，因而发生的法律纠纷。这一法律纠纷的产生往往是因为构成商标的元素与构成作品的元素之间出现了相同性或相似性，从而导致了两种不同知识产权权利之间的冲突。[1]

当商标既具有独创性又具有识别性时，则既可以获得著作权法的保护，也可以经申请注册而获得商标法的保护。此时这种具有作品价值的商业标识有两个权利主体，一个是商业标识的设计者，即著作权主体；另一个是商业标识的拥有者，对于注册商标来说，便是商标权主体。这两个权利主体可以是同一个人，也可以是两个人。前者不会发生权利冲突，而后者会产生两种权利冲突的问题。此种权利冲突主要表现为商标权人利用他人享有著作权的作品或作品的部分作为商标使用。对于此类冲突的解决方式不宜单一地禁止某一方使用，应当根据不同情况区分对待。保护在先权是解决商标权与著作权冲突的一个基本原则，对于已经形成一定商誉的商标，应当对商誉的价值予以保护，不应简单地停止商标的使用。对已产生信誉的商标，可通过商标权人向著作权人支付合理的费用后继续使用该商标，而对于未产生商誉的商标可禁止使用。

（五）专利权与著作权之间的权利冲突

专利权中最容易与其他知识产权发生权利冲突的类型就是外观设计专利权。由于外观设计是指对产品的形状、图案或者其结合以及色彩与形状、图案的结合所作出的富有美感并适于工业应用的新设计，所以它与作为著作权客体内容之一的艺术作品之间具有明显的相近性。因此，因外观设计所获得的专利权与因艺术作品所获得的著作权之间便极易形成权利冲突。专利权与著作权的冲突，主要表现为专利权对著作权的冲突。往往是艺术作品形成在前，而外观设计产生在后。也就是外观设计者往往将有商业应用价值的艺术作品或者主要艺术元素用于一项产品的外观，从而申请并获得了专利权。

[1] 何敏．知识产权基础理论［M］．北京：法律出版社，2011：288.

（六）姓名权与商号权之间的冲突[1]

此类冲突主要表现为行为人将艺人、名人的姓名注册为企业名称使用。通常，行为人将艺人、名人的姓名作为字号使用旨在利用艺人、名人的知名度扩大其企业的影响以牟取不当利益。行为人所享有的商号权实为侵犯他人姓名权行为的结果。

（七）商标权之间的冲突

商标权之间的冲突分为：（1）注册商标之间的权利冲突；（2）注册商标与非注册商标之间的权利冲突，包括在先使用的未注册商标与已注册商标的冲突和在先使用的未注册商标与已注册但未使用的商标的冲突；（3）非注册商标之间的权利冲突，包括在先使用商标与正在申请注册商标的冲突和在先使用的未注册商标与在后使用的未注册商标的冲突。

对于两个注册商标之间的权利冲突，应当优先考虑程序公正。在两个注册商标之间的冲突中，往往涉及是否应当撤销其中一个商标权，实际上就涉及了授权争议，需要审查某个商标权在实质上是否合法。如果甲认为乙的商标存在授权问题，是实质上不合法的商标，则甲可向商标评审委员会提出申请，先由商标评审委员会作出决定。如果甲不提出申请，或者尽管提出了申请，商标评审委员会仍然维持了乙商标的有效性，此时则可以驳回甲的诉讼请求。在行政和司法救济途径结束后，商标仍然是合法有效的商标情况下，民事诉讼中应当确认该商标是合法有效的。法院审查的重点则应当转移到双方在使用各自的商标过程中，有没有规范行使商标权。

对于在先使用的未注册商标与已注册商标的冲突，应当区分当事人的主观心态。对于恶意抢注的行为可依据民法侵权行为理论保护在先使用的未注册商标。对于善意先注的行为则可对商标的使用设置条件限制商标使用的范围及使用商标的位置。故《商

[1] 此类型的冲突实际为知识产权以外的民事权利与知识产权发生的冲突，为广义上的知识产权权利冲突。

标法》（2003 年第三次修正）第 59 条第 3 款规定："商标注册人申请商标注册前，他人已经在同一种商品或者类似商品上先于商标注册人使用与注册商标相同或者近似并有一定影响的商标的，注册商标专用权人无权禁止该使用人在原使用范围内继续使用该商标，但可以要求其附加适当区别标识。"该款规定明确在先商标的使用并获得一定影响的时间应以在后商标的"申请日"为准，并且将"继续使用"的范围限制在"原使用范围内"，但目前尚不清楚这一范围是否主要指地域范围。

对于在先使用商标与正在申请注册商标的冲突，应针对恶意抢注和善意先注采用不同的处理方式。对于恶意抢注行为不予以注册，对于善意先注的允许双方协商共同注册。协商无法达成协议的分情况对待，双方均通过使用并取得各自商誉的，注册给双方；一方通过使用获取良好的商誉的，注册给该方；先申请注册人尚未使用商标的，则驳回其注册申请或要求其修改商标注册申请。

在先使用的未注册商标与在后使用的未注册商标的使用冲突问题，我国商标法律没有明确规定。《反不正当竞争法》第 5 条第 2 项规定，擅自使用知名商品特有的名称、包装、装潢，或者使用与知名商品近似的名称、包装、装潢，造成和他人的知名商品相混淆，使购买者误认为是该知名商品的，属于经营者不得采用下列不正当手段从事市场交易，损害竞争对手的行为。但这一规范仅仅将保护限定在"知名商品的名称、包装、装潢"的范围内，没有对知名商标进行考虑。如果商标已经通过使用在市场上确定了商誉，法律就应该对这种虽然不构成权利、但堪称利益的客体进行保护。不妨适用《反不正当竞争法》第 2 条的规定，[1] 将该行为定义为不正当竞争行为予以制止。

[1] 《反不正当竞争法》第 2 条规定："经营者在市场交易中，应当遵循自愿、平等、公平、诚实信用的原则，遵守公认的商业道德。本法所称的不正当竞争，是指经营者违反本法规定，损害其他经营者的合法权益，扰乱社会经济秩序的行为。"

（八）商标权与知名商品特有名称包装装潢权之间的冲突

该冲突主要有两种类型：（1）在先商标权与在后知名商品的特有名称、包装、装潢权之间的冲突。（2）在先知名商品的特有名称、包装、装潢权与在后商标权之间的冲突。处理商标权与知名商品特有名称、包装、装潢权之间的纠纷，首先应当确定发生冲突的知名商品特有名称、包装、装潢权是否存在。如果知名商品特有名称、包装、装潢权不成立，对于处于被告地位的名称、包装、装潢权主张人，则属于侵犯他人商标权的行为，按照侵权责任处理。对于处于原告地位的知名商品特有名称、包装、装潢权主张人，就应当驳回诉讼请求。如果知名商品特有名称、包装、装潢权成立，则可以根据案件的实际冲突情况，平衡双方的利益，规范各自的使用。

（九）商标权与外观设计专利权之间的冲突

商标权与外观设计专利权的冲突，是指当就相同或相似客体依法获得的商标权与外观设计专利权分属于不同的权利主体时，权利主体行使权利过程中所出现的权利相互抵触或利益相互矛盾的法律状态。由于两种权利的在先性直接影响着权利冲突的性质，因此，商标权与外观设计专利权的冲突表现为两种情况。

1. 商标权与在先外观设计专利权的冲突

当商标注册申请人在其商标中使用了他人已经取得专利权的外观设计，并且该使用未经外观设计专利权人的许可时，当商标注册获得商标权之后，该商标权必然与外观设计专利权发生冲突。此时，尽管两种依法取得的知识产权权利都已同时存在，但因商标权的取得存在法律上的瑕疵，即与在先外观设计专利权客体间存在一定的相同性或相似性，在商标权人不能以获得许可的证据作为抗辩时，商标权人则侵犯了外观设计专利权这一在先权利。其商标权将被撤销，此类商标权事实上只是一种伪商标权。

但事实上也还存在一种真实、合法的商标权与在先外观设计专利权之间的权利冲突情形，即商标权人经过外观设计专利权人的许可，将外观设计方案用于商标之中的情形。这类商标权与外观设计专利权之间的权利冲突才是真正的权利冲突。而且它们之间的利益冲突不可能通过撤销商标权来予以解决，而要通过利益平衡原则来加以处理。

2. 外观设计专利权与在先商标权的冲突

当外观设计专利申请人在其外观设计中使用了与他人注册商标相同或相近似的文字、图形、结构或形状等形象元素，并获得外观设计专利权后，若未经商标权人许可，则将发生外观设计专利权与在先商标权之间的权利冲突问题。此时由于外观设计的设计方案与商标图形或形状相同或相似，则涉嫌构成了对在先商标权的侵犯，若外观设计专利权人不能提出经许可的有效抗辩，则此项外观设计专利权也将被宣告无效。由此也就解除了外观设计专利权与商标权之间的权利冲突问题。另外，若有经许可的抗辩事由，外观设计专利权与在先商标权的真正权利冲突就会发生，这一权利冲突将一直存在下去，因而需要通过适用利益平衡原则来妥善解决当事人之间的这种长期的利益矛盾。

商标权与外观设计专利权的冲突可以根据解决知识产权冲突的一般原则来对其进行处理，同时也应当以《最高人民法院关于审理注册商标、企业名称与在先权利冲突的民事纠纷案件若干问题的规定》（法释［2008］3 号）之第 1 条第 1 款的规定作为法律依据来处理。该条规定："原告以他人注册商标使用的文字、图形等侵犯其著作权、外观设计专利权、企业名称权等在先权利为由提起诉讼，符合民事诉讼法第 108 条规定的，人民法院应当受理。"该规定将注册商标与他人在先著作权、外观设计专利权、企业名称权等相冲突的民事纠纷直接纳入民事诉讼的范畴，而改变了之前行政程序前置的做法。

根据《专利法实施细则》（2010 年修订）第 66 条第 3 款的规定，以不符合《专利法》第 23 条第 3 款的规定（授予专利权的外观设计不得与他人在申请日以前已经取得的合法权利相冲突）为理由请求宣告外观设计专利权无效，但是未提交证明权利冲突的证据的，专利复审委员会不予受理。该项规定表明在解决外观设计专利与在先商标权冲突时，改变了过去宣告外观设计专利权无效的行政程序的启动，应当以司法程序的结论或判决为前提的做法，只要当事人能够提供权利冲突的证据，无论这一证据是否来自处理决定或司法判决，专利复审委员会都可以加以接受而启动外观设计专利权无效审查程序，从而改变了过去对于外观设计与在先权利的冲突，只能由民事司法判决（或其他行政处理）先行决定，而专利复审委员会无权对外观设计专利是否侵犯在先权利作出判断的做法。❶

第四节　知识产权权利冲突处理原则

一、诚实信用原则

（一）诚实信用原则概念

诚实信用原则，是指民事主体在从事民事活动时，应诚实守信，以善意的方式履行其义务，不得滥用权利及规避法律或合同规定的义务。同时，诚实信用原则要求维持当事人之间的利益以及当事人利益与社会利益之间的平衡。诚实信用原则作为一种民事立法的价值追求，本身不直接涉及民事主体具体的权利义务，具有高度的抽象性特点，究其本质，诚实信用原则由于将道德规范与法律规范合为一体，兼具有法律调节和道德调节的双重功能，是市场经济社会中当事人应严格遵守的道德准则，也是每个公民在社会生活中行使权利和履行义务所应遵守的法律基本原则，故被称为民法中的“帝王条款”。

❶ 何敏．知识产权基础理论［M］．北京：法律出版社，2011．291－293．

（二）诚实信用原则的适用

1. 诚实信用原则在立法中的体现

知识产权权利冲突纠纷属于民事纠纷范畴，民法基本原则应当适用于该类纠纷。我国现有知识产权立法均未明确规定诚实信用原则，但是在具体制度的设计上对该原则均有体现。例如，根据2013年8月30日第三次修正的《商标法》第7条第1款规定："申请注册和使用商标，应当遵循诚实信用原则。"在《商标法》（2013年第三次修正）第13条（驰名商标）、第15条（代理人）、第19条（商标代理机构）及第32条（抢注他人商标）等规定中，都体现了诚实信用原则的要求。无论在《商标法》上是否明示诚实信用原则，诚实信用原则都是指导商标法立法、执法、司法和守法的基本原则。为了起到更好的实效，在著作权的取得上，根据我国《著作权法》第11条的规定，只有进行创作的人才能成为作者，这体现了民法诚信原则的要求。在著作权保护方面，随着信息技术的发展，盗版问题日益严重，促使著作权人或者信息产品的提供者采取技术措施保护作品防止盗版。然而，技术措施的运用，也限制了公众的合理使用。而合理使用是著作权法的基本制度之一，因此根据诚实信用原则，我国确立了技术措施的限制制度，即因合理使用而避开技术措施的，不构成侵权。在《专利法》上也有诸多规则体现了诚信原则的要求。如专利权应诚实地取得和行使，如果申请人隐藏关键技术或编造虚假数据。国家知识产权局应驳回申请人的专利申请。

2. 诚实信用原则在司法中的实际运用

实际处理知识产权纠纷过程中，应当全面理解知识产权的立法本意，适用诚实信用原则妥善处理各类纠纷，确定双方当事人的权利与义务，从而规范知识产权权利人的行为。诚实信用原则要求的是民事主体在进行民事活动中主观上是善意的，对善意的行为法律予以保护。在处理各类权利冲突的案件中，应当区分当事人的主观心态以区别对待。对于当事人出于不当目的，采用不正当手段取得的权利或者权利人通过正当手段取得权利后滥用权利的行为，必须予以制止。知识产权权利冲突的双方依据不同的法律取得了两种不同的权利，并且都在权利取得后的相当长时间里诚实、善意地行使自己的权利，则可以允许这种权利冲突的状态存在。例如，在先使用的未注册商标与已注册商标冲突的情况下，对于恶意抢注的行为依民法侵权行为理论予以制止。对于善意先注的行为则允许冲突的商标继续存在，但须对商标的使用加以条件限制以示区分。

对于权利冲突侵权行为的判定采用过错推定原则，应从行为人所实施的民事活动判断其行为主观上是否具有恶意。恶意行为主要表现为抢注商标、域名，为牟取不当利益“搭便车”。认定恶意关键看行为人是否与注册的域名、商标、商号有过接触，有接触即为明知，应推定其为恶意，反之则为善意。行为人是否与注册的域名、商标、商号有过接触可从行为人是否为相关工作人员或相关往来经营人员或相关行业内的竞争企业、在先权利的客体在公众中的知名度等多个方面加以判断。是否相同或相似造成混淆也是考虑构成主观恶意的重要因素。行为人所经营的商品、提供的服务与在先权利人经营的商品、提供的服务相同或具有一定的相似度造成混淆的，可推定行为人主观上具有恶意。在涉及驰名商标的情况下，不局限于相同或类似行业范围内的混淆，应坚持联想标准和跨类标准予以保护。行为人利用他人声誉、商誉造成公众产生相关联的误解同样也可推定为恶意行为。

二、公平竞争原则

（一）公平竞争原则概念

公平竞争原则，又称竞争法的基本原则，是指在同等的市场条件下，各个竞争者共同接受价值规律和优胜劣汰的作用与评判，并各自独立承担竞争的结果。公平竞争既是竞争群体利益的要求，也是国家规制竞争活动的指导思想。

公平竞争对市场经济的发展具有重要的作用。它可以调动经营者的积极性，使他们不断完善管理，向市场提供质优价廉的新产品。它可以使社会资源得到合理的配置，并最终为消费者和全社会带来福利。公平竞争原则可以为竞争者提供一个一般的行为规范和价值评判标准，以利于创造公平竞争的市场环境，从而实现对知识产权权利人的有效保护。

（二）公平竞争原则的适用

1. 公平竞争原则在立法中的体现

WTO在倡导自由贸易的同时，始终注意对公平竞争的维护，并将其作为制订各项协议的主要原则。WTO通过的TRIPS第7条规定："知识产权的保护与权利行使的目的应当有助于促进技术的革新、转让和传播，有利于技术知识的生产者与使用者互利互惠，增进社会及经济福利，同时也促进权利和义务的平衡。"第8条规定："成员在制定或修订其域内法律和条例时，可以采取必要措施保护公共的健康与教育，以增加对其社会经济与技术发展至关重要领域中的公共利益成员可采取符合本协议规定的适当的措施来防止权利人滥用知识产权，防止不合理限制贸易或者反过来影响国际技术转让的不当做法，只要该措施符合本协议的规定。"这些规定的本意，就是成员在保护知识产权的同时，可以为公共利益目的，限制知识产权的滥用。从市场竞争的角度看，其含义就是在保护知识产权合法垄断的同时，应当维护市场公平竞争秩序。

此外，反不正当竞争一直是知识产权保护的一个重要方面。例如，《巴黎公约》就要求各国采取措施，制止不正当竞争行为。TRIPS除了多次援引《巴黎公约》的有关规定外，还专门对协议许可中限制竞争的行为作出了规定。TRIPS明确说明，一些限制竞争的有关知识产权的许可活动或条件可对贸易产生不利影响，并会妨碍技术的转让和传播，因此各成员可以采取适当措施，以防止或控制排他性返授条件、阻止对许可效力提出质疑的条件和强制性一揽子许可等商业做法。

2. 公平竞争原则的实际运用

在市场竞争中，如果一个企业投入大量资金、耗费大量时间搞出的一项发明被其他企业轻而易举地仿造生产，一个企业苦心经营多年所创造的名牌产品被其他企业仿冒，或者一个企业投巨资拍摄的电影被他人盗版，势必会使拥有知识产权的企业处于不公平的竞争地位。因此，判断知识产权权利冲突一方的行为是否构成不正当竞争就显得非常必要和重要。判断主要考虑以下因素：首先是主观因素。即冲突一方对权利冲突的发生在主观上是否有恶意或者过错。其次是行为目的。即冲突一方希望获得不正当的利益。再次是商业道德。即冲突一方是否违反了诚实的道德标准。最后是行为的长远影响和社会影响。即冲突一方的行为从长远看、从整个社会的角度看，是否会对市场竞争带来不利影响。同时还可以考虑采用权利平衡原则，即解决纠纷时要兼顾个人利益和公共利益、兼顾各权利人的利益，以使不同的知识产权各得其所、相互协调，使知识产品得到最佳利用。

三、保护在先权利原则

（一）保护在先权原则概念

“在先权利”是相对于“在后权利”而言的，就同一客体先产生的权利较之于后产生的权利，即为在先权利。保护在先权利是处理知识产权权利冲突最基本的一项法律原则，其意是指在后权利的创设、行使均不得侵犯在此之前已存在并受法律保护的在先权利。

（二）保护在先权原因

保护在先权的原因主要有以下几点：首先，这是由知识产权的专有性所决定的。知识产权作为一种专有权，其权利人可以凭借法律之力禁止、排除任何进入其权利边界的行为。一项知识产权如果在先设定，只要其本身无瑕疵，就意味着已建立了确定的、对世性的权利边界，任何人在未经权利人许可也没有法律明文规定的例外情形下，都不得以任何理由或借口进入这个边界，否则即构成侵权。其次，是由这类案件的性质决定的。这类案件，一般情形下，在先权是被侵之权。而处理侵权争议，自然应以声称被侵之权为保护原点，审查被控行为是否构成侵权。反之，如果以所谓的在后权为原点，掉过头来审查在先权可否不受保护，显然是本末倒置，与知识产权制度的初衷背道而驰，也不符合处理侵权案件的一般规律。再次，保护在先权原则是知识产权制度的内在要求，也是国际社会对此类案件处理方式上的共识。如果不保护在先权，其权利人就会随时面临其他所谓“在后权”对其应有利益的侵犯，这意味着知识产权制度并不能给权利人提供稳定、安全财产回报的法律保障，因而无异于摧毁了知识产权制度激励创新的法律机制，破坏了知识产权制度保护知识产权权利人利益的立法根基。此外，从这类案件的一般规律看，多数所谓的“在后权”人，在设定权利时即明知或应知“在先权利”的存在，其通过设定“在后权”的方式，以搭上“在先权”人便车或瓜分“在先权”人利益的目的十分明显，与其他故意侵权行为并无本质差异。当然，也有少数所谓的“在后权”人并无上述故意，但其行使在后权的行为，客观上依然对在先权人的利益造成损害或造成威胁，并为自己谋取了本来无法获得的利益，这同样应构成侵权，只是在侵权责任的形式上与上述故意侵权有所不同。最后，保护在先权也是维护现行经济秩序稳定运行的需要。

（三）保护在先权原则的适用

1. 保护在先权原则在立法中的体现

保护在先权利原则在我国现行知识产权法律中已得到了充分体现，这主要表现在我国《专利法》和《商标法》中都规定有“先申请原则”。《专利法》第9条规定：“两个以上的申请人分别就同样的发明创造申请专利的，专利权授予最先申请的人。”当有两个以上的主体分别完成了同样的发明创造都提出专利申请时，实行先申请原则。即不论谁发明在先，专利权授予最先提出专利申请的人。《商标法》（第三次修正）第31条规定：“两个或者两个以上的商标注册申请人，在同一种商品或者类似商品上，以相同或者近似的商标申请注册的，初步审定并公告申请在先的商标；同一天申请的，初步审定并公告使用在先的商标，驳回其他人的申请，不予公告。”第32条规定：“申请商标注册不得损害他人现有的在先权利，也不得以不正当手段抢先注册他人已经使用并有一定影响的商标。”

2. 保护在先权原则的实际运用

贯彻保护在先权原则应注意以下几个问题：（1）正确认定在先权，即应当先审查有无在先权的存在、归属于何人、其权利性质及其本身有无瑕疵等。（2）正确界定在先权的权利边界。在此应当明确，知识产权的权利边界一般是由其权利内容与其内在的权利限制共同构成的，许多所谓的“权利冲突”争议，正是因为未注意到权利限制，以至于没有正确找到权利边界才引发的。（3）正确认定所谓的“在后权”，即审查其设定时有无“瑕疵”。如果有瑕疵，则应直接判决其停止侵权。有必要指出，对于经行政授权产生的知识产权，司法裁判中的停止侵权，并不以相关的行政撤销等程序为前置条件，因为法院面对的是民事争议，如果有侵权的存在，即使有行政授权错误的原因，法院也不能逃避自身的裁判职责而将争议推回给行政机关。只要法院不直接判处该项错误授予的权利无效，而只要求侵权人停止行使这项瑕疵权利的行为，在我国现行法律体制下就不违反“程序正当”原则。（4）如果所谓的“在后权”设定时并无瑕疵，则应对双方当事人行使各自权利的行为进行审查，判断有无“越界”行使权利的行为，以及哪一方从事了这样的“越界”行为。

总之，“在后权利”要获得法律保护，应当从形式到内容都具有合法性，能够成为一项独立而完整的权利。因此，如果某一“在后权利”建立在侵犯他人权利的基础之上，这种有瑕疵的权利就不应当存在，也不受法律保护。解决知识产权权利冲突的方式，目前最为常见的多是在先权利人向行政机关或司法机关提出请求或诉讼，要求撤销有瑕疵的或与在先权利相冲突的在后权利。

四、意思自治原则

（一）意思自治原则概念

对意思自治之理解，不同的学者对其有不同的认识和理解。有的学者认为意思自治原则是指民事主体在进行民事活动时意志独立，自由和行为自主，即民事主体在从事民事活动时，以自己的真实意思来充分表达自己的意愿，根据自己的意愿来设立，变更和终止民事法律关系。❶ 有的学者认为意思自治原则之核心是合同自由原则。其指参加民事活动的当事人在法律允许的范围内享有完全的自由，按照自己的自由意思决定缔结合同关系，为自己设定权利或对他人承担义务，任何机关，组织和个人不得非法干涉。❷ 德国学者将意思自治称为“私法自治”，认为意思自治乃法律制度赋予并确保每个人都具有在一定的范围内，通过法律行为特别是合同来调整相互之间关系的可能性。❸ 第一种认识主要是从行为主体之意思出发，强调表意人表意的充分，完整无瑕疵；第二种理解与第三种理解有共通之处，既有一定范围内自由之限制，但其又有区别。区别在于：第二种认识强调行为人在一定范围内之完全自由；第三种认识只是将这种自由视为一种合意

❶ 马俊驹，余延满．民法原论［M］．3版．北京：法律出版社，2007：59.

❷ 梁慧星．民法总论［M］．4版．北京：法律出版社，2011：49.

❸ 卡尔·拉伦茨．德国民法通论（上册）［M］．王晓晔，邵建东，程建英，徐国建，谢怀栻，译．北京：法律出版社，2005：54.

之可能性。

本书认为，意思自治原则指民事主体可以在法律允许的范围内，自由地创设其权利义务，任何机关、组织或个人均不得非法干涉。意思自治原则是市场经济客观要求的法律表现，它反映和保护了市场主体人格的独立、财产和责任的独立，是对民事关系一般法律准则的高度概括。

（二）意思自治原则的适用

1. 意思自治原则在立法中的体现

意思自治原则体现为民事活动应当遵循自愿原则，其在现行法律上的根据，首先是《民法通则》第 4 条规定："民事活动应当遵循自愿、公平、等价有偿、诚实信用的原则。"其次是《合同法》第 4 条规定："当事人依法享有自愿订立合同的权利，任何单位和个人不得非法干预。"再次是在知识产权各专门法中，法律对于意思自治原则也从不同之角度进行规定，仅以我国《专利法》第三次修改为例，"本次专利法修订进一步彰显了专利权的私权本质，遵循了私法的意思自治原则，主要体现在以下几个方面：第一，在《专利法》第 15 条中增加了关于专利申请权和专利权共有时当事人约定优先于法律的规定。第二，明确了在现实中已经存在多年的，申请人同时申请发明和实用新型专利时的最终选择权。第三，对于专利许可合同的形式不再作强行性规定，由原来的要式合同修改为非要式合同，许可合同的当事人可以根据需要采用书面合同或者口头合同，遵循《合同法》的原则。第四，取消了中国境内完成的发明向境外申请专利或者转让专利权时的一些不必要的限制，转而以保密审查取而代之。第五，还取消了对于集体所有制和个人的发明专利的强制推广应用的政府征用的规定。此外，此次修法还取消了在我国存在了 20 多年的涉外代理制度。这样，无论是中国人向外国申请专利还是外国人在中国申请专利，均可根据自己的需求自由地决定委托任

何依法设立的代理机构。”❶

2. 意思自治原则的实际运用

意思自治原则是民法基本原则中一项重要的原则，而当事人协商解决是民法意思自治原则的最好体现。民事主体是自身利益的最佳判断者，是具有健全理性的人，对属于自己的私人事务有决策权。权利冲突产生后，由当事人之间协商解决权利冲突更符合其自身利益，更容易解决冲突。当事人按照自己的意志，自主判断选择解决冲突的方法更能达到利益最大化。知识产权权利冲突发生的原因之一，是因为一项权利产生之后，经合意发生了使用权利的转移，经许可而改良、改造了原有的智力成果，并形成了新的知识产权权利。如一件作品经著作权人许可，由他人用于一类产品的外观，从而获得了外观设计专利权；或者是经著作权人许可，由他人用于一类商品的商标，从而取得了商标专用权利。还包括主从专利权人之间，由于经主专利权人的许可，而由被许可人对主专利技术方案进行改良所形成新的专利权情形，由于这两项专利权的依存关系也将形成权利冲突。为了解决这些以许可关系为前提的权利冲突，应当遵循契约优先的基本原则，以充分体现意思自治、合同至上的法治精神。在当事人有关权利的取得与行使已经形成合意的，应当以该合意结果为据来处理权利冲突。

五、利益平衡原则

（一）利益平衡原则概念

“所谓利益，是一个客观的范畴，它是人们受物质生活条件所制约的需要和满足需要的手段和措施。利益决定着法的产生、发展和运作；法律影响着（促进或阻碍）利益的实现程度和发

❶ 郭禾．创新是社会进步的根本动力——《专利法》第三次修订评述［J］．电子知识产权，2009（3）：13.

展方向。"[1] 利益是权利的实存形式。权利是法律承认和保护的利益。因此，利益反映在具体的法律条文中就成为法律权利。在任何社会或国家中，不同社会利益主体的客观存在即意味着彼此的利益需要，可能发生相互冲突甚至为某种程度的对立。由于知识产权法是民法的特别法，而"在民法领域，一切法律关系都归结为利益关系，当事人为自己设定、受让权利，不过是将其作为实现自己利益的工具"。[2] 知识产权权利人所享有的权利本质上就是知识产权法所保护的某种利益，协调知识产权制度中围绕知识产品所产生的各种利益关系，就成为知识产权法调整的核心内容，利益均衡协调和知识产权有限保护，业已成为现代知识产权立法的原则和出发点。

简言之，"利益平衡也称利益均衡，是在一定的利益格局和体系下出现的利益体系相对和平共处、相对均势的状态。利益平衡是一项立法原则，也是一项司法原则。法律、规则和制度都建立在利益平衡基础上。"[3]

（二）利益平衡原则的适用

1. 利益平衡原则的立法体现

《世界人权宣言》第 27 条规定："人人有权自由地参加社会的文化生活，享受艺术并分享科学技术进步及其产生的福利；人人对其所创作的任何科学、文学或美术作品而产生的精神和物质利益有享受保护的权利。"从《世界人权宣言》的规定看，知识产权被赋予了人权的禀性——知识创造者对其创造性劳动成果享有受保护的专有权利，社会公众为了其自身发展也享有分享他人的创造性智力劳动成果的权利，这两项权利都是国际社会所确认

---

[1] 孙国华．论法与利益之关系［J］．中国法学，1994（4）：36.

[2] 吴汉东．关于合理使用制度的民法学思考［J］．法学家，1996（6）：62.

[3] 冯晓青．论利益平衡原理及其在知识产权法中的适用［J］．江海学刊，2007（1）：141.

与保障的基本人权。宣言显然揭示了知识产权保护与知识共享、知识传播之间的均衡关系。利益平衡是知识产权法的立法目的，TRIPS 第 7 条规定："知识产权的保护与权利行使，目的在于促进技术的革新、技术的转让与技术的传播，以及以有利于社会及经济福利的方式去促进技术知识的生产者与使用者互利，并促进权利与义务的平衡。"这一规定体现了世界贸易组织成员间的国际知识产权保护的目的之一在于利益平衡。此外，《世界知识产权组织著作权条约》（WCT）和《世界知识产权组织表演和录音制品条约》（WPPT）序言部分，将保持"作者（表演者、录音制品制作者）与广大公众的利益尤其是教育、研究和获得信息的利益平衡"作为公约的重要目标，这是国际上对知识产权制度利益平衡原则达成共识的标志。因此，从国际化角度讲，利益平衡也应是我国知识产权法的基本原则。

我国《著作权法》第 1 条规定了著作权法的立法目的，即为"保护文学、艺术和科学作品作者的著作权，以及与著作权有关的权益，鼓励有益于社会主义精神文明、物质文明建设的作品的创作和传播，促进社会主义文化和科学事业的发展与繁荣"。《商标法》（2013 年第三次修正）第 1 条规定了商标法的立法目的，即"为了加强商标管理，保护商标专用权，促使生产、经营者保证商品和服务质量，维护商标信誉，以保障消费者和生产、经营者的利益，促进社会主义市场经济的发展，特制定本法"。《专利法》第 1 条规定了专利法的立法目的，即"保护专利权人的合法权益，鼓励发明创造，推动发明创造的应用，提高创新能力，促进科学技术进步和经济社会发展"。从这些法律规定可以看出，知识产权法的直接目的就是保护智力成果的创造者等知识产权权利人的利益。如果没有对知识产权权利人的利益进行充分保护，那么知识产权法将失去重心和基础，无法建立起知识产权保护制度。因为知识产权法首先是一种激励机制，只有激励知识产权权利人从事创造、创新的积极性，才能创造出更多的知识产品，促进科学、文化的进步和经济社会的发展。为了这一直接目的，知识产权法首先规定了知识产权权利人对于智力成果所享有的专有权利，表现在知识产权法的目的上，就是确认和充分保障知识产权权利人的专有权利。但知识产权法的最终目的不仅仅是为了保护权利而立法，而是通过确认和保障知识产权权利人的专有权利，来达到促进知识和信息的广泛传播，促进科学、文化进步与经济发展，并促进利益体系之间的平衡。

2. 利益平衡原则的实际运用

利益平衡原则在知识产权司法领域体现得尤为明显，在知识产权司法中，往往通过利益衡量的手段来达到利益平衡，成为司法的裁判规则。在这方面，我国最高人民法院的工作起着重要指导作用。例如，在2003年10月，最高人民法院有关负责人在全国法院专利审判工作座谈会上的讲话中指出：专利审判必须坚持利益平衡原则。❶ 再如最高人民法院法民三［2006］9号通知规定：在知识产权审判中，既要严格依法保护知识产权，又要做好利益平衡，把握好法律精神、立法目的和司法政策，切实促进科技创新和维护国家利益；既要注重保护私权，又要妥善处理公法与私法在知识产权领域的交叉调整关系，在促进科学技术进步和文化艺术繁荣的同时，切实维护政治安全和意识形态安全，维护主流的社会价值观。❷ 又如，最高人民法院法发［2007］1号通知规定：为建设创新型国家提供司法保障，必须坚持利益平衡原则，正确处理保护知识产权和维护公众利益的关系、激励科技创新和鼓励科技运用的关系，既要切实保护知识产权，也要制止权

❶ 2003年10月27日最高人民法院副院长曹建明在全国法院专利审判工作座谈会上的讲话。

❷ 2006年4月6日最高人民法院发布的《关于印发〈曹建明副院长在听取民三庭工作汇报时的讲话〉的通知》。

利滥用和非法垄断。[1] 因此，在知识产权的司法实践中，最高人民法院业已通过文件的形式明确将利益平衡原则作为知识产权司法的指导原则。

权利冲突解决的最终目的是达到利益的协调，即在各权利人之间、个人利益与社会利益之间寻求最佳利益的平衡。对权利冲突的解决，我国现行立法对保护在先权利方面已经有了一定的规定，但在具体的保护措施方面却缺乏特别规定，无论在后权利人是善意还是恶意，无论是竞争性冲突还是非竞争性冲突等，发生权利冲突时，均按照一般侵权来处理，即先认定侵权与否，进而否定因侵权行为所得利益，并加以损害赔偿责任。这种保护在先权利的方法简单易行，但有时却是不经济的、无效率的。知识产权保护制度的目标和功能就是从法律的层面、以法律的权威来协调各方面的冲突因素，调制各方面的利益平衡，使之处于共存和相容的系统优化状态。

从法经济学的观点看，法是具有效益的，由法律所赋予的权利同样具有效益。就同一个法律规则而言，法学家维护的是公正，经济学家维护的是效益。所以当两权发生冲突时，单纯从公正性考虑，往往会损害有关客体的效益最大化；反过来，简单地从经济学的角度去考虑，又会导致社会的畸变，误入法律虚无主义的泥潭。在知识产权权利冲突中，先后存在两个“合法”的知识产权，其权利的取得都经过法定形式授予，冲突的发生多是基于在后权利对在先权利的侵权而发生。但问题是，“侵权”的在后权利之后形成了较为独立的利益，而且这种利益不能由在先权利所包容，这时再以纯粹的保护在先权利原则去适用，实际上构成对在后权利的不平衡；另外，在先权利本身就独立于在后权利，由侵权后的权利包容在先权利（不保护或忽视在先权利）也不平衡。由于当事人一方的利益包容

[1] 2007年1月11日最高人民法院发布的《最高人民法院印发〈最高人民法院关于全面加强知识产权审判工作为建设创新型国家提供司法保障的意见〉的通知》。

另一方的利益，这就需要对在先权利与在后权利都予以关注，不能忽视任何一方，否则一方将对另一方构成不平衡。因此，解决权利冲突不仅应考虑权利的先后性，更应考虑权利的现实状态与社会效用。

六、权利丧失原则

（一）权利丧失原则概念

权利丧失原则，是指权利人明知或者应知其享有权利，却于一定时间怠于行使，则丧失对在后权利的撤销权。权利丧失原则实际上就是对权利行使进行必要限制的一个原则，这种限制是为了保证权利的行使符合诚实信用原则的要求，以维持有关当事人之间以及当事人与社会公众之间的利益平衡。

（二）权利丧失原则适用

1. 权利丧失原则的立法体现

纵观各国，《美国商标法》规定：“在先著作权人可以请求撤销在后商标的注册。该请求权的行使期限是 5 年，自在后商标注册之日起计算。超过 5 年，在先权利人即丧失请求撤销在后商标的权利，除非在后商标是通过欺骗的手段注册的。”《德国商标法》对在先权利人的撤销权分别规定了两个例外：一是著作权人在明知的情况下，默认商标权人连续 5 年使用作品，那么该著作权人无权再禁止商标权的行使；二是如果著作权人在提起撤销请求之前同意了该商标的注册，则不可以撤销该商标的注册。另外，《意大利商标法》规定，当商标侵犯在先著作权时，原则上该商标无效，但在以下两种情形下除外：一是商标已因其使用而获得显著性；二是著作权人明知且容忍善意的商标权人连续使用商标长达 5 年以上。[1]

[1] 丁鹏．论著作权与商标权冲突的协调机制［J］．河南公安高等专科学校学报，2007（12）：91．

根据我国《商标法》（2013 年第三次修正）第 45 条第 1 款的规定，已经注册的商标侵害他人的在先权利，自商标注册之日起满五年，在先权利人或利害关系人将丧失申请撤销商标的权利；但驰名商标是个例外，对恶意注册的不受五年的时间限制。该规定有利于督促权利人积极行使权利，保护在后商标权人的利益。当然，在丧失撤销权之后，享有在先权利人仍可在诉讼时效期间内对商标权人提起侵权的民事诉讼，此时法院不应再判令停止使用该注册商标，但商标权人仍应当向在先权利人支付相应的许可使用费。

2. 权利丧失原则的实际运用

权利丧失原则是为了维持商标权人、著作权人以及社会公众之间的利益平衡。因为在先著作权人容忍在后商标的长期使用，商标权人便会产生在先著作权人不再追究的信赖，并基于这种信赖对其商标进行投资和宣传，该商标可能成为消费者选择商品或服务的稳定标志，产生较高信誉价值。此时，如果还一味撤销在后商标，会使在后商标权人的所有投资和心血付诸东流，苦心积累的商誉价值毁于一旦；如果著作权人再许可第三人将其作品注册为商标，那么第三人就会承继原商标权人创造的无形资产，消费者也要重新识别商品来源、辨析商品质量；这无疑是不合理的。因此，法律应当对在先著作权人的权利行使进行必要限制，规定一定的撤销期间，以平衡商标权人与在先著作权人之间的利益。

第五节　知识产权权利滥用限制

一、知识产权权利滥用概念

知识产权权利滥用，必与权利滥用关联。“权利之行使，必有一定界限，超过正当之界限而行使权利，即为权利之滥用。”[1]确切地说，权利滥用，谓溢出权利的社会经济的目的或社会所不容许的界限之权利行使。权利之行使，应于权利者个人利益与社会全体之利益调和状态为之，从而行使权利以加害于第三人之意思目的为之者，称为恶意的权利行使，违反公序良俗或权利人方面无正当利益或权利人因权利之行使所得利益极小而于他人损害莫大，不能相比者，皆为权利滥用。[2] 也就是越界行使权利及在行使权利时所获得利益与损失的比例极为悬殊。

“知识产权权利滥用”一词脱胎于 1919 年英国修订的专利法。该法第 27 条的标题就是“阻止滥用垄断权的规定”，并规定：没有正当理由不对专利发明进行商业规模的实施；以商业规模实施该发明受到了阻碍或抑制；对该专利产品的需要没有以合理条件得到充分的满足；专利权人拒绝颁发许可或拒绝以合理条件颁发许可，使得贸易或产业受到了损害；专利权人对许可或使用专利所设定的条件，造成了不公平的歧视等行为构成滥用垄断权。[3] 由此可见，知识产权权利滥用，概括地说是指权利人在行使权利时，采取了不符合知识产权的基本宗旨，超出了知识产权法律、行政法规的规定，不正当行使有关权利，损害他人利益、社会公益或者限制排除竞争的行为。

对知识产权权利滥用的理解应注意以下几点：(1) 从严格意义上说，知识产权权利滥用中的权利本身应是合法获得的，但是知识产权权利滥用则含义更广，包括权利人通过不正当行为获得的专利权、商标权，权利人据此行使知识产权，妨碍他人的正常经营的行为，也属于知识产权权利滥用。(2) 从行为角度看，知识产权权利滥用多数情况下表现为积极的行为，如权利人在许可或转让其知识

---

[1] 梁慧星．民法总论［M］．北京：法律出版社，1999：260.

[2] 史尚宽．民法总论［M］．北京：中国政法大学出版社，2000：713－714.

[3] 张伟君．知识产权权利滥用的概念、表现和规制措施［J］．电子知识产权，2007（12）：17.

产权时，附加一些不合理的条件；滥用诉讼权利；随意滥发侵权警告，但也包含不作为情况，如专利领域的拒绝许可。（3）行为人行使知识产权的结果是消减或剥夺了公共利益，导致利益严重失衡，最终使知识产权的基本原则和体制遭到严重的破坏。

总之，“滥用知识产权的行为在构成上至少应当具备如下两个要件：第一，应当有合法有效的知识产权存在。如果根本没有知识产权，则谈不上滥用知识产权。在现实社会中基于现行的法律规定，一些知识产权在事实上也仅仅具备形式上或法律程序上的合法有效要件，比如已经授权的实用新型和外观设计专利，或者已经办理了登记手续的作品等。这类保护对象从实体上考察，其权利状态可能不稳定，但只要在有权机关在实质上就其权利效力作出裁判之前，在法律程序上该权利是存在的。法律并不否定相关当事人根据这类形式上的权利提出主张。第二，滥用权利的行为应当表现为行使知识产权的行为。如果行为人的行为并不表现为行使权利，则该行为无论如何也不应当被纳入滥用知识产权的行为。”[1]

二、知识产权权利滥用概念争论

知识产权权利滥用是知识产权法学界和实务界均予高度关注的一个重要问题。在 2006 年《专利法》第三次修改的研究课题中，有多个课题组专门研究专利权滥用的问题[2]。在 2008 年完成的国家知识产权战略研究的诸多专题中，曾列出了《滥用知识产权的法律规制研究》专题。但迄今为止，国内学术界对知识产权权利滥用概念仍然莫衷一是。

否定知识产权权利滥用的观点认为，一方面，权利是指法律赋予权利主体作为或不作为的资格。权利主体在权利范围内为或

---

[1] 郭禾．关于滥用知识产权问题的法律逻辑推演［J］．知识产权，2013（5）：5.

[2] 参见：国家知识产权局条法司．《专利法》及《专利法实施细则》第三次修改专题研究报告［M］．北京：知识产权出版社，2006.

不为一定行为，皆属权利人受法律保护之行为范围，自然是合法的。另一方面，权利人若是在权利范围之外为或不为一定行为，则属无权行为。这从逻辑上讲自然也不能被称为滥用权利的行为，因为在这种行为中权利根本就不存在。换言之，该行为的依据根本就不是权利，所以也不能够被称为权利滥用。故此，“滥用权利的概念本身就是一个悖论，行使权利的行为即为合法行为，权利不存在被滥用的情形”。“著作权、商标权和制止不正当竞争的权利基本不存在滥用的问题。”[1]

肯定知识产权权利滥用的观点认为：禁止权利滥用既是现代社会一种普遍的、基本的法律观念，也是现代各国法律乃至宪法所普遍规定的基本法律原则。而“权利滥用”的实质在于权利人以不公平、不适当的方式行使其权利，不适当地扩张了其所享有的权利。知识产权是民事权利，是私权，这是TRIPS所明确承认的基本原则。与任何其他民事权利一样，知识产权也有被滥用的可能。权利人行使知识产权是受法律保障的，但如果行使知识产权违背社会公共利益，或违反了法律或公共政策，或违背诚实信用原则等，就会超越权利的范围，构成对知识产权的滥用。总体上讲，知识产权权利滥用是行使知识产权中产生的问题。另外，从我国《民法通则》第7条体现的禁止权利滥用原则、《反垄断法》第55条规定的经营者滥用知识产权，排除、限制竞争的行为，《保护工业产权巴黎公约》第5A条中规定的滥用专利权[2]、美国判例法确定的专利滥用原则，[3] 以及TRIPS规定的防

[1] 李明德．“知识产权权利滥用”是一个模糊命题［J］．电子知识产权，2007(10)：33.

[2] 参见《巴黎公约》第5条A（2）规定：“本联盟各国都有权采取立法措施规定授予强制许可，以防止由于行使专利所赋予的专有权而可能产生的滥用，例如：不实施。”

[3] Morton Salt Co. v. G. S. Suppiger Co. 314 U. S. 488 (1942).

止知识产权权利滥用原则等情况看❶，知识产权权利滥用的现实是大量存在的。

在承认知识产权权利滥用的前提下，对知识产权权利滥用的范围又有两种不同看法：一种观点认为，滥用知识产权的行为主要分为两大类：一是权利人行使知识产权时超出了法定权利本身的范围；二是权利人行使其知识产权时没有超出法定权利，但不合理地限制了市场正当竞争，或者违反了其他公共政策，该行为应受到竞争法的规制。另一种观点认为，应将不正当获得的专利权、商标权等知识产权这种表面上“权利”，或者根本就不应获得的“权利”行使行为称为权利滥用，即知识产权的滥用还包括知识产权申请制度的滥用。❷ 知识产权申请制度滥用主要有两类：一是通过各种途径把不在法律保护范围内的智力成果申请为知识产权；二是恶意抢注他人的潜在知识产权。❸

三、知识产权权利滥用主要表现

知识产权权利滥用在法律上主要有以下具体表现形式：

1. 越权行使

知识产权权利人超越法律规定的知识产权权限而行使知识产

❶ TRIPS 不仅明确规定知识产权权利滥用，而且给出了相应的救济措施。例如，TRIPS 第 8 条第 2 款规定：“可能需要采取与本协议的规定相一致的适当措施，以防止知识产权所有者滥用知识产权或借以对贸易进行不合理限制或实行对国际间的技术转让产生不利影响的做法。”第 40 条第 2 款规定：“本协议中无任何规定阻止成员方在其立法中详细载明在特定情况下可能对有关市场中的竞争具有不利影响的知识产权权利滥用的专利权使用做法或条件。如上述所规定，一成员方可按照本协议的其他规定，根据国内有关法律和规定采取适当措施阻止或控制此种做法。这些措施可能包括例如独占性回授条件、阻止否认合法性的条件和强制性的一揽子许可证交易。”此外，TRIPS 第 41 条第 1 款、第 48 条第 1 款、第 50 条第 3 款、第 63 条第 1 款等，都是涉及知识产权权利滥用的规定。

❷ 王先林，寿步，王莉萍．跨国公司在华知识产权权利滥用［J］．商务周刊，2005（21）：32－39.

❸ 丁茂中．中国规制知识产权权利滥用的法律研究［EB/OL］．［2012－10－15］．http：//article. chinalawinfo. com/Article_ Detail. asp？ ArticleId＝34804.

权。越权行为是民法规范予以禁止的，对此类行为，一般依照侵权行为法规范进行处理。

2. 拒绝许可

所谓拒绝许可，是指知识产权权利人利用自己对知识产权所拥有的专有权，拒绝授予其竞争对手合理的使用许可，从而排除其他人的竞争，以巩固和加强自己的垄断地位的行为。一般情况下，某个具体企业的拒绝许可并不直接导致权利滥用，但是如果这种行为是为了排除竞争保持垄断地位，则是一种滥用权利的拒绝许可。拒绝许可的方式可以是明示的，如专利权人明确表示拒绝他人使用其专利技术的请求；也可以是默示的，如专利权人收到他人请求许可的申请之后，未在合理的期限内给予答复。许可或不许可他人使用其权利是知识产权权利人的一项专有权，受到知识产权法的保护。一般而言，知识产权权利人没有义务使用或者许可其技术。

3. 搭售行为

搭售是将两种或两种以上产品捆绑成一种产品进行销售，以致购买者为得到其所想要的产品就必须购买其他产品的行为。所谓搭售协议是指顾客为购买或者得到某种产品（搭售产品，tying prouduct）的许可被迫购买或者接受其他产品（被搭售的产品，tied product）的许可。

4. 价格高歧视

价格高歧视，是指知识产权权利人在进行知识产权许可时，对被许可人实行与成本等无关的过高价格。过高定价，是指知识产权权利人在正常竞争条件下，所不能获得的远远超出公平标准的价格。如由东芝等组成的6C联盟，[1] 在一揽子许可协议中，

[1] 6C联盟是最初由日立（HITACHI）、松下（Panasonic）、东芝（Toshiba）、JVC（Victor Company of Japan，Ltd.）、三菱电机（MITSUBISHI ELECTRIC）、时代华纳（Time Warner）六大技术开发商结成的专利保护联盟。其中包括专业广播电视系统产品、视听产品，家用电器、数码产品、便携视听产品、系统产品等方面的各项专利。

我国企业每生产一台 DVD 的销售价格就要缴纳 15~20 美元的专利费，而当前国际市场上 DVD 的销售价格已经跌至 30~40 美元/台。这就是典型的价格高歧视，属于知识产权权利滥用行为。

5. 价格低歧视

价格低歧视，也称掠夺性定价，是指知识产权权利人为了掠夺市场，在进行知识产权许可时，对被许可人实行低于成本的过低价格以占领市场排挤竞争对手的行为。对产品的价格低歧视，在我国被称为倾销，是《反垄断法》《反不正当竞争法》《价格法》所明确禁止的滥用行为。

6. 非正当限制条款

非正当限制条款是指知识产权权利人在实施许可时，强迫要求被许可人接受与许可无关的、非正当的限制条款。这些非正当的限制条款包括固定价格、限制产量、划分市场等。

7. 限制竞争

限制竞争，是指知识产权权利人相互联合形成市场垄断地位，谋求非正当利润的行为。以 DVD 专利技术为例，6C 各自的不同成员之间拥有的某些专利存在替代关系，据此可以认定其成员之间具有竞争关系。所以，6C 联盟的协议本身就构成限制竞争协议。

8. 滥用侵权警告

滥用侵权警告，是指知识产权权利人为了排斥竞争，而故意制造借口发出侵权警告的行为。由于知识产权的特殊性，侵权警告往往给对方造成商誉和经济上的重大损失，因此，提起侵权警告已经成为知识产权权利人的一个法宝。在滥用侵权警告中，并不要求对方已经遭受了现实的损失。只要知识产权权利人具有主观加害故意，通过媒体等公开手段实施侵权行为，就应认定构成滥用侵权警告。

9. 滥用诉权

诉权是公民的一项法定权利，滥用也可以导致法律责任的产生。知识产权诉权滥用是滥用诉权的一种表现形式，它是诉权滥用在知识产权领域内的具体表现。知识产权权利人违反诉讼目的，明知或者应当知道对方的行为并不侵犯其知识产权，而出于不正当竞争目的故意提起诉讼，纠缠法院和相对人，一个诉讼的结束，往往消耗几年时间，严重妨碍和破坏被告的正常经营活动和参与市场竞争的能力。因此，知识产权权利人任意提起知识产权诉讼，可能构成知识产权权利滥用。

10. 排他性交易（不竞争条款）

根据美国《与知识产权许可有关的反托拉斯指南》，排他性交易是指被许可人不得许可、销售、扩散或者使用相竞争的对被许可技术构成竞争的其他技术。所谓的排他性，既可以是许可协议中一个明确的排他性要求，也可以表现为一个经济补偿条款。

11. 技术池

技术池，是指两方或者多方将技术集合在一起，以一揽子安排的形式，向该提供技术的成员许可或者第三方许可该一揽子的技术。技术池也可以允许被许可人得到某一项技术的单独许可。技术池的设立可以仅建立在几个成员间简单协议的基础之上，也可以通过建立一个专门的组织，并由该组织来负责该一揽子许可的颁发事宜。技术池和标准之间没有必然的联系。但是在很多情况下，技术池中的技术可以全部或者部分地支持某一行业标准。在实践中，技术池往往是关于专利的，因此很多时候直接以“专利池”的称谓出现。

12. 标准中的滥用

在数字时代背景下，行业标准的重要性日益凸显。例如，几个硬件或者软件标准几乎统领了整个计算机系统和因特网体系。根据美国政府的预计，行业标准在以下领域里将起到关键性的作用：电子支付、安全认证、电子版权管理系统、录像录影机、高速网络技术、电子数据交换等。在公共卫生、健康、电信、信息、石油和医疗等领域里都已或多或少的形成了行业标准。促成标准快速发展的主要因素是产品互容性、公众健康和安全以及全球竞争，其中最重要的因素是产品互容性。全球有越来越多的消费者在使用笔记本电脑以及个人数据系统，每个人都希望自己的设备和别人的设备，可以实现兼容和数据交换，这就对计算机、网络的相关技术指标之融合提出了迫切的要求。

四、知识产权权利滥用规制

（一）联合国贸易与发展会议与世界知识产权组织的主要规定

1974年5月，联合国大会第六届特别会议上通过了一份决议，即制定一项符合发展中国家普遍需要的关于技术转让的国际行动守则。作为联合国常设机构之一的贸易与发展会议依据联合国大会上述决议，1975年9月完成了《国际技术转让行动守则（草案）》（以下简称守则）工作。该守则在其第4章列举了14种国际技术转让合同中的限制性商业做法。所谓限制性商业做法，一般是指在国际技术转让合同中，由技术转让方向技术受让方施加的以违背公平竞争原则的，以保障其竞争优势从而获取高额利润的非法行为。主要表现如下：（1）单方面的回授条款；（2）对效力异议条款；（3）独家经营条款；（4）对研究的限制条款；（5）对受方使用人员的限制条款；（6）限定价格条款；（7）对技术更改的限制；（8）包销协定和独家代理协议；（9）搭买条款；（10）出口限制；（11）供方垄断性安排；（12）对宣传的限制；（13）工业产权期满后的付款和其他义务；（14）在技术转让合同期满后的限制。这其中的第（1）、（2）、（4）、（9）、（11）、（13）、（14）项都是典型的知识产权权利滥用的表现。

发展中国家与发达国家在第四章限制性惯例的评价问题上分歧较大。发展中国家认为“本章的目的应是清除不利于有关国家特别是发展中国家的社会和经济发展的惯例”，所以要求在起段部分中明确指出限制性惯例是不合理的，必须在技术转让交易中加以避免。至于在评价某一具体惯例是否应该避免时，应特别强调它是否对技术取得方国家的经济技术发展产生不利影响，只有在不产生不利影响的个别情况下，才考虑接受。它们评价限制性惯例的标准被称为“发展标准”。但代表转让方利益的一些发达国家千方百计地想使限制性惯例在守则中合法化，而以七十七国集团为首的发展中国家为维护引进方的利益与发达国家进行了针锋相对的斗争。终因双方的严重分歧，该守则至今未获正式通过。尽管守则草案没有获得通过，但守则草案总结了国际技术转让的一些做法，提出了技术转让普遍应遵循的原则，特别是守则草案的核心部分对限制性惯例作出的规定影响深远，对指导国际技术转让、建立良好的国际技术贸易新秩序有着重要意义。

20 世纪 80 年代初期，世界知识产权组织在其《技术转让合同管理示范法》第 305 条中列出了 17 种禁止“限制性贸易条款”:（1）要求受方进口在本国既能够以相同或更低价取得的技术；（2）要求受方支付过高（与所引进的技术应有使用费不相当）的使用费；（3）搭卖条件；（4）限制受方选择技术或选择原材料的自由（但为保证许可证产品质量而限制原材料来源的情况除外）；（5）限制受方使用供方无权控制的产品或原材料的自由（但为保证许可证产品质量而实行这种限制的除外）；（6）要求受方把按许可证生产的产品大部或全部出售给供方或供方指定的第三方；（7）条件不对等的反馈条款；（8）限制受方产量；（9）限制受方出口自由（但供方享有工业产权地区不在此例）；（10）要求受方雇用供方指定的、与实施许可证中技术无关的人员；（11）限制受方研究与发展所引进的技术；（12）限制受方使用其他人提供的技术；（13）把许可证合同范围扩大到与许可证目标无关的技术，并要求受方为这类技术支付使用费；（14）为受方的产品固定价格；（15）在受方或第三方因供方的技术而造成损害时，免除或减少供方的责任；（16）合同期届满后限制受方使用有关技术的自由（但未到期的专利除外）；（17）合同期过长（但只要不超过所提供的专利的有效期，即不能认为是“过长”）显然，世界知识产权组织主要是从技术贸易这个角度，对滥用知识产权的行为进行规制。其目的是保护公平的技术贸易，禁止扭曲、阻碍新技术的研发、利用和交易的行为。[1]

（二）TRIPS 的主要规定

TRIPS 在参考有关国际文件的基础上，发达国家与发展中国家经过激烈争论之后，最终与发展中国家在有关限制知识产权权利滥用的问题上达成了妥协。TRIPS 第 40 条便是这一妥协的结果：制定了其特有的限制知识产权权利滥用措施的规定。TRIPS 第 40 条赋予成员通过法律手段规制在国际贸易中通过协议许可证的形式，限制竞争的、最为典型和最常见的知识产权权利滥用行为。第 40 条的名称为“对协议许可证中限制竞争行为的控制”，具体内容为：

1. 各成员方一致认为，与限制竞争的知识产权有关的一些专利权使用作法或条件对贸易可能产生不利影响，可能妨碍技术的转让和传播。

2. 本协议中无任何规定阻止成员方在其立法中详细载明在特定情况下可能构成对有关市场中的竞争具有不利影响的知识产权权利滥用的专利权使用作法或条件。如上述所规定，一成员方可按照本协议的其他规定，根据国内有关法律和规定采取适当措施阻止或控制此种做法。这些措施可能包括例如独占性回授条件、阻止否认合法性的条件和强制性的一揽子许可证交易。

3. 若一成员方有理由认为是另一成员方国民或居民的知识产权所有者正在从事违反该成员方关于本节主题事项的法律规章的活动，并希望使该另一成员方遵守此类法规，则在不妨碍两个

[1] 武长海．论国际贸易中知识产权权利滥用的法律规制［J］．河北法学，2010（2）：73.

成员方中任何一方依法采取任何行动和作出最终决定的充分自由的条件下，该另一成员方在接到该成员方的请求后，应与之进行磋商。被请求的成员方对与提出请求的成员方进行磋商应给予充分的同情的考虑，为此提供充分的机会，并应在服从国内法和令双方满意的关于提出请求的成员方保护资料机密性的协议之最后决定的条件下，通过提供与该问题有关的可以公开利用的非机密性资料和可供该成员方利用的其他资料进行合作。

4. 其国民或居民正在另一成员方接受关于所断言的违反该成员方关于本节主题事项的法律规章的诉讼的成员方，根据请求，应由另一成员方给予按照与上述第3款相同的条件进行磋商的机会。[1]

从性质上讲，该条规定属于反垄断条款。发达国家与发展中国家达成了一致，皆认为某些限制竞争行为可能对贸易具有消极影响，并可能阻碍技术的转让与传播，该条第（1）款中即是体现。

从目的上看，该条规定是为了防止知识产权权利人在缔结合同的谈判中滥用自己的专有权。对于知识产权的限制，TRIPS予以了足够的关注，例如，TRIPS第8条明文规定的禁止知识产权权利滥用的原则、第30条规定的授予专利权的例外、第31条规定的强制许可制度等都是对知识产权限制的体现。

从内容上看，第40条属于授权性规范。该条第2款的规定即是允许各成员国可以自行以法律或规章的形式来限制或控制各种滥用知识产权的行为。也就是说，虽然TRIPS要求各国在知识产权保护方面，必须达到TRIPS规定的最低标准，但同时也允许各国对滥用知识产权的行为进行规制。但对于什么是妨碍竞争的行为，TRIPS仅仅规定了一部分抽象的基本原则，而是把对不合

---

[1] [EB/OL]. [2013－12－15]. http：//www. sipo. gov. cn/zcfg/flfg/qt/gjty/201310/t20131025_ 863226. html.

法行为的决定权留给了各成员自己。这样的规定既体现了国际法对各国国内法的尊重，也给予了每个成员充分结合自身情况，实施保护自身市场利益的平等权利，它给予了每个成员一个平等的机会，包括中国在内的发展中国家是否能够受益于该公约的规定，关键在于国内立法者对于该规定的理解和利用程度。

从 TRIPS 的整个体系来看，第 40 条规定是 TRIPS 公共利益原则与禁止权利滥用原则的具体化。在 TRIPS 题为“原则”的第 8 条规定中，包含有“公共利益”原则和防止滥用知识产权原则的两款规定。特别是第 2 款规定：“只要符合本协定的规定，必要时可以采取适当措施来防止知识产权持有人滥用知识产权或采取不正当地限制贸易或严重影响国际技术转让的做法。”因此，第 8 条可以说是 TRIPS 第 40 条规定的依据，或者说是防止知识产权权利滥用的原则性规定。第 40 条是知识产权许可中防止知识产权权利滥用的具体化。

可见，第 40 条对知识产权权利滥用的规制是相当明确和具体的，为各国制定规制知识产权权利滥用的规定提供了参考和依据。例如，1995 年 4 月 6 日美国司法部和联邦贸易委员会发布了《知识产权许可的反托拉斯准则》，1999 年 7 月 30 日日本公平交易委员会颁布了《专利和技术秘密许可协议中的反垄断法准则》，都可以看作是对 TRIPS 第 40 条的应对。从另一个角度看，表面上 TRIPS 对发达国家和发展中国家的知识产权一体平等保护，提供相同的救济途径和制度，但是，由于发达国家的科学技术的创新能力和水平要远远高于发展中国家，发展中国家的高新技术一定程度上依赖从发达国家进口或得到其支持和帮助，所以，实质上的不平等，在某种程度上限制甚至剥夺了发展中国家在科学技术方面的发展机会。

（三）欧盟的主要规定

欧盟没有在法律中明确规定知识产权权利滥用的具体原则和基本制度，欧盟 1996 年 1 月 31 日颁布了《技术转让协议集体豁免条例》，主要是通过判例法在实践中不断完善和发展起来一些指导性原则。同时，衡量是否构成知识产权权利滥用的标准，主要是以竞争法为依据。它们在公司法实践中直接使用滥用市场支配地位这一概念，而不是滥用知识产权这一称谓。在某种程度上，欧盟认为，在知识产权领域内滥用市场支配地位就是滥用知识产权的变形，它们在本质上是一样的。由于知识产权本身就是一种合法的垄断权，这一权利应受到法律的保护和尊重，只有权利人滥用其垄断权并妨害正常的竞争秩序时，法律才可以制裁。

就欧盟而言，当自由贸易与知识产权出现矛盾或冲突时，更倾向对自由市场的保护。对知识产权的保护及禁止知识产权的滥用，都必须服务或有利于贸易的自由化。但是，欧盟的竞争理念正日益受到来自成员国知识产权保护的挑战。一方面，欧盟要求通过竞争来实现商品、服务、人员和资本的自由流动。另一方面，各成员国对知识产权狭隘的利己主义保护却在不同程度上扭曲了这些市场因素的正常流动，分隔了原本统一的大市场。越来越多的掌握知识产权的企业，以成员国知识产权法保护为后盾，以行使排他性知识产权为名，垄断市场，排挤对手，从而影响了成员国之间的正常贸易，阻碍了共同市场自由的优化配置。

2004 年 4 月 7 日，欧洲委员会接受了新的《关于对若干技术转让协议适用条约第 81 条第 3 款的第 772/2004 号规则》（以下简称新规则），该新规则取代了原来的第 240/96 号规则。新规则的一个重大创新是对竞争者之间签订的技术转让协议与非竞争者之间签订的协议适用不同的规则。规则对于竞争者之间的协议比非竞争之间的协议处理的要严重。新规则的另一个创新是引入了有关许可实践中的绝对限制（hardcore restrictions）条款。新规则第 5 条规定的是被排除的限制（excluded restrictions），被排除的限制是指不能豁免的限制。该条规定，如果技术转让协议中包括有下列义务，则本规则第 2 条有关豁免的规定将不适用：“（1）直接或间接要求被许可方对于其技术改进或新的应用排他性的许可给许可方或者许可方指定的第三方；（2）直接或间接要求被许可方对于其技术改进或新的应用的权利全部或者部分转让给许可方或者许可方指定的第三方；（3）直接或间接要求被许可方不得对许可方在共同市场中拥有的知识产权的有效性提出质疑……”将上述规定与TRIPS的规定进行对比，可以发现上述第1款和第3款的内容与TRIPS第40条第2款中规定的“排他性返授条件和禁止对知识产权有效性提出质疑”是基本一样的。这反映了在TRIPS实施以后，欧盟委员会也适当参考了其相关内容。[1]

（四）中国法律的主要规定

防止知识产权权利滥用，是中国一系列法律的共同任务。知识产权权利滥用要受到知识产权法自身规范的限制，但同时也会受到诸多法律部门的制约。

1. 民商法规范

《民法通则》是我国调整民事关系的基本法，当然适用于知识产权的行使，尤其是《民法通则》所确立的基本原则。这反映在民法的诚实信用原则和禁止权利滥用原则是我国禁止知识产权权利滥用的基本原则。我国《合同法》就技术合同进行了专章规定。该法第329条规定，非法垄断技术、妨碍技术进步或者侵害他人技术成果的技术合同无效。第334条规定，技术转让合同不得限制技术竞争和技术发展。同时，第355条还规定其他法律和行政法规对技术进出口合同或者专利、专利申请合同另有规定的，依照其规定。如2001年10月31日国务院通过的《技术进出口管理条例》第29条规定，技术进口合同不得含有限制性条款。《对外贸易法》第5章为“与对外贸易有关的知识产权保护”，该章既强调了知识产权保护，还特别规定了禁止知识产权

[1] 郭寿康，万勇．中国外贸法限制知识产权权利滥用措施制度研究［J］．法学家，2005（5）：100－106.

权利滥用的内容。其第30条规定："知识产权权利人有阻止被许可人对许可合同中的知识产权的有效性提出质疑、进行强制性一揽子许可、在许可合同中规定排他性返授条件等行为之一，并危害对外贸易公平竞争秩序的，国务院对外贸易主管部门可以采取必要的措施消除危害。"

2. 竞争法规范

竞争法规范主要是针对知识产权权利人没有越权行使权利，但是却利用垄断地位损害市场竞争的情况。无论知识产权权利人是否越界行使权利，只要涉及不正当竞争和垄断的知识产权权利滥用，都可以适用竞争法进行规制。竞争法规范包括我国1993年颁布的《反不正当竞争法》和2008年颁布的《反垄断法》。

《反不正当竞争法》和知识产权关系密切，一方面，反不正当竞争法是知识产权法的"兜底条款"，对知识产权起到附加保护的作用。"实际上，单行的知识产权法与反不正当竞争法之间，并不存在谁挤占谁的位置的问题。而是后者（或后者的一部分内容）对前者如何给予补充的问题。"❶ 但另一方面，知识产权的实施可能危及正当的市场竞争，因此，反不正当竞争法又是禁止知识产权权利滥用的法律。

知识产权并不必然产生垄断，知识产权权利滥用则会产生垄断。民法规范的是越权行为，主要是知识产权权利人实施的一种积极行为，而反垄断法规制的行为则不仅包括积极的行为，也包括消极的行为。反垄断法的核心是在保护知识产权的基础上，禁止知识产权权利滥用行为，维护公平竞争。反垄断法针对的知识产权权利滥用行为，是权利人在行使知识产权的过程中不正当地限制了竞争行为。我国《反垄断法》第55条规定，经营者依照有关知识产权的法律、行政法规规定行使知识产权的行为，不适用本法；但是，经营者滥用知识产权，排除、限制竞争的行为，

❶ 郑成思．知识产权论［M］．3版．北京：法律出版社，2003：264.

适用本法。

五、对“知识产权权利滥用”的重新审视

禁止权利滥用，本质上是法律对私权行使的一种限制，体现了法律追求“矫正正义”和“分配正义”的目标。禁止权利滥用既是现代社会一种普遍的、基本的法律观念，也是现代各国法律乃至宪法所普遍规定的基本法律原则。知识产权的滥用，是相对于知识产权的正当行使而言的，它是指知识产权的权利人在行使其权利时超出了法律所允许的范围或者正当的界限，导致对该权利的不正当利用，损害他人利益和社会公共利益的情形。在这里，知识产权的获得与知识产权的行使是两个问题，不能因为知识产权是合法获得的权利就忽视、甚至否认其也有滥用的问题。知识产权所具有的重要的经济意义，使得它容易被权利人不正当地加以利用，破坏正常的市场竞争。例如，在知识产权行使的过程中，权利人往往利用许可（授权）方式，扩张其所享有的知识产权，或者说，权利人往往利用许可合同的规定，限制被授权人所可以正当从事的行为。尽管“知识产权权利滥用”和“权利滥用”两个概念看似关系密切，实际上知识产权权利滥用是民事权利滥用的一种表现形式，但又有不同，因为知识产权权利滥用既有公民个人权利的扩张，又有国家公权力的干预。

从严格意义而言，“知识产权权利滥用”的概念仅存在于美国法之中。与英国相似，在美国法上，最初出现的相关概念也是“专利权滥用”，在“专利权滥用”的基础之上又逐渐发展起“版权滥用”和“商标权滥用”的概念，最终逐渐形成了一整套关于“知识产权权利滥用”的理论体系和实践方式。统观世界各国，“知识产权权利滥用”在不同的国家或地区的法律制度中含义各不相同。而且，“知识产权权利滥用”除了在个别国家是一个具有特定含义的法律概念外，并不是一个被广泛使用的法律概念。TRIPS 作为迄今影响力最大的一个国际知识产权协议，虽

然对知识产权权利滥用的规制作了相关规定，但也没有明确界定何谓“知识产权权利滥用”。欧盟本着建立共同市场的目标，对“知识产权权利滥用”的规制也建立了一个比较完善的体系，但欧盟本身并不存在统一的知识产权制度，也没有“知识产权权利滥用”的概念。当然，我国《反垄断法》虽然规定“经营者滥用知识产权，排除、限制竞争的行为，适用本法”，但也没有对何谓“知识产权权利滥用”进行界定。当一些跨国公司在中国频频以侵犯其知识产权的名义对中国企业提起诉讼的同时，在很多国家却不得不面对滥用知识产权的调查。比如，英特尔公司在2004年年初对我国无线局域网国家标准WAPI进行知识产权狙击，2005年年初又以侵犯其知识产权的名义将深圳东进公司告上法庭。然而英特尔公司自身却因涉嫌“在微处理器市场独霸市场，强迫用户与其签订独家协议，挤压竞争对手”，先后被欧盟、日本公平贸易委员会、韩国公平贸易委员会等组织发起诉讼和调查。其实，在知识产权国际化的今天，知识产权已经远远不是传统意义上的法律权利，而逐渐转变为法律权利和政策权利的结合体。世界上也没有哪一个国家会在法律上把“知识产权权利滥用”描述得非常具体、界定得非常清楚。所以，从战略角度讲，我国其实也没有必要对“知识产权权利滥用”进行明确界定，应该保持立法的原则性与司法实践的适应性，一个国家或地区可以根据自身不同时期经济环境、产业政策、竞争政策的不同，从自身利益出发，选择不同的对“知识产权权利滥用”的态度、执行不同的知识产权政策。

显然，当前各国法律对知识产权权利滥用的规制都是依据现实中已经存在“滥用”而作出规定的，这就意味着，规制与否，关键要看规制效果如何。对此，已经有专家对相关研究进行反思，“滥用权利、滥用知识产权等概念是法学研究中经常出现的概念。然而这些概念在作为‘科学’的法学理论体系中是否有其特定地位，即是否属于法学概念，直接关系到权利理论的构筑。这对于还极为幼稚但却因年轻而充满活力的知识产权法学而言，则显得尤为重要。”[1] 究竟是继续在传统法学领域探讨知识产权权利滥用问题，还是跳出法学概念，改变研究的视角，建立一套崭新的知识产权权利滥用理论体系？随着我国知识产权保护制度观念的加强，必然推动知识产权法相关理论的进一步发展，相信关于知识产权权利滥用相关研究也会获得有效促进。

[1] 郭禾．关于滥用知识产权问题的法律逻辑推演［J］．知识产权，2013（5）：3.

第八章　知识产权侵权与保护

第一节　知识产权侵权行为

一、知识产权侵权行为概念

民法上的侵权行为，可以认为是“因作为或不作为而不法侵害他人财产或人身权利的行为”。[1]“违法性”是知识产权侵权概念的核心，它是任何侵权行为的必备要件。如果一个行为符合法律规定，不具有违法性，就谈不上构成侵权行为。除此之外，在传统的侵权行为构成理论中，还包括损害、行为人存在过错，以及损害行为与损害后果之间具有因果关系。

知识产权侵权无疑属于侵权行为的范畴。[2] 但是，传统上关于侵权行为的构成理论对知识产权侵权的适用，不能简单套用。一般认为，知识产权侵权与侵犯知识产权的行为同义，它是“违反法律规定，擅自行使或利用知识产品所有人专有权利的行为”。[3] 但也有学者认为这两者有差异，“知识产权侵权行为与负载知识产权的有形物侵权不同，侵权边界难以确定，在界定知识

---

[1] 中国大百科全书：法学卷［M］．北京：中国大百科全书出版社，1984：472.

[2] 2013年知识产权法研究会年会期间，中国人民大学法学院张勇凡博士提醒作者，应当采用“侵犯知识产权的侵权行为”代替“知识产权侵权”的习惯叫法，作者表示赞同。但从行文的简洁考虑，本书依然采用“知识产权侵权”这一不够严谨的词汇，在此提醒读者，以避免产生歧义。

[3] 吴汉东，胡开忠．无形财产权制度研究［M］．北京：法律出版社，2001：170.

产权侵权概念时，不应拘泥于主观过错与损害行为，而应重点关注行为的违法性。知识产权侵权是一种违反法律规定的行为，凡是违反了法律的规定而损害知识产品所有人的专有权的行为，都是侵犯知识产权的行为。至于该行为是否造成损害后果、行为人主观上是否存在过错等，是知识产权侵权责任的问题，不影响对知识产权侵权行为的认定。"[1]

在知识产权法领域，从相关知识产权法律的具体规定中可以看出，几乎所有侵犯知识产权的行为，都被明确无误地规定在法律中。如我国《专利法》第 2 条第 1 款、第 2 款规定，发明和实用新型专利权被授予后，除法律另有规定外，任何单位或者个人未经专利权人许可，不得为生产经营目的制造、使用，销售其专利产品，或者使用其专利方法以及使用、销售依照该专利方法直接获得的产品。专利权被授予后，除法律另有规定的以外，专利权人有权阻止他人未经专利权人许可，为上两款所述用途进口其专利产品或者进口依照其专利方法直接获得的产品。该条明确违反该条款的行为属于"违法行为"，为法律所禁止。我国《著作权法》的第 46 条、第 47 条规定得更加明确，属于这两个条款列举的行为皆属侵权行为。我国《商标法》（2013 年第三次修正）第 57 条及《反不正当竞争法》都采取例举方式，列举了具体的侵权行为。由此可见，行为的违法性应当是知识产权侵权行为构成的必要条件，否则，不能认定为侵权。

二、知识产权侵权行为特点

知识产权侵权行为具有特殊性和复杂性。知识产权的特殊性源于知识产权本身的复杂性。"知识产权是对专利、商标、著作权等人类智力劳动成果的一个总称，这一叫法是虚设的，是一种

[1] 冯晓青. 知识产权侵权归责原则之探讨［J］. 江淮论坛，2011（2）：87.

理论概括。”❶ 知识产权并不像人身或者财产权益那样与其物化载体紧密相连。由于知识产权的客体知识产品具有非物质性的特征，导致其权利的产生和行使有着不同于物权的鲜明特点。就知识产权的产生而言，它不仅具有国家授予性，而且立法文件对知识产权权利内容亦作了无比明确的界定。大多数知识产权法律的权利条款都采用了授权性规范和禁止性规范合而为一的立体表述方式。同时，平衡各方利益的立法目标，要求国家必须就知识产权权利人与社会公众之间的权益界限作出安排，由此决定了知识产权侵权必须遵循特定的游戏规则。知识产权是一个集合性概念，涵盖了多个内容各异的权利，各项权利内容又内涵相异，知识产权侵权行为表现出难以一言以蔽之的复杂局面。一项知识产权侵权行为不但有可能侵犯人身权，还有可能同时侵犯了权利人的财产权，侵权的责任形式理应多元化。在长期的司法实践中，各国对于知识产权侵权行为的认定越来越多地采取差异化政策，如对于专利侵权、著作权侵权和商标侵权行为分别规定不同的责任构成要件。正是由于知识产权项下的各项权利类型各异且服务于不同的立法目标，有些国家的立法甚至断然作出规定，将任何未经权利人许可而侵犯权利人独占实施权的行为判定为侵权行为。❷

知识产权侵权行为如果归类于一般侵权行为，那么就必须与一般侵权行为在归责原则、责任构成要件、抗辩事由等方面具有同质性，并进而满足一般侵权行为的诸项特征，否则，权利人将失去请求权基础，权利人的救济权亦无从谈起。鉴于知识产权的特殊性和复杂性，知识产权侵权行为在归责原则、侵权责任构成要件以及抗辩事由等方面具有自己的特殊性，从而与一般侵权行

❶ 黄勤南．新编知识产权法教程［M］．北京：中国政法大学出版社，1995：263．

❷ *Canada Copyrights Act Sec.* 27（1）．

为形成重大差异，某些方面甚至具有特殊侵权的特征，因而无法简单适用侵权行为一般条款。例如，《侵权责任法》第 3 章以不承担责任和减轻责任的情形为题，列举了受害人故意、不可抗力、正当防卫和紧急避险四种情形为民事侵权行为的抗辩理由。这四种情形在知识产权侵权领域均不适用。一般来说，知识产权权利限制制度是一项有异于民事权利的权利平衡制度，其内涵因知识产权的种类不同而有所差异。简言之，著作权的被控侵权人可以以自己的行为属于合理使用或法定许可而提出抗辩；被控专利侵权人可以基于专利独占权的例外情形获得实施行为的正当性，从而免除侵权责任；未经许可的商标使用人，可以通过证明自己的行为不属于商标法所列举的侵权行为形态而达到免除责任的效果。这些例外情形均由各知识产权专门法分别列出，不允许行为人对其形态作任何扩张性解释。有鉴于此，我国《侵权责任法》有关知识产权侵权行为归属于一般侵权行为的类型定位，很难为司法实践提供完美的解决方案。

三、知识产权侵权行为的立法模式

在立法实践上，有关民事侵权行为的立法大致可分为大陆法系侵权行为一般化立法和英美法系侵权行为类型化立法两种模式。

（一）大陆法系侵权行为一般化立法

大陆法系国家侵权行为规定以一般化立法为特征。立法者倾向于通过规定侵权行为一般条款的方式来确定一般侵权行为，而将那些不符合一般侵权行为要件的行为纳入特殊侵权行为的范畴。《法国民法典》《德国民法典》《荷兰民法典》和《埃塞俄比亚民法典》堪称此类立法模式的典型代表。因此，在一般化的立法模式下，民事侵权行为的类型呈现出一般侵权行为和特殊侵权行为并存的二元格局。

但是，基于历史的机缘，知识产权制度与大陆法系国家第一次兴起的民法典编纂浪潮失之交臂，有关民事侵权行为类型的基本分类未能与知识产权侵权行为产生交集。1900年生效的《德国民法典》被誉为“理性的法律”和“法学家的法律”。[1] 但从《德国侵权法》所保护的生命、身体、健康、自由和所有权等五种侵权行为的常见客体来看，知识产权与之无涉。1955年颁布的《埃塞俄比亚民法典》是大陆法系国家在民法典中详尽列举侵权行为种类的集大成者，该法典在继承法国侵权行为一般条款的同时，还详尽地列举了各种侵权行为。[2] 但是，知识产权仍未被纳入侵权行为法调整的民事权益范围，知识产权侵权行为究竟属于一般侵权行为抑或特殊侵权行为在立法上尚无定论。

（二）英美法系侵权行为类型化立法

与大陆法系侵权行为一般化立法相反，英美法系侵权行为法始终沿着侵权行为类型化的方向发展。通过判例形成的侵权行为类型构成了英美法系侵权行为的主要形态。与此相应，在法律实践和理论研究上并无一般侵权行为和特殊侵权行为的类型之分。例如，英国法上的侵权行为大致有7种类型，美国法上的侵权行为有13种大类，分别由名称各异的侵权行为种类组成，所侵犯的客体主要包括人身或财产权益。[3] 不同的是，美国法上的侵权行为范围更广。某些情况下，干扰某些受其他法律保护的利益的

---

[1] 张新宝．侵权责任法的法典化程度研究［J］．中国法学，2006（2）：106.

[2] 徐国栋．埃塞俄比亚民法典：两股改革热情碰撞的结晶［J］．法律科学，2002（2）：63.

[3] 英国法上的侵权行为分别是非法侵入、恶意告发、欺诈、加害性欺骗、其他经济侵权、私人侵扰、公共侵扰、对名誉和各种人格权的保护等。美国法上的侵权行为主要有：（1）故意对他人的身体、土地及动产的伤害；（2）虚假陈述；（3）诽谤；（4）侵害隐私权；（5）侵害的虚伪不实；（6）过失；（7）严格责任；（8）无正当理由的诉讼；（9）对优越的经济关系的干扰；（10）干扰家庭关系；（11）以故意、过失以外的其他方式侵犯土地利益；（12）干扰各种不同保护的利益、共同侵权；（13）产品责任。参见：杨立新．论侵权行为一般化和类型化及其我国侵权行为法立法模式选择［J］．河南省政法管理干部学院学报，2003（1）：105.

行为也将构成侵权行为（如干扰尸体、伤害胎儿等）。权利人或其财产的品质不实、行为人的虚假陈述等行为也属于侵权行为，甚至将严格责任、过失以及违反诚信原则的行为也纳入了侵权行为法的框架之内。但遗憾的是，这些列举的行为均未涵括知识产权侵权行为。

鉴于英美法系的侵权法是以详尽列举的方式对侵权行为予以分类的，并无一般侵权行为和特殊侵权行为的概括性区分，因此，英美法系上的知识产权侵权行为是作为与侵犯人身或财产权益的侵权行为相区别的另一类侵权行为类型而存在的，立法者通常采用另类处理的方式将知识产权侵权行为交由知识产权特别法予以界定。❶

（三）我国《侵权责任法》对知识产权侵权行为的类型定位

我国有关侵权行为的立法深受大陆法系影响，在学理和立法上区分一般侵权行为和特殊侵权行为。在《侵权责任法》颁布之前，我国侵权行为法的立法体系内容庞杂，涉及面极广。就当时的侵权行为法体系而言，《民法通则》居于普通法的地位。《民法通则》采取了侵权行为一般化的立法模式，既有关于一般侵权行为的概括性条款；也有关于一般侵权行为的具体列举。此外，《民法通则》还列举了产品侵权、动物致人损害侵权等八类特殊侵权行为，形成了一般侵权行为和特殊侵权行为的二元分类格局。而知识产权侵权属于一般侵权行为的表现形态。

《侵权责任法》首创性地将知识产权侵权行为纳入侵权责任法的框架，并且以“大陆法系为体、英美法系为用”的立法模式完成了我国现代侵权法的制度设计。《侵权责任法》从民事权益范围的罗列，到侵权责任形态的扩张，以及法律体系的设计都显示出浓郁的中国特色。在这部法律中，“大陆法系为体”的立

---

❶ 胡开忠. 知识产权法比较研究［M］. 北京：中国人民公安大学出版社，2004：367.

法模式主要解决的是侵权行为一般条款的规定，以实现侵权责任法的最大弹性。“英美法系为用”的含义是指采纳英美法系侵权行为立法的特点，对一般侵权行为之外的特殊侵权行为给予尽可能详尽的列举。在概括式和列举式之外，《侵权责任法》不再有其他侵权行为之规定。

在知识产权被明确纳入受侵权法保障的民事权益范围后，随即而来的问题是：知识产权侵权行为是一个集合性概念，既然以著作权、专利权和商标权为代表的知识产权属于受《侵权责任法》保护的民事权益客体，纷繁复杂的知识产权侵权应当没有歧义地全部遵循《侵权责任法》的相关规则。为此，知识产权侵权要么归属于一般侵权行为从而适用侵权行为一般条款，要么归属于特殊侵权行为从而适用特殊侵权行为的规则。《侵权责任法》对特殊侵权行为给予了明确列举，所涵盖的特殊侵权行为较《民法通则》更为丰富。然而，《侵权责任法》并未将知识产权侵权划入现有的特殊侵权行为类型之中。采取排除法可以非常容易地得出这样的答案：在一般侵权行为和特殊侵权行为共存的二元分类格局下，知识产权侵权只能被归类于一般侵权行为。

综上所述，无论是大陆法系国家还是英美法系国家的侵权法，都未能给予知识产权侵权行为以明确的类型定位，将知识产权侵权行为一概归类于一般侵权行为的做法在国际上亦无成例可循，我国《侵权责任法》将其定位为一般侵权行为实为立法上的一大突破。

四、知识产权侵权责任归责原则

（一）归责原则概念

归责，是指行为人因其行为或物件致他人损害的，应以何种根据使其负责。所谓归责原则，是指判定侵权行为人承担民事责任的基本规则，是侵权行为人应承担法律责任的根据。一般而言，规则原则有三种：过错责任原则、严格责任原则和无过错责任原则。知识产权侵权归责原则是针对知识产权侵权行为确定侵权行为人承担法律责任的基本规则，但适用的是那种规则原则，在理论上和立法上均有分歧。

侵权法的一般归责原则是关于侵权损害赔偿责任的归责规则，仅与损害赔偿紧密地联系在一起，并不涉及一切民事责任的归责原则。德国法学家拉伦茨即认为，归责原则是就赔偿之归责原则而言的，归责是负担行为之结果，对受害人而言是填补其所受之损害。[1] 具体是指行为人在一定主观心理状态支配下实施了造成他人损害的行为时，应就该损害后果负赔偿责任。

知识产权侵权属于民事侵权范畴，对知识产权侵权归责的探讨也应当在民事侵权责任的体系下进行。从侵权法的发展历史看，侵权行为的归责原则应当只是就损害赔偿请求权而言的，而与其他民事责任的承担方式无关。[2] 因此，知识产权侵权归责原则应当限于损害赔偿之归责原则。

（二）知识产权侵权、知识产权侵权归责与侵权责任的关系

确立知识产权侵权归责的目的，是要以基本规则确定行为人实施侵害知识产权的行为是否需要承担某种法律责任。需要指出的是，知识产权侵权的构成要件与侵权责任的构成要件不是同一概念。

一般认为，区分知识产权侵权构成要件与责任构成要件是由物权绝对权请求权和债权请求权的二分性所决定的。绝对权请求权是基于绝对权的排他性、绝对性派生而来的防卫性请求权，停止侵权、排除妨碍、恢复原状是与之相对应的民事责任形式。债权请求权是指在绝对权受到侵害并发生损害时，权利人要求行为

[1] 王泽鉴．民法学说与判例研究（第5册）［M］．北京：中国政法大学出版社，1998：258－259．

[2] 姚欢庆．知识产权侵权行为归责原则研究［J］．浙江社会科学，2001（4）：83．

人赔偿损失的权利。它是一种索求性、进取性的请求权，其典型的民事责任形式是赔偿损失责任。知识产权请求权是一种绝对权请求权，只要知识产权被侵害或有侵害的可能、侵害行为具有违法性，则构成侵权，不必考虑行为人主观过错；而对于侵权损害赔偿责任，则要适用过错责任原则。

知识产权侵权责任是行为人因侵害知识产权而被施加的强制性法律责任，旨在保护知识产权权利人的利益不受侵犯。知识产权侵权责任的构成要件是知识产权侵权人承担知识产权侵权责任应当具备的条件。这就涉及适用何种归责原则的问题。知识产权侵权行为的认定是确定被控侵权行为人是否承担侵权民事责任以及承担什么样的侵权民事责任的前提，只有在确定了存在知识产权侵权的前提下，也才有进一步界定和追究知识产权侵权责任的必要。

就知识产权侵权而言，其构成一般并不需要考虑行为人的主观过错、损害事实，以及行为人的行为与损害结果之间的关系，这些都是知识产权侵权责任所需要考虑的要素。知识产权侵权行为需要承担相应的侵权法律责任，但是，某一特定的知识产权侵权法律责任的承担，需要某一侵权行为具备一定的条件，这就是所谓知识产权侵权责任之构成要件。知识产权除具有专有性、地域性和时间性特征外，还具有法定性特征。知识产权具有依法确立的特点。没有法律的明确赋予，知识产权权利人要获得某种知识产权将无从谈起。与知识产权的法定性特征相对应，知识产权侵权的本质就是实施了为知识产权法所禁止的行为，即行为人从事了侵害他人知识产权权益的行为。在确认知识产权侵权之构成方面，对行为的违法性应给予特别的强调。

在知识产权专门法律中，什么是受权利限制的合法行为、什么是违法的侵权行为，其界限是清楚的。知识产权侵权涉及的就是被明确为知识产权侵权的、违反了知识产权法规定的行为。如果某一行为在知识产权法中具有合法依据，即使该行为没有获得知识产权权利人的许可，仍然不能认为是知识产权侵权行为。有观点认为，侵权行为作为违法的民事行为，须具备损害结果发生的要件，并进而认为在知识产权侵权构成上，也应考虑损害结果问题。实际上，正如史尚宽指出：“严格言之，损害之发生，为赔偿义务之要件，而非侵权行为之要件。”[1] 因此，在认定某一行为是否构成知识产权侵权时，不需要考虑损害结果因素。

（三）知识产权侵权归责原则的主要学术观点

对行为人“侵权行为”的认定，是行为人承担民事责任与否、承担何种民事责任的重要依据，是知识产权侵权责任构成的关键环节之一。但是，关于知识产权侵权归责原则在学术界有很大分歧，一直不能形成统一意见，形成了以下观点：

1. 过错责任说

此说主张知识产权侵权责任的归责原则应采用过错责任。理由是：知识产权侵权为一般侵权行为，在我国民事基本法及知识产权部门法没有明确规定知识产权侵权应坚持无过错责任原则的情况下，应坚持过错责任原则。

2. 无过错责任说

该观点认为，TRIPS 第 45 条第 2 款对侵犯知识产权的无过错责任持相当明确的态度，如果我国加入 TRIPS，就必须履行有关的国际义务，我国的法律规定也必须与 TRIPS 内容相衔接，因此，我国的知识产权归责体系也应该适用无过错责任。

3. 过错责任与过错推定责任二元归责说

此说认为，在侵犯无形财产权诉讼中，过错责任与过错推定责任应为二元归责原则，两者共同行使认定侵权责任的使命。这种归责 体系的具体运行模式是：法律授予作为原告的权利人一种选择权，即假定权利人是自己利益的最佳判断者，他“有权”选择自己举证，以便有力地、有针对性地向侵权人追偿损失。在

[1] 史尚宽．债法总论［M］．北京：中国政法大学出版社，2000：112.

这种情况下，即适用过错责任原则。同时，权利人也可以放弃这种举证的“权利”，法院即责令侵权人举证，举证不能或举证证明不成立的，推定侵权人有过错。在这种情况下，即适用过错推定责任。

4. 无过错责任和过错推定责任二元归责说

此说从实务角度出发，认为就知识产权侵权损害赔偿责任的性质而言，根据我国法律体系目前仍属于民事法律中的民事责任范畴。在知识产权侵权损害赔偿责任的构成上，如果法律没有特别规定，就应当依照民法通则关于民事责任构成的规定处理。目前在《民法通则》和知识产权专门法中没有规定侵犯知识产权适用无过错责任原则，那么就应当依照过错责任原则确定知识产权侵权损害赔偿责任的构成。但针对知识产权审判实践中的一些具体情况，可以对一些难以确定当事人主观状态的行为适用过错推定的原则。

5. 无过错责任及过错责任协调说

此说认为，应分别直接侵权、共同侵权、间接侵权不同情况，规定无过错责任及过错责任原则的适用场合，而不是“一刀切”地否认前者或后者。

本书主张对于知识产权侵权归责原则应实行二元归责原则，包括过错责任原则和严格责任原则。即在法律明文规定以过错为前提才构成侵权时，适用过错责任原则，在法律未对过错作出规定时，适用严格责任原则。

（四）知识产权侵权归责原则模式选择

1. 过错责任原则

在侵权行为法上，过错的重要作用可以从侵权责任的构成要件和侵权责任免责两方面予以理解：一方面，过错是民事侵权行为最为重要的构成要件之一，侵权人可以因自己没有过错而得以免责；另一方面，过错原则是一般侵权行为的归责原则。过错责任原则的重要意义不仅仅在于表明过错为归责的内涵，更重要的是以过错为归责的最终要件。唯有如此，侵权行为法才能贯彻无过错即无责任的精神。

知识产权侵权行为属于一般民事侵权行为，知识产权侵权归责原则、知识产权侵权民事责任也应适用一般民事侵权的规定，而一般民事侵权实行过错责任原则。因此，知识产权侵权损害赔偿归责原则应实行过错责任原则。这不仅在知识产权理论上几乎达成了共识，在国内外知识产权司法实践中也被广泛适用。如TRIPS 第 45 条第 1 款规定，司法当局应有权责令侵权人向权利持有人支付足够的损害赔偿，来补偿由侵权者侵犯其知识产权所造成的损失，且侵权者知道或有充足理由知道他正在从事侵权活动。该规定显然是过错责任原则，因为协议明白无误地要求侵权人承担损害赔偿责任的条件是“知道或有充足理由知道他正在从事侵权活动”。但知识产权侵权分为直接侵权和间接侵权，两种情形下的责任构成要件并不一致。过错并非知识产权直接侵权的构成要件，无过错也绝非知识产权侵权行为的免责事由，其只影响直接侵权人承担的赔偿数额。对于间接侵权，有关行为人是否具有主观过错的推论才具有实质意义。过错责任原则是一般侵权行为的归责原则，该原则着眼于侵权行为法的补救功能。在知识产权侵权领域，伴随着侵权责任法与债法体系的分离，民事责任形式进入到包括但不限于损害赔偿责任的广阔空间，过错责任原则的适用基础发生了根本动摇，一般侵权责任的单一过错归责原则在知识产权侵权领域受到了极大的限制。过错责任原则只能作为损害赔偿责任的归责原则，而不能作为统摄其他知识产权侵权责任的统一归责原则。换言之，当知识产权权利人提出两项甚至多项诉讼请求时，应当依照不同的侵权责任形式选择适用不同的归责原则。

2. 过错推定原则

过错推定责任，是指受害人若能证明其所受损害是由行为人所造成的，而行为人不能证明自己对造成损害没有过错，则法律上就推定其有过错并就此损害承担侵权责任。[1] 推定“过错”可以综合考虑如下因素：知识产权权利本身的公知程度；行为人的重复侵权行为；价格因素；是否行业内人士和对客观化、规范化的注意义务的遵守或违反；知识产权产品的隐蔽性或存在状态；知识产权产品的来源渠道和含有知识产权产品的物品的使用方式，等等。这与过错原则的“过错”有区别，它一般以法律有明文规定为限。

过错推定原则本质上不是一种独立的归责形式和原则，而是过错责任原则的一种具体操作方式。根据过错推定原则，在行为人存在损害事实时即推定其存在过错。但是，如果行为人能够举证加以证明其不存在过错，那么就可以被免除侵权责任。有学者认为：“在知识产权侵权归责问题上，过错推定原则作为过错责任原则的一种具体适用形式，具有其特定的应用价值。知识产权侵权由于侵权的隐蔽性、复杂性和一定的技术性，可能更适合于这一情况。过错推定原则的适当适用，也是在知识产权法中平衡权利人与未经许可的侵权人之间的利益的重要机制。”但也强调，“尽管在知识产权侵权损害赔偿之诉中，过错推定原则的适用有其理论上的合理性和一定的法律依据，但不宜作为适用过错责任原则的普遍形式加以适用。”[2]

尽管“过错推定作为一种适用过错责任原则的技术性方法，值得在司法实践中推广运用”，而且在中国知识产权立法中也有依据，例如，我国《专利法》第63条第2款规定，为生产经营目的使用或者销售不知道是未经专利权人许可而制造并售出的专利产品或者依照专利方法直接获得的产品，能证明其产品合法来源的，不承担赔偿责任等，过错推定原则仍不宜作为一类独立于

[1] 房绍坤，郭明瑞，唐广良．民商法原理（三）[M]．北京：中国人民大学出版社，1999：396.

[2] 冯晓青．知识产权侵权归责原则之探讨 [J]．江淮论坛，2011（2）：90.

过错责任原则的归责原则，而且在知识产权侵权损害赔偿案件的适用上，也不能没有范围限制地运用。这是因为，过错推定原则本质上仍然是过错责任原则，只不过是在举证责任方面有所不同。在过错推定的情况下，举证责任由加害人承担，而不是由受害人承担。而且，适用过错推定责任与适用过错责任在侵权损害赔偿责任构成要件上也没有区别。同时，在知识产权侵权损害赔偿案件中，过错推定原则的适用在实体和程序上不是没有任何限制的。而且，在受害人能够通过一定证据证明加害人存在过错的场合，不宜适用过错推定原则。事实上，在适用过错责任原则时，选择过错推定原则，需要慎重地考虑受害人和加害人之间的利益平衡。由于在知识产权侵权损害赔偿之诉中，只有具有过错的损害行为才承担损害赔偿的侵权民事责任，如果对过错的认定过于宽松，就会使很多本不应承担侵权赔偿的当事人承担了侵权损害赔偿责任，这对加害人来说是有失公平的，对实现知识产权法的宗旨也是不利的。❶

3. 无过错责任原则

无过错责任原则，就是无论行为人主观上有无过错，都须依照法律特别规定承担责任的一种归责原则。❷ 在民事侵权责任方面，我国的《民法通则》和《侵权责任法》实行的都是二元归责体系，即对一般侵权行为实行过错责任原则，对于法律有特别规定的则实行无过错责任原则。由于我国《民法通则》和《侵权责任法》及知识产权专门法律一概没有对知识产权侵权实行无过错责任有明确的规定，因此应采用过错责任归责原则。

TRIPS 第 45 条第 2 款规定一直引争议，争议的焦点就是有无包含了无过错责任原则。TRIPS 第 45 条第 2 款规定，司法当

❶ 冯晓青．知识产权侵权归责原则之探讨［J］．江淮论坛，2011（2）：91．

❷ 房绍坤，郭明瑞，唐广良．民商法原理（三）［M］．北京：中国人民大学出版社，1999：398．

局也应有权责令侵权人向权利持有人支付全部费用，可包括合理的律师费。在适当的时候，即使侵权人不知道或无合理理由知道自己正在从事侵权活动，成员也可以授权司法当局责令其返还所得利润，或令其支付法定赔偿额，或二者并处。其实，TRIPS 第 45 条第 2 款的规定也不是对无过错责任原则的确立。这是因为：（1）该款的表达限定了一些条件，该款适用的情况仅限于诸如侵权活动牟利很大、侵权情节相当恶劣、损害权利人的名誉、或致权利人诉讼费时过长而开支很大等这些严重侵害知识产权权利人利益的“适当的场合”，而不是一切场合，这样就缺乏普遍适用的价值。（2）该款是一个弹性条款，在法理上属于授权性规范，并非义务性规范。（3）该款规定的“责令返还所得利润”，不能简单地理解为损害赔偿。从侵权损害赔偿原理来说，这更应理解为不当得利请求权。在知识产权侵权损害赔偿中，完全可能存在不当得利请求权的竞合，但不能将不当得利请求权等同于侵权损害赔偿请求权。不当得利请求权无须证明行为人存在主观过错，而只需证明其获得的损害权利人利益的行为没有法律或者合同依据即可。依上所述，得出不能将该款的规定视为 TRIPS 确立了无过错责任原则的国际法依据。

“无过错责任的性质不具有一般法律责任的含义，而只具有恢复权利的性质。”❶ 无过错责任作为侵害知识产权的归责原则，与无过错责任归责原则的本意以及知识产权保护的宗旨不符，因此不能作为知识产权侵权归责原则。无过错责任的基本意旨是对不幸损害之合理分配，体现分配正义，具有恢复权利的性质，而不是对反社会行为的制裁。知识产权保护在很大程度上表现为对知识产权侵权行为的法律制裁，体现了对违反社会行为的制裁性。将无过错责任运用到知识产权侵权赔偿领域，实际上是不合理地强化了侵权人的法律责任，是不合理地为权利人考虑过多，

❶ 王利明．民法·侵权行为法［M］．北京：中国人民大学出版社，1993：120.

而为侵权人的合法利益考虑过少，不符合知识产权制度上的利益平衡原则。

（五）知识产权侵权归责原则复合模式

21 世纪伊始，以德国民法学家克雷斯蒂安·冯·巴尔教授为首的一批学者在欧洲议会及一些欧盟成员国政府和非政府组织的支持下，发起了欧洲统一民法典运动。《欧洲侵权法草案》（以下简称《草案》）是其工作成果的一部分。《草案》在立法模式上采取了抽象化的一般条款和列举式并举的立法技术，对侵权行为的类型作出了概括性规定和有限罗列，形成了一般侵权行为与特殊侵权行为并存的二元分类格局。尽管《草案》所列举的特殊侵权行为十分详尽，几乎囊括了当今社会中的绝大部分特殊侵权行为，然而，知识产权侵权行为仍未被纳入《草案》之中。因为克雷斯蒂安·冯·巴尔教授主张将知识产权侵权行为法与民事侵权行为法相区别，将其单独设成一个特别法的子体系。❶ 由此可见，知识产权侵权行为实则已经成为一组颇具个性的特殊侵权行为，在侵权行为法理论体系中，知识产权侵权行为理应被视为一类新型的特殊侵权行为而归类于特殊侵权行为的类型之中，从而有别于一般侵权行为，又与一般侵权行为共同受辖于民事侵权行为这一上位概念。

对于单一过错原则为知识产权保护所带来的弊端早已有定论，知识产权侵权行为应采取二元归责体系也渐成共识：即在适用过错责任原则的基础上补充适用其他归责原则，过错责任原则只能作为知识产权侵权损害赔偿的归责原则，而不能作为所有涵盖知识产权侵权行为的归责原则。例如，只有在同一个侵权行为中采用不同的归责原则，才能分层次地处理好知识产权侵权的复杂性，从而实现各方利益的平衡。

❶ 克雷斯蒂安·冯·巴尔．欧洲侵权行为法（上卷）［M］．张新宝，译．北京：法律出版社，2001：338－341.

知识产权制度具有典型的公共政策属性，在大多数情况下，知识产权侵权制度已成为考虑社会公共政策后的折中物。在侵犯知识产权行为的归责原则上，目前已有国家采用二元归责原则。例如，美国专利法对于不同责任形式采取不同的归责原则，对于停止侵权、排除妨害类似的请求，不需要证明被控侵权人的过错，而损害赔偿请求的提出必须以对方有过错这一事实提出。英国商标法明确规定，侵权人的“明知”仅仅是承担赔偿责任的必要条件，对于其他侵权行为，行为人只承担停止侵害的民事责任。此外，日本、法国等大陆法系国家在侵犯著作权的判定上也都采用了二元归责原则。❶

五、知识产权侵权责任形式

（一）知识产权侵权责任形式的立法

知识产权性质的多元化，客体的特殊性和权利内容的复杂性决定了知识产权侵权责任形式的丰富性。

依据《民法通则》和《侵权责任法》的规定，侵权人可以承担的责任方式有8种：停止侵害、排除妨碍、消除危险、返还财产、恢复原状、赔偿损失、赔礼道歉、消除影响和恢复名誉。对于侵犯知识产权应承担的责任，《民法通则》第118条规定“公民、法人的著作权（版权）、专利权、商标专用权、发现权、发明权和其他科技成果权受到剽窃、篡改、假冒等侵害的，有权要求停止侵害，消除影响，赔偿损失。”我国《著作权法》规定了侵权人应当承担的责任形式为：停止侵害、消除影响、赔礼道歉、赔偿损失等民事责任。我国《专利法》《商标法》没有明确侵犯专利权、商标权应承担的民事责任，但《商标法》的司法解释规定法院可以判决侵权人承担停止侵害、排除妨碍、消除危

---

❶ 安雪梅．一般侵权行为抑或特殊侵权行为——论知识产权侵权行为的类型定位［J］．法商研究，2011（3）：133.

险、赔偿损失、消除影响等民事责任。《专利法》及其司法解释虽没有明确专利侵权应承担的责任方式，但规定了损害赔偿的计算方法和诉前责令停止有关行为的措施。

从立法上看，侵害不同类型的知识产权承担的民事责任方式有所不同。其中停止侵害、消除影响和赔偿损失是共同可以适用的责任方式，但在商标权侵权中还可以要求侵权人承担排除妨碍和消除危险，在著作权侵权中还可以要求赔礼道歉。此外，有关侵犯商标权和著作权的民事责任的规范中用了“等民事责任”这样的表述，这说明在立法上，侵犯商标权和著作权可供适用的责任方式是多样的而且是开放的。因此，不能认为侵犯专利权的责任方式就封闭在停止侵害、消除影响和赔偿损失的范围内，司法实践早已有所突破。

（二）知识产权侵权应承担的具体责任形式

《民法通则》和《侵权责任法》提供的 8 种责任构成知识产权侵权责任形式的选择基础。与以损害赔偿为基本责任形式的传统侵权行为之债法不相同，《侵权责任法》规定的侵权责任形式多样，责任方式的多样化适应了知识产权认识和价值表现的多元化，充分利用不同的责任方式以阻止各类知识产权侵权行为，可实现知识产权保护和各类利益的平衡。停止侵害和赔偿损失是法律明确规定，且司法实践中常用的两种方式，是当然的应该适用的责任形式。

知识产权制度是利用形式与质料的二元关系，赋予设计人对形式的控制、利用和支配权，以实现对其利益的保护。由于知识的自然属性，使之无法像对物那样占有和利用，表现为形式的知识无法返还。因此，知识产权侵权无法适用返还财产的责任方式。不具有实体性的知识产权同样无法恢复原状，故恢复原状亦不适宜作为知识产权的责任方式。

排除妨碍和消除危险是我国《商标法》中明确规定的责任方式，但在《著作权法》和《专利法》中没有规定。我国《民法通则》规定的排除妨碍是在侵权行为人实施的行为使受害人无法行使或不能正常行使自己的财产权利、人身权利时，受害人请求加害人将妨碍权利实施的障碍予以排除。王泽鉴先生认为，所谓妨害，指以占有以外之方法阻碍或侵害所有权之支配可能性。[1] 知识产权的侵害正是以非占有的方式影响权利人的权利和利益，排除妨碍的责任方式对于保护知识产权非常必要。危险是可能发生的危害。在知识产权即发侵权中，虽然没有实际侵入知识产权权利人的权利范围，但已为实际侵权做好了准备，为避免权利最终受侵害，有必要停止即发侵权行为，消除现实侵权的危险。消除危险作为一项预防措施，运用在知识产权即发侵权领域很有价值。由于妨碍和危险的存在方式是多种多样的，排除妨碍和消除危险的具体方法亦应与其妨碍和危险存在的方式相对应。我国《民法通则》《侵权责任法》和有关知识产权单行法对于侵犯知识产权责任形式的法律规定是开放式的，这为排除妨碍和消除危险的责任方式在知识产权中的具体化提供了法律依据。在司法实践中，可以根据实际需要，采取扩大解释的方式灵活地适用民事责任形式。但是，由于知识产权的价值体现在市场中，错误地适用排除妨碍、消除危险这些保护知识产权市场的责任方式带来的后果不仅严重，而且难以弥补，因此，应慎重适用这些责任方式。

赔礼道歉与消除影响的具体做法有一定的相似性，《民法通则》和《侵权责任法》将消除影响、恢复名誉并列作为一种责任方式。但在有关侵害知识产权应当承担的责任的法律规定中，只提消除影响而未提恢复名誉，如《民法通则》第 118 条和《著作权法》第 47 条、第 48 条的规定以及商标法的司法解释。对于消除影响的责任方式能否单独适用，有学者指出，二者所针

[1] 王泽鉴. 民法物权（通则·所有权）[M]. 北京：中国政法人学出版社，2001：179.

对的侵权行为有所不同，消除影响和恢复名誉并不必然总是同时适用。❶ 对于消除影响能否作为侵害知识产权的责任形式，知识产权理论界与司法实务界存在一定分歧。有关学者认为侵害知识产权应该适用消除影响，甚至认为非常必要，❷ 而法官则基于部分民法学者一般认为消除影响仅适用于公民或法人的人格权受到侵害的情形，认为在侵犯专利权案件中不适用消除影响的责任方式。❸ 其实，在市场经济下，不良的影响会对权利人经济利益产生影响，而不一定涉及名誉等人格权问题。消除影响就是消除公众对知识产权权利人的不良印象或误解，从而使权利人为消费者识别和信赖，获得市场，最终获得利润。此时只有消除影响之需求，而无恢复名誉之需。消除影响作为侵害知识产权的一类责任形式是合适的。

赔礼道歉，在知识产权性质主要体现为财产权的认识基础上，在没有明确侵害人格权的情况下不再判决赔礼道歉是合理的。现在法院判决理由也比较一致。典型的判决词为："关于原告要求被告赔礼道歉的诉讼请求，本院认为，权利人在其姓名权、肖像权、名誉权、荣誉权等人身权利受到损害时可以要求侵害人承担赔礼道歉的民事责任，赔礼道歉主要是侵犯人身权利的一种责任承担方式，而商标权系财产权，且在我国《民法通则》第118条及我国《商标法》中均没有适用赔礼道歉的规定，因此原告的此项诉讼请求缺乏合理的事实依据及法律依据，本院不予支持。"❹

---

❶ 魏振瀛．民法［M］．北京：北京大学出版社，高等教育出版社，2010：66.

❷ 张广良．知识产权侵权民事救济［M］．北京：法律出版社，2003：216；程永顺．中国专利诉讼［M］．北京：知识产权出版社，2005：293.

❸ 北京市第一中级人民法院知识产权庭．知识产权审判分类案件综述［M］．北京：知识产权出版社，2008：128.

❹ 北京市第一中级人民法院知识产权庭．知识产权审判分类案件综述［M］．北京：知识产权出版社，2008：101.

现行消除影响的具体措施是在不良影响的范围内，通过报刊、网络等媒体刊登法院判决书的信息，纠正人们原来的不良印象。这不仅与在相关报刊等媒体上刊登致歉申明的赔礼道歉的行使方式相似，而且效果亦相似，以致在运用时难以区分。但赔礼道歉与消除影响的性质有本质的差别，致歉申明无论是自愿还是非自愿的，都表明主观上的一种态度；而刊登判决书信息，将法律确认的事实或权利状态在一定范围内公布，是客观事实的展现。由于知识产权财产的形式化，以及知识产权的权利归属采用以公示的方式为公众认知，刊登判决书信息的措施再一次地宣示权利人和侵权人，使之成为保护知识产权的有效措施，因此消除影响作为侵害知识产权的责任方式非常必要。

在知识经济时代，知识产权的价值不断被人们所认识所挖掘，社会期待更全面的知识产权保护措施，采用多元化的责任方式，根据不同的侵权状态采取不同的责任方式，将使得知识产权的保护更为全面、有效、合理。[1]

第二节　知识产权保护临时措施

一、知识产权保护临时措施概念和特征

（一）知识产权保护临时措施概念

知识产权保护适用民法的基本原理，知识产权救济也适用民事诉讼法的一般性规定，但由于知识产权权利客体的特殊性和侵权行为的复杂性，使得知识产权的保护在诉讼程序上呈现自己的特殊性，其中最主要的就是知识产权保护的临时措施。

临时措施（provisional measures），是指民事权利人或利害关

---

[1] 方晓霞，刘凯．论知识产权侵权责任形式的多元化［J］．知识产权，2013（2）：36－38．

系人在提起民事诉讼之前，依法请求法院采取的行为保全（临时禁令或停止侵害行为）、财产保全和证据保全等临时性救济措施。临时措施是司法机关向权利人提供的临时救济措施，并非民事责任承担形式，也非民事制裁措施。临时措施的救济对象包括但不限于知识产权，其他民事权利也可以根据民事诉讼法的规定寻求相关临时措施的救济。

（二）知识产权保护临时措施特点

一般来说，临时措施具有以下特征：（1）情况紧急。包括两种情形：一是有证据证明他人正在实施或者即将实施侵权行为，如不及时制止将会使权利人的合法权益受到难以弥补的损害；二是如不采取固定或保护措施，证据可能灭失或者以后难以取得。临时措施只有在情况紧急下可能适用，若无紧急情况，司法机关须待案件终局决定作出之后方可采取有关措施。（2）临时救济。无论是在诉前还是诉中，甚至是在二审程序和再审程序中，只要情况紧急，临时措施均可实施，但其只是临时性救济措施，而非终局性结论，可依据情况变化随时撤销。（3）立即执行。因为情况紧急，临时措施的裁定一旦作出，就须立即执行，即使被执行人申请复议，复议期间也不停止裁定的执行。如果事后确认执行错误，则被执行人有权获得赔偿。[1]

损害赔偿和临时措施是知识产权侵权责任中最具代表性的二元救济模式。“如果法律仅赋予公民赔偿请求权却不使其有机会制止即将发生的损害是很难让人接受的。如果一个国家不授予其法院在‘损害尚未发生的期间内’基于当事人的申请提供法律保护措施的职权，这个国家就未尽法律保护义务。”[2] 侵权行为

---

[1] 张玉敏．知识产权法学［M］．2版．北京：法律出版社，2011：51．

[2] 克雷斯蒂安·冯·巴尔．欧洲比较侵权行为法（下）［M］，张新宝，译．北京：法律出版社，2001：1．

法经典理论认为，“损害赔偿并不具有预防之功能”，[1] 而临时措施制度是为制止尚未发生的知识产权侵害的预防性法律保护救济形式，可弥补民事诉讼滞后性与民事诉讼事后救济方式的不完善性，具有不可替代的独特功能，已成为世界上许多国家知识产权保护的主流选择。临时措施在我国的移植与发展突破了传统侵权救济的固有模式，受到程序法和实体法双重规范，对知识产权侵权救济体制与司法诉讼程序产生了深远影响。

二、知识产权保护临时措施制度的形成

（一）知识产权保护临时措施制度的缘起

TRIPS 与《1994 年关税与贸易总协定》（GATT 1994）、《服务贸易总协定》（GATS）共同组成了 WTO 协议的三大支柱。依据 TRIPS 三个基本原则中的最低保护原则，知识产权保护中，程序法上的最低保护标准也被写入了协议。

论及知识产权保护临时措施，就必须从 TRIPS 第 50 条入手，这条规定对于 WTO 所有成员均具有约束力。根据这一规定：司法机关有权责令采取迅速而有效的临时措施。尽管 TRIPS 未对临时措施的具体形式作出规定，从而为成员留下了自主决定如何实施本条规定的空间，但 TRIPS 规定了临时措施的适用必须实现以下两点目标：其一，临时措施必须防止任何侵犯知识产权的行为，尤其是防止侵权产品进入供应链条；其二，保存关于被指控侵权的相关证据。也即通说的“制止侵害行为的临时措施（行为保全）”与“证据保全措施”。此外，在适当时，特别是在一旦延迟就会对权利人造成不可逆转的损害或重大损失或者存在证据被销毁的显而易见的风险时，司法机关有权采取不作预先通知的临时措施，即“证据保全措施”。证据是确认侵权的根据，是后期诉讼中法院作出判决不可缺少的依据。为保证侵权行为有据

---

[1] 曾世雄. 损害赔偿法原理［M］. 北京：中国政法大学出版社，2001：7.

可查，尤其是当有关证据显然有被销毁的危险时，法院有权依申请决定采取证据保全措施，保存相关证据。

司法机关可以应申请人要求，并在其提供了可以充分确定申请人即为知识产权权利人且其权利正在遭受侵害或者即将遭受侵害的证据时，责令实施临时措施，司法机关可以要求申请人提供为保护被申请人或防止滥用所必需的保证金或者相当的担保。

TRIPS 临时措施所保护的权利类型包括：著作权及其邻接权、商标权、地理标识、工业品外观设计、专利权、集成电路布图设计及商业秘密。

（二）知识产权保护临时措施的法律规定

世界贸易组织的 TRIPS 对临时措施作了明确规定后，很多国家根据 TRIPS 第 50 条对知识产权临时保护措施进行的法律移植工作。临时措施是英美法系国家在知识产权诉讼中常见的一种行之有效的救济手段。在英美两国的版权制度中，都存在“临时禁令”的规定。《美国版权法》第 502 条第（a）款规定：法院可以按其认为合理的条件发出临时的或最后的强制令，以防止或制止侵犯版权行为的发生。《英国版权法》第 96 条第 2 款规定：在版权侵权诉讼中，损害赔偿、禁令、清算或其他在任何他种财产权侵权诉讼中原告可获得之救济方式均可使用。在法院下达禁令后，收到禁令的当事人就不能再从事禁令所禁止的行为，否则将导致藐视法庭等严重后果。TRIPS 第 50 条第 1 款也规定：司法机关有权责令采取迅速和有效的临时措施以便防止侵犯知识产权的货物进入商业渠道，以及保存关于被指控侵权的有关证据。❶

为适应“入世”需要，我国的《专利法》《商标法》《著作权法》也都规定了这项强制措施。我国《专利法》在 2000 年 8 月修改后，第 66 条第 1 款首先规定了临时措施：“专利权人或者利害关系人有证据证明他人正在实施或者即将实施侵犯其专利权

❶ 转引自：王晓先．知识产权法学［M］．厦门：厦门大学出版社，2012：14.

的行为，如不及时制止将会使其合法权益受到难以弥补的损害的，可以在起诉前向人民法院申请采取责令停止有关行为和财产保全的措施。”其后《著作权法》和《商标法》于2001年7月和2013年8月修改后，也就临时措施分别作出明确规定。例如，《著作权法》第49条规定：“著作权人或者与著作权有关的权利人有证据证明他人正在实施或即将实施侵犯其权利的行为，如不及时制止将会使其合法权益受到难以弥补的损害的，可以在起诉前向人民法院申请责令停止有关行为和财产保全的措施。”《商标法》（2013年第三次修正）第65条规定：“商标注册人或者利害关系人有证据证明他人正在实施或者即将实施侵犯其注册商标专用权的行为，如不及时制止将会使其合法权益受到难以弥补的损害的，可以依法在起诉前向人民法院申请采取责令停止有关行为和财产保全的措施。”此外，第66条还规定：“为制止侵权行为，在证据可能灭失或者以后难以取得的情况下，商标注册人或者利害关系人可以依法在起诉前向人民法院申请保全证据。”同时，《最高人民法院关于对诉前停止侵犯专利权行为适用的若干规定》《最高人民法院关于诉前停止侵犯商标专用权行为和保全证据适用法律问题的解释》两项司法解释对诉前临时措施的适用作了专门规定。

与一般民事侵权行为相比，知识产权侵权行为具有实施较为便捷、成本低廉、难以查实和损害后果极易扩大等特点，因此，为从程序上保障权利人能够得到及时救济，临时措施成为许多国家立法对知识产权保护予以特殊规定的主要内容之一。临时措施制度的施行，意味着对知识产权侵权行为的规制，不再仅局限于侵权行开始之时，而是扩展到侵权行为开始之前，即从事后救济转向事前防治，以更为有效地保护权利人的利益。这种措施在许多情况下对于制止正在或即将实施的知识产权侵害或侵权行为、保存重要证据、防止损害后果进一步扩大和导致无法弥补的损失是至关重要的。因此，临时措施对于保护知识产权权利人的合法权益具有重要的意义。

三、临时措施的“即发侵权”与“即发侵害”之争

对于TRIPS第50条“临时措施”条款，有学者认为它背后隐藏着制约“即发侵权”的含义，是对传统侵权理论在知识产权领域应用的突破。所谓“即发侵权”是指“正在实施但损害后果尚未显现出来，或者即将实施的侵权行为”。[1]例如，“一个非商标权人的库房里存放了上百个带有商标权人商标瓶贴的酒瓶（商标标识是真的，不是非法制造的），商标权人很清楚该存放人制造不出正牌的酒，肯定下一步是装上假酒出售。但由于存放者还没有装，还没有出售，即没有对权利人造成实际损害”。[2]这一事实就是“即发侵权”，传统侵权理论主张侵权的认定必须要有“损害”事实，在“即发侵权”面前束手无策，而“TRIPS第50条，正是要求成员当局能禁止这种‘即发侵权’，把侵权产品制止在进入流通领域之前，而不是之后”。[3]言下之意，这种规定显然是引入了“即发侵权”理论的结果。

“即发侵权”论的症结所在是混淆了“侵权行为”与“侵害行为”两个概念。在英美法上，与“侵害行为”和“侵权行为”相对应的两个概念是“infringement”与“tort”。目前国内常用的知识产权侵权行为中的“侵权行为”概念对应在英文中表述为“infringement”，实际上就是指“侵害行为”。而普通侵权行为中的“侵权行为”在英文中表述为“tor”或“torts”。[4]这两个概

[1] 吴汉东．知识产权法学［M］．北京：北京大学出版社，2002：290.

[2] 郑成思．知识产权文丛（第4卷）［M］．北京：中国政法大学出版社，2000：17-18.

[3] 郑成思．知识产权文丛（第4卷）［M］．北京：中国政法大学出版社，2000：18.

[4] “tort”在《牛津法律大辞典》的解释是“侵权，在普通法系中表示可引起民事诉讼的伤害或不法行为。侵权责任，一般产生于被告人已通过作为或不作为方式，违反了他所具有的法定义务，并侵害了原告人公认的法定权利，从而给原告人造成了一种可以预见的伤害。”

念在英文中有着完全不同的含义："在一般意义上，tort 的范围要稍窄些，它只覆盖了负有损害赔偿责任的侵权。而 infringement 的覆盖面较宽。它除了把 tort 涵盖在内，还涵盖了一切侵犯他人权利或利益的行为。从字面上看，你只要进入（in）了他人的圈（fringe），只要有了'侵入'事实，infringement 即可确定，用英文讲，就是'establishing infringement'（侵权成立）。这里绝不再以什么主观状态、实际损害等等为前提，而可以立即予以制止、要求恢复原状等。至于进一步探究 infringement 之下包含的 tort，是否能构成后者，则要符合过失、实际损害等要件。"❶"我国在引进这两个概念时误用了'知识产权侵权'这个概念，在一定程度上催生了'即发侵权这样不伦不类的概念。"❷ 译为"侵权"的 infringement 与同样被译为"侵权"的 tort，表示着完全不同的含义，前者包含一切民事侵害行为和与之相应的民事责任，后者则仅仅或主要包含需要负财产损害赔偿责任的侵害行为。infringement 覆盖了 tort，tort 仅仅是 infringement 中需要确认过错并负赔偿责任的那一类。

TRIPS 的英文原文里面对"临时措施"中"制止侵犯任何知识产权活动的发生"是这样表达的："to prevent an infringement of any intellectual property right from occurring."❸ 显然，这里用的是"infringement"，而非"tort"。所谓"临时措施"导出的"即发侵权"论，根本就是一种误读，实际上是对"侵权"概念的泛化与滥用。如果严格界定的话，TRIPS 第 50 条"临时措施"没有任何的隐喻，它只是直接针对"imminent infringement"加以规范罢了，"imminent infringement"这个概念，无论从法理上，还是从文法上讲，

❶ 郑成思. 中国侵权法理论的误区与进步［J］. 中国专利与商标，2000（4）：5.

❷ 董跃. 对 TRIPS 中的"临时措施"的再思考［EB/OL］.［2013－10－15］. http：//article. chinalawinfo. com/ArticleHtml/Article_ 22799. shtml.

❸ 郑成思. WTO 知识产权协议逐条讲解［M］. 北京：中国方正出版社，2001：256.

都应定义为“即发侵害”，而非“即发侵权”。“即发侵权理论扩大了侵权的范围，在司法上给予知识产权超标准保护，有悖于我国现阶段国内经济发展水平，而且很容易矫枉过正、伤及无辜。”[1]

区分“即发侵权”与“即发侵害”的意义在于：侵害行为，这是一个中性的概念，只要客观上造成了对他人权利的侵害，就属于侵害行为，并不考虑行为的违法性。因此并非所有的侵害行为均承担民事法律责任。如果行为人的行为具有正当的阻却违法性事由，如正当防卫、执行公务等则当然不承担法律责任。另外，即使是违法的侵害行为，也并非所有的侵害行为均承担侵权责任。只有在行为人主观上具有过错，或虽无过错但法律有特别规定要求其承担侵权损害赔偿责任时，才是作为侵权行为处理的。如果行为人没有过错，但客观上侵害了他人的权利，或虽有过错，但并未对他人造成实际损害的，且行为人无正当抗辩事由，即具有违法性的情况下，除非法律有规定，否则权利人不得主张侵权行为法上的损害赔偿请求权，而只能向对方主张物上请求权或准物上请求权。[2]知识产权同样也应有与物权请求权相似的请求权，因为知识产权虽无形，却在财产权这一范畴内与物权有许多相同相通的共性。知识产权请求权的行使，既无须侵害行为人有过错，也不求侵害行为造成损害。其救济方式主要是停止妨害、恢复原状等。而且非常重要的一点，它恰好与侵权之债，即损害赔偿请求权分工明确，并周延成一个完整的保护体系。这一请求权完全可以针对“即发侵害”行使。TRIPS“临时措施”条款的本意实在于此。

四、临时措施的适用条件

（一）权利人或利害关系人申请

临时措施是法院依申请作出的强制性措施，非依职权可为。

---

[1] 董跃．即发侵权论探析与存疑［J］．中国专利与商标，2003（3）：12.

[2] 董跃．即发侵权论探析与存疑［J］．中国专利与商标，2003（3）：11.

知识产权的私权性质决定了该权利的行使与处分均应尊重权利人自己的意愿，临时措施的适用也一样。况且司法权的性质是不告不理，无申请即无此强制措施的适用。

另外，由于临时措施申请人与之后相应诉讼的原告具有同一性，只有具备诉讼主体资格的主体才具有申请人资格，因此申请人仅限于一定条件下的权利人自己或利害关系人，视其与被控侵权利益是否存在法律上的利害关系确定。

（二）胜诉可能性

由于临时措施的发布是法院没有对诉讼争议问题进行实体审理，甚至没有接触到被控侵权人的答辩意见的情况下作出的，而被控侵权人的活动往往因临时措施而受到极大的限制，因此各国对临时措施的适用都规定了严格的限定条件，胜诉可能性就是其中的一个必不可少的条件。

我国法律的表述是“有证据证明对方正在实施或即将实施侵犯知识产权的行为”，虽然没有使用“胜诉可能性”的提法，实质一致。这里的证据应理解为表面证据或初步证据，证明的内容是对方侵权行为存在的合理性，当然申请人权利的有效性是基础。胜诉可能性非胜诉的必然性，这就决定了一方面申请人的证据要具有一定高度的可信性，另一方面基于该制度本身的紧急救济措施性质，法院只能对表面证据作初步审查，在此基础上推定的胜诉可能性具有一定的主观性和不确定性。

（三）损害的难以弥补性

损害的难以弥补性是指不及时采取临时措施将使合法权益受到难以弥补的损害，它与胜诉可能性一起构成适用临时措施的实质条件，源于采取该强制措施的紧急性和正当性考虑，也是各国法律的共同选择。一般认为，申请人证明了胜诉的可能性即可依常规推定其损害的难以弥补性，而且胜诉可能性越大，损害难以弥补性越明显，这在美国判例中这种推定表现得尤为明显。但简单地以胜诉可能性推定损害的难以弥补性显然是不恰当的。

胜诉的前提是权利受到损害的主张成立，因而胜诉可能性与损害发生可能性密切相关，两者可以作互为因果的推定。但是损害发生与损害的难以弥补性并不完全等同，可以以金钱赔偿方式弥补的损害显然很难认定其“难以弥补性”，除非被控侵权人支付能力存在问题。而且在共同诉讼中，共同被诉人的法律地位不完全一致，很难笼统认定胜诉可能性。基于胜诉可能性认定的主观性和不确定性，并考虑到司法实践中诉讼所需时间可能因鉴定等因素而过分拖延的事实，在上述类型案件中适用临时措施应该慎重。作为申请人欲使法院发布临时措施，则可将证明的重点放在非财产性利益的损害上，如名誉、商誉等的损害，该类损害的难以可弥补性是显而易见的。

（四）提供担保

担保的提供在于保证发布临时措施错误时，申请人赔偿责任的承担，同时在一定程度上可以制止权利人滥用权利的行为。其数额应以临时措施可能影响到的对方利益为标准计算，应是足额而充分。

五、临时措施在知识产权领域中的适用范围

关于专利、商标、著作权领域的临时措施，法律和司法解释都作了明确规定。目前，对于其他一些知识产权案件，如反不正当竞争案件、植物新品种案件能否适用临时措施在实践中有不同的意见。一种意见认为，知识产权临时措施应严格依法进行，在法律及相关的司法解释没有明确规定可以适用临时措施的案件不应该适用；另一种意见认为，根据 TRIPS 的精神，临时措施应适用于所有的知识产权案件。

尽管在国外类似判例较多，然而在我国司法实践中鲜见有将临时措施制度运用于其他知识产权的案件。在我国，临时措施适用于其他知识产权案件的确有一定的难度，原因在于：一是没有明确的

法律依据；二是其他知识产权由于缺乏相应的专门法进行有针对性调整，往往存在界线模糊、难以认定的特点，如商业秘密。但上述理由尚不足以成为在其他知识产权中绝对不适用临时措施的依据。

TRIPS 要求成员对所有的知识产权权利人给予相同的保护，因此，其他知识产权权利人在其权利受到侵犯时，如确有必要，应有权申请法院采取临时措施。同时，鉴于其他知识产权具有界限模糊、难以界定等特征，对于其他知识产权临时措施的适用应该更为谨慎，审查标准的把握应更为严格。如反不正当竞争案件的申请人与被申请人是竞争对手的关系，如果措施把握不当可能造成扼制竞争的不良后果。另外，在反不正当竞争案件中，权利人的权利界线相对模糊，在未经实体审理之前，单凭表面证据很难判断申请人是否享有请求权，例如要认定某一经营信息是否属于商业秘密，未经各方当事人充分举证、质证、甚至经过专家鉴定，是难以作出结论的。而按照目前的法律规定，采取临时措施一般要求在 48 小时内作出初步判断，这对于反不正当竞争案件来说，难度是相当大的。因此，在对类似案件作出临时措施的决定前，法官对胜诉可能性的把握应该比对专利、商标、著作权纠纷的把握更大些。在严格把握的情况下，临时措施不应排除适用于其他知识产权。[1]

六、临时措施申请错误的法律后果

在前面临时措施的适用条件中提到，“胜诉可能性”是法院在审查临时措施所涉及的案件必须要考察的因素，即便如此，最后签发的禁令仍有可能出现错误。根据司法解释的规定，申请错误的禁令，对于给被申请人造成的损失，应由申请人给予赔偿。

目前，学界和司法实践对“申请错误”的理解存在分歧。

---

[1] 罗晓霞．诉前禁令在知识产权纠纷中的运用研究［J］．黑龙江社会科学，2012（5）：112.

一种观点认为，一旦临时禁令被撤销或申请人在法定期限内未起诉，或起诉后，案件经过审理申请人败诉的，申请人的申请即构成申请错误，应当承担申请错误的赔偿责任。另一种观点认为，只有在申请人主观上确有过错或存在滥用诉权的情况下，才存在申请错误。在申请人不存在主观恶意的情况下，即使临时禁令被撤销，也不属于申请错误，申请人不应当对被申请人承担赔偿责任。对此，本书赞同第一种观点。理由是：其一，申请人的主观错误难以认定，而申请人的不当申请给被申请人造成的损害却客观存在；其二，即便申请人没有过错，但被申请人的损失确由申请人的行为引起，如果要求同样没有过错的被申请人来承担损失有悖公平原则；其三，在这种情况下责任的分担实际上是一种风险的分担，申请人在提出申请时应该充分预见到，如果申请不当可能给被申请人造成的损害，因此由申请人对其能够预见到的由其行为给他人造成的损害承担责任也是合理的。

基于以上理由，有学者认为，“在申请人提出申请后，只要存在申请人在法定期间没有起诉、申请人撤诉、法院撤销临时禁令或申请人在法定期间起诉后败诉等诸种情形之一，都应视为申请错误，由此给被申请人造成的损失，申请人应予赔偿。当然，在申请人撤诉的情况下，不排除当事人通过和解就是否赔偿达成协议，这时当然应尊重双方的协议，由双方自行决定是否赔偿及如何赔偿。”❶

七、《民事诉讼法》（2012 年修正）对知识产权保护临时措施规定的影响

（一）《民事诉讼法》（2012 年修正）对知识产权保护临时措施规定的突破

2012 年 8 月 31 日第 11 届全国人大常委会第 28 次会议通过

❶ 罗晓霞．诉前禁令在知识产权纠纷中的运用研究［J］．黑龙江社会科学，2012（5）：111－112．

的第二次修正的《民事诉讼法》第100条规定："人民法院对于可能因当事人一方的行为或者其他原因，使判决难以执行或者造成当事人其他损害的案件，根据对方当事人的申请，可以裁定对其财产进行保全、责令其作出一定行为或者禁止其作出一定行为；当事人没有提出申请的，人民法院在必要时也可以裁定采取保全措施。人民法院采取保全措施，可以责令申请人提供担保，申请人不提供担保的，裁定驳回申请。人民法院接受申请后，对情况紧急的，必须在四十八小时内作出裁定；裁定采取保全措施的，应当立即开始执行。"第101条规定："利害关系人因情况紧急，不立即申请保全将会使其合法权益受到难以弥补的损害的，可以在提起诉讼或者申请仲裁前向被保全财产所在地、被申请人住所地或者对案件有管辖权的人民法院申请采取保全措施。申请人应当提供担保，不提供担保的，裁定驳回申请。人民法院接受申请后，必须在四十八小时内作出裁定；裁定采取保全措施的，应当立即开始执行。申请人在人民法院采取保全措施后三十日内不依法提起诉讼或者申请仲裁的，人民法院应当解除保全。"

《民事诉讼法》（2012年修正）第100条规定了诉中行为保全制度。制度明确了：（1）提出申请时间；（2）既可以由当事人提出申请又可以由法院依职权作出；（3）具有管辖权的法院；（4）申请人必须提供担保，否则法院将驳回申请；（5）法院在接受申请之后，情况紧急的，必须在48小时内作出裁定；（6）申请的目的。

《民事诉讼法》（2012年修正）第101条规定了诉前行为保全制度。制度明确了：（1）提出申请的时间为利害关系人向法院起诉之前；（2）诉前行为保全只能依当事人申请作出；（3）具有管辖权的法院；（4）申请人必须提供担保；（5）院在接受申请后必须在48小时内作出裁定；（6）申请的目的在于避免给利害关系人造成难以弥补的损失；（7）申请人在人民法院采取保全措施后30日内不依法提起诉讼或者申请仲裁的，人民法院应当解除保全。

上述修改对现行知识产权诉前临时措施制度产生了重大影响。

(二)《民事诉讼法》(2012 年修正) 对知识产权临时措施制度的完善

《民事诉讼法》(2012 年修正) 对现行知识产权临时措施起到重要完善作用：第一，完善了知识产权临时措施的立法体系。此前，我国的知识产权临时措施作为一项诉讼程序制度缺乏基本立法，即民事诉讼法的规定，只存在于部门立法与司法解释中，而形成了“实体立法 + 司法解释”的独特二元结构，缺少实体法与程序法之间的构架桥梁。《民事诉讼法》(2012 年修正) 扩展了临时措施的使用范围。知识产权临时措施的适用不再囿于《专利法》《著作权法》与《商标法》，而是在整个知识产权法领域，甚至在整个民事领域都具有适用性。第二，完善了我国原《民事诉讼法》中的临时措施内容规定。在《民事诉讼法》(2012 年修正) 增加行为保全之前，诉前临时禁令一直存在真空地带。此次《民事诉讼法》(2012 年修正) 增加的诉前行为保全制度是我国民事诉讼法的一大进步，体现出从事后救济到事前预防性救济的我国权利救济思想转变。第三，区别规范诉中行为保全与诉前行为保全，完善了现有知识产权诉前临时措施制度中的部分规定。现有的知识产权诉前临时措施条文并没有明确规定诉中责令停止侵权制度，而是在相关的《商标法》及《著作权法》的司法解释中突破了诉前的限制。但在具体的使用上并没有没有明确区分二者，导致了实践中存在一些问题。例如审限的规定，诉前临时禁令更注重及时性，因此对审限的规定应该严格于诉讼临时禁令制度。另外，《民事诉讼法》(2012 年修正) 统一了知识产权各专门法中对管辖法院的不同规定，增强了法律内部的协调性。

（三）《民事诉讼法》（2012 年修正）对知识产权临时措施规定的不足

不可否认，《民事诉讼法》（2012 年修正）与现行知识产权专门法的临时措施规定存在冲突与不足。

1.《民事诉讼法》（2012 年修正）某些规定与原有知识产权临时措施规定不一致

首先，申请临时措施的主体的表述不同，在诉前行为保全中，《民事诉讼法》（2012 年修正）的表述为“利害关系人”，而原有知识产权诉前责令停止侵权，规定为知识产权权利人或利害关系人；其次，在诉前行为保全中，法院对被申请人采取措施后，申请人应当提起诉讼的时间规定不同，新民诉法规定为 30 日，而原有知识产权诉前责令停止侵权规定为 15 日；再次，对被申请人提供反担保是否解除临时禁令的规定不同。原有的知识产权诉前临时禁令规定，明确写明裁定所采取的措施不应被申请的反担保而解除，但《民事诉讼法》（2012 年修正）第 104 条规定：“财产纠纷案件，被申请人提供担保的，人民法院应当裁定解除保全。”

2.《民事诉讼法》（2012 年修正）对事前参与性与事后救济规定不足

《民事诉讼法》（2012 年修正）临时措施并没有规定强制性的对审制度以及质证程序，且缺乏听证程序。在效率与公平的衡量中，现行法律片面追求了效率，而忽视了被申请人应有的公平。

总之，《民事诉讼法》（2012 年修正）规定过于原则，可操作性较弱。衡量一种民事诉讼程序是否具有功能自足性和逻辑自洽性的主要尺度在于它能否独立承担解决民事纠纷的功能。仅依照《民事诉讼法》（2012 年修正）现有的第 100 条和第 101 条显然还无法解决司法实践中的问题。依照司法界的习惯做法，肯定还需要相应的司法解释与行政法规对其进行细化，与其如此，不如保留原有的知识产权法律规定，将其作为特殊法，专门适用于知识产权领域。但是，对此也有另外一种看法，由于《民事诉讼法》（2012 年修正）已明确规定了行为保全制度，原有的散见于知识产权专门法以及相关司法解释中的规定似无存在意义。认为在《民事诉讼法》（2012 年修正）已对临时措施作出系统规定的情形下，上述法律已无保留的必要，故在修改过程中可完全删除相关规定。[1] 本书认为这个观点比较客观，对于《民事诉讼法》（2012 年修正）自身的局限性，完全可以在借鉴原有的知识产权临时措施规定基础上，通过完善听证程序以满足程序性正义对参与性的要求，细化审查条件，设定合理的审查时限确保及时性等，使《民事诉讼法》（2012 年修正）临时措施规定，完全取代过去散落各专门法的既有临时措施规定成为可能，这种做法是符合民事诉讼法作为基本法的要求和地位的。

第三节 知识产权国际保护

一、知识产权国际保护概述

（一）知识产权国际保护概念

1. 知识产权国际保护概念

知识产权的国际保护，是指以多边国际公约为基本形式，以政府间国际组织为协调机构，通过协调各国国内知识产权法律制度，从而在相对统一的基础上对知识产权进行的保护。

根据划分知识产权范围的依据不同，还可以将知识产权国际保护分为广义和狭义两种解读。广义上的知识产权国际保护，涉及与知识产权保护有关的一切国际公约、条约；区域性知识产权

---

[1] 张广良．中国新民事诉讼法对知识产权临时措施的影响［J］．中国专利与商标，2013（1）：10.

保护协议及各国独立制定的保护知识产权的法律、法规。保护对象包括作品、发明创造、商标等商业标识、未公开信息、植物新品种、集成电路等各类知识产品、信息产品。我们可以把广义的知识产权国际保护看成一个连续的、多样的、不同法域之间、不同组织机构之间相互配合、协调的执法过程。狭义的知识产权国际保护仅指对传统意义上的专利权、著作权（邻接权）、商标权的保护，只涉及作品、发明创造和商标。[1]

2. 知识产权国际保护与涉外知识产权保护

知识产权的国际保护有别于涉外知识产权保护。涉外知识产权保护属于涉外民事关系，依据《关于贯彻执行〈中华人民共和国民法通则〉若干问题的意见（试行）》第 178 条规定，“凡民事关系的一方或者双方当事人是外国人、无国籍人、外国法人的，民事关系的标的物在外国领域的，产生、变更或者消灭民事权利义务关系的法律事实发生在外国的，均为涉外民事关系。”涉外知识产权保护是指一项知识产权权利的主体是外国人，和（或）产生、变更或者消灭权利的法律事实发生在外国，和（或）权利的客体在外国，对于该项知识产权以一国内国法去进行的保护。

涉外知识产权保护与知识产权国际保护两者的联系在于：知识产权的国际保护是两国或多国之间签订国际条约来对知识产权进行跨国界的保护，而这种保护需要具体落实到内国法层面，即或者是由内国法将国际条约概括承认，或者是专门立法将国际条约转化内国法条款，这时知识产权的国际保护便转化成了知识产权涉外保护。两者的区别在于：（1）立法方式不同。知识产权国际保护是各国通过在国际层面签订国际条约来确定保护制度；涉外知识产权保护是内国立法机关通过制定内国法对有关国际条

[1] 吴汉东，等．知识产权基本问题研究［M］．北京：中国人民大学出版社，2005：131.

约进行概括承认或是转化为内国法来建立保护制度。（2）观察视角不同。知识产权国际保护是从国际层面的角度去观察知识产权保护，涉外知识产权保护是从内国的角度去看看待具有涉外因素的知识产权保护。（3）调整内容不同。知识产权国际保护指的是一国怎样依照它加入的国际公约的要求，以“国家”的地位调整其内国法，使之符合国际公约，从而在其以内国法从事涉外保护时，不违反国际公约。涉外知识产权保护专指一国对具有涉外因素的知识产权进行保护，而不包括那些不具有涉外因素的知识产权。

（二）知识产权国际保护制度的重要意义

知识产权是源于人类智力活动形成的无形财产权。知识产权的国际保护，并不是认可并保护依据外国法而产生的知识产权，更不是单纯地以国际公约或地区性协定代替国内法，它是指在遵守国际公约、国际协定的“最低要求”的基础上，履行一个国家对知识产权保护的国际公约和国际协定的义务，以本国国内法对于外国的知识产品提供保护。知识产权国际保护制度的重要意义在于：

1. 知识产权国际保护制度有助于激发人类共同致力于创新创造活动

高科技的迅速发展，使科技知识产权国际保护日益显示其极端重要性，经济的增长越来越倚重于知识经济的增长，两者日甚紧密。人类已进入一个以知识经济为特征的21世纪，以信息技术、生物技术等新技术群为核心的新技术革命正在蓬勃发展。而新技术的研究与开发，要求高水平人员花大量精力和经费研究开发出来。为保护这些成果不被无偿占有，也为了今后进一步研究开发，各国都急需对这些成果实施强有力的知识产权保护，客观上需要在知识产权国际保护上达成共识，形成共同规则。可以说，知识经济的高速发展对知识产权国际保护不断提出新的、更高的要求。

2. 知识产权的国际保护制度有利于建立国际经济新秩序

现代社会中，发达国家和发展中国家在知识产权的拥有量上严重不平衡。在知识产权的保护程度方面，发达国家和发展中国家也存在差距，这就需要在双方之间建立一个对话协商又互助互利的桥梁，在制定和缔结知识产权国际保护的有关公约、协定，催生新的知识产权国际保护制度时，尤其是涉及发达国家和发展中国家利益时，这一点尤为重要，这也正是现代国际社会中知识产权国际保护的特点。

3. 知识产权的国际保护制度有益于现代国际贸易发展的需要

自 20 世纪 80 年代以来，国际贸易中传统的货物所占比重逐渐下降，而服务贸易和知识产权贸易所占比重日益增加，知识产权在整个世界贸易中的地位越来越重要，已成为 WTO 的三大支柱之一。知识产权的国际保护不仅需要依靠已有的国际公约，而且需要适应新出现的技术手段、传播方式的特点，制订并缔结新的国际公约、协定，以利于提高对知识产权国际保护的水平。

（三）知识产权国际保护制度的发展历程

1. 国际知识产权法的萌芽阶段：双边协定时期

18 ~ 19 世纪，随着国际经贸和文化交流的增多，大量的智力成果突破国界，在世界范围内流动。在这一时期，一些国家通过签订双边协议，相互给予对方国民待遇，既保护了智力成果创造者的利益，也能通过对外国人的相应权利保护从中受益。在丰厚利益的驱使下，有经贸往来的国家和地区纷纷缔约。例如，在版权领域，意大利于 1843 年分别于奥地利和法国签订了双边保护协定，法国也于 19 世纪中叶分别与英国、比利时等 20 多个国家和地区签订了双边保护协定。随着时间的推移，双边协定逐渐被标准化，这个阶段是知识产权国际保护的萌芽阶段。

19 世纪下半叶知识产品国际市场的形成，使双边协定的缺陷暴露无遗；无论在谈判和签约手续方面，签订双边协定都相当烦琐费时；两国相互承认权利的协定既不全面又无统一模式，知识产权地域性的局限并不能完全消除。有关知识产权保护的国际公约便呼之欲出。

2. 国际知识产权法的产生阶段：《巴黎公约》和《伯尔尼公约》时期

1883 年《巴黎公约》的签订和 1886 年《伯尔尼公约》的缔结，分别标志着工业产权国际保护和版权领域国际保护的开始。《巴黎公约》和《伯尔尼公约》两个重要的国际知识产权保护公约缔结，宣告国际知识产权法于 19 世纪末期正式建立。同时，缔结公约的各方相应形成了巴黎联盟和伯尔尼联盟两大国际知识产权保护联盟。两个公约的生效以及有效运作，实现了联盟内部相统一的知识产权保护制度。

但是，在这两个公约的最初版本中，只是给予签约国以国民待遇，并没有其他特殊权利。之后在多次修订中，逐渐扩大了知识产权保护对象，为权利人增加了新的权利，同时也为一些例外规定或保留或进行了限制和删减。

3. 国际知识产权法的发展阶段：世界知识产权组织的建立

1967 年 7 月 14 日《建立世界知识产权组织公约》在瑞典的斯德哥尔摩签订，1970 年 4 月 26 日，WIPO 宣告成立，并设立了总部在日内瓦的“知识产权国际局”，WIPO 国际局正式接管了《巴黎公约》和《伯尔尼公约》的联合国际局（BIRPI）的基本职能，不过由于个别《巴黎公约》和《伯尔尼公约》的缔约国未加入 WIPO，BIRPI 名义上仍然存在。1974 年 12 月，WIPO 成为联合国的 15 个专门机构之一，标志着知识产权制度国际协调的组织化，已具有现代国际法的意义。

WIPO 使得知识产权的国际保护纳入政府间国际组织的职能范围，在处理国际知识产权事务中更具权威性，能更好地推动全球知识产权立法一体化的进程。除此之外，WIPO 借助联合国的平台，经过有效运作，已经成功促使更多国家和地区接受两大公约，WIPO 的成立，显然大大扩展了国际知识产权法的适用范围和影响力。

纵观国际知识产权法的萌芽和产生过程，无论是订立双边协定还是国际公约，在其中发挥主导作用的多为创新科技和文化领域拥有相对甚至是绝对优势的发达国家和地区，其内容反映的也是发达国家和地区的利益诉求。科技、文化欠发达国家和地区基本上被该体系排除在外，更没有“发言权”。而 WIPO 成立后，一直向发展中国家和地区提供多项援助，包括各种形式的培训，增加相关专家的数量及水平；提供专利信息服务；协助发展中国家和地区制定或晚上知识产权法律等。20 世纪 60 年代以来，发展中国家和地区也陆续登上知识产权国际保护的舞台，通过 WIPO维护本国的科技文化利益，抵制不合理的过高保护标准，积极参与国际立法，为建立一个更为公平、合理、广泛的国际知识产权保护体制贡献力量。

然而，WIPO 管理下的国际公约并没有明确规定当公约中所保护的知识产权受到侵犯时的争端解决办法，这使得 WIPO 时代，国际知识产权法的功能因缺少强制性执行机制而大打折扣。

4. 国际知识产权法的成熟阶段：TRIPS 签订

1994 年 4 月，包括 TRIPS 在内的乌拉圭回合一揽子协议在马拉喀什签订。WTO 于 1995 年 1 月 1 日成立，TRIPS 即时生效。考虑到 WTO 成员发展的差异性，TRIPS 中规定了不同时限的过渡期，使成员得以调整其内部知识产权制度以适应新的世界经济秩序。TRIPS 史无前例地将贸易与知识产权保护捆绑，并引入争端解决机制，弥补了 WIPO 知识产权争端解决乏力的尴尬，使国际知识产权法由“弱”法向“强”法转变，标志着国际知识产权法进入新纪元。

WIPO 和 WTO 作为两个完全独立的机构，无疑会在国际立法、管辖权和争端解决方面出现一定的冲突，为此，WTO 下属的与贸易有关的知识产权理事会同 WIPO 在 1995 年 12 月签署了关系协定——《世界知识产权组织与世界贸易组织之间的关系协定》，并于1996年1月1日正式生效。实践证明，TRIPS的出现弥补了WIPO的先天弱势，作为两个各具法律人格的国际组织，二者只要切实职能分工与合作，优势互补，定能推动国际知识产权法的完善和发展。

5. 国际知识产权法的反思阶段：后TRIPS时代的到来

TRIPS作为世界贸易组织的基本法律文件，对知识产权的国际保护作了新的制度安排，是迄今为止知识产权保护范围最广、保护标准最高的国际公约。然而，TRIPS虽然将知识产权国际保护推向了新的高度，但却忽视了发展中国家实施高标准的知识产权保护在人力、财力和技术上遇到的困难，也忽略了原生基因资源丰富但技术开发实力不足的国家在农业和食品植物基因资源方面的主权；不仅忽略了对土著居民经过长期积累和提炼所形成的传统知识的保护，也忽略了知识产权对人权、公共健康等重要社会利益的消极影响。可见，发展中国家为TRIPS付出了沉重的代价，却并没有从其他协议的实施中获得及时补偿。除此之外，WTO作为一个参与知识产权问题解决的国际贸易组织，其调整的主要范围和重点都在与“有形货物贸易”有关的知识产权问题上。这就意味着，在WTO框架下，TRIPS无力解决与知识产权保护有关的人权、传统知识、基因资源保护、生物多样性等问题。知识产权国际保护出现的一系列伴生问题，为TRIPS生效后的国际知识产权法的发展提出了新的命题。

如果说TRIPS的缔结标志着知识产权国际保护进入新的历史时期，那这个时期必然是要求对包括WIPO管理的国际条约和TRIPS在内的国际知识产权法进行反思的时期——后TRIPS时代。

后TRIPS时代的到来和发展趋势，超出了包括发达国家在内的所有立法参与者的预料，基本形成了“两个中心、多种渠道、南北对弈、走向平衡”的格局。这种格局有利于多层次、多角度、多方面反映世界各主权国家、各非国家实体、知识产权拥有者、社会大众在知识产权领域的不同立场、观点、利益诉求，防止现代知识产权制度过分偏袒某些发达国家及其知识产权拥有者的利益，而忽视知识产权制度对公权利、社会公共利益、人权等方面产生的消极影响。可以说后 TRIPS 时代的到来，为知识产权的私权性质和国际保护赋予了新的内涵，为国际政治格局增添了新的色彩。

然而，轰轰烈烈的知识产权造法运动导致知识产权国际保护立法呈现机构众多、成员复杂、利益趋向多元化、体系混乱、标准不一、法规冗杂的特点。这种情况下，如果不能对诸多造法成果进行协调，规则与标准的冲突将愈演愈烈，将导致国际知识产权法律体系的紊乱甚至崩塌。而协调工作必然因主观意识的差异和各种技术层面的阻碍，困难重重。因此，后 TRIPS 时代国际知识产权保护体系在不断完善的过程中，也必将长期伴随着支持立法民主化和多法协调难的尖锐矛盾。而取代后 TRIPS 时代的国际知识产权法发展阶段，必须由公平合理的、符合全世界人民人权诉求的、全新的知识产权国际协调体系开启。

二、知识产权国际保护的规则渊源

（一）WIPO 通过其国际局管理的知识产权国际条约

1. 有关工业产权保护的国际条约

（1）《保护工业产权巴黎公约》。1883 年 3 月 20 日于巴黎缔结、1884 年 7 月 7 日生效，至 2013 年 11 月已有 175 个成员国，是工业产权保护领域最重要的国际条约。公约确立了国民待遇、优先权原则，同时还对发明专利、实用新型、工业品外观设计、商标、服务商标、厂商名称、产地标志和不正当竞争应遵守的共同规则作出了规定。

（2）《制止产品来源虚假或欺骗性标记马德里协定》。1891 年于马德里缔结，至 2013 年 11 月已有 36 个成员国。根据该协定，成员国承担制止虚假和欺骗性产地标记的产品销售和出口义务。

（3）《商标国际注册马德里协定》（简称《马德里协定》）。1891年于马德里缔结、1892年7月15日生效，至2013年11月已有56个成员国，是关于商标国际注册的程序性和国际注册效力的国际条约。

（4）《商标国际注册马德里协定有关议定书》（简称《马德里议定书》）。1989年通过、1995年生效，至2013年11月，已有91个成员国，是关于商标国际注册的程序性国际条约。《马德里协定》和《马德里议定书》是两个独立的文件，原则相同，执行的机构相同，但加入的国家数量不同。

（5）《工业品外观设计国际保存海牙协定》。1925年于海牙缔结，至2013年11月已有61个成员国。协定规定了工业品外观设计国际申请和国际注册程序，简化了外观设计国际注册手续。

（6）《商标注册用商品与服务国际分类尼斯协定》（简称《尼斯协定》）。1957年6月15日于尼斯签订、1961年4月8日生效，至2013年11月已有84个成员国，是关于商标与服务国际分类的国际条约。

（7）《保护原产地名称及其国际注册里斯本协定》（简称《里斯本协定》）。1958年于里斯本签订，至2013年11月已有28个成员国。

（8）《建立工业品外观设计国际分类洛迦诺协定》（简称《洛迦诺协定》）。1968年于洛迦诺签订、1971年生效，至2013年11月已有53个成员国，是关于工业品外观设计国际分类的世界性公约。

（9）《专利合作条约》（PCT）。1970年6月签订、1978年1月24日生效，至2013年11月已有148个成员国，是关于国际专利申请的受理及审查的程序性国际条约。

（10）《国际专利分类斯特拉斯堡协定》。1971 年于斯特拉斯堡签订、1978 年生效，至 2013 年 11 月已有 62 个成员国。协定确立了国际专利分类法。此后国际专利分类法每 5 年修订公布一次。

（11）《商标图形国际分类维也纳协定》（简称《维也纳协定》）。1973 年 6 月 12 日于维也纳签订、1985 年生效，至 2013 年 11 月已有 32 个成员国。主要目的是：建立一个国际通用的商标图形要素国际分类，以促进国际间的商标合作。

（12）《国际承认用于专利程序的微生物保存布达佩斯条约》（简称《布达佩斯条约》）。1977 年于布达佩斯签订、1980 年生效，至 2013 年 11 月已有 78 个成员国。该条约是为了建立国际合作制度、解决涉及微生物发明专利申请中的特殊问题而签订的。申请人只需向国际承认的一个保藏机构提交微生物保藏，就可以向条约的所有缔约国专利局办理专利申请，而无须向申请人希望得到保护的所有缔约国提交微生物保藏。

（13）《商标法条约》。1994 年于日内瓦签订、1996 年生效，至 2013 年 11 月已有 53 个成员国。条约旨在简化和统一商标国际注册程序。

（14）《保护植物新品种国际公约》。1961 年于巴黎签订，1968 年 8 月生效。至 2013 年 11 月已有 71 个成员国，公约旨在确认和保护植物新品种育种者的权利。在此公约的基础上，成立了“保护植物新品种国际联盟”（UPOV）。从而形成当代国际植物知识产权体系的基础，为国际间开展优良品种的研发、技术转让、合作交流和新产品贸易提供了法律保护框架。

（15）《专利法条约》。2000 年于日内瓦讨论通过、2005 年生效，至 2013 年 11 月已有 36 个成员国。条约旨在协调、统一专利申请以及国际或地区专利局有关专利申请或专利的形式条件要求。

（16）《商标法新加坡条约》。2006 年 3 月于新加坡讨论通过，2009年生效，至2013年11月已有51个成员国和组织。《商标法新加坡条约》是在1994年《商标法条约》的基础上制定的。一是扩展了条约的适用范围，使条约不仅适用于含视觉标志的商标，还可适用于由嗅觉及听觉标志构成的商标；二是进一步规范了通过电子方式向商标局提交或传送文件的规则；三是增加了商标申请人、注册持有人或其他利害关系人未遵守期限时的救济措施；四是增加了商标使用许可的备案规则。该条约所确立的制度对我国完成的《商标法》第三次修改有显著的影响。

2. 有关著作权保护的国际公约

（1）《保护文学艺术作品伯尔尼公约》（简称《伯尔尼公约》）。1886年于伯尔尼缔结、1887年12月5日生效，至2013年11月，已有167个成员国，是著作权保护最重要的国际条约。确立了国民待遇原则、自动保护原则、版权独立原则，并对作品的起源国、受保护的作品、不受保护的作品、受保护的人、受保护的精神权利和经济权利、权利的限制和保护期限作出了规定。

（2）《视听作品国际登记条约》。1989年于日内瓦签订、同年生效，至2013年11月已有13个成员国。这是一个程序性条约，其目的是阻止非法复制的录像带的传播，阻止未经许可播放他人享有版权的视听作品。

（3）《世界知识产权组织版权条约》（WCT）。1996年12月于日内瓦缔结、2002年3月6日生效，至2013年11月已有91个成员国，与WPPT一起是为解决网络环境下因数字技术而引起的著作权和邻接权保护新问题缔结的最新国际条约，知识产权界称为《INTERNET条约》。它更新了版权保护的法律原则，完善了因特网以及其他数字网络版权的保护标准。

（4）《世界知识产权组织表演和录音制品条约》（WPPT）。1996年12月于日内瓦缔结、2002年5月22日生效，至2013年11月已有92个成员国。该条约是因特网上表演和录音制品的国际保护依据。

(5)《关于为盲人、视力障碍者或其他印刷品阅读障碍者获得已出版作品提供便利的马拉喀什条约》。本条约由61个国家参加的关于缔结一项为视力障碍者和印刷品阅读障碍者获取已发表的作品提供便利的条约的外交会议，于2013年6月27日在摩洛哥马拉喀什通过，至今尚未生效。根据条约，缔约方应当在其国内法中增加规定，允许复制、发行和提供已出版作品的无障碍格式版。此外，条约还为服务于盲人、视障者和印刷品阅读障碍者的各种组织之间进行无障碍格式作品的跨境交换作出了规定，使同一部作品的无障碍版可在不同国家间进行共享。

(6)《视听表演北京条约》。本条约由73个国家和地区组织参加的保护音像表演外交会议，于2012年6月24日在北京通过，至今尚未生效。这是首个在中国诞生的国际知识产权条约，该条约赋予了电影等视听作品的表演者依法享有许可或禁止他人使用其表演活动的权利。此后，词曲作者和歌手等声音表演者享有的复制、发行等权利，电影演员等视听作品的表演者也将享有。

3. 其他方面的国际条约

(1)《建立世界知识产权组织公约》。1967年7月于斯德哥尔摩缔结、1970年4月生效，至2013年11月已有186个成员国。根据该公约，该组织是政府间国际组织，是联合国下设的保护知识产权的专门机构。其宗旨是通过国家间的合作，促进世界范围内的知识产权保护，并保证并促进各联盟之间的行政合作。

(2)《保护奥林匹克会徽内罗毕条约》（简称《内罗毕条约》）。1981年于内罗毕通过、1983年生效，至2013年11月已有50个成员国。根据该条约，所有缔约国均必须保护奥林匹克标志，防止在未经国际奥林匹克委员会许可的情况下被用于商业目的。

(3)《集成电路知识产权条约》。1989年于华盛顿签订，至2013年11月尚未生效，但已有包括中国在内的8个国家签字和

2 个国家加入，其主要条款已通过 TRIPS 间接生效。

（二）WIPO 和其他国际组织共同管理的知识产权国际条约

1.《保护表演者、录音制品制作者和广播组织罗马公约》（简称《罗马公约》）。1961 年 10 月 26 日于罗马缔结、1964 年 5 月 18 日生效，至 2013 年 11 月已有 91 个成员国，是关于邻接权国际保护的第一个世界性条约。该公约保护的是表演者、录音制品制作者和广播组织的权利，规定最低保护期限为 20 年。

2.《保护录音制品制作者防止未经许可复制其录音制品公约》（简称《唱片公约》或《录音制品公约》）。1971 年 10 月 29 日于日内瓦签订、1973 年 4 月生效，至 2013 年 11 月已有 78 个成员国。该公约在一定程度上对《罗马公约》作了补充，但也有所不同，主要是有关对录音制品作者保护部分的修改。

3.《关于播送由人造卫星转播的载有节目信号公约》（简称《布鲁塞尔卫星公约》）。1974 年于布鲁塞尔签订、1979 年生效，至 2013 年 11 月已有 35 个成员国。该公约建立了发送卫星传输节目信号的国际体系。

（三）WTO 管理的知识产权国际条约

WTO 管理的知识产权国际条约只有一个，即 TRIPS。1993 年 12 月于日内瓦通过，1994 年 4 月 15 日正式签署，1995 年 1 月 1 日生效，至 2013 年 11 月 WTO 已有 160 个成员国。TRIPS 是最重要、最具有特色的知识产权国际条约之一，是 WTO 条约的重要组成部分。其主要内容有：（1）重申知识产权保护的基本原则，即国民待遇原则，专利、商标申请的优先权原则，版权自动保护原则，保护公共秩序、社会公德、公众健康原则，对权利合理限制原则，以及权利的地域性独立原则；（2）新增知识产权保护基本原则，即最惠国待遇原则，透明度原则，争端解决原则，对行政终局决定的司法审查和复审原则，以及承认知识产权为私权的原则；（3）确立 TRIPS 与其他知识产权国际公约的基本关系。即将现有的与知识产权相关的国际公约分为三类，第一类是基本肯定并要求全体成员国必须遵守和执行的国际公约，第二类是基本肯定并要求全体成员国根据对等原则加以执行的十余个国际公约，主要是巴黎公约的子公约，第三类是不要求全体成员国遵守并执行的国际公约，如《版权公约》等；（4）从专利权、商标权、版权、邻接权、地理标志、工业品外观设计、集成电路布图设计、未经披露的信息等七个方面规定了成员国对知识产权保护的最低要求；（5）规定并强化知识产权执法程序；（6）有条件区别对待发达国家、发展中国家、向市场经济转轨的国家和最不发达国家成员国，并在某些条款的执行上给予不同的限期。

（四）联合国教科文组织管理的知识产权国际条约

《世界版权公约》，1952年9月6日签订，1955年9月16日生效，至2013年11月已有100个成员国，是《伯尔尼公约》的补充。它采用非自动保护原则，不保护精神权利，保护的经济权利比较少，保护的期限也比较短，而且对新加入的国家不要求追溯保护。该公约的签署实际上构成了保护水平较低的另一种版权体系。

三、知识产权国际保护的实体性规则

有关知识产权国际保护的实体性规则主要以《巴黎公约》《伯尔尼公约》、TRIPS等国际条约为基本法律文件，内容包括知识产权国际保护的原则与标准，涉及知识产权的主体、客体、权利内容、权利保护及其限制等。这些实体法律规范是对各国/地区知识产权制度进行国际协调的基本法律依据，也是确定各成员（国）共同遵守的知识产权国际保护的原则和标准的依据。

（一）知识产权国际保护的基本原则

通过知识产权国际条约，已确立了一系列的知识产权国际保护的基本原则，主要有：国民待遇原则、最低保护标准原则、独立性原则、工业产权优先原则、自动保护原则。

1. 国民待遇原则

这是知识产权国际保护的首要原则。指一成员国对其他成员国的国民提供的待遇，不得低于提供给本国国民的待遇。

2. 最低保护标准原则

指各成员国依据本国法对该条约成员国国民的知识产权保护不低于该条约规定的最低标准，这些标准包括权利保护对象、权利取得方式、权利内容及其限制、权利保护期限等。

3. 独立性原则

专利权独立性原则是指享有国民待遇的人就同一发明而在不同成员国内申请及享有的专利权，彼此独立，互不影响；商标权独立性原则是指如果一个商标没有能够在本国获得注册，或者在本国的注册被撤销，不影响其在其他成员国的注册申请；著作权独立性原则是指享有国民待遇的作者在任何成员国所得到的著作权保护，不依赖其作品来源国所受到的保护。

4. 工业产权优先原则

指享有国民待遇的人，就一项发明首先在某一成员国提出申请，或者就某一项商标提出注册申请，自该申请提出之日起一定期限内（发明或实用新型专利 12 个月，商标或外观设计 6 个月），又就同样的申请向其他成员国提出的，该其他成员国必须以第一个申请日作为本国的申请日。

5. 自动保护原则

指作者的作品享有及行使依国民待遇所提供的保护时，无须履行登记注册与交存样书的手续，便在一切成员国中受保护。[1]

（二）知识产权国际保护的范围

1. 《建立世界知识产权组织公约》的规定

《建立世界知识产权组织公约》共有 21 条，其中，属于实体

[1] 王兵．知识产权基础教程［M］．北京：清华大学出版社，2009：401.

条款的，仅有第2条第（8）款规定的知识产权定义，知识产权包括下列权利：

（1）与文学、艺术及科学作品有关的权利，即版权或著作权。

（2）与表演艺术家的表演活动、与录音制品及广播有关的权利，即邻接权。

（3）与人类创造性活动的一切领域的发明有关的权利，即专利权（包括发明专利、实用新型和非专利发明的权利）。

（4）与科学发现有关的权利。

（5）与工业品外观设计有关的权利。

（6）与商品商标、服务商标、商号及其他商业标记有关的权利。

（7）与防止不正当竞争有关的权利。

（8）一切其他来自工业、科学及文学艺术领域的智力创作活动所产生的权利。

2. TRIPS 的规定

作为世界贸易组织文件一部分的 TRIPS，在其第一部分第1条规定的知识产权，是指本协议第二部分第1～7节中所包括所有权利，即：（1）版权与邻接权；（2）商标权；（3）地理标志权；（4）工业品外观设计权；（5）专利权；（6）集成电路布图设计（拓扑图）权；（7）未披露过的信息权。

在实体性规范方面，TRIPS 主要规定了知识产权保护的国际标准。其具体表现为：

（1）权利范围的拓展。在著作权与邻接权领域，将计算机软件与数据库作为文字作品给予保护，新增加了计算机作品、电影作品、录音制品的出租权；在商标权领域，规定具有“识别性”的任何标记或其组合在一般情况下均应能获得商标注册，对驰名商标予以特别保护，并将驰名商标的适用范围扩大到服务商标；在地理标记权领域，要求成员负有禁止混淆地理标记（尤其是在酒类或酒精类商品上）的义务；在外观设计权和专利权领域，授予权利人以进口权；在集成电路布图设计权领域，规定的保护范围超出了布图设计和由布图设计构成的电路本身，进而延伸到使用布图设计的物品；在商业秘密权领域，规定此类知识产权保护应涉及药品和农业化学产品。

（2）保护期限的延长。包括计算机软件在内的作品的著作权保护期限至少为50年；专利权保护期限不少于20年；工业品外观设计权保护期限不少于10年；集成电路布图设计权保护期限亦不少于10年。

（3）对权利限制进行限制。尽管该协定允许成员基于社会公益、防止权利滥用等考虑，对知识产权进行限制，但同时又对这种权利限制给予反限制，即明确要求权利限制不得与权利的正常使用相冲突，不得不合理地损害权利人的利益，不得损害第三人的合法利益。

四、知识产权国际保护的程序性规则

（一）有关知识产权国际保护的程序性规范

《巴黎公约》和《伯尔尼公约》主要规定了知识产权国际保护的实体内容，较少涉及知识产权实施程序的规定，尤其是缺乏必要的执法措施和争端解决机制，以至于一些条约成为没有足够法律约束力的“软法”。有关知识产权国际保护的程序性规范主要是以《商标国际注册马德里协定》《专利合作条约》《专利法条约》《商标法条约》《国际专利分类斯特拉斯堡协定》《商标注册用商品及服务国际分类尼斯协定》等国际条约为基本法律文件，内容涉及知识产权的国际申请、注册、登记、备案与分类。依据这些条约的规定，办理一次性申请登记手续即可在若干个指定成员国内获得相应的知识产权保护，便于对知识产权相关信息的分类管理，可以简化手续，减少重复劳动和费用，促进国际合作，加快国际间科学技术和文化信息的交流与传播，并确保知识产权在国际范围内的有效保护。

（二）WTO知识产权争端解决的程序

通过WTO争端解决机制来解决与TRIPS相关的争议是WTO体系知识产权国际保护的一大特点。联合国WIPO的争端解决，是通过“国际法院”，而WTO则是通过自己的争端解决机制，这是与以往知识产权国际公约的一个重要的不同之处。WTO建立了专门的争端解决机构，统一处理货物贸易、服务贸易和知识产权争端。WTO《关于争端解决规则与程序的谅解》既是争端解决机构的组织法，也是争端解决的程序法。它规定了磋商、专家组审议、上诉机构审理、报告的执行及监督等司法程序，还规定了在当事人自愿的基础上，可以采用仲裁、斡旋、调解和调停等方式。

1. 磋商

根据WTO《关于争端解决规则与程序的谅解》，争端当事方应当首先采取磋商方式解决贸易纠纷。磋商要通知争端解决机构。磋商是秘密进行的，是给予争端各方能够自行解决问题的一个机会。

2. 斡旋、调解和调停

《关于争端解决规则与程序的谅解》第5条规定了斡旋、调解和调停，是争端各方同意下自愿采取的程序。

3. 成立专家小组

如果有关成员在10天内对磋商置之不理或在60天后未获解决，受损害的一方可要求争端解决机构成立专家小组。专家小组一般由3人组成，依当事人的请求，对争端案件进行审查，听取双方陈述，调查分析事实，提出调查结果，帮助争端解决机构作出建议或裁决。专家组成立后一般应在6个月内向争端各方提交终期报告，在紧急情况下，终期报告的时间将缩短为3个月。

4. 通过专家组报告

争端解决机构在接到专家组报告后20～60天内研究通过，

除非当事方决定上诉，或经协商一致反对通过这一报告。

5. 上诉机构审议

专家小组的终期报告公布后，争端各方均有上诉的机会。上诉由争端解决机构设立的常设上诉机构受理。上诉机构可以维持、修正、撤销专家小组的裁决结论，并向争端解决机构提交审议报告。

6. 争端解决机构裁决

争端解决机构应在上诉机构的报告向 WTO 成员散发后的 30 天内通过该报告，一经采纳，则争端各方必须无条件接受。

7. 对执行建议和裁决的监督

争端解决机构监督裁决和建议的执行情况。如果违背义务的一方未能履行建议并拒绝提供补偿时，受侵害的一方可以要求争端解决机构授权采取报复措施，中止协议项下的减让或其他义务。

8. 仲裁

仲裁程序也是《关于争端解决规则与程序的谅解》的创新。在双方同意的情况下，可以作为争端解决机构的替代手段。仲裁同时可以用于解决执行建议或仲裁的合理期限问题。由仲裁员确定执行专家组或上诉机构裁决的合理期限。

五、知识产权国际保护的组织机制

（一）世界知识产权组织

1. 世界知识产权组织的产生及演变

世界知识产权组织（World Intellectual Property Organization，WIPO）是一个以推动运用和保护人类智力成果为宗旨的国际组织。WIPO 的前身是负责管理《巴黎公约》和《伯尔尼公约》的机构。1967 年 7 月 14 日，51 个国家在斯德哥尔摩举行了一次外交会议，在该会议上，签订了《建立世界知识产权组织公约》，但当时 WIPO 并未成立，直到 1970 年 4 月 26 日达到了规定的批准国数量要求，该公约才正式生效，WIPO 才算正式成立。1974

年12月，WIPO成为联合国的一个专门机构，其总部设在日内瓦。至2013年11月，WIPO已有186个成员国。我国于1980年3月3日正式加入该组织。

2. 世界知识产权组织的宗旨及主要职责

WIPO的宗旨是通过国家间的合作并与其他有关国际组织适当配合，促进在全世界范围内保护知识产权，保证各联盟（包括巴黎联盟、伯尔尼联盟等）间的行政合作。

WIPO的主要职责是促进全世界对知识产权保护的新的国际协定的缔结；收集并传播有关知识产权的情报，从事并促进这方面的研究和公布这些研究成果；执行巴黎联盟和与该联盟有联系的各专门联盟以及伯尔尼联盟的行政任务；担任或参加其他保护知识产权的国际协定的行政事务；为发展中国家提供法律和技术上的援助与合作，并为其他要求提供服务。

3. 世界知识产权组织的机构

WIPO主要由四个机构组成：

（1）大会。大会是该组织的最高权力机构，由参加《建立世界知识产权组织公约》的各联盟成员国组成。大会每两年举行一次。（2）成员国会议。成员国会议由全体参加《建立世界知识产权组织公约》的国家组成，每个成员国在该会议上有一个投票权。成员国会议每两年举行一次。（3）协调委员会。协调委员会既是一个解答有关问题的咨询机构，又是大会和成员国会议的执行机构。（4）国际局（秘书处）。国际局的负责人为总干事，是WIPO的行政首脑，同时，根据联合国系统中建立的公平合理分布原则从全世界数十个国家招募国际局的工作人员。总干事、副总干事及其工作人员的工作不应寻求政府或本组织以外任何机关的指示，他们的职责是纯国际性的。国际局执行在知识产权领域内促进成员国国际合作的计划，并为会议提供必要的资料和其他服务。

（二）其他国际保护组织

1. 世界贸易组织

世界贸易组织（WTO），是世界上最重要的管理国际贸易的全球性政府间国际组织。

WTO 成立于 1995 年，其前身为关税与贸易总协定（GATT）。关税与贸易总协定缔约方于 1986 年在乌拉圭埃斯特角举行部长级会议，发动了第八轮多边贸易谈判，即“乌拉圭回合谈判”。至 1994 年 4 月 15 日在摩洛哥的马拉喀什部长级会议，各缔约国签署了乌拉圭回合最后文件和成立 WTO 协定，通过了《马拉喀什宣言》，从而于 1995 年 1 月 1 日正式成立了 WTO。

WTO 的宗旨是：在提高生活和保证充分就业的前提下，扩大货物和服务的生产与贸易，按照可持续发展的原则实现全球资源的最佳配置；努力确保发展中国家，尤其是最不发达国家在国际贸易增长中的份额与其经济需要相称，保护和维护环境。

WTO 的职能是：管理和执行共同构成世界贸易组织的多边及诸边贸易协定；作为多边贸易谈判的讲坛；寻求解决贸易争端；监督各成员国贸易政策，并与其他同制定全球经济政策有关的国际机构进行合作。世界贸易组织的目标是建立一个完整的、更具有活力的和永久性的多边贸易体制。与 GATT 相比，WTO 管辖的范围除传统的乌拉圭回合确定的货物贸易外，还包括长期游离于 GATT 外的知识产权，投资措施和非货物贸易等领域。WTO 具有法人地位，它在调解成员争端方面具有更高的权威性和有效性。

部长级会议是 WTO 的最高决策机构。其主要职能为：任命 WTO 总干事并制定有关规则；确定总干事的权力、职责、任职条件和任期，以及秘书处工作人员的职责及任职条件；对 WTO 协定和多边贸易协定作出解释；豁免某成员对 WTO 协定和其他多边贸易协议所承担的义务；审议其成员对世界贸易组织协议或多边贸易协议提出修改的动议等。

2. 非洲知识产权组织

非洲知识产权组织（OAPI），创立于1962年9月13日。该组织是非洲地区法语国家知识产权保护的区域性组织。

20世纪60年代以前，非洲法语国家在工业产权保护领域执行的是法国的法律，法国工业产权局是当时法国联盟各成员国的国家局。1960年以后，随着法国联盟各成员国纷纷独立，这就需要根据《保护工业产权巴黎公约》，在其领土内建立相应的机制。为此喀麦隆、中非、刚果、科特迪瓦、达荷美、上沃尔特、毛里塔尼亚、加蓬、塞内加尔、乍得、马达加斯加、尼日尔等12个非洲法语国家以《保护工业产权巴黎公约》第19条为法律依据，决定成立一个联合机制作为各国的国家工业产权局。1962年9月13日，这12个国家在加蓬共和国首都签署了著名的《利伯维尔协议》，成立了非洲及马达加斯加工业产权局（OAMPI）。根据《利伯维尔协议》，保护的客体包括：发明专利、商标和工业品外观设计。

1977年3月2日，《利伯维尔协议》缔约国在中非共和国首都班吉举行会议对利伯维尔协议进行了修改，签署了新的协议，即班吉协议。根据该协议，非洲及马达加斯加工业产权局更名为非洲知识产权组织，其总部设在喀麦隆首都雅温得。目前，该组织的成员国有16个国家。

OAPI的职能主要有：（1）颁发保护证书；（2）文献与信息传播；（3）知识产权的培训和普及。OAPI致力于加强同各国及国际组织在知识产权领域的国际合作，并先后同近二十个各国机构及国际组织签署了合作协议，它们分别是：WIPO、法国工业产权局（INPI）、欧洲专利局（EPO）、德国专利局、奥地利专利局、非洲地区工业产权组织（ARIPO）、联合国教科文组织（UNESCO）、联合国工业发展组织（ONUDI）、非洲地区技术中心（CRAT）、保护植物新品种国际联盟（UPOV）、国际商标协会（INTA）、法国科研成果推广署（ANVAR）、非洲经济委员会

（CEA）、中非经济与货币共同体（CEMAC）、非洲经济保障与合作基金会（FAGACE）、美国专利商标局（USPTO）以及国际制造者联盟（IFIA）等。此外，OAPI 还与 WIPO 成员国保持联系。

OAPI 机构主要有：（1）行政理事会。它由 OAPI 每个成员国一名代表组成。其任务是：制定该组织的总政策，制定有关规章制度并监督落实。（2）办公厅。办公厅直接置于总干事的领导之下，其任务是负责 OAPI 的日常事务，执行行政理事会的指令和班吉协议条款所赋予的使命，并向理事会汇报。（3）总干事。总干事是 OAPI 的最高行政长官，任期为 5 年，可连任 1 次。（4）最高上诉委员会。该委员会的任务是对工业产权保护证书申请的驳回、维持申请或延长保护期申请的驳回、恢复申请的驳回等作出裁决。

3. 欧洲专利局

欧洲专利局（EPO）是根据欧洲专利公约，于 1972 年正式成立的一个政府间组织。其主要职能是负责欧洲地区的专利审批工作。欧洲专利局现有 19 个成员国，该局的工作地点分布在德国的慕尼黑、荷兰的海牙、奥地利的维也纳以及德国的柏林四个城市。

欧洲专利局的机构设置分为 5 个层次，即局、总部、部、处和科。全局共设置 5 个总部一级的机构，每一位副局长兼任一个总部的第一把手。其中，第一总部设在海牙，负责检索和文献工作。其余的 4 个总部均设在慕尼黑，其中，第二总部负责全局的行政管理，第五总部负责法律及国际事务。另外，欧洲专利局还在奥地利维也纳设有专利信息中心；在柏林设有分支机构，承担一部分管理、检索及文献工作。

欧洲专利局负责专利申请检索和审查工作的机构分别集中在海牙第一总部和慕尼黑第二总部，其具体情况如下：

海牙第一总部下设 5 个部级机构，其中第二部具体从专利申请的检索及其他检索工作。慕尼黑第二总部下设 4 个部级机构。

第一部负责流程管理，人员培训、协调及质量等；第二部为化学审查部；第三部为物理及电学审查部；第四部为机械及一般工艺审查部。

欧洲专利局是世界上实力最强、最现代化的专利局之一，拥有世界上最完整的专利文献资源，先进的专利信息检索系统和丰富的专利审查、申诉及法律研究方面的经验。

4. 国际植物新品种保护联盟

国际植物新品种保护联盟（UPOV）是依据《保护植物新品种国际公约》成立的、由其缔约方（国家或国际组织）组成的政府间组织，具有独立法人资格。在不违背各缔约方法律的前提下，UPOV 在各缔约方境内享有实现其目标和发挥自身作用的法律行为能力。UPOV 及常设机构设在日内瓦。常设机构为理事会和联盟办公室。依据 UPOV 和 WIPO 签订的协定，WIPO 是联盟的总秘书长。WIPO 为 UPOV 提供管理服务。国际植物新品种保护联盟成员共有 60 个，既包括国家，也包括国际组织，如欧盟。

5. 联合国教科文组织和国际劳工组织

联合国教育、科学及文化组织（UNESCO），简称联合国教科文组织，属联合国专门机构。1946 年 11 月 16 日成立，同年 12 月成为联合国的一个专门机构。其宗旨是通过促进各国间教育、科学和文化合作，对和平和安全作出贡献。

联合国教科文组织主持缔结和独立管理《世界版权公约》。依据该公约，成员国组成政府间委员会，其主要职能是研究世界版权公约的事实事宜，做好定期修改公约的准备工作，与联合国教科文组织、国际保护文学艺术作品联盟等各有关国际组织合作，研究有关国际版权保护的一切问题，向世界版权公约参加国通报政府间委员会的各项活动。

国际劳工组织（ILO）于 1919 年根据《凡尔赛和约》作为国际联盟的附属机构成立，1946 年 12 月 14 日成为联合国的一个专门机构。该组织的宗旨是促进充分就业和提高生活水平；促进劳资双方合作；扩大社会保障措施；保护工人生活与健康；主张通过劳工立法改善劳工状况，进而获得世界持久和平，建立社会正义。

ILO 和 WIPO、UNESCO 共同发起缔结并共同管理《保护表演者、录音制品制作者和广播组织国际公约》。依据该公约第 32 条设立一个政府间委员会，研究公约的运用和执行的有关事宜，为修订公约收集建议和准备文件资料。[1]

（三）知识产权国际保护的路径选择

从实践中看，知识产权国际保护的途径主要有协调与调解、一国当地救济、外交保护、国际商事仲裁以及国际组织特设争端解决机制。

1. 协商与调解

协商与调解是知识产权国际保护最佳的途径，即在争议双方当事人相互谅解的基础上，基于双方相互的同意达成解决协议，从而有助于维护双方的合作关系。协商与调解的方式可以运用于发生在任何当事人之间的知识产权国际争端的解决，但缺点在于协商和调解达成的协议不具有强制执行力。

2. 一国当地救济

一国当地救济，指在与知识产权国际保护存在一定联系的国际的司法机构或行政机构中，按照该国的程序法和实体法依法解决争端的方法，简称当地救济。当地救济的方式通常用于国民之间的知识产权国际争端解决，也可能用于一国国家与另一国国民之间的知识产权国际争端解决。在后一种情形下，基于国家主权豁免原则，运用的往往是争端当事国的当地救济。由于各国法律制度和规定不同，在一国国内运用当地救济可能出现难以预料的法律风险；同时，由于救济国往往与争端存在一定联系，譬如在一国国家与另一国国民之间的争端中，救济国往往就是争端当事国，从而有可能导致争端无法得到公正解决，因此，当事方往往

[1] 宁立志．知识产权法［M］．武汉：武汉大学出版社，2006：495－496.

在可能的情况下尽量避免寻求一国当地救济。

3. 外交保护

外交保护，指本国国民在外国遭到损害，在用尽该外国国内法程序而仍然得不到正当救济时，本国可以通过外交途径向该外国要求适当救济。由此可见，外交保护本身的当事方是两个国家，但在一起外交保护的争端则应当发生于两国国民之间或一国国家与一国国民之间。外交保护的实质是将国民之间或国民与国家之间的争端上升为国家之间的争端，在国际法的水平上解决，从而可能受到更多一国对外政策影响，削弱了法律因素，因此又被称为政治解决方法。外交保护制度往往被发达国家异化为实现政治目的、干涉其他国家内政的手段，因此一直受到抨击。

4. 国际商事仲裁

国际商事仲裁，指当事方在争端发生之前或发生之后，以仲裁协议的形式确认将争端提交中立的第三方予以裁决的争端解决方式。

根据各国法律普遍规定，国际商事仲裁一般作为与法院诉讼并行的一种争端解决方式，亦即当事方有权选择诉讼或国际商事仲裁解决其争端，但一旦选定则不可变更。相比法院诉讼，国际商事仲裁无论开庭还是裁决均不公开，从而保护了知识产权的秘密性；同时，国际商事仲裁裁决具有终局效力，只有在个别极端情形下法院才有权对其审查及撤销。此外，根据 1958 年在纽约签订的《承认执行外国仲裁裁决公约》，一国法院处在个别极端情形下，均应无条件执行具有外国国籍的国际商事仲裁裁决。

实践中，知识产权国际争端既可以提交国际商事仲裁机构，也可以提交有资格的自然人进行临时仲裁。目前最具专业性和影响力的知识产权国际争端仲裁机构是 WIPO 下设的“WIPO 仲裁与调解中心”。[1]

---

[1] 蒋坡. 知识产权管理［M］. 北京：知识产权出版社，2007：536－537.

5. 国际组织特设争端解决机制

目前，知识产权国际保护中，影响和作用最大的国际特设争端解决机制是 WTO 建立的争端解决机制。

WTO 争端解决机制的法律依据是 WTO《关于争端解决规则和程序的谅解协定》(以下简称《协定》)。

根据《协定》，WTO 争端解决机制的管辖范围包括成员方(而非成员方的国民或居民)。解决涉及源于 WTO 的各项协定而产生的争端，其中包括与 TRIPS 有关的知识产权国际争端。

就案件性质而言，WTO 争端解决机制可以管辖违法之诉和非违法之诉。前者指以一成员方针对另一成员方的违法行为提起的诉讼，包括不履行 WTO 各项协定项下的义务以及采取了违反 WTO 规则的措施。后者指一成员方所采取的措施虽不违反 WTO 协定，但若该措施导致其他成员方在协定项下利益的丧失或损害，或者阻碍了 WTO 目标的实现，则其他成员方可以对其提起诉讼。

WTO 中参与争端解决的机构包括争端解决机构、秘书处、专家小组、上诉机构和总干事。

WTO 争端解决机制是目前知识产权国际保护中争端解决机制较为完整的一个，其详尽的规定、严格的程序以及全面的监督保障了争端解决的有效性。同时，其严格的程序规定，也在较大程度上保证了在争端解决过程中法律因素的主导地位，使争端的解决更为公正。

六、中国应对知识产权国际保护的法律措施

(一) 中国缔结或参加的知识产权国际保护条约

在知识产权国际保护方面，我国积极加入知识产权国际组织和国际条约。至 2013 年 10 月 31 日，我国已经加入的国际条约有 19 个，分别是：

(1)《建立世界知识产权组织公约》，于 1980 年 6 月 3 日加入；

（2）《保护工业产权巴黎公约》，于1985年3月19日加入；

（3）《集成电路知识产权条约》，于1989年5月26日签字加入；

（4）《商标国际注册马德里协定》，于1989年10月4日加入；

（5）《商标国际注册马德里协定有关议定书》，于1995年12月1日加入；

（6）《保护文学和艺术作品伯尔尼公约》，于1992年10月15日加入；

（7）《世界版权公约》，于1992年10月30日加入；

（8）《保护录音制品制作者防止未经许可复制其录音制品公约》，于1993年4月30日加入；

（9）《专利合作条约》，于1994年1月1日加入；

（10）《为商标注册目的而使用的商品与服务的国际分类尼斯协定》，于1994年8月9日加入；

（11）《国际承认用于专利程序的微生物保存布达佩斯条约》，于1995年7月1日加入；

（12）《建立工业品外观设计国际分类洛迦诺协定》，于1996年9月19日加入；

（13）《专利国际分类斯特拉斯堡协定》，于1997年6月19日加入；

（14）《保护植物新品种国际公约》，于1999年4月23日加入；

（15）TRIPS，于2001年12月11日加入；

（16）《保护和促进文化表现形式多样性公约》，于2007年4月30日加入；

（17）《世界知识产权组织版权条约》，于2007年6月9日加入；

（18）《世界知识产权组织表演和录音制品条约》，于2007

年6月9加入。

（19）《视听表演北京条约》，于2012年6月24日加入。

（二）中国实施知识产权国际保护的主要措施

在知识产权国际保护方面，中国作为一个发展中国家，既担心高水平保护超越现阶段国情，又不得不面对国际社会带来的压力。我国知识产权制度在其国际化进程中，主要采取了以下几项措施。

1. 国内规范与国际规范的接轨

自1980年正式加入《建立世界知识产权组织公约》以来，中国已陆续加入了多个知识产权国际公约，主要有《保护工业产权巴黎公约》（1985年）、《商标国际注册马德里协定》（1989年）、《关于集成电路知识产权保护条约》（1990年）、《保护文学和艺术作品伯尔尼公约》（1992年）、《世界版权公约》（1992年）、《专利合作条约》（1993年）、《国际保护植物新品种公约》（1999年）、TRIPS（2001年）、WCT和WPPT（2007年）。中国根据本国国情和国际发展趋势，依据国际公约规定，制定和完善各项知识产权法律、法规，至今已形成适应自身发展需要且符合国际标准的知识产权法律体系。

2. 国内机构与国际组织的交流

中国重视与相关国际组织的交流与合作，已经加入了WTO、WIPO、APEC等国际组织在知识产权领域的各项活动。同时，还建立了“中欧知识产权对话机制”“中美知识产权工作组”“中日韩知识产权双边及三边对话与合作机制”，并与巴西、墨西哥、东盟等国家和地区开展多种形式的交流与合作。

3. 国内人员对国际立法的参与

中国于改革开放之初启动知识产权立法之时，主要国际知识产权制度已经建立和完成，在以往的立法过程中，中国对国际立法的被动接受多于主动参与。进入20世纪90年代以后，在关税与贸易总协定的多边贸易谈判中，中国积极参与了这一谈判过程，并为推动TRIPS的形成作出了努力。自步入21世纪，中国以更加积极的姿态参与国际法规则的制定，例如在《文化多样性公约》的谈判中取得对我国较为有利的成果，在 TRIPS 的修改以及地理标志保护的谈判中发挥出重要作用。

中国作为 WTO 的后来者，参与知识产权国际保护体制的上述举措是值得肯定的。但是长期以来，在 WTO 的框架内，西方国家才是知识产权国际规则的主导者，中国与其他发展中国家一样只是接受者，充其量是参与者。尤其是随着经济全球化进程加快，技术标准成为国际经济、科技竞争的重要手段。[1] 技术标准与知识产权关系密切，伴随世界范围内技术创新成果不断涌现，技术标准包含越来越多的知识产权。为获取最大经济利益，发达国家和跨国公司通过将核心技术转化为专利技术，又将专利技术融入到技术标准中，并设法在最大范围内推广其技术标准，从而形成贸易壁垒和技术垄断。因此，在未来国际知识产权制度的变革过程中，中国应注意发挥建设性作用，积极参与国际知识产权规则制定，不仅要拥有自主知识产权，还必须拥有技术标准上的话语权，努力成为国际规则的制定者。一方面，主动参与 WTO 新一轮的多边贸易谈判，推动现行国际知识产权制度的改革。针对 TRIPS 的不足和缺陷，提出符合国际知识产权制度变革方向的思路和措施，着力解决知识产权保护中出现的公共利益问题、技术转让和利用问题、限制知识产权权利滥用问题等。另一方面，积极参与 WTO 体制外的国际造法活动，推动国际知识产权新制度的建立。除 WTO 体制内的多边贸易谈判外，世界卫生组织就公共健康问题、联合国粮农组织就植物基因资源问题、联合国人权委员会就知识产权与人权冲突问题等，分别针对 TRIPS 进行了一系列的造法活动，中国应该而且能够在其中扮演重要的角色。[2]

---

[1] 所谓技术标准，指重复性的技术事项在一定范围内的统一规定。包括基础技术标准、产品标准、工艺标准、检测试验方法标准，及安全、卫生、环保标准等。

[2] 冯晓青，杨利华．知识产权法学［M］．北京：中国大百科全书出版社，2005：31－32.

后　　记

《知识产权法基础理论》原本是作者于2007 年开始为南京理工大学知识产权法专业二学位、双学位开设的一门课程。为了备课之需，作者当时遍稽群书，劳时数月，但结果差强人意。盖因国内高校极少有在本科教学阶段将“知识产权法基础理论”作为一门课程来开设。目前，国内普通高校为法学、知识产权本科专业讲授与“知识产权法基础理论”相关内容时，所使用的教材，绝大多数是由刘春田教授和吴汉东教授分别主编的《知识产权法》等统编教材。统编教材所涉知识产权法基础理论部分章节有限，篇幅小，内容和体系都较简单，无法满足国内普通高校全面而系统地讲授知识产权法基础理论知识，尤其是将“知识产权法基础理论”作为一门课程开设时的教材之需。为解决教学燃眉之急，作者自不量力，开始编撰讲义的艰难历程。现呈现读者面前的《知识产权法基础理论》一书即是以作者多年的讲义为基础撰写而成。

本书从酝酿到杀青历时三年，其中很多章节是一面教学，一面总结写成的，所以，严格地说，它是一本学习的心得。它体现的只是知识产权法基础理论研究中某种类型的综合，而不是对该专题的最终断语。作者仍然是这一理论研究的学生而非它的权威。

本书力求体现如下特色：第一，体系完整。书中内容基本涵盖知识产权法基础理论的主要知识领域。第二，视野开阔。努力反映国内外知识产权法基础理论研究领域的最新信息、资料及多维度思考空间。第三，尊重教育规律。反映专业教育的特点，重视概念的清晰和内容的深入浅出，以及内容的逻辑自洽性，做到既适合教学，也适合自学。第四，理论联系实际。将中国的知识产权法规范与发展战略、国外知识产权法理论与中国知识产权实践紧密结合，力求理论联系实际。第五，注重学术的严谨和道德标准。每一文献的使用和观点的介绍务求出处准确，核实真伪。第六，最为突出的是在内容上：首次翔实地阐述了国内马克思主义的知识产权观，探究了社会主义知识产权法产生的根源；对知识产权特征、理论根据、法律关系作了较为系统而缜密的研究；适时地将知识产权保护的临时措施与《民事诉讼法》（2012 年修正）规定进行比较分析；在知识产权法起源与发展、知识产权法体系、基本原则和法律价值以及知识产权国际保护等已有研究基础上，进行了探索性研究，等等。因此，本书某种意义上它既是适合于教学的一本教材，也是一本带有研究特色的专著。

本书的目的是通过对知识产权法基础理论的梳理和分析，向读者系统地介绍知识产权法基础理论研究的前沿问题和最新研究成果，同时，表达自己的一些拙见。本书的撰写和出版无疑是国内知识产权法学理论教学和研究的一次有益尝试。然而，知识产权法基础理论错综复杂，作者才疏学浅，写作中挂漏谬误，在所难免，敬祈读者不吝指正。

本书在撰写过程中参阅了大量专家和同行的研究著作和论文，并引用了其中的一些观点或借鉴了些许表述的内容，对此表示诚挚的谢意。尽管作者力求引文及借鉴的内容标注清晰，但仍可能挂一漏万，不周之处，敬请各方谅解。

本书成稿之后，有幸得到中国人民大学知识产权学院副院长、中国知识产权法学研究会秘书长、博士生导师郭禾教授的亲自审阅。恩师为本书的修改给予了许多中肯意见，受益匪浅，没齿难忘。此外，中国人民大学法学院张勇凡博士、北京市罗杰律师事务所主任罗正红博士、南京大学法学院副教授解亘博士也热心对本书的完善提出了一些建设性建议，在此我谨向他们表达深深的感谢。但文责自负，书中若有违雅之处均由作者承担一切责任。

本书在出版立项和编撰过程中一直得到南京理工大学教务处的重视和资助，作者所在部门与服务单位南京理工大学人文与社会科学学院、知识产权学院和江苏省知识产权发展研究中心的众领导一直关心此事，鞭策我努力完成写作，并在书稿最后出版上给予了鼎力相助。在此，我要向人文与社会科学学院院长钱建平教授、江苏省知识产权发展研究中心主任董新凯教授、知识产权学院副院长曾培芳教授表示深深的感谢。此外，还要感谢南京理工大学科技处哲社科于翔科长，教务处教学研究科祁园园科长对本书出版所提供的积极建议。

本书在付梓中，幸蒙知识产权出版社的卢海鹰编辑、胡文彬编辑以其专业的精神高质量地完成文稿的审稿，并给予作者极大的包容及理解，谨此致谢！

同时，令我不能忘记写作中一直得到年迈父母的不时关心，贤良妻子的倾力支持和如影相随灿烂女儿的兰质蕙心。除了谢谢，我谨以此书为礼物来回报所有爱我、帮助我和关心我的亲人。

还要感谢我的同事们和学生们，是他们促使我思考了与本书主题有关的那些问题。我的研究生马洪宁同学还尽力为本书最后一章知识产权国际保护查实了相关数据。

悉数这些，无非就是怀着一颗感恩的心，对完成这本有待检验的拙作作出牺牲和贡献的所有亲朋好友和工作人员，表达我对他们的深深敬意和最诚挚的谢意。

2013 年 11 月 28 日
写于南京钟山花园城陶然居